만남 그리고 성장을 위한 2판

인간관계 심리학

| 김종운 저 |

학지사

2판 머리말

이 책의 1판은 2011년 3월에 출간되었다. 그리고 어느덧 6년이 지나서야 2판을 내놓게 되었다. 지난 6년 동안 필자는 많은 독자로부터 이 책이 자신의 인간관계를 돌아보고 인간관계 문제를 개선하는 데 큰 도움이 되었다는 피드백을 받을 수 있었다. 매 장마다 수록된 '인간관계연습'과 '읽기자료'를 통해 자신의 인간관계를 객관적으로 진단할 수 있었고, 학창시절에 체계적으로 배우지 못했던 인간관계기술과 의사소통기술 및 갈등해결기술을 대학 진학 전에 익힐 수 있어서 많은 도움이 되었다는 학생들의 피드백을 받았다. 또한 교양으로서의 인간관계 과목에서 이 책을 교재로 사용하고 있는 타 대학의 교강사님으로부터 이 책이 한 학기 동안 학습할 분량으로서 적당하고, 각 장에서 배운 내용을 인간관계연습을 통해 심화할 수 있어서 좋았다는 이야기도 들었다. 이러한 피드백은 모두 필자에게 격려의 말로 와 닿았지만, 강의를 하면서 나 스스로 이 책의 부족한 부분을 자각하고 있었기에 책임감도 느꼈다. 필자는 강의를 하면서 초판의 부족한 부분을 발견할 때마다 수정·보완을 위해 표시를 해 두거나 새로운 자료를 수집하였다.

처음에 의도했던 것보다 더 많은 내용이 수정·보완되어 2판이 나오게 되었다. 이번에 개정된 부분은 다음과 같다.

첫째, 각 장 도입부에 각 장의 내용과 관련된 읽을거리를 제시하였다. 교양으로서의 인간관계 과목이 수강생에게 보다 쉽게 다가가게 하면서도 인성적 측면에서 공감과 울림을 주기 위해서다.

둘째, 제1장에서 인간관계의 특성과 인간관계에 영향을 주는 요인을 새롭게 추가하였으며 부적응적 인간관계의 여러 유형을 보완하였다. 나아가 이를 통해 건강한 인간관계가 왜 필요한지에 대한 독자의 성찰을 돕고자 하였다.

셋째, 제2장에서 일상생활에서 흔히 저지르기 쉬운 인지적 오류의 유형에 대한 명칭이 다소 어렵거나 모호한 것이 있었기에 보다 일반적으로 통용되는 명칭으로 수정하였다. 또한 인지적 오류의 유형에 대한 설명이 다소 어려울 수 있어 쉽게 기술하였고, 동시에 생활에서 쉽게 접할 수 있는 예시를 제시하여 이해를 도왔다.

넷째, 제3장에서는 인간관계의 발전 과정을 시작과 실험 단계만을 다루어 다소 미흡하였는데, 2판에서는 인간관계의 발전 과정 전체를 제시하였다.

다섯째, 제7장에서는 사랑의 삼각형 이론에 대한 부족했던 설명을 보완하였다. 즉, 초판에서는 Sternberg의 사랑의 여덟 가지 유형을 단순히 표에 요약해서 제시하였는데, 이번 개정판에서는 독자의 이해를 돕기 위해 상세한 설명을 추가하였다. 또한 사랑의 삼각형 유형 검사 후 다양한 사랑 삼각형을 어떻게 해석할 수 있는지에 대한 설명과 그림도 추가하였다.

여섯째, 제12장에서는 의사소통의 유형을 폭넓게 보완하였으며 일상생활에서 실행할 수 있는 구체적인 의사소통 전략을 제시하였다.

일곱째, 제13장에서는 일상생활에서 실행할 수 있는 구체적인 스트레스 대처 전략을 제시하였으며, '나지사' 명상을 통해 연습할 수 있는 장을 마련하였다.

여덟째, 제14장에서는 평화적 갈등해결의 원칙을 제시하여 일상에서 마주하게 되는 여러 가지 인간관계 갈등을 해결할 수 있는 구체적인 갈등관리 전략을 보완하였다.

『인간관계 심리학』 2판에서는 1판에서 다루지 못해 아쉬웠던 점과 부족한 점을 대폭 수정 · 보완하고자 최선을 다하였다. 물론 아직도 부족한 부분이 있을 것이다. 그러한 점은 앞으로 수정하고 보완해 나갈 것을 독자 여러분에게 약속드리며, 어떠한 의견이든 필자에게 전달해 주시기 바란다.

2판이 나오기까지 관심을 가지고 도와주신 학지사 김진환 사장님, 2판을 낼 수 있도록 용기를 주신 김은석 부장님, 그리고 세심한 교정과 편집을 통해 좋은 책을 만들어 주신 편집부장님과 편집부 직원 여러분께 감사드린다.

2017년 3월
민족의 젖줄 낙동강과 새들의 고향 을숙도 바다를 바라보며
저자 김종운

1판 머리말

인간의 역사는 만남으로부터 시작한다. Buber는 『너와 나(Ich und Du)』에서 '온갖 참된 삶은 만남(Begenung)이다.'라고 역설하였다. 그는 사람을 하나의 실존일 뿐만 아니라 하나의 대화적 실존이라고 하였다.

이것은 어떻게 인간관계를 맺느냐에 따라 삶의 모습이 좌우되며, 일상생활에서 맺고 있는 수많은 타인과의 관계는 인간의 삶을 보다 풍부하게 한다는 것을 의미한다. 즉, 인간관계를 무시하고는 인간 그 자체도 존재할 수 없다는 것이다. 따라서 인간은 바로 '인간관계' 그 자체이며, 사람은 이러한 인간관계 때문에 비로소 사람인 것이다. 결국 인간의 만남은 관계로 이어지며, 이러한 인간관계는 인간이라는 실존의 필연이 된다고 할 수 있다.

하지만 다원화되고 급변하는 현대 사회에서 원만하고 성공적인 인간관계를 형성하는 것이 점점 어려워지고 있다. 저자들도 지난 몇 년간 대학생을 대상으로 상담을 해 오면서 많은 대학생이 인간관계의 문제로 갈등과 고뇌를 경험하고 있다는 것을 체험하였다. 또한 상담 장면이 아니더라도 주위를 살펴보면 인간관계 속에서 경험하는 여러 가지 어려움이나 문제들 때문에 갈등하고 고민하는 사람들을 쉽게 만날 수 있다. 이런 이유에서 인간관계 혹은 만남을 통해 질적으로 더욱 성장하기 위한 교육이나 훈련이 필요한 것이다.

현재 우리나라뿐만 아니라 세계 유수의 대학에서는 인간관계론이나 인간관계 심리학 등의 인간관계 교육과 훈련을 위한 강좌가 개설되어 운영되고 있고 이들 강좌에 대한 학생들의 호응도도 매우 높다.

저자들도 몇 년 전부터 이러한 인간관계 교육 및 훈련과 관련된 강좌를 맡아 강의를 해 오고 있다. 이 강좌의 내용에 대한 수강생들의 요구를 조사한 결과, 인간관계에 대한 이론적 지식과 함께 실제적인 지식을 기대하고 있었다. 그러나 이러한 두 마리 토끼를 잡을 만한 책을 만나기란 쉽지 않았다. 궁여지책으로 인간관계 관련 교재들과 함께 저자들이 강의하고 있는 상담심리학과 심리학 관련 교재의 내용을 활용한 강의노트를 만들어 인간관계에 대한 이론적인 지식과 실제적인 교육을 병행하여 강의를 진행하고 있는데 그 결과 수강생들의 강의에 대한 호응도와 만족도가 더 높아졌다. 이에 그동안의 강의노트를 중심으로 하여 이 책을 집필하게 되었다.

이 책은 크게 3부로 구성되어 있다. 제1부에서는 인간관계의 기초적인 내용, 인간관계 속의 자기이해, 인간관계 형성과 발달, 인간관계의 심리학적 이해, 그리고 인간관계에서 상호작용적 요인 등의 내용을 다루고 있다. 제2부에서는 다양한 인간관계의 유형을 이해하기 위하여 친구 간의 인간관계, 이성 간의 인간관계, 결혼과 인간관계, 부모-자녀 관계와 대인관계, 그리고 직장에서의 인간관계를 다루고 있다. 제3부에서는 1부와 2부에서 다룬 내용을 바탕으로 인간관계를 잘 맺어 나가기 위한 실제적 훈련을 다루었다. 여기에서는 자신의 인간관계 진단과 분석, 의사소통과 인간관계, 스트레스 대처와 인간관계, 그리고 갈등관리와 인간관계가 중심이 된다.

각 장마다 주요 인간관계 이론과 관련하여 이를 자신에게 적용하여 생각해 볼 수 있는 적절한 활동과 심리평가 도구를 '인간관계연습'이라는 이름으로 첨부하였다. 이는 개인적으로 작업이 이루어질 수도 있지만 집단상담이나 집단토의 등의 소집단 활동의 형태로 실시되었을 때 보다 효과적일 것이다. 따라서 인간관계와 관련된 강좌에서 이론 강의와 실습을 병행함으로써 이론적인 내용을 보다 쉽게 실제화, 내면화, 자기화하여 여러 인간관계 장면에서 활용하는 데 도움을 받을 수 있을 것이다. 또한 대학생으로서 인간관계에 관한 보다 깊이 있는 이해를 증진할 수 있도록 '읽기자료'라는 이름으

로 다양한 인간관계 이론과 영역의 읽을거리를 제시하였다.

막상 탈고를 하고 나니 미진하고 부족한 부분이 많은 것 같아 아쉬움이 남는다. 앞으로 미흡한 부분에 대해서는 독자 여러분의 지적과 질책을 기대하며 계속 보완하리라 다짐한다. 이 책이 나오기까지 가르침을 주신 여러 선생님께 충심으로 감사드린다. 그리고 이 책의 바탕이 된 강의 내용에 대해서 많은 비판과 소중한 제안을 해 준 '인간관계와 정신건강' 수강생들에게도 이 자리를 통해 고마운 마음을 전한다. 아울러 학지사의 김진환 사장님을 비롯한 직원 여러분께도 감사드린다.

승학산에서 다대포 바다를 바라보며

저자 대표 김종운

차 례

제1부 인간관계의 이해

제 1 장

THE PSYCHOLOGY OF HUMAN RELATIONSHIPS FOR ENCOUNTER AND GROWTH

개미와 비둘기

『이솝 우화』에 개미와 비둘기 이야기가 있습니다. 어느 날 마을에 홍수가 나서 개미가 강물에 휩쓸리게 됩니다. 이를 본 비둘기가 나무 위에서 나뭇잎을 하나 떨어뜨려 줍니다. 개미는 나뭇잎 때문에 목숨을 건지게 됩니다. 오랜 세월이 흘러 숲 속에 평화가 돌아왔습니다. 그런데 사냥꾼이 나타나서 그때 그 비둘기를 향해 총을 겨누고 있습니다. 일촉즉발의 순간입니다. 이때 그 개미가 사냥꾼의 발목을 깨물어 비둘기가 목숨을 건지게 됩니다.

인간관계의 기초

아무것도 도와주지 못할 정도로 아무것도 아닌 사람은 없습니다. 반대로 누구의 도움도 필요하지 않을 정도로 완벽한 사람도 없습니다.

-『이솝 우화』 중에서-

1. 인간관계에 대한 일반적 이해

먼저 인간관계에 대한 일반적 이해에 있어서 소극적 의미만이 아닌 좀 더 적극적 의미에서의 인간관계의 정의는 무엇인지, 그리고 사람이 이 땅 가운데 태어나면서부터 시작되는 인간관계는 우리의 삶에 있어서 어떠한 중요성이 있는지에 대해 살펴보겠다.

1) 인간관계의 의미와 정의

(1) 인간관계의 의미

인간의 역사는 만남으로부터 시작한다. Buber는 『너와 나(Ich und Du)』에서 "온갖 참된 삶은 만남(Begenung)이다."라고 역설한다. 그는 사람은 하나의 실존일 뿐만 아니라 하나의 대화적 실존이라고 말한다. "인간은 사회적인 동물이다."라는 아리스토텔레스의 말처럼 인간은 본질적으로 개인이 아닌 다른 사람과의 관계를 맺고 살아가는 사회적 존재이기 때문에 다른 사람과 관계를 맺으면서 살아가게 된다. 이때 자의든 타의든 서로가 서로에게 영향을 미치는 상호작용을 하게 된다. 이러한 상호작용이 바로 인간관계의 기초가 된다.

흔히 '만남이 인생의 질을 결정한다.'고 한다. 이것은 어떻게 인간관계를 맺느냐에 따라 삶의 모습이 좌우된다는 것을 의미한다. 그리고 일상생활에서 맺고 있는 수많은 타인들과의 관계는 인간의 삶을 보다 풍부하게 영위할 수 있게 한다.

사람은 한자 '人'으로 '사람과 사람의 사이'를 나타내는 개념으로서 그 자체가 관계를 포함하고 있으므로 인간관계를 무시하고는 인간 그 자체도 존재할 수 없게 된다. 다시 말해, 인생은 나와 나 이외의 타인과 서로 의지하고 조화하며 살아가야 하는 것이다(이수용, 2002). 긍정적인 영향을 주는 인간관계는 주체로서의 자기를 신뢰하고 긍정할 뿐만 아니라 다른 사람과 조화를 이룬 관계를 말하는데, 물질적으로 혹은 심리적으로

서로 도움을 주고받을 수 있는 관계를 형성하고 유지하는 것은 삶의 질을 향상시킬 수 있는 중요한 요소이다(원호택, 박현순, 1999).

다음은 인간관계란 어떤 것인지를 이해할 수 있게 하는 Einstein의 글이다.

> 인간은 고독한 동물이면서도 사회적인 동물이다. 고독한 동물로서 인간은 자기 자신의 생명과 자기에게 가장 가까운 사람들의 생명들을 보호하려고 노력하며, 자기 개인의 욕망을 만족시키고 자기의 본질적 능력을 개발하고자 시도한다. 반면에 사회적 동물로서의 인간은 인류로부터 인정과 애정을 얻고 인류의 즐거움을 나누어 가지며, 그들이 슬플 때 위안을 주고 또한 그들의 생활 조건을 개량하려고 노력한다. 개인에게 음식 · 의복 · 가정 · 도구 · 언어 · 사고의 형성, 그리고 대부분의 사고 내용을 마련해 주는 것은 이 '사회'이며, 그의 삶이 가능한 이유는 '사회'라는 낱말 뒤에 숨어 있는 현재 및 과거의 수백만 사람들의 노동과 업적 때문인 것이다.

이처럼 인간은 바로 '인간관계' 그 자체이며, 사람은 이러한 인간관계 때문에 비로소 사람인 것이다. 결국 인간의 만남은 관계로 이어지며 이러한 인간관계는 인간이라는 실존의 필연이 된다.

(2) 인간관계의 정의

'인간은 사회적 동물'이다. 태어나면서부터 한 집단이나 조직 속에서 상호작용하면서 성장하고 죽음에 이르게 된다. 사람 인(人)자는 모양 그대로 사람과 사람이 서로 의지하며 살아가는 사회적 존재임을 상징적으로 나타내고 있다. 인간(人間)이라는 글자에는 이러한 의미가 다시 한 번 강조되어, 사람은 '사람과 사람 사이'에서 살아가야 하는 사회적 존재라는 의미가 내포되어 있다. 이렇듯 인간은 혼자서 살아가는 것이 불가능하기 때문에 각자가 소속한 집단에 의존해서 살아간다. 사람이 태어나면 가정을 기본단위로 하여 다른 사람과 더불어 생활할 수 있는 사회적 규범을 배운다. 인간관계는 어떤 장소, 어떤 상황에서든 두 사람 이상의 사람들 사이에서 이루어지는 다양한 상호작용을 말한다.

인간관계라는 말은 광의로는 대인관계이고 협의로는 인간에 관련된 여러 문제를 의미하는 것이다. 즉, 인간과 인간 사이에 존재하는 상태를 말하는 것이며, 그것은 다른 사람과의 화합을 원만하게 할 수 있을까 하는 것을 의미하며 다른 사람과의 더욱 좋은 상태를 유지하기 위한 모든 내용을 인간관계라고 할 수 있다. 그런데 이것은 소극적 의미인 것이고, 좀 더 적극적인 방법은 일정한 집단 내에서 진실한 휴머니즘에 기초를 두고 집단의 협동관계를 구축하는 방법이라고 할 수 있는 것이다. 나아가서 건전한 인간관계는 조직의 성과에 긍정적 영향을 미친다는 점도 이해해야 한다.

학자들에 따라 인간관계란 인간의 상호작용, 대인관계 적응력의 기술, 집단구성의 역동적 관계 등 다양한 의미를 내포하고 있다. 그러나 여러 사람의 주장을 종합해 보면 인간관계란 인간 상호 간에 일어나는 관계를 의미하는 것으로서 어떤 집단을 형성하는 구성원이 개인의 경제적 · 사회적 · 심리적 욕구 불만을 해소하고 집단 목표지향적인 협력체제의 확립을 위한 경영의 수단 및 기술이라고 정의할 수 있다.

2) 세 가지 차원에서 인간관계의 개념

인간관계는 인간의 사회성에 바탕을 두고 있다. 탈무드에서 "혼자 살려면 신이 되든지 짐승이 되든지 선택해야 한다."고 말한 것도 인간관계가 우리에게 얼마나 중요한 것인지를 보여 준다. 그러므로 인간관계는 다른 사람에 대해 관심을 두는 것으로부터 시작된다. 인간이 타인에 대해 어떤 관심을 보이느냐에 따라 그것이 사랑으로, 우정으로, 신뢰에 바탕을 둔 사업 파트너 관계로, 더 나아가 건전한 사회로 발전할 수 있다. 이처럼 인간과 인간 사이의 신뢰와 조화를 통해 상호 간에 보다 나은 상태를 형성하고 유지하기 위한 모든 활동이 인간관계의 내용이라고 할 수 있다.

여기서는 장성화(2008)가 제시한 일반적 차원에서의 개념, 학문적 차원에서의 개념, 그리고 박연호(2004)의 발생적 · 연속적 차원에서의 개념을 살펴보기로 한다.

(1) 일반적 차원에서의 개념

일반적 차원에서 인간관계는 사회에서 널리 통용되고 있는 사람과 사람의 심리적 관계, 대인관계, 인화 등의 뜻으로 사용되고 있다.

첫째, 사람과 사람의 심리적 관계의 의미로 사용되는 인간관계는 일반적으로 특정 목적의식 없이 사람과 사람 상호 간에 형성되는 일정한 심리적 관계 그 자체를 의미한다. 그러므로 특정한 이데올로기나 가치 비판의 의미는 개재될 수 없다고 하겠다.

둘째, 대인관계라는 의미로 사용되고 있는 인간관계는 사람이 사람을 대면하는 경우에 개인의 언행과 태도에 관심을 갖고 형성되는 상호관계이며, 사람과 사람의 상호관계라고 규정 짓기보다는 오히려 개인과 개인의 개성 수준의 정도 및 대인적 교섭과 수용태도에 치중하는 내용이라 할 수 있다.

셋째, 인화라는 의미로 사용되는 인간관계는 공동의 목표의식이 있는 동일집단에서 인간 상호 간에 형성되는 바람직한 심리상태를 의미한다. 다시 말해, 특정 개인의 대인관계를 형성하는 능력과 잠재능력 및 탁월한 인화력을 바탕으로 한 지도성의 결과로 목표지향적인 인간관계와 심리적 태도를 조성하고 집단의 효율과 능률을 극대화시키는 의미로 이해할 수 있다.

이처럼 인간관계에 대한 일반적 차원에서의 개념은 우리 사회에서 무분별한 상태로 사용되고 있어 다소 혼란스러울 수 있다. 그러므로 학문적 차원에서의 인관관계 개념과 발생적 및 연속적 차원에서 분류한 개념을 통해 이를 명확히 할 필요가 있다.

(2) 학문적 차원에서의 개념

학문적 차원에서 인간관계는 인간관계 과학(human relation science)과 산업상의 인간관계 과학(industrial human science)으로 나누어 볼 수 있다.

첫째, 인간관계 과학이라고 하면 일반적으로 광의의 개념과 협의의 개념으로 구분되고 있다. 먼저 광의의 인간관계 과학은 사회과학과 동의어로 사용되며, 여기에는 경제학(economics), 노동경제학(labor economics), 정치학(politics) 혹은 법학(laws)까지도 포함시키고 있다. 반면, 협의의 인간관계 과학은 심리학(psychology)을 기초로 하는 사회심리학(social psychology)과 산업심리학(industrial psychology) 및 임상심리학(clinical psychology), 사회학(sociology)을 바탕으로 하는 산업사회학(industrial sociology)과 사회인류학(social anthropology) 등의 여러 학문을 포괄하고 있다.

이처럼 인간관계 과학은 여러 인접학문을 배경으로 하여 인간을 중심으로 인간행동과 욕구 및 심리상태의 변화 과정 등을 상세하게 분석하고 연구하여 진의를 파악하는 기술적인 학문이다.

둘째, 산업상의 인간관계 과학은 조직 내의 경영관리 측면에 존재하는 현실, 즉 기술적인 면이나 비공식적인 면에서 현실 자체의 인간관계를 지칭하게 된다. 특히 조직은 상호 간에 상이한 개성을 가진 개개인의 집단이며 동시에 상이한 개인 차이와 욕구 및 이에 수반하는 행동 양상을 보이고 있기 때문에 조직 내 현실 그대로의 인간관계 양상을 의미한다.

현실 그대로의 인간관계를 조직적인 측면에서 보면 생산 공정상 기술적인 의미에서 상호의존적 · 협동적 관계를 갖고 있어 기술적인 인간관계, 사회규범과 같이 조직상의 규정이나 제도에 의하여 형성되는 직무관계인 공식적 인간관계, 인간 상호 간의 일상적인 인간 접촉을 통해서 확립되는 비공식적 인간관계 등의 형태로 구분된다.

(3) 발생적 · 연속적 차원에서의 개념

발생적 차원에서 인간관계는 그것이 자연발생적 관계인지 혹은 사회적 · 인위적 관계인지 여부에 따라 구분되는 개념이다. 또한 연속적 차원에서의 인간관계 개념은 동시대적 관계인지 혹은 계속적 시대적 관계인지 여부에 따라 구분되는 개념이다.

〈표 1-1〉 발생적 · 연속적 차원에서의 인간관계의 개념

발생 / 연속성	자연발생적 관계	사회적 · 인위적 관계
동시대적 관계	형제관계, 친구관계	부부관계, 동료관계, 고용관계, 서비스 관계
계속적 시대적 관계	부모-자녀 관계	학생과 교사와의 관계 등

출처: 박연호(2004).

2. 인간관계의 특성과 중요성 및 영향 요인

1) 인간관계의 특성

인간관계는 행복과 만족 및 성장을 위한 수단에서 시작하여야 하며, 서로서로 이러한 목적을 위하여 행동하여야 한다. 그러나 일방적인 요구나 전혀 불가능한 요구를 할 수 도 있다. 따르기 어려운 요구와 충족되기 어려운 요구 사이에는 구분이 있어야 한다. 두 사람 사이의 의사 불통은 한 쪽이 일방적으로 그것을 요구하거나 혹은 보다 만족하기를 바라서 상대방이 이것을 따르지 않을 때 혹은 따를 수 없을 때 일어난다. 이런 경우 관계를 악화시키는 결과를 가져오는데 흔히 갈등과 의심으로 시작되며, 또 권태와 짜증과 피로, 타인에 대한 불만, 잔소리, 비평, 분노 등으로 나타난다. 인간관계는 다음과 같은 여러 가지 특성을 갖는다.

(1) 개별성

인간관계는 참으로 다양하다. 가족관계, 친구관계, 사제관계, 선후임 간의 관계, 직장에서의 사회관계 등 셀 수 없을 만큼 복잡하고 다채롭다. 또한 사람은 저마다 갖고 있는 성격과 기질이 다르기 때문에 같은 관계라 하더라도 누구 하나 똑같은 관계를 맺는 사람은 거의 없다. 같은 동료라 하더라도 이 사람과의 관계와 저 사람과의 관계는 분명 다르다. 사람이 각기 다르듯이 관계도 저마다 다른 것이다. 결국 어떤 인간관계도 똑같지 않으며 개별성이 있다.

(2) 대체 불가능성

특정 인간관계 자체가 갖는 개별성 때문에 어떠한 인간관계도 다른 인간관계에 의해 대체될 수는 없다. 그렇기 때문에 사랑하는 사람과 헤어졌을 때 겪는 고통과 외로움은 바로 그 사람과의 관계 자체가 회복되지 않는 한 그대로 남아 있게 된다. 물론 시간이 지나거나 다른 사람과 다시 사랑함으로써 고통과 외로움은 극복될 수 있겠지만, 그것은 원래의 관계에서와는 다른 색깔과 향기로 경험된다. 특히 관계가 깊을수록 그러한 관계는 다른 관계에 의해서 대체되기가 더 어렵다.

(3) 상호의존성

인간관계에서는 상호 간에 삶이 연관되어 있다. 흔히 우리는 친구의 성공 때문에 기뻐하고 그의 실패나 고통 때문에 마음 아파하기도 한다. 또한 친구가 어떤 문제를 경험할 때 그 문제는 결코 그 친구의 문제만으로 생각되지 않고 바로 나의 문제로 여겨지게 되고 따라서 그 문제의 해결을 위해 함께 노력하게 된다. 마찬가지로 관계를 맺고 있는 상대방의 입장과 처지가 바뀜에 따라 나의 입장과 처지 또한 바뀌는 경우도 경험한다. 이처럼 인간은 타인과의 상호작용을 통해 인간관계가 더욱 발전하게 되며 다른 사람이 요구하는 기대에 의해 행동이 유발되기도 한다.

(4) 개방성

인간관계를 맺다 보면 불가피하게 자신의 그대로의 모습에 대해 개방할 수밖에 없다. 즉, 자신의 생각, 감정, 소망, 약점, 가정상태 등 모든 것에 대해 상대방에게 내보이게 된다. 그리고 일반적으로 자신을 더 많이 개방했을 때 인간관계는 더 친밀해진다. 그러나 자신에 대해 은폐하거나 숨기면 상대적으로 피상적인 인간관계를 맺을 수밖에 없다. 관계에 따라 개방에 대한 깊이는 다르겠지만 살면서 자신의 모습에 대한 개방은 자연스럽게 이루어진다.

(5) 참만남의 희소성

사람은 평생을 살면서 온갖 종류의 인간관계를 경험하지만 그러한 관계 상황 속에서 진정한 참만남의 인간관계를 경험하기란 쉽지 않다. 사회생활을 하다 보면 단지 어떠한 필요성 때문에 인간관계를 맺는 경우도 있다. 단지 목적 달성만을 위해서 적당히 가장하고 '~체' 함으로써 피상적인 관계로 만남을 유지한다. 그러나 참만남은 다르

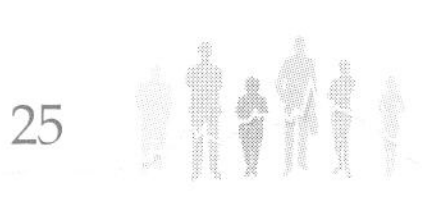

다. 참만남은 어떤 외적인 목적 때문이 아니라 관계 그 자체가 목적이며 상대방의 성장과 행복을 위하여 그와 함께 행복할 수 있는 경험을 하는 인간관계이다. 그러나 오늘날과 같은 현대사회에서는 이러한 참만남의 관계를 갖는 것이 결코 쉽지 않다. 인간이 인간을 제대로 안다는 것이 사실은 불가능하지만 그럼에도 불구하고 나름대로 인간관계에서 진정한 친구를 만나기도 한다. 그리고 이런 사람은 그렇지 않는 사람보다 훨씬 더 행복감을 느낀다. 개인이 인간에 대한 이해도가 부족해서 인간관계에서 많은 실패를 거듭하고 시행착오를 거치기도 하지만 그럼에도 불구하고 인생에 있어 참만남을 갖는다는 것은 귀하고 아름다운 것이다.

2) 인간관계의 중요성

사람은 태어나면서부터 혼자서는 살아갈 수 없는 존재이다. 우리 모두는 어떠한 형태든지 인간관계를 맺게 되는데 어떤 사람들은 보다 많은 사람과 인간관계를 맺고 있으며, 어떤 사람들은 극히 소수의 사람과 인간관계를 맺고 있다. 또한 어떤 사람들은 즐겁고 원만하며 사랑과 신뢰에 가득 찬 인간관계를 맺고 있는 반면, 어떤 사람들은 외로움과 허무를 느끼는 인간관계를 맺고 있다. 이렇듯 우리가 맺는 인간관계는 우리 삶에 있어 필수적이며 우리가 어떤 인간관계를 맺고 있느냐에 따라 때때로 우리의 삶이 달라지기도 한다. 그러나 인간은 누구나 자기중심적이고 이기적인 속성을 가지고 있기 때문에 인간관계 속에서의 갈등은 피할 수 없는 부분이다. 평상시에는 잘 느끼지 못하다가 삶 속에서 인간관계의 어려움을 겪은 다음에야 인간관계가 얼마나 우리의 삶에 있어서 중요한지를 깨닫게 된다. 마치 공기나 햇빛의 고마움을 모르고 지내다가 어려운 상황에 처했을 때 공기나 햇빛의 고마움을 깨닫는 것처럼 말이다.

우리의 인간관계가 만족스럽고 효과적일 때, 바로 그러한 인간관계의 경험을 통하여 우리는 한 인간으로서 바람직한 성장 · 발달을 하게 된다. 반대로 우리의 인간관계가 불만스럽고 비효과적일 경우 우리의 성장 · 발달은 방해를 받게 되는 것이다. 이처럼 우리가 경험하게 되는 인간관계의 질과 양에 따라 우리는 독특한 자아를 형성, 발달시킬 뿐만 아니라 개인의 정체와 건전한 인격발달에도 지대한 영향을 받게 된다. 그러므로 효과적이고 생산적인 인간관계는 우리의 삶에 매우 중요한 역할을 한다고 볼 수 있다.

우리는 학교나 직장이나 가정에서도 모두 나와 나 이외의 어떤 타인과 서로 의지하고 조화를 이루면서 살아가게 된다. 한 사람인 나를 중심으로 부모, 친척, 직장 동료, 사회, 국가, 세계인 등으로 그 영역을 넓혀 가면서 인간관계를 형성해 간다.

우리가 살아가면서 경험하는 많은 문제들을 보면 그 원인이 바로 인간관계에 있는 것을 발견할 수 있다. 오늘날 우리 사회에 일어나는 많은 갈등은 원만한 인간관계를 형성하고 유지하지 못하는 데 그 주요 원인이 있다. 인간관계를 통하여 우리의 삶이 가능해질 뿐만 아니라 개인의 삶의 질이 좌우된다. 인간관계가 우리의 삶 속에서 갖는 중요성을 이성태(2006)를 참고하여 살펴보자.

(1) 인간관계는 인간을 인간답게 한다

우리를 보다 인간답게 하는 것은 바로 다른 사람과의 상호작용을 바탕으로 한 인간관계이다. 인간으로 태어났으나 인간과의 상호작용이 전혀 없었던 인도의 늑대어린이 카말라의 이야기는 이를 극적으로 잘 대변해 주고 있다.

이러한 사례는 인간관계라는 사회적 상호작용을 통해서만 인간이 인간다워진다는 사실을 입증해 주고 있다. 우리는 인간관계 속에서 서로 인간으로 대하고, 관심을 갖고, 서로의 욕구에 반응하는 법을 배우게 된다. 즉, 사회화가 되는 것이다.

인간다움을 나타내는 특성들 가운데는 친절, 자비, 배려, 관심, 연민, 협동, 사랑, 돌봄, 공감, 동정 등이 포함되어 있다. 이러한 인간다움의 특성들은 인간관계 속에서 바람직한 상호작용의 결과로 길러진다. 즉, 우리 각자가 다른 사람을 대하고 관계 맺는 방식과 그 관계의 질이 우리가 어떤 종류의 사람이 되는가를 결정하게 된다고 할 수 있다.

(2) 인간관계는 인간을 가치 있는 존재로 만든다

좋은 인간관계를 형성하고 유지, 발전시키는 데 필요충분조건은 자기도 수용하고 타인도 수용하는 자세다. 이는 Eric Berne과 Thomas Harris가 제시하고 있는 'I'm OK-You're OK(I+U+)'의 생활자세다.

교류분석 학자인 Thomas Harris는 인간 존재의 가치형성에 대해 다음과 같이 말한다.

> 나는 한 인간이다. 너도 한 인간이다. 너 없이 나는 인간일 수 없다. 왜냐하면, 너를 통해서만 언어가 있을 수 있고, 언어를 통해서만 사상이 있을 수 있으며, 사상을 통해서만 인간다워질 수 있기 때문이다. 따라서 너는 나를 중요한 존재가 되게 했다. 그러므로 나는 중요하며, 따라서 너도 중요하다. 만약 내가 너의 가치를 낮게 평가하면 나 자신의 가치도 낮아진다(Harris, 1969).

자신과 다른 사람을 중요하고 가치 있는 존재로 받아들인다는 것은 완전하고 흠이 없어서가 아니다. 다른 사람의 눈에나 자신의 관점에서 장점으로 보이는 부분도 있고 단점으로 보이는 부분도 있을 수 있으며, 잘할 때도 있고 실패할 때도 있다. 마음에 드는 부분도 있고 마음에 들지 않는 부분도 있을 수 있다. 이러한 양면성에도 불구하고, 우리가 서로를 소중하고 가치 있는 존재로 여길 때 서로를 수용할 수 있으며, 서로를 수용할 수 있게 될 때 너와 내가 함께 가치 있고 인간다운 존재가 될 수 있다.

(3) 인간관계 속에서 개인의 정체성이 발달한다

자아정체감(ego identity)이란 현재의 자신의 위치, 능력, 역할 및 책임에 대한 분명한 인식으로서 자기정의(self definition)라고 할 수 있다. 자아정체감이 결정적으로 형성되는 것은 사춘기에서부터 청년기 동안이지만 여기에는 인생 초기부터 수많은 인간관계의 경험들을 통해서 축적되어 온 자신감이 포함되어 있다.

청소년들은 다른 사람들이 자신에 관해서 가지는 이미지에 대해서 이전보다 훨씬 더 민감하게 적극적인 관심을 갖게 된다. 나는 다른 사람들에게 어떻게 보이는가, 나는 누구인가, 무엇을 어떻게 해야 할 것인가 등 자신의 위치와 역할에 대한 답을 찾고자 한다.

이러한 청소년기의 건강한 정체성 발달은 성인기의 성공적인 결혼생활과 직장생활에 대한 적응 그리고 노년기의 정신건강과 밀접하게 관련되어 있다.

(4) 인간관계는 성공적인 직장생활의 중요한 요인이 된다

탁월한 기술과 재능이 생산성을 높이는 중요한 요인이 되기도 하지만 다른 동료들과 함께 효과적으로 일할 수 없으면 그 직장에서 살아남을 수가 없다. 면접관들이 신입사원 지원자들을 면접할 때 마음에 두는 중요한 기준의 하나는 다른 사람들과 함께 잘 어울려서 일할 수 있을 것인가 하는 것이다.

실제로 직장인들은 회사 내에서 인간관계의 불화 때문에 회사를 가장 그만두고 싶어 하는 것으로 나타났다. 취업 · 경력관리 포털 스카우트(2007)가 자사 회원 2,439명을 대상으로 '회사, 이럴 때 그만두고 싶다'란 주제로 설문한 결과, 97.5%가 '회사를 그만두고 싶을 때가 있다'고 답했다. 그 이유로 '직장상사나 동료, 후배와의 마찰'(41.2%)이 제1순위로 꼽혔다. 이어 '적은 임금 또는 불안정한 급여체계'(34.1%), '성과평가에 대한 심한 스트레스'(15.6%), '잦은 부서 이동, 술자리 등으로 인한 스트레스'(5.3%) 등의 순으로 조사됐다. 그러므로 탁월한 기술과 재능만으로는 성공적인 직업을 보장하기에 충분하지 못하다는 것이다.

(5) 인간관계는 신체 및 정신 건강에 지대한 영향을 미친다

인간관계 속에서 애정 경험이 신체 발달에 중요하게 관련되어 있음을 보여 주는 것이 정서적 왜소증(emotioned dwarfish)이다. 부모나 주위에서 돌보는 사람들의 안정되고 따뜻한 보살핌은 대뇌의 시상하부와 뇌하수체를 차례로 자극하여 성장 호르몬의 분비를 왕성하게 함으로써 신체 발육을 촉진시킨다. 그러나 애정 결핍으로 인하여 안아주거나 쓰다듬어 주는 등의 신체 접촉 등을 포함하는 애정이 담긴 보살핌이 장기적으

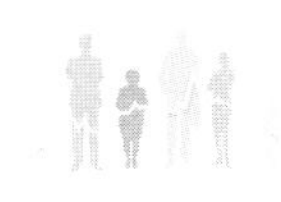

로 결여될 때 성장 호르몬의 분비 저조로 신체적 성장이 제대로 이루어지지 않아 왜소한 체구를 지니게 되는 경우가 있다.

한편, Bowlby는 시설아동에 대한 연구를 통해서 신체 접촉이나 따뜻한 인간관계가 결핍된 환경에서 자라는 아이들은 질병에 대한 면역이 약할 뿐만 아니라 언어 발달, 학업성적, 대인관계에 대한 부적응을 보이는 경우가 많고, 성장 후에도 사회적으로 잘 적응하지 못해서 비행을 저지르는 등 반사회적 성격인 경우가 흔하다고 보고했다.

이와 같이 긍정적이고 효율적인 인간관계는 정신건강과 적응에 밀접하게 관련되어 있다. 즉, 심리적 고민의 감소, 스트레스에 대한 효과적 대처와 회복, 자기신뢰와 자율성, 일관되고 균형 잡힌 자아정체감, 보다 큰 심리적 안정감, 보다 높은 자아존중감, 나아가서 일반적인 행복감의 증대 등과 밀접하게 관련되어 있다고 할 수 있다.

(6) 인간관계 형성의 능력은 자아실현과 인류의 삶의 질에 깊이 관련되어 있다

인간의 내면에는 잠재능력과 그 잠재능력을 실현하고자 하는 강한 욕구가 있다. 개인의 잠재능력인 내적 자원들을 발굴하고 실현하고 그 성취감을 경험하게 되는 것은 직접적이든 간접적이든 다른 사람들과의 관계 속에서 가능하다.

미국 전역을 대상으로 표집 조사한 연구에 의하면, '당신의 삶을 의미 있게 하는 것이 무엇인가?'라는 물음에 대하여 대부분의 응답자는 부모, 친구, 형제자매, 배우자, 연인, 자녀, 그리고 다른 사람들로부터 필요한 존재로 인정과 사랑을 받고 있다는 느낌이 들 때라고 응답했다.

한 사람의 인간관계 경험은 자신의 행복이나 불행에만 관련되는 것이 아니고, 생산품의 질과 다른 사람, 즉 우리의 이웃의 삶의 질에 영향을 미치는 보다 큰 의미로 확장된다. 가령, 직장에서의 좋은 인간관계는 자신의 행복한 직장생활뿐만 아니라 직장 동료들의 행복, 생산품과 서비스의 질에 영향을 미치고, 나아가 생산품과 서비스를 구매하는 사람들의 삶의 질에도 영향을 미치게 되는 것이다.

3) 인간관계에 영향을 주는 요인

바람직한 인간관계는 서로 떨어져 있을 때는 만나고 싶은 충동을 느끼고, 만나면 즐겁고 함께 오래 머물고 싶은 상태라고 할 수 있다. 이러한 인간관계는 여러 가지 요인에 의해서 형성된다.

(1) 개성

사람은 자기만의 특수한 개성을 지니고 있다. 개성은 유전적 요인, 교육, 경험 등의 여러 가지 요인에 의해서 결정된다. 개성은 언어 행동으로 나타나기 때문에 구성원 간에 서로 개성을 인정하고 이해하면 화목한 인간관계를 유지할 수 있으나 이를 이해하지 못하고 수용하지 못하면 대립관계를 갖게 된다. 즉, 사람마다 가치관이 다르면 보는 기준도 다르기 때문에 동일한 대상을 놓고도 해석과 반응이 다르게 나타난다. 그 외에 문화적 배경, 교육의 차이, 빈부의 차이, 욕구의 차이도 개성에 영향을 주게 되며 이러한 여러 요인들이 인간의 성격과 행동에 차이를 가져오게 한다.

(2) 시간성

인간관계는 시간성과 밀접한 관계를 지니고 있다. 물론 잠시 동안에 깊은 인간관계를 형성하는 경우도 있으나 일반적으로는 자주 만나고 많은 대화를 나누어야 인정이 싹트게 되고 친밀한 인간관계를 형성하게 된다. 대부분 오랜 시간 교제를 한 후에야 격의 없고, 절친한 인간관계를 맺게 되며, 이런 인간관계의 친밀감은 교제기간과 인간관계의 질에 밀접한 관련이 있다.

(3) 사회성

사회성이란 인간이 타인과 더불어 공동생활을 하려는 성향을 말하며, 이는 곧 다른 사람이나 주위 환경과 사귈 수 있거나 관계를 가질 수 있는 개체의 능력이라고 할 수 있다. 사회성은 인간관계를 통하여 나타나고 발달하며 성공적인 인간관계는 다시 한

사람의 사회성에 긍정적인 영향을 주게 된다. 인간은 태어나면서부터 부모, 친구, 학교 등 다양한 사회 환경에서 성장하게 되는데 이런 사회화의 과정을 통해 인간은 생존에 필요한 것들을 배우며 되며 인간관계를 형성해 나가게 된다. 일반적으로 자아에 대하여 긍정적인 생각을 갖고 있는 사람은 다양한 사회 환경 속에서 성공적인 인간관계를 맺게 되며 그렇지 못한 사람은 인간관계에 갈등을 일으키기 쉽다.

3. 부적응적 인간관계

인간은 누구나 다 인간관계를 성공적으로 이끌기를 원하며 좋은 인간관계 맺기를 원한다. 그러나 일반적으로는 인간관계에 있어서 부적응을 경험하고 난 뒤에야 또는 인간관계가 깨어지고 난 뒤에야 그 소중함과 가치를 깨닫는 경우가 많다. 그러므로 우리의 삶 가운데 인간관계는 떼려야 뗄 수 없는 것임을 감안할 때 인간관계 부적응에 대한 이해는 무엇보다도 실질적인 요소라고 생각한다. 여기서는 인간관계 부적응은 무엇이며 부적응적 인간관계의 기준에는 어떠한 것들이 있는지 그리고 이러한 기준에 의해 발생하는 '여덟 가지 부적응적 인간관계의 유형'에 대해 알아보고자 한다(권석만, 2004).

1) 인간관계 부적응의 정의와 부적응적 인간관계의 기준

(1) 부적응의 정의

인간은 욕구 충족을 위한 활동에서 대체로 자기가 원하는 만큼의 성공적인 적응을 끊임없이 해 나가고 있다. 그러나 모든 욕구 충족 과정에서 언제나 개인의 모든 욕구가 충족되고 받아들여지는 것은 아니다. 자기의 경쟁적 활동과 능력 부족 등으로 실패를 경험하는 경우도 많으며, 신체적 능력 부족으로 대외활동에 지장을 가져오기도 하는 등 모든 욕구가 충족되기란 거의 불가능한 일이다. 개체는 자기 내부에 어떠한 결핍이 생기게 되면 그것을 보충하려는 마음의 욕구가 생기게 되는데 그 결핍 상태 또는 불균형 상태를 보충하고 만족시키려는 수단으로서 행동이 일어나게 된다. 이러한 결핍은 여러 가지 행동이나 적응 형식을 발견하지 못할 경우에 이상행동을 취하게 되고 심리적으로 비뚤어지는 사례를 볼 수 있다. 이와 같은 행동을 부적응 행동이라고 하며 그러한 상태를 부적응 상태라고 한다.

(2) 부적응적 인간관계의 기준

인간관계에서 나타나는 부적응은 여러 가지 기준으로 정의될 수 있다(권석만, 2004).

첫째, 인간관계 속에서 느끼는 주관적 불편감이 부적응의 기준이 될 수 있다. 불편감은 다양한 부정적인 불쾌감정을 뜻하며 인간관계 속에서 느끼는 불안, 분노, 우울, 고독, 좌절감 등을 포함한다. 이러한 불쾌감정은 인간관계 속에서 누구나 약간씩은 경험하는 것이지만 이러한 불쾌감정이 참기 어려울 정도로 과도한 상태를 부적응 상태라고 할 수 있다. 예를 들어, 낯선 이성을 만나는 상황이나 여러 사람 앞에서 발표를 해야 하는 상황에서 정도가 심하여 얼굴이 굳고 말을 제대로 하지 못하는 경우, 불쾌감정을 느끼지 않을 상황에서 부적절하게 그러한 감정을 느끼는 경우(전철 안에서 남들이 자신을 쳐다본다는 생각에 위축감을 느끼는 경우)가 해당된다. 이렇게 지나치게 긴장하고 불안을 느끼거나 상황에 적절하지 않는 감정을 느끼게 될 때 사람들은 이런 상황을 회피하려고 하고, 그 결과로 고립된 상태에 빠질 가능성이 높아진다.

둘째, 사회문화적 규범으로부터의 일탈이다. 모든 사회와 집단에는 구성원의 행동규범이 외형적으로 또는 암묵적으로 정해져 있는 것이 일반적이다. 어느 사회이든 남녀노소와 상황에 따라서 상대방에게 지켜야 할 여러 가지 행동규범이 있다. 뿐만 아니라 모든 사회에는 상황에 알맞은 적절한 행동양식이 있다. 이렇듯 인간관계의 대상과 상황에 따라 지켜야 할 행동규범과 행동양식에 대해서 무지하거나 부적절한 행동을 하는 사람은 주변 사람들에게 좋은 인상을 줄 수 없다. 예를 들어, 연장자에게 한 손으로 물건을 건네거나 낯선 사람과 처음 만나는 자리에서 부적절한 행동을 하는 것은 무례하거나 이상한 사람이라는 평가를 받게 함으로써 원활하거나 친밀한 인간관계를 맺기

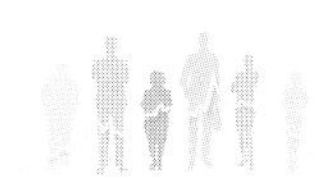

어렵다.

셋째, 인간관계의 역기능이다. 인간관계의 역기능이라 함은 개인의 사회적 적응에 결과적으로 부정적인 영향을 미치는 인간관계를 의미한다. 개인이 자신의 능력을 발휘하고 추구하는 목표를 달성하는 데에 결과적으로 손해와 지장을 초래하는 인간관계는 역기능적이며 부적응적인 인간관계라고 말할 수 있다. 예를 들어, 여러 사람이 함께 협동적인 일을 해야 하는 상황에서 한 사람이 지나치게 지배적이거나 비판적이어서 다른 사람들을 괴롭게 하고 일의 진행을 더디게 하는 경우이다. 사람들은 그런 사람과 함께 일하기를 싫어하게 될 것이고 일의 효율성도 떨어지게 되며, 결과적으로 다른 사람들로부터 따돌림을 당하게 될 가능성이 높아진다.

2) 부적응적 인간관계의 유형

여기서는 부적응적 인간관계의 이해를 돕기 위해 권석만이 제시한 [그림 1-1]을 참고로 부적응적 인간관계 유형을 크게 네 가지의 유형, 더 세분해서 여덟 가지 유형으로 살펴보고자 한다.

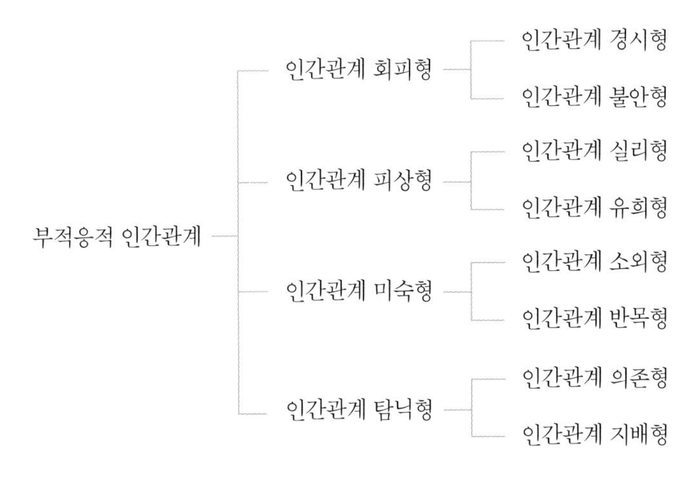

[그림 1-1] 부적응적 인간관계의 유형

(1) 인간관계 회피형과 자아개념

이러한 사람들은 인간관계에 대한 욕구와 동기가 적은 사람들이 많다. 인간관계 회피형은 인간관계에 매우 소극적이어서 그 결과 거의 친구가 없거나 인간관계의 폭이 매우 제한되어 있다. 이런 사람들은 혼자 있을 때 가장 편안하게 느낀다. 그래서 사람을 만나서 하는 일을 가능한 한 피하는 경향이 있다. 인간관계보다는 일, 특히 혼자 하는 일에 몰두하는 경향이 있다.

이 유형의 경우 대체로 사람들과 떨어져서 어떤 사람들에게도 의지하지 않는다. 다른 사람들과 친밀한 관계 맺기를 힘들어하고 감정적인 교류도 부담스러워 한다. 회피형의 동기에는 소심함, 실패의 두려움, 상황을 도피로 모면함 등이 있다. 회피하는 반응의 유형들로는 상대방을 의도적으로 피하거나 차갑게 대하는 경우나, 힘든 상황을 모면하기 위한 대체 수단으로 다양한 중독에 빠지는 경우가 많다. 그리고 자기 합리화에 능하고 완벽주의적인 경향이 많으며 상대방에 대한 피해의식도 강하다. 다른 사람의 신세를 지거나 도움을 받는 것 자체를 싫어하며 따라서 가능하면 모든 일을 스스로 해결하는 자급자족 정신이 강하다.

인간관계 회피형은 인간관계를 중요하게 생각하지 않는 인간관계 경시형과 인간관계에 대한 불안과 두려움으로 인한 인간관계 불안형이 있으며 인간관계 회피형에 영향을 주는 자아개념과 독특한 신념들은 다음과 같다.

- 나는 무가치하고 무능하며 사람들과 함께 살기에 부적절한 사람이다.
- 나는 사람들로부터 인정받고 사랑받기엔 너무나 무가치한 존재다.
- 나는 사람들을 불편하고 불쾌하게 만든다.
- 사람들은 비판적이고 공격적이며 적대적이다.
- 사람을 피하는 것이 상처를 덜 받는 최선의 방법이다.
- 인간은 어차피 고독한 존재이다. 따라서 타인에게 의존하지 말고 혼자 사는 것이 더 편하고 익숙해져야 한다.
- 인간의 가치는 인간관계보다 일, 공부, 업적에 의해 결정된다.

- 인간관계를 위해 정력과 시간을 쏟는 것은 바보스러운 짓이다.
- 인간은 누구나 다 이기적이다. 인간관계는 상처만 줄 뿐이다.
- 주변에는 신뢰할 만한 가치 있는 사람이 없다.
- 실패하면 다른 사람들이 나를 우습게 볼 것이다.
- 사람 사이에는 어차피 넘을 수 없는 벽이 존재한다.

① 인간관계 경시형

경시형은 인간관계보다는 학문이나 공부, 예술적 작업, 종교 활동이 중요하다고 믿는 사람들이다. 따라서 인간관계에 시간을 들여 신경 쓰는 것이 헛된 낭비라고 생각한다. 인간관계 경시형은 인간관계를 부정적으로 보는 독특한 신념이나 인생관을 가지고 있는 경우가 많은데 이러한 부정적 신념과 인생관이 형성되는 과정은 다양하다. 그 첫째는 과거에 긍정적이고 의미 있는 인간관계를 경험해 보지 못한 사람의 경우인데, 성장 과정에서 부모나 타인과 친밀하고 따뜻한 관계를 형성하지 못하고 고립된 채로 성장하여 인간관계에서 느낄 수 있는 즐거움과 기쁨을 경험해 보지 못했기 때문이다. 둘째는 불행한 인간관계의 경험을 가진 사람들의 경우인데 부모나 가족의 불행한 관계를 목격하며 성장했거나 과거에 굳게 믿었던 사람으로부터 심한 배신감을 경험한 사람들은 인간관계 자체에 대해서 실망하고 좌절하여 인간관계에 대한 부정적 시각을 형성하게 되는 경향이 있다.

② 인간관계 불안형

불안형은 자신이 다른 사람들에게 거부당할 것에 대한 염려와 두려움이 있다. 사람들과 교제하고 싶은 마음은 있지만 사람들이 자기를 싫어하거나 무시할 것 같은 두려움이 사람들을 피하게 한다. 또한 과거에 사람들에게 상처받은 기억들이 되살아나서 친밀한 관계를 거부하게 만든다. 인간관계 불안형은 사람을 사귀고자 하는 욕구가 있으며 인간관계를 무시하지 않는다는 점에서 인간관계 경시형과는 다르지만 결과적으로 사람을 피하고 고립된 생활을 한다는 점에서는 유사하다. 이들은 사람 만나는 일을 몹시 불안해하고 힘들어한다. 사람을 만나면 왠지 긴장되고 불편하며 피곤하다. 이런 인간관계 불안형은 가족이나 소수의 친한 친구들, 즉 안심하고 편안하게 만날 수 있는 사람들과만 인간관계를 유지할 뿐이다. 이렇듯 인간관계의 불안이 극심하게 나타나게 되면 대인공포증으로 발전할 수도 있다. 이런 사람 중에는 성장 과정에서 매우 엄격하고 비판적이며 평가적인 부모나 주변 사람의 영향에 의해 자기가치감이 저하되고 타인에 대한 두려움을 지니고 있는 경우가 많다.

(2) 인간관계 피상형과 자아개념

피상형은 깊이 있고 의미 있는 인간관계를 맺지 못하고 피상적인 인간관계를 맺는 사람들이다. 이들은 겉으로 보기에 넓고 원만한 인간관계를 맺고 있는 듯이 보이나 자신의 속마음을 털어놓고 이야기할 수 있는 친한 친구가 없다. 평소에는 커다란 갈등 없이 지내지만 어려움이 생기면 심한 외로움과 고독감에 빠져들게 된다. 이러한 사람들은 다른 사람과 관계가 너무 가까워지는 것에 대해서 위협감을 느끼므로 다른 사람과 적당한 거리를 두고 피상적인 수준에서 사귀는 것이 편안하게 느껴진다. 이러한 인간관계 피상형은 인간관계를 맺는 이유에 따라 인간관계 실리형과 인간관계 유희형으로 나누어 볼 수 있으며, 인간관계 피상형에 영향을 주는 자아개념과 독특한 신념은 다음과 같다.

- 나의 내면이 사람들에게 알려지면 나를 무시하고 떠나갈 것이다.
- 나의 치부나 고민을 드러내는 것은 부적절한 일이다.
- 다른 사람과 밀착된 관계를 맺는 것은 불편하고 두렵다.
- 상대방과 친해지면 구속되어 종속됨으로써 자율성이나 자기정체감을 잃는다.
- 현실적 이득을 위해서 인간관계는 필요하고 중요하다.
- 손해 보는 인간관계는 싫다.
- 넓은 인간관계는 성공하기 위해 필요하나, 사실 인간은 믿기 어려운 존재이다.
- 많은 사람을 아는 것이 중요하고 현실적으로 도움이 된다.

• 인생의 밝고 즐거운 면만을 보고 어둡고 괴로운 면은 외면해야 한다.

• 불편함과 고통은 피하고 재미와 즐거움을 얻는 것이 최선이다.

① 인간관계 실리형

실리형은 인간관계의 주된 의미를 실리적인 목적에 두는 사람이다. 이런 사람들은 인간관계를 현실적인 이득을 위한 거래관계로 생각하는 경향이 있다. 또한 자신의 업무나 추구하는 목적에 도움이 될 수 있는 사람들에게 의도적으로 접근하여 넓은 인간관계를 형성하는 경향이 있다. 이들은 인간관계에서 손해 보는 일을 하지 않으며 순수한 마음으로 다른 사람을 돕는 일에 인색하다. 또한 자신의 약점이나 깊은 속마음을 내보이지도 않는다. 이들은 애정 중심적 인간관계보다 업무 중심적 인간관계에 과도하게 치중하는 사람들이다. 현대사회에서 가장 많이 볼 수 있는 사람들이다.

② 인간관계 유희형

유희형은 쾌락과 즐거움을 인간관계에서 얻는 최고의 가치로 생각하는 사람들이다. 이들은 인간관계를 재미있고 신나게 놀고 즐기는 것이라고 생각한다. 따라서 이들은 사람을 만나면 함께 술 마시고 노래하고 유흥을 즐긴다. 항상 분위기를 명랑하게 만드는 가벼운 농담이나 재미있는 놀이를 좋아한다. 그러나 진지하고 무거운 주제의 이야기는 싫어한다. 이런 인간관계 유희형은 다른 사람에게 자신의 고민이나 속마음을 진지하게 이야기하지 않을 뿐만 아니라 다른 사람들의 무거운 이야기를 부담스러워하는 경향이 있다. 따라서 함께 놀 친구는 많지만 자신의 속마음을 털어놓을 깊이 있는 친구가 없다. 자유분방하며 자기조절 능력과 자기통제 능력이 부족한 사람들이 많아 능력을 충분히 발휘하지 못하여 무능하고 무책임한 사람으로 평가되기도 한다.

(3) 인간관계 미숙형과 자아개념

인간관계 미숙형은 대인관계 기술 또는 사교적 기술이 부족하여 인간관계가 원활하지 못한 사람들이다. 이러한 사람들은 회피형이나 피상형과는 달리, 다른 사람들과 친밀하고 깊이 있는 인간관계를 맺고자 하는 상당한 욕구를 지니며 사람들에게 접근한다. 그러나 친밀한 인간관계는 이러한 욕구만으로 이루어지는 것이 아니므로 이 유형은 사람들에게 접근하고 친밀한 관계를 맺기 위해 노력하지만, 인간관계기술이 부족하여 결과적으로 친밀한 관계를 맺는 데 실패하는 사람들이다. 이러한 유형의 사람들은 다른 사람과의 관계에서 소외당하거나 빈번한 갈등을 야기하는 경우가 많다. 양상에 따라 인간관계 소외형과 인간관계 반목형으로 나누어 볼 수 있으며, 인간관계 미숙형에 영향을 주는 자아개념과 독특한 신념은 다음과 같다.

- 나는 항상 중심인물이어야 한다.
- 다른 사람들은 내가 시키는 일을 해야만 한다.
- 나는 항상 옳은 판단을 한다.
- 다른 사람의 말, 행동에 대해 지적, 교정하는 것은 옳고 바르게 사는 것이다.
- 나는 항상 우위에 서야 한다.
- 나는 다른 사람의 인정과 존경을 받아야만 한다.
- 세상은 약육강식의 원리에 의해 움직인다.
- 나는 상대방을 이겨야만 한다. 연약함을 보이는 것은 바보짓이다.

① 인간관계 소외형

소외형은 다른 사람들로부터 따돌림을 당하고 소외당하는 사람이다. 이들은 흔히 인간관계에서 적극적이고 능동적인 태도를 보인다. 그러나 다른 사람에게 호감을 주지 못하고 오히려 불편하고 귀찮은 존재로 여겨지는 경우가 대부분이다. 자신의 외모나 옷차림에 무신경하거나 부적절하여 다른 사람에게 혐오감을 주는 경우, 인간관계에서 지켜야 할 예의나 규범에 대해서 무지하여 주변 사람들로부터 무례하고 버릇없는 사람으로 여겨지는 경우, 타인의 입장에서 생각하고 행동하는 능력이 부족하여 배려하는 마음이 부족한 경우, 엉뚱한 주제로 상황에 맞지 않은 행동이나 농담을 하여 상황에 부적절한 행동을 하는 경우 등이 있다. 따라서 주변 사람들로부터 이상한 사람이라는 평

을 듣게 되고 결과적으로 따돌림을 당하게 된다. 그러나 이 유형의 주요한 특성은 앞에 열거한 여러 가지 부적절하고 무례한 행동을 악의적인 의도를 가지고 행하는 것이 아니라는 점이다. 또한 이들은 자신의 행동이 타인에게 어떤 불쾌감과 불편함을 주는지에 대해서 잘 모른다. 다른 사람과 친밀하게 지내고 싶은 마음이 앞설 뿐 적절한 행동이 뒤따르지 않는 미숙하고 순박한 사람인 경우가 많다.

② 인간관계 반목형

반목형은 인간관계에서 다툼과 대립을 반복적으로 경험하는 사람들이다. 인간관계 소외형과는 달리, 이들은 타인에게 호감을 주고 때로는 친밀한 관계를 형성하기도 한다. 그러나 상대방의 언행에 쉽게 감정이 상하고 또 상대방의 감정을 자주 상하게 함으로써 인간관계에서 반목을 많이 경험하는 사람들이다. 따라서 주변에 친구도 있지만 서로 미워하는 경쟁자나 적을 다수 가지고 있는 경우가 많다. 다른 사람과의 밀접한 인간관계에는 필연적으로 다소의 갈등과 대립이 있기 마련이다. 나의 뜻대로 상대방이 따라 주지 않거나 상대방이 나의 이익과 감정을 일방적으로 손상시키는 일이 흔히 발생한다. 인간관계 반목형은 이러한 갈등상황을 해결하는 기술이 미숙한 사람들이다. 이들은 자신의 생각과 감정을 지나치게 직선적이고 강하게 표현하여 상대방의 감정을 상하게 하는 경향이 있고 신념과 주장이 강하다. 주위 사람들에게 상처를 잘 주며 인간관계를 잘 유지하고자 하는 마음보다는 자신의 목표를 관철하고자 하는 욕구가 강하다. 다른 사람이 한 행동의 옳고 그름을 평가하는 완고한 기준을 가지고 있으며 타인이 이러한 기준에 맞게 행동하기를 기대하고 암묵적으로 강요한다. 아울러, 즉각적인 지적과 비난을 통해 질책하고 교정해야 한다는 생각을 하여 불만과 분노를 직선적으로 표현하게 된다. 이러한 특성들로 인해 인간관계 속에서 여러 사람과 많은 갈등과 반목을 스스로 초래하고 또한 이미 발생한 갈등을 해결하는 데 어려움을 겪는 사람이다.

마음 깊은 곳에서 만일 자신이 강하고 우월하면 다른 사람들이 자기를 업신여기거나 상처를 줄 수 없을 거라고 생각한다. 이러한 유형의 사람은 상대방의 사랑과 은혜를 수용하거나 가면을 벗어 버리고 자신의 속마음을 보여 주기가 어렵다(김준수, 2008).

이 유형의 경우 그 마음에는 두려움이 많다. 두려움뿐만 아니라 자신의 연약한 모습을 보이기를 극도로 싫어하며 감추려 한다. 이러한 태도로 인하여 이들은 좀처럼 감정을 표현하지 않는다. 약한 감정을 노출시키는 것을 참을 수 없어 하기 때문에 슬퍼하거나 울지 않는다. 자신의 감정을 극도로 절제하려고 애쓰기 때문에 자연히 감정이 둔해진다.

(4) 인간관계 탐닉형과 자아개념

인간관계 탐닉형은 다른 사람과의 친밀한 관계를 강박적으로 추구하는 사람들이다. 이 유형은 친밀해진 사람을 구속하는 경향이 있다. 늘 자신과 함께 있어 주기를 원하고 늘 자신에 대해서 관심과 애정을 가지고 배려해 주기를 원한다. 이들은 질투가 강하고 자신이 좋아하는 사람이 다른 사람에게 호감을 느끼고 친밀하게 지내는 것에 대해서 매우 강한 불쾌감과 분노를 느낀다. 인간관계 탐닉형은 비교적 짧은 기간 동안에 매우 친밀하고 깊은 관계를 형성하는 경향이 있지만 이러한 관계를 장기간 안정되게 유지시키지 못하는 경향이 있다. 이러한 인간관계 탐닉형은 인간관계에서 충족시키고자 하는 심리적 목적에 따라 인간관계 의존형과 인간관계 지배형으로 나눌 수 있으며 인간관계 탐닉형에 영향을 주는 자아개념과 독특한 신념은 다음과 같다.

- 나는 매우 약하고 작은 존재이다.
- 혼자서는 아무것도 할 수 없다.
- 혼자라는 것은 위험하고 두려운 것이다.
- 나의 가치는 타인의 평가와 태도에 달려 있다.
- 나는 모든 사람에게 좋게 보여야만 한다.
- 나를 희생하더라도 관계가 깨지는 것은 꼭 막아야 한다.
- 나 혼자 있는 것은 버려지고 소외된 것과 같다.
- 나는 항상 주도적인 역할을 해야 한다.
- 나는 상대를 지휘, 통솔해야 하고 상대는 헌신적으로 따라와야 한다.

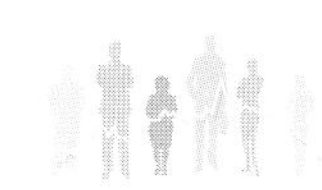

• 인간관계는 경쟁관계이다.

① 인간관계 의존형

의존형은 매우 순종적이며 협조적이고 다른 사람들에게 모든 결정을 위임한다. 이들은 문제를 야기해서 관계가 힘들어지는 것을 견디지 못하기에 자신의 의견을 무시하고 수단과 방법을 다해서 관계의 깨어짐을 막으려 한다. 자신의 의사를 표현하거나 상대방을 직면하기를 두려워한다. 이런 유형의 사람 중에는 애정에 굶주린 사람이 많다. 이들은 혼자 있는 것을 참지 못하고 늘 의지할 사람을 찾는다.

흔히 유능하고 강한 사람을 의지의 대상으로 택하는 경향이 있으며 이러한 과정에서 상대방을 전폭적으로 칭송하고 찬양하거나 자신의 많은 것을 희생적으로 제공하는 행동을 하기도 한다. 이렇게 형성된 인간관계 속에서 자신의 모든 것을 상대방에게 맡기고 자신의 삶을 의탁하게 된다. 크고 작은 여러 가지 일에서 스스로 결정과 판단을 내리지 못하고, 의지하는 사람에게 조언과 지시를 구한다. 인간관계 의존형은 이렇듯 다른 사람과 종속적인 인간관계를 맺게 되며 흔히 추종자의 위치에 만족한다. 자신의 주장을 내세우지 못하고 항상 상대방의 의견에 이끌리는 경향이 강하므로 주장이 불분명한 사람처럼 보이기도 한다. 자신이 원하는 것을 얻기보다는 인간관계를 유지하려는 욕구가 강하다. 자신 스스로를 약하고 무력한 존재로 보기 때문에 자신의 가치를 타인의 평가와 태도에 의해 결정한다.

② 인간관계 지배형

지배형은 허전함과 불안감을 느끼는 사람이다. 그러나 이들은 의존형과는 반대로 자신의 주변에 누군가를 추종세력으로 거느리는 주도적인 역할을 하지 않으면 만족하지 못하는 사람들이다. 누군가를 자신의 뜻대로 지휘하고 통솔하는 지배자의 위치에 있을 때 행복감을 느낀다. 또한 자신을 신뢰하고 찬양하며 헌신적으로 따르는 사람을 원한다. 자기주장이 강하고 경쟁적인 경향이 있다. 특히 여러 사람이 동등한 위치에서 협력적인 일을 해야 하는 상황에서 많은 갈등을 유발하게 된다. 자신이 지도적인 위치에 서기 위해 집단을 일방적으로 이끌어 나가려 하며, 이를 제지하거나 경쟁하는 사람에 대해서는 공격적인 행동을 나타내기도 한다. 또한 이들은 실제로 집단에서 지도적인 위치를 맡게 되는 경우가 많다. 따라서 집단 속에서 지도자의 위치를 유지하고 구성원을 통솔하기 위한 심리적인 부담을 많이 지게 된다.

이상에서 부적응적 인간관계 유형과 그에 대한 자아개념을 크게 네 가지의 유형, 더 세분해서 여덟 가지 유형으로 살펴보았다. 인간은 그 누구도 완벽하지 않기 때문에 누구나 부적응적 인간관계의 요소를 조금씩은 지니며 살아가게 된다.

〈인간관계연습 1〉

[마음에서 마음으로: 이야기 나누기]

* 마음에 드는 질문을 골라 서로 대화를 나누세요.
* 질문하는 사람은 보충 질문을 하여도 됩니다.
* 응답하는 사람은 대답하기 곤란한 것을 대답하지 않을 권리가 있습니다.
* 활동 후, 가장 기억에 남는 한 사람을 전체 집단에게 소개합니다.

1. 당신이 다른 사람과 특히 다른 점은?
2. 당신의 취미는?
3. 자신이 생각하는 장점과 특기는?
4. 스스로 불만족스럽게 생각하는 점이나 단점은?
5. 친구는 몇 명이나 되며, 가장 소중한 친구 한 명을 소개한다면?
6. 당신이 가장 좋아하는 일은?
7. 당신이 가장 하기 싫어하는 것은?
8. 어릴 때 추억에 남는 일이 있다면?

9. 스스로 참 잘한 일이었다고 생각하는 일이 있다면?
10. 가장 후회되는 일이 있다면?
11. 근래에 가장 즐거웠던 일은?
12. 근래에 가장 괴로웠던 일은?
13. 당신을 가장 좋아하는 사람은 누구이며, 그는 당신을 어떻게 말하겠나요?
14. 당신을 가장 미워하는 사람은 누구이며, 그는 당신을 어떻게 말하겠나요?
15. 당신이 가장 편안함을 느끼는 때에는 어디서 무엇을 할 때입니까?
16. 당신이 가장 좋아하는 음식은 무엇입니까?
17. 당신이 어려움이 있을 때 누구와 의논합니까?
18. 당신은 언제 거짓말을 합니까?
19. 지금 가장 보고 싶은 사람은?
20. 지금 당신의 느낌은?

〈인간관계연습 2〉

[나의 인간관계 유형 진단을 위한 RODE 검사]

효과적인 인간관계를 형성하기 위해서는 나의 욕구와 상대방의 욕구가 무엇인지 관심을 갖는 것이 필요하다. 그리고 나의 욕구와 상대방의 욕구가 잘 충족될 수 있도록 유연성을 발휘하는 것이 중요하다. 카우보이가 로데오 경기에서 날뛰는 야생마나 황소의 움직임에 자신의 몸을 맡기는 것과 같이 인간관계에 있어서도 상대방의 생각이나 행동에 유연한 흐름을 가지는 것이 필요하다.

※ 다음 문항을 읽고 나에게 해당하는 것에 ✓표 하시오.

항 목	전혀 아니다	대체로 아니다	보통 이다	대체로 그렇다	매우 그렇다
1. 어떤 일에 대해서 경우의 수를 많이 생각해 보고 결정하는 편이다.	①	②	③	④	⑤
2. 상대가 잘못을 했더라도 그 사람의 입장을 고려해서 행동하려고 한다.	①	②	③	④	⑤
3. 감정 변화나 분위기 변화에 민감하여 내적으로 갈등을 많이 한다.	①	②	③	④	⑤
4. 친구나 선배의 부탁을 거절하지 못해 일을 떠안은 적이 많다.	①	②	③	④	⑤
5. 다른 사람으로부터 상냥하다는 말을 듣는 편이다.	①	②	③	④	⑤
6. 기분이 나쁘면 예민해져서 말이나 행동으로 표현하는 경우가 많기 때문에 조심하는 편이다.	①	②	③	④	⑤
7. 다른 사람과 의견이 다른 경우에는 다른 사람의 의견을 우선시하는 편이다.	①	②	③	④	⑤
8. 다른 사람들로부터 우유부단하다는 말을 듣는 편이다.	①	②	③	④	⑤
9. 말을 하다가 말끝을 흐리는 경우가 많다.	①	②	③	④	⑤
10. 화가 나더라도 상대방이 상처 받을까 봐 먼저 화를 내지 않는 편이다.	①	②	③	④	⑤
1~10번까지 점수의 합계					
11. 분위기 메이커라는 말을 많이 듣는다.	①	②	③	④	⑤
12. 분위기가 다운되었을 때 바로 업 시킬 수 있는 비장의 무기가 많다.	①	②	③	④	⑤
13. 갑자기 다른 사람들 앞에서 발표를 하게 되었을 때 임기응변을 발휘해서 위기를 넘긴 적이 많다.	①	②	③	④	⑤
14. 다른 사람을 자주 칭찬하는 편이다.	①	②	③	④	⑤
15. 다른 사람들이 생각하지 못하는 엉뚱한 상상을 많이 한다.	①	②	③	④	⑤
16. 다른 사람의 한마디 말이나 태도로 기분이 급격하게 변하는 경우가 많다.	①	②	③	④	⑤
17. 내가 이야기를 하면 주변 사람들이 재미있어 한다.	①	②	③	④	⑤
18. 다른 사람들로부터 '당신은 솔직한 것 같다'는 말을 많이 듣는다.	①	②	③	④	⑤
19. 지금 당장 전화를 걸어서 고민을 이야기할 수 있는 친구가 5명 이상 있다.	①	②	③	④	⑤
20. 기분이 나쁘다가도 칭찬이나 선물을 받으면 기분이 나아지곤 한다.	①	②	③	④	⑤
11~20번까지 점수의 합계					
21. 일을 하다 보면 어느새 내가 주도하고 있는 경우가 많다.	①	②	③	④	⑤
22. 나는 오늘, 내일, 모레 등 가까운 시일 내에 이루어야 할 목표를 가지고 있다.	①	②	③	④	⑤
23. 공부를 하기 전 '나는 어디까지 해야지'를 먼저 계획하고 하는 편이고 중도에 포기하는 일이 거의 없다.	①	②	③	④	⑤
24. 다른 사람으로부터 충고를 받거나 간섭 받는 것을 좋아하지 않는다.	①	②	③	④	⑤
25. 내 일은 내가 가장 잘하며, 스스로의 힘으로도 충분히 할 수 있다고 생각하는 편이다.	①	②	③	④	⑤
26. 수학 주관식 문제를 채점한다면, 과정이 맞고 답이 틀린 학생보다 과정이 틀리더라도 답을 맞힌 학생에게 더 높은 점수를 주겠다.	①	②	③	④	⑤

27. 후배들로부터 엄격하다는 말을 듣는 편이다.	①	②	③	④	⑤
28. 학과에서 대하는 사람들과 친구들은 구분을 두어 대하는 편이다.	①	②	③	④	⑤
29. 주변 설명보다는 본론부터 이야기하는 사람을 선호한다.	①	②	③	④	⑤
30. 두 가지 중에서 어느 한쪽을 선택해야 할 때 신속하게 결정을 내리는 편이다.	①	②	③	④	⑤
21~30번까지 점수의 합계					
31. "사람들이 많이 왔더라."고 말하기보다는 "500명 정도 왔더라."고 말하는 편이다.	①	②	③	④	⑤
32. 약속한 시간에 충분히 여유를 두고 집에서 출발하는 편이다.	①	②	③	④	⑤
33. 학교를 다니면서 지각을 해 본 적이 거의 없다.	①	②	③	④	⑤
34. 과거에 한번 사서 실망한 회사의 제품은 다시는 사지 않는 편이다.	①	②	③	④	⑤
35. 좋은 결과는 과정에서 나오기 때문에 과정이 중요하다고 생각하는 편이다.	①	②	③	④	⑤
36. 신제품이 출시되면 사용한 사람들에게 물어보고 기다렸다가 구입하는 편이다.	①	②	③	④	⑤
37. 여러 가지 정보를 수집하여 분석 결과를 가지고 결론을 내리는 것이 좋다.	①	②	③	④	⑤
38. 내가 기분이 나쁘거나 아플 때에도 다른 사람들이 잘 알아차리지 못한다.	①	②	③	④	⑤
39. 구체적인 확신이 없으면 행동하지 않는다.	①	②	③	④	⑤
40. 나는 아직 부족하기 때문에 더 배워야 한다고 생각한다.	①	②	③	④	⑤
31~40번까지 점수의 합계					

채점 및 해석

위에서 획득한 점수를 아래의 표에 옮겨 적어 보시오. 가장 많은 점수를 받은 부분은 어디인가?

유형	항목	점수	나의 유형은?
R	1~10번까지 점수의 합계		
O	11~20번까지 점수의 합계		
D	21~30번까지 점수의 합계		
E	31~40번까지 점수의 합계		

R: 주의 깊게 생각하고 다른 사람을 배려하는 '친화형'

당신은 상냥하고 정이 담긴 대화나 태도를 취하기 때문에 처음 보는 사람이라도 쉽게 다가갈 수 있고 편안하게 느낄 수 있다. 또한 상대방의 이야기를 경청하고 잘 공감해 주기 때문에 인간관계의 폭이 넓으며, 주변에서 편안하게 고민을 상담할 수 있는 사람으로 인식하고 있을 가능성이 크다. 타인에게 온화하고 관대하기 때문에 의견 대립이 거의 없는 당신은 누구에게나 친근한 모습으로 인정받고 있다.

그러나 이렇게 부드럽고 편안한 이미지를 가지고 있는 당신은 다른 사람의 부탁에 주의를 기울여야 한다. 왜냐하면 주변 분위기 및 다른 사람의 기분 변화에 예민한 당신은 다른 사람으로부터 부탁을 받게 되면 'NO'라는 말을 잘 하지 못하는 경향이 있기 때문이다. 당장의 상황 때문에 무리한 부탁을 받아들이게 되면 결과적으로 우유부단하거나 무책임한 사람으로 비춰질 수 있다. 따라서 공적인 상황과 사적인 상황을 잘 구별하여 때에 맞는 단호함과 온화함을 발휘하는 것이 중요하다.

O: 어느 곳에서나 주목받는 분위기 메이커인 '개방형'

당신은 새로운 곳이나 사람들과도 즐겁게 대화를 하면서 흥을 돋우기 때문에 다른 사람들에게 밝고 쾌활하다는 인상을 주게 되고 친구도 많은 편이다. 또한 미래지향적인 사고를 가지고 남들이 해내지 못한 창의적인 사고를 많이 하고 주변 사람들에게 행복의 에너지를 뿌려 줄 수 있는 사람이다. 당신은 호기심이 많고 자신에 대해서 사람들과 공유하는 것을 좋아한다.

그러나 당신은 행복 에너지를 조절할 필요가 있다. 도를 넘어선 에너지 발산으로 자신감이 자만으로 보인다거나 말실수를 할 수 있기 때문이다. 또한 반대되는 성격의 사람을 만났을 때 당신의 밝음이 상대에게 부담으로 작용하여 당신의 호의가 반감으로 돌아오게 될 수도 있다. 상황과 상대에 따라 수위를 조절하여 당신의 밝음을 보여 줄 수 있는 자기통제가 필요하다.

D: 독립심이 강하며 계획적인 '주도형'

당신은 다른 사람들에게 끌려 가기보다 자신이 주도해서 일을 이끌어 가는 편이다. 따라서 어떤 모임에서 카리스마적 리더십을 발휘하는 경우가 많다. 또한 이상적인 것보다 현실적인 것을 선호하기 때문에 의사결정이 신속하고 한번 결정을 내리면 강한 추진력으로 밀고 나가는 스타일이다.

그러나 과정보다는 결과를 중시하는 성향 때문에 주변에서 당신을 냉정하고 사무적인 사람이라고 생각하게 될 수 있다. 당신과 다른 유형의 사람들이 답답해 보이더라도 포용하고 인정하는 마음가짐을 가진다면 어떤 곳에서나 최고의 리더로 인정받을 수 있을 것이다.

E: 약속을 중히 여기고 잘 지키는 '평가형'

당신은 숫자나 정보를 이용해서 이야기하는 것에 익숙하기 때문에 주변 사람들에게 신뢰를 받고 있다. 또한 방법이나 과정을 중시하고 늘 배우려는 자세를 보여 겸손한 사람으로 인정받고 있을 것이다. 정보를 분리하는 능력이 뛰어나고 현상을 관찰, 분석하는 것을 즐기기 때문에 누구보다 객관적인 판단을 할 수 있다.

그러나 과거의 경험이나 성과를 중요시하는 성격은 주의해야 할 필요가 있다. 믿을 만한 정보를 얻을 때까지는 결정을 하지 않는 성향으로 인해 사람들이 답답하고 고지식하게 느낄 수 있다.

지금까지 당신의 유형과 상대방의 유형을 알아 보았다. 그러면 당신의 입장에서 상대방을 대하는 구체적인 방법은 무엇일까?

나와 상대방과의 유형별 짝짓기는 16가지가 있을 수 있다.

나 / 상대방		나의 유형			
		R형의 잠재욕구: 참여와 동의 욕구	O형의 잠재욕구: 안정과 칭찬 욕구	D형의 잠재욕구: 성취와 기여 욕구	E형의 잠재욕구: 안전과 완성 욕구
상대방의 유형	R	• R형은 관계중심, 사람중심으로 생각하기 때문에 온화하며 부드러운 분위기에서 진행될 수 있다. 그러나 두 사람 모두 과정을 중시하기 때문에 구체적인 결과물 없이 미팅이 끝나게 될 가능성이 많다. • 분명한 목표, 특히 방향성을 미리 그려 보고 출발한다. 대화가 어디까지 진행되었는지 염두에 두고 로드맵을 갖는다.	• 상대방이 부드럽고 친근한 느낌이므로 편안하게 대화를 이끌어 나갈 수 있다. 하지만 당신의 호기심으로 인하여 주제와 상관없는 이야기만 하다가 미팅을 끝내게 될 가능성이 있다. • 오버 하지 말고 대화가 자연스럽게 진행되도록 기다려 주는 것이 중요하다.	• 주도형인 당신은 카리스마적인 리더십을 발휘하는 사람이다. 그러나 섬세한 R형을 상대로 대화할 경우에는 감정적인 부분을 충분히 고려해야 한다. • 상대의 개인적인 일에 관심을 가져 주며 대화를 시작하고 온화한 목소리로 조용하게 이야기한다.	• 당신이 R형을 만났을 때는 시간을 두고 차근차근 진행하기 때문에 별다른 문제가 생기지 않는다. 그러나 R형은 듣는 것을 먼저 하기 때문에 만남이 늘어질 수 있다. • 생각을 즉각적으로 표현하고 자신의 따뜻한 감정을 드러내 상대의 개인적인 부분에 관심을 가져 준다.

상대방의 유형	O	• 두 사람 모두 감정을 드러내는 스타일이므로 특별한 문제는 일어나지 않는다. R형은 분위기에 민감하고 O형은 표정 변화가 다양하기 때문에 맞추어 가면서 즐겁게 이야기를 진행할 수 있다. • O형은 쉽게 지루함을 느끼므로 나열형의 대화는 피하는 것이 좋으며 상대방의 긍정적인 면을 칭찬해 주면서 대화한다.	• 서로 분위기를 잘 띄우고 농담도 잘하기 때문에 재미있게 대화를 진행할 수 있다. 하지만 즐거운 분위기에만 휩쓸리지 않도록 주의한다. • 여러 가지 주제를 다루지 않도록 하고 조금 격식 있는 분위기의 미팅 장소를 택하는 것이 좋다.	• D형이 비즈니스적인 관점에서 사교모임을 주도한다면 O형은 즐기기 위해 사교모임에 참석하는 경우가 많다. 때로 뭔가 어긋나는 상황이 발생할 수 있다. • 상대를 칭찬하면서 시작하고 목소리를 부드럽게 하고 상대의 재치에 적극적으로 호응해 준다.	• O형의 상대와 만났을 때 가장 힘들 수 있다. 당신은 칭찬하는 것에 익숙지 않은데 O형은 당신을 바라보며 인정과 칭찬을 원하기 때문이다. • 상대방의 창의성을 인정하고 상대방의 입장에서 생각한다. 또한 최신 유머 같은 것을 준비하고 화사한 옷차림으로 자신을 표현하여 친근감을 느끼게 한다.
	D	• 당신이 가장 긴장하게 되는 유형으로, 당신은 사람 중심으로 생각하는 반면, D형은 성취욕구가 강하기 때문에 간결하고 명확한 태도가 중요하다. • 처음 만났을 때 주제부터 자연스럽게 주지하고 시작한다. 그리고 말끝을 흐리지 말고 또박또박 큰 소리로 말한다.	• 당신의 장점이 가장 잘 발휘될 수 있는 유형이다. 상대방의 행동에 칭찬을 아끼지 않기 때문에 시작이 좋다. 하지만 둘 다 고집이 있으므로 의견이 대립될 수 있다. • 성과를 중점적으로 칭찬하고 서론은 길지 않게 한다.	• 두 사람 모두 이성적이고 직선적이기 때문에 결론을 빨리 내리고 시간을 절약할 수 있다. 그러나 고집이 세고 상대를 논리적으로 설득하려 한다. 따라서 상대를 인정하는 것이 중요하다. • 의견 차이가 있더라도 타협하고 상대의 업적을 인정해 주고 칭찬해 준다.	• D형을 만나면 주도하려는 그들의 성향을 인정해 주는 것이 중요하다. 자기 의사를 강조하게 되면 자기 논리만 펼치다 미팅이 끝날 가능성이 있다. • 정보력을 가지고 계속적으로 제안하면서 D형이 결정권을 가지도록 유도한다.
	E	• 서로 조용히 이야기를 진행하기 때문에 조곤조곤 대화를 진행시켜 나갈 수 있으며, 특히 E형의 경우 새로운 정보나 자료에 많은 관심을 보이므로 그러한 것들을 제공하면 분위기를 주도할 수 있다. • 백 마디 말보다 사실적이고 측정 가능한 자료가 효과 크다.	• 당신의 번뜩이는 아이디어를 가장 부담스러워 할 유형이 바로 E형이다. 상대방은 당신이 뜬구름 잡는 소리를 한다고 생각할 수 있다. 따라서 정확한 근거를 가지고 이야기하고, 예의상 인사하는 것을 경계하라. • 말을 아끼고 작은 소리로 천천히 말하도록 컨트롤한다.	• E형은 적당한 정보를 풍부하게 제공하고, 숫자에 입각하여 이야기하므로 당신과 가장 잘 통하는 유형일 가능성이 높다. • 상대가 생각을 정리할 시간 여유를 충분히 주는 것이 중요하다.	• E형은 자신이 싫어하는 부분에 대해 민감하게 반응하는 경향이 있어 자신과 비슷한 성향을 가진 상대가 감정적으로 싫게 느껴질 수 있으므로 주의한다. • 서로 꼼꼼하고 섬세하므로 답답하게 느낄 수 있다. 당신이 상대에게 받고 싶은 대로 상대에게 하는 것이 중요하다.

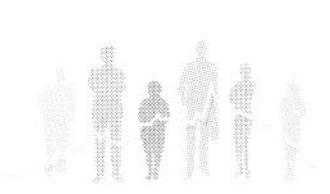

참고문헌

권석만(2004). 인간관계의 심리학. 서울: 학지사.

김준수(2008). 마음의 치유. 서울: 디모데.

박연호(2004). 현대인의 인간관계. 서울: 박영사.

원호택, 박현순(1999). 삶을 위한 심리학: 인간관계와 적응. 서울: 서울대학교 출판부.

이성태(2006). 인간관계론. 경기: 양서원.

이수용(2002). 인간관계의 심리. 서울: 학지사.

장성화(2008). 쉽게 풀어 쓴 인간관계론. 서울: 동문사.

Harris, T. A. (1969). *I'm OK-You're OK.* New York: Haper & Row.

스카우트(www.scout.co.kr). 2010년 10월 15일자.

제 2 장

THE PSYCHOLOGY OF HUMAN RELATIONSHIPS FOR ENCOUNTER AND GROWTH

그걸 아낍니다

인사할 때
허리를 조금 더 숙이면 보다 정중해집니다.
그러나 그걸 아낍니다.
말 한마디라도 조금 더 정중하게 하면
듣는 사람은 기분이 좋을 텐데 그걸 아낍니다.
도움을 준 사람에게
"감사합니다." 하면 참 좋을 텐데 그걸 아낍니다.

인간관계 속의 자기이해

실례를 했으면
"죄송합니다." 하면 참 좋을 텐데 그걸 아낍니다.
아내에게 한 번 더
"사랑합니다." 하면 좋을 텐데 그것도 아낍니다.
칭찬의 말도 아끼고 격려의 말은 더 아낍니다.
주어서 손해 볼 것도 없는데
이 모든 것을 열심히 아낍니다.

\- 법륜 -

1. '나'라는 존재에 대한 이해

인간은 사람과의 관계이든, 집단과의 관계이든 항상 어딘가 또는 누군가와의 관계 속에서 살아간다. 그러한 관계 속에서 자신을 확인하고 재정립해 나간다. 태어나서 처음 보는 낯선 사람들과 가족이라는 테두리 속에서 살아가고, 학교라는 테두리 속에서 같은 핏줄이 아닌 서로 다른 이들과의 관계를 만들어 간다. 학교를 떠나 소기의 목적을 가진 집단에 들어가 자신의 꿈과 이상을 이루기 위해 다른 이들과 경쟁하고 조화를 이루면서 관계를 형성해 간다.

우리는 살아가면서 자기 스스로에게 '나는 누구인가?'라는 질문을 던진다. 인류의 문화가 생겨난 이래 저명한 철학자들의 심오한 이론도 결국은 '나는 누구인가?'에서 시작했다. 과거의 많은 이들이 그랬듯이, 현대를 살아가는 우리도 스스로의 정체성에 대해 끊임없이 묻고 또 묻는다.

'나는 누구일까?' '나는 내 가정에서 어떤 존재일까?' '나는 직장에서 어떤 존재일까?' '나는 이 사회에서 어떤 존재일까?'

1) 자아의 개념

미국의 심리학자 James(1890)는 『심리학의 원리(Principle of psychology)』에서 최초로 자아(self)라는 개념을 규정하면서 체계적으로 이론화하였다. 그는 자아를 물질적 자아, 심리적 자아, 사회적 자아의 세 가지 구성요소로 나누고 있다. 먼저 물질적 자아(material self)는 나의 신체적 특성과 소유물에 대한 인식이며, 외모나 체격 및 재산 등이 여기에 영향을 미친다. 다음으로 심리적 자아(psychic/spiritual self)는 성격, 능력, 적성, 인간관, 세계관, 영성과 같은 심리적 특성에 대한 인식을 말한다. 끝으로 사회적 자아(social self)는 가족관계, 친구관계, 이성관계 그리고 동료관계와 같은 대인관계 속에서 주어지는 나의 위치와 평가로 이루어져 있다.

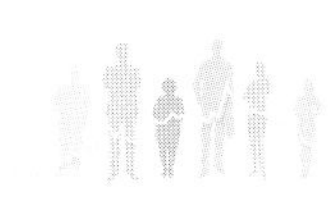

자아개념은 다측면적 구조를 지닌다고 한다(권석만, 1996). 첫째 측면은, 현재의 나에 대한 정보를 포함하는 현실적 자아(real self)다. 둘째 측면은, 되기를 바라는 이상적인 나의 모습인 이상적 자아(ideal self)다. 셋째 측면은, 부모와 같은 의미 있는 타인들(significant others)에 의해 기대되는 나의 모습인 의무적 자아(ought self)다. 넷째 측면은, 앞으로 노력하면 가능하다고 보는 나의 모습인 가능한 자아(possible self)다. 이러한 네 가지 측면들 간의 비교를 통해서 자아개념에 대한 평가가 이루어진다.

첫째, 현실적 자아와 이상적 자아의 비교다. 현실적 자아와 이상적 자아의 거리가 멀면 멀수록 좌절감은 크다. 예를 들면, 주변 사람들과 비교하여 현실적 자아가 우월하다 하더라도 자신의 이상적 자아에 훨씬 미치지 못할 때에는 실패감과 같은 불만족을 느끼게 된다.

둘째, 현실적 자아와 의무적 자아의 비교다. 현실적 자아와 의무적 자아의 거리가 클수록 불안과 부담감을 느끼게 된다. 가령, 부모나 주변 사람들의 기대 수준이 높고 현실적 자아가 그것에 못 미치면 심한 부담감을 느끼게 된다. 또한 이상적 자아와 현실적 자아 간에 차이가 없다 하더라도 주변 사람들이 기대하는 의무적 자아가 높은 사람도 역시 불안과 부담감을 경험하게 된다.

셋째, 현실적 자아, 이상적 자아, 의무적 자아와 가능한 자아와의 비교다. 현재는 현실적 자아에 불만족할 뿐만 아니라 이상적 자아나 의무적 자아와 거리가 있다 하더라도, 자신이 노력하면 그러한 기준에 도달할 수 있다는 자신감과 자아효능감이 있으면 불안과 불만족은 일시적이게 되므로 심리적 부담감이 적을 수 있다. 하지만 앞으로 아무리 노력해도 이상적 자아나 의무적 자아에 도달할 수 없다고 느낄 때는 좌절감과 절망감이 더욱 심해질 수밖에 없다.

2) 자아의 중요성

인간관계는 자신에 대한 이해로부터 시작된다. 나 자신에 대한 지각, 즉 내가 바라보는 나의 모습은 자신이 되고자 바라는 모습과 외면하고 싶은 자신의 어두운 모습을 모두 포함하고 있다고 할 수 있다. 그렇다면 인간관계에서 왜 자아가 중요한 것일까?

사람은 인생의 초기에 '나'와 '나 아닌 것'을 변별하게 되고 자기의식을 발달시킨다(권석만, 2007). 이후 성장 과정에서 다른 사람과의 사회적 상호작용을 통해 자기에 대한 지식을 습득하여 저장하고 자기 자신을 평가하게 된다. 이렇게 자기에 대한 지적인 인식과 평가 내용이 자아개념을 구성한다.

이러한 자아개념은 자아존중감의 기초가 되며, 대인관계에 중요한 영향을 미친다. 즉, 자신에 대한 평가가 긍정적일 경우에는 자아존중감이 높아지고 자신에 대해 만족하지만, 부정적일 경우에는 자아존중감이 낮아지고 자신에게 실망하게 된다.

특히 자신이 중요하게 여기는 자아 요소에서 부정적인 평가를 받게 되면 좌절감을 더 크게 느끼게 된다. 가령, 외모에 근거한 물질적 자아를 중시하는 사람에게 외모에 대해 부정적인 평가를 하게 되면 심하게 반발하거나 상처를 받게 되고, 그것 때문에 서로 사이가 나빠질 수 있다.

또한 사람은 자아를 통해서 세상과 타인을 바라보기 때문에 자아가 중요하다. 우리는 과거의 경험이나 주변 사람들의 평가를 통해 타인이나 세상을 바라보는 인지적 틀(cognitive frame)이라고 할 수 있는 도식(schema)을 형성하게 된다. 도식은 여러 가지 방식으로 인간관계에 영향을 미친다. 새로운 정보가 자기 도식에 부합되면 쉽게 처리하지만 모순되면 새로운 도식을 형성할 때까지 새롭게 경험하는 정보를 왜곡하는 등 혼란을 겪는다. 예를 들어, '어떤 동아리 선배가 늘 나를 나쁘게 평가하고 있다.'는 편견을 가지고 있으면 그 동아리 선배의 호의적인 행동보다 사소한 적대적 행동이 눈에 더 잘 띄고 더 오래 기억된다.

3) 나를 알기 위한 자아분석

인간관계에서 자아가 중요한 역할을 한다면 나 자신이 어떤 자아를 형성하고 있는지 알아볼 필요가 있다. 우리가 자신의 자아를 분석할 수 있는 방법에는 개인면접이나 성격검사 등 다양한 방법들이 있다. 여기서는 Eric Berne에 의해 이론화된 교류분석

이론에 기초한 인생태도 검사와 에고그램(ego-gram) 검사를 해 보기로 한다.

(1) 인생태도 검사를 통해서 본 나

사람은 어려서부터 부모와 의미 있는 타인들과의 관계를 통해서 긍정적 혹은 부정적 인정 자극의 반복 및 강화에 의하여 인생태도가 형성된다. 즉, 자신을 긍정적으로 보는 측면, 자신을 부정적으로 보는 측면, 남을 긍정적으로 보는 측면, 그리고 남을 부정적으로 보는 측면이 발달한다. 이러한 네 가지 측면의 조합에 따라 네 가지의 인생태도 유형이 나올 수 있다(강갑원, 2004; 우재현, 2002). 그렇다면 나는 어떤 삶의 태도를 가지고 살아가고 있는지 알아보도록 하자.

〈인간관계연습 3〉

[OK그램 검사]

※ 다음 항목의 질문에 대하여 보기에서의 점수를 흰색 빈칸에 적으시오.

매우 그렇다(5) 그렇다(4) 보통이다(3) 그렇지 않다(2) 전혀 그렇지 않다(1)

1. 나는 나 자신을 좋아한다.
2. 나는 타인으로부터 호감을 얻지 못하는 인간이다.
3. 나는 태어나서부터 소중하게 길러졌다고 생각한다.
4. 나의 탄생은 그다지 환영받지 못했다고 생각한다.
5. 나는 다른 사람에게 믿음이 가지 않아 남에게 맡기지 않고 내 일을 스스로 한다.
6. 나는 지금 생활에서 필요로 하는 유익한 인간이라고 생각한다.
7. 나는 나 자신을 쓸모없는 인간이라고 생각하는 경우가 있다.
8. 다른 사람의 행동방식이나 사고방식이 나와 다르더라도 특별히 싫어하지는 않는다.

9. 상대를 존중하는 것은 그 기분을 이해하는 것이라고 생각하기 때문에 힘써 실행하고 있다.
10. 나는 내가 다른 사람으로부터 신뢰받는 사람이라고 생각하고 있다.
11. 나는 적극적으로 행동을 취하는 편이다.
12. 나는 소극적인 성격이므로 실패가 두려워서 매사에 손을 대지 않으려고 한다.
13. 때때로 상대를 매도하거나 꼼짝 못하게 하기도 한다.
14. 나는 내가 한 언행에 대해 곧잘 후회한다.
15. 상대가 기대한 대로 해 주지 않으면 매우 화가 난다.
16. 다른 사람의 장점보다 단점을 지적하는 편이다.
17. 나는 기본적으로 다른 사람을 믿는다.
18. 아이들을 포함해서 누구에게도 자신의 견해를 가질 권리가 있다고 생각한다.
19. 자신이 결단하여 행동하는 것이 잘 되지 않는다.
20. 자신의 용모에 자신이 없다.
21. 자신의 얼굴이나 모습에 매력이 있다고 생각한다.
22. 매사에 자신이 없기 때문에 대체로 다른 사람들이 하는 대로 따라간다.
23. 다른 사람을 돕는 일은 나쁜 버릇을 키우므로 하지 않는다.
24. 자신의 능력 중 어느 면에 자신을 갖고 있다.
25. 사람들이 자기주장을 하거나 경제적으로 풍요하게 되는 것은 좋은 것이라고 생각한다.
26. 생각이나 행동방식을 나와 달리하고 있는 사람은 가능한 한 무리에서 배제해 버리고 싶다.
27. 나는 대부분의 사람들과의 관계를 훌륭하게 해 가고 있다.
28. 다른 사람의 일이 순조롭게 되고 있을 때 좋은 일이라고 기뻐해 준다.
29. 다른 사람들 앞에서 이야기할 때 그다지 불안하거나 긴장되지 않고 자연스럽게 말한다.
30. 친구나 동료와 함께 있는 것을 좋아하지 않으며 고독을 즐긴다.
31. 싫어하는 사람일지라도 함께 일을 잘 해낼 수 있다.

문항	U−	U+	I+	I−
32. 후배나 부하가 나를 따르는 것은 당연한 것이라고 생각한다.				
33. 사람들은 누구나 자신이 의사결정을 할 권리가 있다고 생각한다.				
34. 동료가 실패해도 언제까지나 책망하지 않고 격려한다.				
35. 나 자신을 그다지 존경할 수가 없다.				
36. 동료에 비해 나의 타인에 대한 평가는 엄격하다.				
37. 나는 그다지 다른 사람을 칭찬하지 않는 편이다.				
38. 나는 대개 다른 사람이 하는 만큼은 할 수 있다.				
39. 나는 다른 사람을 이용하여 자신의 입장이나 일을 잘 하려고 하는 경향이 있다.				
40. 나는 잘못을 하거나 실망을 하는 경우에도 전향적(前向的)으로 생각할 수 있다.				
합 계				

출처: 한국교류분석협회(2010년 11월 28일자).

인생태도 검사인 OK그램에서 알 수 있듯이, 인생태도는 자기긍정-타인긍정, 자기긍정-타인부정, 자기부정-타인긍정, 그리고 자기부정-타인부정의 네 가지 유형으로 나타난다. 이러한 네 가지 인생태도가 내포하고 있는 의미는 다음과 같다.

첫째, 자기긍정-타인긍정(I'm OK-You're OK)의 태도다. 이러한 인생태도를 갖는 사람은 '나도 당신도 이만하면 괜찮다.'는 자신과 타인에 대한 긍정적 삶의 태도를 갖는다. 인생을 긍정적으로 보고, 낙천적인 인생관을 가지며, 타인에 대해서도 긍정적으로 평가하는 경향을 보인다.

둘째, 자기긍정-타인부정(I'm OK-You're not OK)의 태도다. 이것은 '나는 잘났고, 너는 별 볼 일 없다.'는 식의 삶의 태도다. 다른 사람을 심하게 불신하고 무시하며 독선적이고 야심이 많다. 그래서 매우 권위적이고 자기중심적인 경향이 강하다.

셋째, 자기부정-타인긍정(I'm not OK-You're OK)의 태도다. 이러한 태도는 '나는 별 볼 일 없고, 너는 잘났다.'는 입장이다. 즉, 이러한 인생태도를 가진 사람은 열등감, 무가치감, 우울, 무력감과 같은 정서적 태도를 갖게 된다. 또한 '희생자' 역할을 하며, 자학적 행동을 하고 수동적 공격성(passive aggression)을 표출하는 경향이 높다.

넷째, 자기부정-타인부정(I'm not OK-You're not OK)의 태도다. 이것은 '나도 별 볼 일 없고, 너도 별 볼 일 없다.'는 입장으로, 비관론적인 태도다. 이러한 삶의 태도를 가진 사람은 어떤 노력도 기울이지 않으며 만사를 부정적으로 여기게 된다. 또한 인생

〈표 2-1〉 인생태도와 행동과의 관계

태도 행동 측면	자기긍정-타인긍정	자기긍정-타인부정	자기부정-타인긍정	자기부정-타인부정
타인과의 관계	• 누구와도 사이좋게 모든 일을 잘 해낸다.	• 지배, 추궁, 징벌, 배타적이다.	• 타인으로부터 도피한다.	• 타인을 신뢰하지 않고 공격한다.
자기와의 관계	• 자기를 존중하고 소중하게 생각한다.	• 타인의 진의를 바르게 수용하는 경험이 없다.	• 자기는 강하지 못하고 무능하다고 생각한다.	• 존재하는 권리를 부정한다. • 자기에 대해서도 공격적이며 인간적 수용을 거부한다.
분노의 감정	• 분노를 표시해야 할 때는 자유롭게 표출한다.	• 원한의 분노를 품고 있다.	• 욕구불만의 분노가 많고 이러한 분노를 마음속에 축적한다.	• 체제나 세상에 대한 분노를 품고 있다. • 희망 없는 세상에 대한 분노를 품고 있다.
두려움의 감정	• 두려워할 때는 두려워할 자유가 있다.	• 타인을 지배하는 힘을 잃을까 봐 두려워한다.	• 실패에 대한 두려움이 있다.	• 버림받는다든지 혼자서만 있게 된다든지 하는 두려움이 있다.
인생에의 지향	• '지금-여기(here & now)'에 산다. • 성공을 목표로 하는 승자의 생활을 하며 자기를 바꾸려고 노력한다.	• 흑백논리의 이분법적 태도를 지니고 경직된 삶을 살아간다.	• 무엇을 원하는지 자신도 잘 모르며 자기 것도 챙기지 못한다. • 문제나 책임으로부터 도피하고 낙담한다.	• 인생의 목표가 없으며 될 대로 되라는 인생이다.
의사소통	• 개방적	• 자기방어, 공격적	• 타인 비난, 자기방어, 자기합리화	• 적대감, 험악, 반항적

출처: 한국교류분석협회(2010년 11월 28일자).

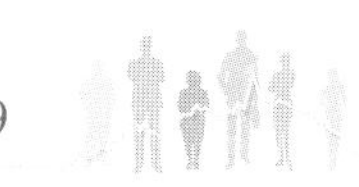

자체에 대한 심한 회의감과 인생의 막다른 골목에 와 있다는 부정적 태도에 빠지게 된다. 그리하여 삶의 의미를 상실하여 자포자기하고 심한 경우에는 자살이나 타살의 충동을 느낄 수 있다.

네 가지 인생태도의 유형에 따른 행동의 특징, 즉 타인과의 관계, 자기와의 관계, 분노의 감정, 두려움의 감정, 인생에의 지향, 의사소통 측면에서의 특징은 〈표 2-1〉과 같다.

(2) 에고그램 검사를 통해 본 나

Berne은 임상 경험을 통해 사람은 어떤 때는 어린이처럼 생각하고 느끼고 행동하며, 어떤 때에는 어른처럼 생각하고 느끼고 행동하는 것을 발견하였다. 이러한 발견에 기초하여 사람은 세 가지 종류의 자아, 즉 부모 자아(parent: P), 성인 자아(adult: A), 어린이 자아(child: C)의 세 가지 자아 상태가 있다고 보았다. 이 세 가지 자아 상태는 어릴 때부터 부모 등 의미 있는 타인과의 상호작용 과정에서 형성된다. 이 세 가지 자아 상태가 바로 행동의 원천이며 개인의 성격 구조다. 각각에 대해 보다 상세히 살펴보면 다음과 같다(강갑원, 2004; 노안영, 2005).

① 부모 자아(P)

부모 자아는 5세 이전에 부모를 포함한 의미 있는 타인의 말이나 행동을 보고 무비판적으로 받아들여 내면화한 것이다. 부모 자아는 기능상 비판적 부모 자아(Critical Parent: CP)와 양육적 부모 자아(Nurturing Parent: NP)의 두 가지로 나눈다.

• 비판적 부모 자아(CP)

부모의 윤리, 도덕, 가치 판단 기준이 그대로 자녀에게 내면화된 부분으로서 비판적 · 편견적 · 비판적 · 징벌적 특징이 있다. 이 자아가 강한 사람은 명령이나 지시 등 자신의 가치관을 강요하는 지배적 언행을 보인다.

자신의 신념에 따라 '아니다'라고 분명히 말하는 장점도 가지고 있지만, 자신이 최고라는 식으로 행동하며 유쾌하지 않고 완고하여 배우자나 자녀를 불안하게 만들기도 한다. CP가 작용하는 언어 형태는 "손님 오셨는데 인사해야지." "여자가 밤늦게 돌아다니면 안 된다." "요즘 애들은 버릇이 없어." 등과 같은 것들이다.

• 양육적 부모 자아(NP)

부모가 자녀를 사랑하고 돌보는 등 자녀를 양육하는 말이나 행동이 내면화한 부분으로서 동정, 보호, 양육, 배려의 특징이 있다. 이것은 아이의 성장을 도와주는 어머니 같은 부분이며, 상대가 원조를 필요로 할 때는 보살펴 주고 위로해 주고 따뜻한 말을 해 준다. 이 자아는 원만한 인간관계를 위해 필요하다. 그러나 지나치면 상대방에게 심적 부담을 줄 수 있다. NP가 작용하는 언어 형태는 "힘들지, 어서 와. 이것 좀 먹어." "너무 무리하지 말고 좀 쉬세요." 등과 같은 것들이다.

② 성인 자아(A)

성인 자아는 생후 10개월부터 자신에 대한 자각과 독창적 사고가 가능해지고 혼자서도 어떤 일을 해낼 수 있다는 자신감이 생기면서부터 점진적으로 발달한다. 성인 자아는 객관적 · 합리적 · 분석적 · 지성적 · 논리적 · 현실적 특징이 있다. 성인 자아는 부모 자아와 어린이 자아가 가지고 있는 정보를 평가해 보고 그 정보의 사용 여부를 결정하는 기능을 한다.

개인의 기능은 바로 이러한 성인 자아의 기능에 의해 좌우되는데, 성인 자아는 감정에 지배되지 않는 이성적이고 냉정한 부분이지만 반드시 정신적으로 성숙한 인간을 의미하는 것은 아니며 그 기능 자체를 의미한다고 할 수 있다. A가 작용하는 언어 형태는 "외식하는 돈으로 장을 봐서 집에서 해 먹으면 훨씬 싸고 위생적이지요." "저 친구의 진의가 무엇인지 좀 더 자세히 살펴보자." 등과 같은 것이다.

③ 어린이 자아(C)

어린이 자아는 생득적으로 자연스럽게 발생하는 모든 충동과 감정, 5세 이전에 부모와의 관계에서 경험한 감정과 그것에 대한 반응양식이 내면화한 것이다. 상대방이 부

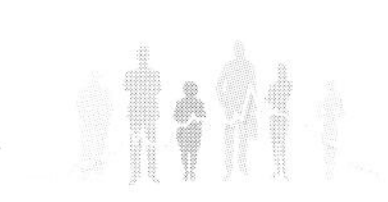

모처럼 행동하거나 스스로 즐거운 생각이 들 때 잘 나타난다. 어린이 자아는 그 기능에 따라 자유 어린이 자아(Free Child: FC)와 순종적 어린이 자아(Adapted Child: AC)로 구분된다.

- 자유 어린이 자아(FC): 부모나 어른의 반응에 구애받지 않고 자신의 욕구를 자연스럽게 나타내는 자아로서 본능적 · 적극적 · 감정적 · 즉흥적 특징이 있다(강갑원, 2004). 따라서 윤리나 예의, 남의 눈을 별로 의식하지 않고 현실은 아랑곳하지 않으며, 즐거움을 추구하고 불쾌한 것은 피한다. 이 자아가 적절히 작용하면 주위 사람들에게 즐거움을 주고 매력적이지만, 지나치면 자신을 통제하지 못하고 경솔하다는 말을 들을 수 있다. FC가 작용하는 언어 형태의 예는 "야, 주말이다. 놀러 가자." "이거 사 주실래요?" "나 그거 싫은데요." 등과 같은 것이다.
- 순종적 어린이 자아(AC): 부모나 권위자의 관심을 얻기 위하여 이들의 요청에 부응하려는 기능을 한다. 이것은 부모나 권위자에 의해 형성된 자아이다. 순종적 · 순응적 · 소극적 · 의존적 특징을 보인다. 이 자아는 인간관계를 원만하게 이끌어 가는 것 같으나, 사실은 자신을 억제하고 있기 때문에 내부적으로 여러 가지 심리적 문제가 있을 수 있다. 즉, 감정을 억압하거나 열등감에 사로잡히거나, 앙심을 품거나, 갑자기 성을 내는 행동을 보일 수 있다(김규수, 류태보, 2001). AC가 작용하는 언어 형태의 예는 "이거 하나 먹어도 됩니까?" "최선을 다했지만 이 보고서는 부족한 것이 많을 겁니다." 등과 같은 것들이다.

한편, Dusay와 Dusay(1989)는 에고그램을 통해 다섯 가지 기능적 자아 상태, 즉 '비판적 부모 자아' '양육적 부모 자아' '성인 자아' '자유 어린이 자아' '순종적 어린이 자아'가 어떻게 나타나는가를 막대그래프로 보여 주었다.

에고 체크리스트를 작성할 때는 문항에 대해 너무 깊이 생각하지 말고 현재 직관적으로 생각하고 느끼는 것을 그대로 솔직하게 확인하면 된다. 지시된 대로 채점을 하여 각 자아 상태 점수를 [그림 2-1]에 옮겨 그래프로 그리면 된다. 에고 체크리스트를 작

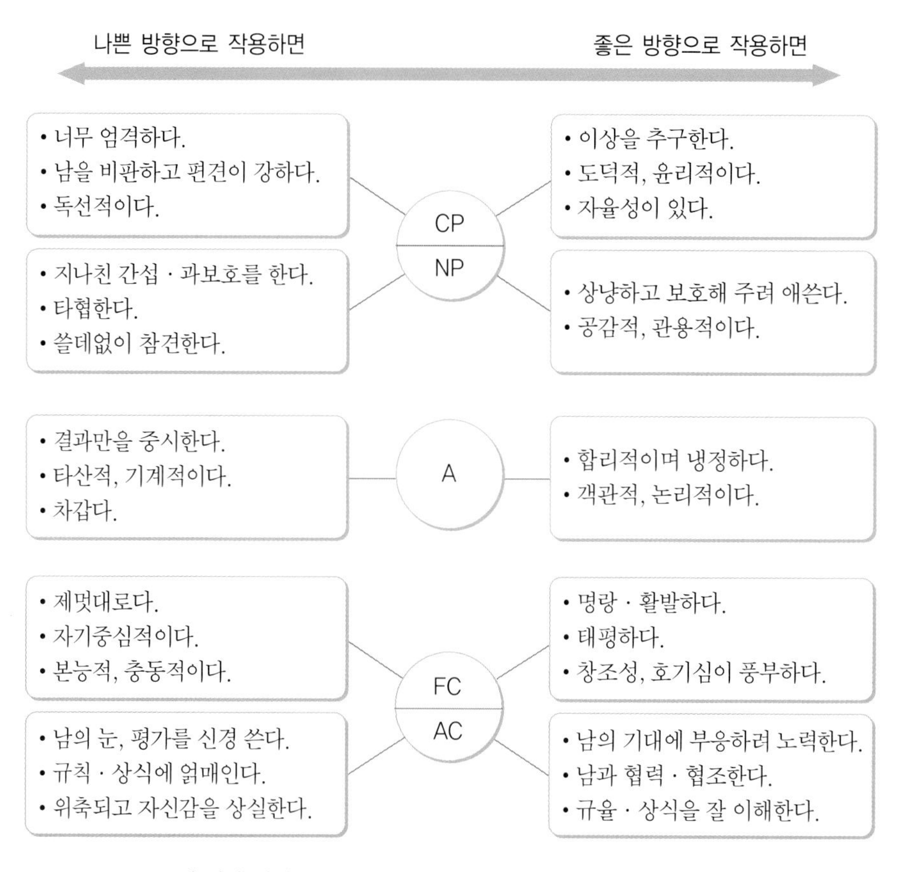

P: 부모(Parent)란 자아 상태. CP는 비판적 부모(Critical Parent)의 약자로 엄격한 아버지의 이미지, NP는 양육적 부모(Nurturing Parent)의 약자로 상냥한 어머니의 이미지이다.

A: 성인(Adult)의 자아 상태

C: 어린이(Child)의 자아 상태. FC는 자유 어린이(Free Child)의 약자로 응석받이 아이의 이미지, AC는 순종적 어린이(Adapted Child)의 약자로 착한 아이의 이미지이다.

[그림 2-1] 자아 상태의 양면성

출처: 한국교류분석협회(2010년 11월 28일자).

성하기 전에 나의 에고그램 그래프가 어떻게 나타날지 혹은 원하는 그래프 모양을 연필로 표시해 보는 것도 좋다. 이를 통해 예상 혹은 원하는 것과 실제가 어떻게 같은지 혹은 다른지에 대해 생각해 볼 기회를 갖게 된다.

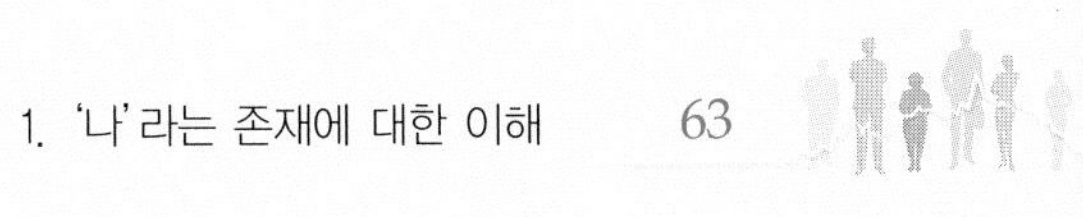

❀ 〈인간관계연습 4〉

[에고그램 검사]

※ 다음 항목의 질문에 대하여 보기에서의 점수를 빈칸에 적으시오.

매우 그렇다(5) 그렇다(4) 보통이다(3) 그렇지 않다(2) 전혀 그렇지 않다(1)

1. 다른 사람을 헐뜯기보다는 칭찬을 잘하는 편이다.
2. 대화에서 격언, 속담을 잘 인용한다.
3. '법이 없어도 살아갈 수 있는 사람'이라는 소리를 잘 듣는다.
4. 행동이나 말이 자유롭고 자연스럽다.
5. 말이나 행동을 냉정하고 침착하게 하므로 안정된 분위기를 느낀다.
6. '내가 말하는 대로 된다.'는 식으로 말한다.
7. 상냥하고 부드러우며 애정이 깃들어 있는 대화나 태도를 취한다.
8. TV, 영화 등을 보면서 마음이 약해 눈물을 잘 흘리는 편이다.
9. 육하원칙에 따라 사리를 따지거나 설명하는 편이다.
10. 호기심이 강하고 기발한(창의적인) 착상을 잘한다.
11. 말을 할 때 상대방의 안색을 자주 살핀다.
12. 직장 내외에서 사회봉사활동에 참가하기를 좋아한다.
13. 사회의 윤리, 도덕, 규칙 등을 중시하고 준수한다.
14. 다른 사람으로부터 부탁을 받으면 거절하지 못한다.
15. 자세가 바르며 여유가 있다.
16. 자신을 멋대로라고 생각한다.
17. 다른 사람의 마음에 들고 싶다고 생각한다.
18. 부모나 상사가 시키는 대로 한다.
19. 타산적이며 이해득실을 생각하고 행동한다.
20. 일을 능률적으로 잘 처리해 간다.
21. 매사에 조심스럽고 소극적인 편이다.
22. 대화에서 감정적으로 되지 않고 이성적으로 풀어 간다.
23. 상대방의 이야기를 잘 경청하고 공감하는 편이다.

24. 책임감이 강하고 약속시간을 엄수한다.
25. 부하나 아이의 실패에 대해 관대하고 격려한다.
26. 의리와 인정에 끌려서 아이나 부하, 동료 등 누군가를 마음에 걸려 한다.
27. 신이 나면 도가 지나쳐서 실수를 한다.
28. 아이나 부하를 엄격하게 다룬다.
29. 생각하고 있는 바를 입 밖으로 내지 못하는 성질이다.
30. 친구나 동료, 아이들이나 부하에게 신체적 접촉과 같은 스킨십을 잘 하는 편이다.
31. 상대방의 말을 가로막고 자신의 생각을 말한다.
32. 밝고 유머가 있으며, 장난을 잘 치는 편이다.
33. 어떤 일이나 사실에 근거해서 판단한다.
34. 상대의 실수를 지적하고 정정한다.
35. 열등감이 강한 편이고 자신의 감정을 억눌러 버리는 편이다.
36. 오락이나 술 등 음식물을 만족할 때까지 먹는다.
37. 미래의 일을 냉정하고 예리하게 예측하고 행동한다.
38. 욕심나는 것을 가지지 않고는 못 배긴다.
39. 자신의 생각을 관철하기보다 타협하는 경우가 많다.
40. 동정심이나 배려심이 강하고 어린이나 타인을 돌보기를 좋아한다.
41. 어떤 결정을 내릴 때 사실을 확인하거나 반대 의견을 듣는다.
42. 중얼중얼하는 목소리로 말하거나 우물쭈물 사양하는 편이다.
43. 상대를 바보 취급하거나 멸시한다.
44. 기쁨이나 화를 내는 등 희로애락을 직접적으로 표현한다.
45. 곤경에 처해 있는 사람을 위로하거나 북돋아 주기를 즐겨 한다.
46. 현상을 잘 관찰 · 분석하고 합리적으로 의사 결정한다.
47. “~해도 괜찮을까요?’ “~할 생각입니다” “이젠 됐습니다” 등의 말을 쓴다.
48. “와! 멋있다” “굉장하군!” “아하!” 등 감탄사를 자주 쓰며 농담을 잘한다.
49. “당연히 ~해야 한다” “~하지 않으면 안 된다”는 식의 말투를 잘 쓴다.
50. 권리를 주장하기 전에 의무를 다한다.

합 계	CP	NP	A	FC	AC

채점 및 해석

에고그램이 작성되면 이것을 보고 해석을 한다. 해석할 때는 에고그램에서 가장 먼저 어느 자아 상태가 가장 높은지를 본다. 두 번째는 어느 자아 상태가 가장 낮은지를 본다. 세 번째는 P가 높은 사람은 CP와 NP를 비교한다. C가 높은 사람은 FC와 AC를 비교한다. 네 번째는 A가 어느 정도 높으며, A가 다른 자아 상태와 비교해서 높은지 혹은 낮은지를 본다. 마지막으로 자신이 바라는 에고그램을 그려 본다.

자신이 원하는 혹은 예상한 그래프와 실제 나타나 있는 그래프를 보고 어느 부분을 바꿀 것인지를 확인한다. 높은 것을 낮추는 것보다 낮은 것을 높이는 쪽으로 계획한다. 낮은 자아를 높이기 위해 구체적으로 어떻게 행동하여야 할 것인지를 계획하고 실천할 수 있도록 한다. 에고그램의 형태를 통해 그 사람의 성격을 알 수 있다.

나의 에고-OK 그램

	비판적 지배적	과보호적 헌신적	기계적 현실적	개구쟁이 개방적	자기비하 의존적	
50						49
48						47
46						45
44						43
42						41
40						39
38						37
36						35
34						33
32						31
30						29
28						27
26						25
24						23
22						21
20						19
18						17
16						15
14						13
12						11
10						9
8						7
6						5
4						3
2						1
	관용적	방임적	즉흥적	폐쇄적	독단적	
	CP(U−)	NP(U+)	A	FC(I+)	AC(I−)	
	P			C		

[그림 2-2] 나의 에고-OK 그램

〈읽기자료 1〉

[여러 가지 에고그램]

에고그램의 패턴은 그 사람의 삶의 방식에 대한 습관과 같은 것이다. 따라서 다음과 같은 일곱 가지의 대표적인 에고그램 패턴을 누구나 갖고 있는 일곱 가지의 삶의 습관이라고 할 수 있다(한국교류분석협회, 2010년 11월 28일자).

① ︿형: 원만 패턴(보통)

NP를 정점으로 하는 ︿형의 에고그램을 나타내고, 일반적으로 대인관계에서 문제가 적고 자타를 모두 긍정하는 사람이라고 할 수 있다. 이 패턴은 '인화'를 강조하는 사람에게 많이 나타나는 패턴이라고 할 수 있다. 자신의 성격을 바꿔 보고자 하는 사람은 이 형태를 목표로 하는 것이 좋다.

② N형: 헌신 패턴(슈바이처형)

NP를 정점으로 하고 FC를 낮은 점으로 하는 N형은 자기부정적이고 타인에게 의존적인 유형이다. 이 유형의 사람은 NP가 높고 타인에 대한 배려나 온정이 있지만 AC가 높으므로 하고 싶은 말

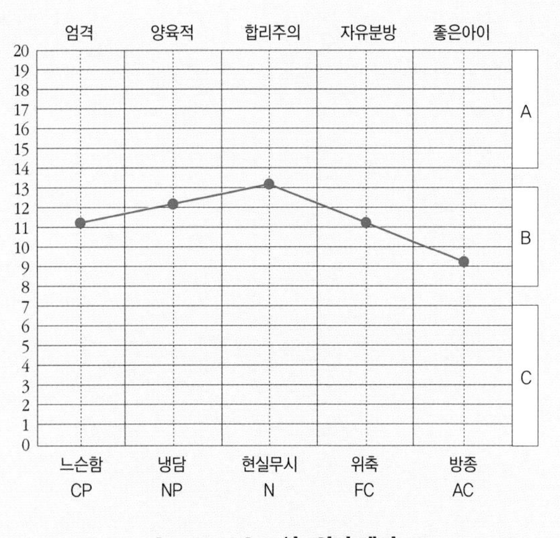

[그림 2-3] ︿형: 원만 패턴

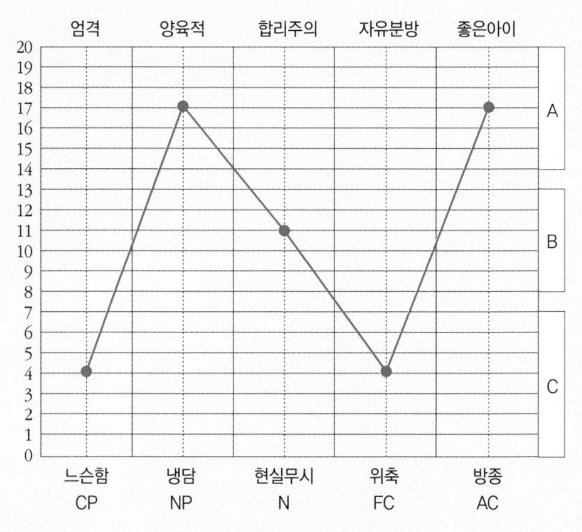

[그림 2-4] N형: 헌신 패턴

을 하지 못하고 마음속으로 삭이는 것이 특징이다. 기분전환도 잘 할 줄 모르므로 싫은 감정을 쉽게 잊어버리지 못하고 자율신경 실조증 등의 스트레스 병에 걸리기 쉬운 사람이라고 할 수 있다.

– 노력 point

"재미있다." "한번 해 보자."는 마음으로 적극적으로 뛰어드는 자세가 중요하다. 유머나 농담을 통해 유쾌한 기분에 젖어 보는 것이 필요하고, 보다 강인한 근성을 키우는 훈련을 할 것을 권장한다.

③ 역 N형: 자기주장 패턴(돈키호테형)

CP, FC가 높고 NP, AC가 낮은 역 N형은 자기중심적인 사람으로 자기주장형이다. 결국 책임의 소재는 타인에게 있고 자신은 항상 옳다고 하는 자기반성이 부족한 사람일 것이다. 그러나 이 패턴의 사람이 가진 야망이나 욕망이 예술이나 예능 방면으로 향했을 때는 능력을 발휘한다. 예술가형이라고 할 수 있다.

– 노력 point

주변 사람들의 좋은 점을 발견하도록 노력해서 칭찬하는 연습을 하는 것이 중요하다. 늘 상대방 입장에서 이해하고, 부드러운 말을 쓰며, 따뜻한 느낌을 주도록 노력하는 것이 필요하다.

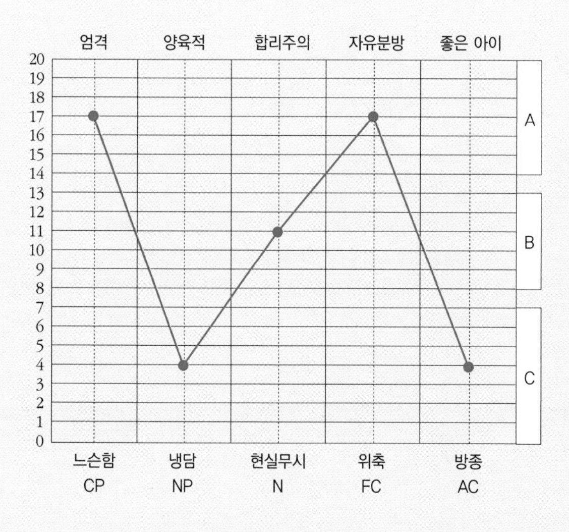

[그림 2-5] 역 N형: 자기주장 패턴

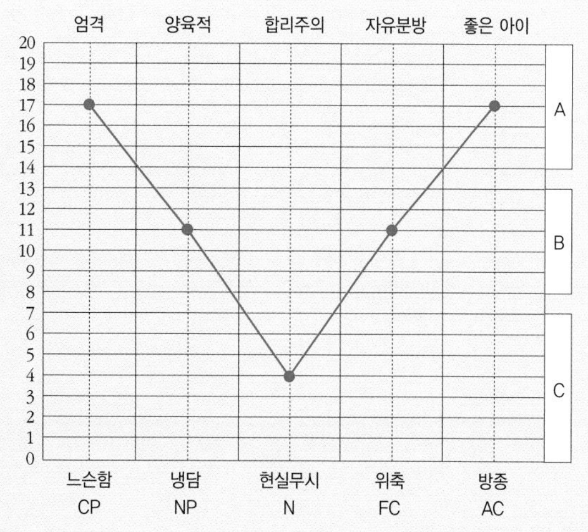

[그림 2-6] V형: 갈등 패턴

④ V형: 갈등 패턴(햄릿형)

양끝의 CP, AC가 높고 전체가 V형으로 되는 에고그램형이다. CP가 높으므로 "이렇게 해야 돼!" "이렇게 해서는 안 돼!"라고 자신이나 타인에게 완전함을 요구하지만, 마음속으로 갈등을 반복하고 후회를 많이 하는 사람이다. 결국 책임감이나 사명감에 사로잡혀 있는 엄격한 자신과 타인으로부터의 평가에 신경을 쓰는 자신이 끊임없이 갈등을 반복하는 것이 특징이다.

– 노력 point

현실에 근거하여 상황에 대한 정확한 판단을 하는 것이 중요하다. 감정적으로 행동하지 않도록 스스로 통제하며, 침착하고 객관적이며 공정한 태도를 가지는 것이 필요하다.

⑤ W형: 고뇌 패턴(베르테르형)

V형의 아류 형태로 양쪽의 CP, AC가 높은 데다 A도 높은 점이 특징이다. CP, AC의 갈등상황은 V형과 같지만 A가 높아 현실을 음미하거나 분석하려고 하는 만큼 이 부분의 고민은 심각하다. 자포자기나 침울한 상태가 되기 쉽다고 할 수 있다.

– 노력 point

"재미있을 것 같다." "한번 해 보자." 또는 "즐겁다."는 마음으로 호기심을 가지고 생활하는 것이 중요하다. 또한 감정과 느낌을 겉으로 드러내는 것을 연습하고, 마음대로 하고 싶은 일을 찾

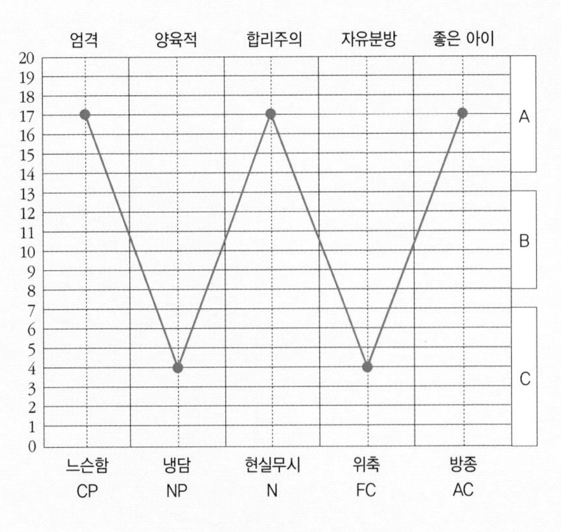

[그림 2-7] W형: 고뇌 패턴

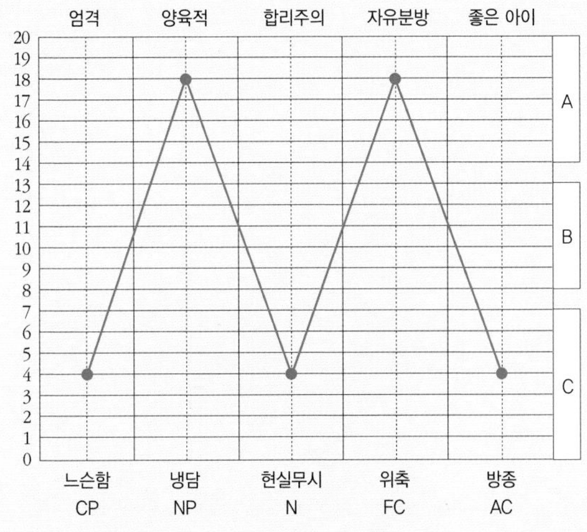

[그림 2-8] M형: 명랑 패턴

거나 많은 사람과 이야기 나누고 재미있는 일들을 만들어 보는 것이 필요하다.

⑥ M형: **명랑 패턴(우상형)**

NP, FC 양쪽이 높고 다른 것은 그것보다는 낮은 것이 특징이다. 이 패턴은 밝고 명랑한 젊은 여성에게 잘 나타난다. 타인에 대한 배려가 있고 호기심이 왕성하며 즐거운 것을 아주 좋아하는 사람이라고 할 수 있다. 분위기를 주도하는 밝고 유쾌한 사람이다.

– 노력 point

현실에 근거하여 상황에 대한 정확한 판단을 하는 것이 중요하다. 감정적으로 행동하지 않도록 하고, 감정이 높아져 있을 때는 "조금만 생각할 여유를 주십시오." 하고 사이를 두는 것이 필요하다.

⑦ 우경사형: **완고 패턴(황소형)**

CP를 정점으로 우측으로 내려가는 우경사형의 특징은 한마디로 완고하다는 것이다. AC가 가장 낮아 타인의 의견에는 귀를 기울이지 않는다. 타인이 하는 일에 화끈대는 경우가 많아 두통이나 고혈압이 생기기 쉬운 형이라고 할 수 있다.

– 노력 point

매사를 즐겁게 인식하고 적극적으로 생활하는 것이 중요하다. 그리고 자기의 주관만 고집하기보다는 다른 사람들의 의견에도 적극 귀를 기울이는 타인 존중의 태도가 필요하다.

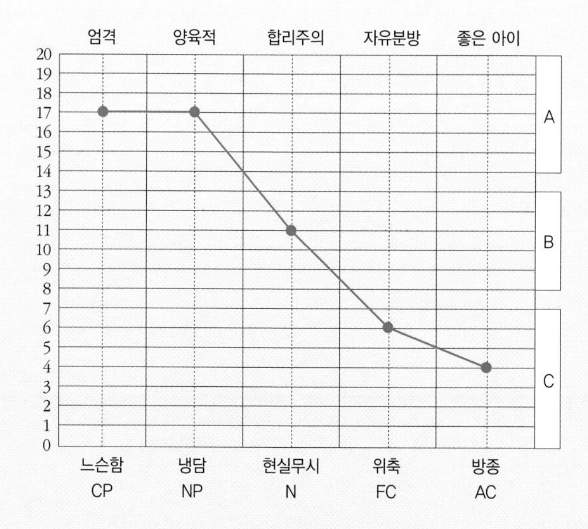

[그림 2-9] **우경사형: 완고 패턴**

(3) STROKE 대인관계 양식 검사

이 검사는 제목에서 알 수 있듯이 STROKE에 대한 검사다. STROKE의 사전적 의미는 '치기'다. 테니스를 할 때, 라켓을 사용하여 공을 STROKE한다. 대인관계에서도 말과 행동을 통해 다양한 STROKE를 주고받는다. 이처럼 STROKE는 대인관계에서 주고받는 영향을 의미하는 것이라 할 수 있다. 대인관계에서 과연 나는 상대방에게 어떤 자극과 영향을 주고 있을까? 또 나는 상대방으로부터 어떤 자극과 영향을 받고 있을까?

〈인간관계연습 5〉

[STROKE에 대한 검사]

항목	아니다	조금 그렇다	매우 그렇다
1. 나는 분위기 파악을 잘한다.	⓪	①	②
2. 나는 신경질적인 면이 있다.	⓪	①	②
3. "우리 학교에서 선생님은 필요한 사람이에요."라는 말을 듣는다.	⓪	①	②
4. 싫은 얘기를 듣고 있다.	⓪	①	②
5. 내 일이 아니면 상관하지 않는다.	⓪	①	②
6. 꼭 먼저 아는 체한다.	⓪	①	②
7. 기분 나쁜 이야기라도 상대에게 피가 되고 살이 되는 이야기라면 한다.	⓪	①	②
8. "고맙다."라는 말을 많이 듣는다.	⓪	①	②
9. 내 잘못이 아닌 일로 오해를 사거나 꾸중을 들어 화가 난 적이 있다.	⓪	①	②
10. "안녕하세요?"라고 인사하는 것이 부담스럽다.	⓪	①	②
11. 나는 오지랖이 넓다.	⓪	①	②
12. 내 말을 안 들으면 울화통이 터진다.	⓪	①	②
13. 내 주변에는 좋은 사람이 많다.	⓪	①	②
14. 내 주변에 짜증을 잘 내는 사람이 있다.	⓪	①	②
15. 내가 싫어하는 스타일(유형)의 사람이 있다.	⓪	①	②
16. "고맙다."라는 말을 잘한다.	⓪	①	②
17. 식당이나 상점 등에서 서비스가 나쁘면 말한다.	⓪	①	②
18. 기분 좋은 서프라이즈 경험(깜짝 이벤트)이 있다.	⓪	①	②

19. 우리 학교에 권위적인 사람이 많다.	⓪	①	②
20. 나는 혼자 있는 시간이 좋다.	⓪	①	②
21. 가족 생일은 꼭 기억해 두었다가 먼저 축하해 준다.	⓪	①	②
22. 불의를 보면 못 참는다.	⓪	①	②
23. 내게는 힘들고 외롭고 지쳤을 때, 손만 내밀면 와 줄 사람이 두 명은 있다. (가족 제외)	⓪	①	②
24. 우리 학교는 다른 학교보다 분위기가 딱딱하다.	⓪	①	②
25. 회식 등 모임 날짜가 겹치면 잘됐다는 생각이 들 때가 있다.	⓪	①	②

채점 및 해석

모든 문항에 응답하였으면 다음 문항의 점수를 더한다.

하위요인	문항번호	합계
A	1, 6, 11, 16, 21	
B	2, 7, 12, 17, 22	
C	3, 8, 13, 18, 23	
D	4, 9, 14, 19, 24	
E	5, 10, 15, 20, 25	

검사 결과를 보면 다음과 같다. 검사 결과를 통해 내가 상대방으로부터 받는 자극 혹은 영향과 상대방에게 주는 자극과 영향에서 개선해야 할 점을 적어 보자.

A: 내가 상대방에게 주는 긍정적 자극과 영향

점수가 높을수록 긍정적 자극과 영향을 주는 것이다. 점수가 높을수록 내가 상대에게 주는 사랑의 양이 많다는 뜻이며, 7 이상이 좋은 상태라고 볼 수 있다.

B: 내가 상대방에게 주는 부정적 자극과 영향

점수가 높을수록 상대방에게 부정적 자극과 영향을 주는 것이다. 점수가 높을수록 나의 비판하거나 비난하는 말과 행동이 남에게 상처를 주지는 않을지 한번쯤 생각해 보자. 점수가 낮다고 무조건 좋은 것은 아닙니다. 낮을수록 남에게 싫은 소리를 못하는 사람일 경우가 많다. 교사의 경우, 적절한 지도와 훈육이 필요하므로 5~6 정도가 적당하다.

C: 내가 상대에게 받고 있는 긍정적 자극과 영향

점수가 높을수록 '나는 사랑받는 사람'이라고 느끼는 사람이다. 받은 사랑만큼 돌려줄 수 있는 당신은 더욱 행복한 사람일 것이다.

C가 A보다 높은 사람은 주는 사랑보다 받는 사랑이 많은 경우라고 하니 주변에 좋은 인연이 많은 것이다.

D: 내가 상대방에게 받고 있는 부정적 자극과 영향

내가 상대로부터 느끼는 '미움의 양'이다. 관계에서 오는 스트레스의 정도라고 보면 된다. 점수가 높은 경우 쇄골 7cm 아래를 손가락으로 눌렀을 때 상당한 통증을 느끼게 된다.

E: 무자극 정도, 편견이나 주변의 영향으로부터의 자유?

남의 시선, 편견, 주변의 영향에 어느 정도 민감한지를 나타내는 점수다. 대개 4점 이하의 사람은 편견으로부터 자유로운 사람이다. 5~7점은 보통, (농담 반 진담 반으로) 용서는 하지만 기억은 지우지 않는 사람, 8점 이상은 완벽을 지향하는 사람이라고 할 수 있다.

* 내가 상대방으로부터 받는 자극 혹은 영향과 상대방에게 주는 자극과 영향에서 개선해야 할 점은 무엇인지 생각해 보자.

2. 나 변화시키기

사람은 쉽게 변하기도 하고, 쉽게 변하지 않기도 한다. 어리석을 정도로 고집스러운 자존심 때문에 쉽게 변하지 못하다가도, 다른 사람이 보기에는 아주 하찮은 계기 때문에 자존심을 다 버리고 변하기도 한다. 저마다 사람을 변하게 하는 계기와 과정이 다르기 때문에 그것을 예측하는 것이 어려운 것은 물론이며, 강제로 변화시키려 하는 것 또한 어려운 일이다. 그래서 자신이나 타인을 변화시키거나 바꾸지 못하는 사람들은 답답해하기도 한다.

『분노의 기술(When Anger Hurts)』의 저자인 McKay는 "우리는 다른 사람을 변화시킬 수 없다. 오직 우리 자신만을 변화시킬 수 있다." 고 말한다(정동섭 역, 2008). 다른 사람을 변화시키거나 바꾸려 하는 사람들은 상대방과 갈등하고 충돌하게 된다. 아무리 과학적인 근거와 객관적인 근거와 논리로 변화시키고자 하는 대상(자기 자신이든 타인이든)을 설득하고 자극해 보아도 아무런 소용이 없다. 즉, 사람은 자기가 원할 때 변하지, 당신이 그들이 변화하기를 원한다고 해서 변화하지는 않는다는 것이다. 사람은 변화하도록 칭찬과 격려 등으로 강화되거나 변화할 능력이 있을 때에만 변화한다는 것이 사실이다.

1) 일상생활에서 흔히 저지르기 쉬운 인지적 오류들

개인심리학적 상담이론의 창시자인 Adler(1979)는 "의미란 장면 그 자체에 의해 결정되는 것이 아니고 우리가 그 장면에 의미를 부여함으로써 그 의미를 결정한다." 고 말한다. 이처럼 인간은 의미를 부여하고 의미를 창조하는 존재이다. 마찬가지로 우리는 인간관계에서 경험하게 되는 여러 사건들에 대해서도 그 의미를 부여한다.

다른 사람이 한 말이나 행동에 대해서 우리는 그 의미를 추론하게 된다. 가령, 오랫동안 사귀어 온 이성친구가 "나 어제 소개팅 나갔었어." 라고 말했을 때, 그렇게 말한 속뜻에 대해서 생각하게 된다. 이렇게 인간관계에서 타인이 보인 행동이나 상황이 의미하는 바를 생각하는 과정이 바로 의미추론 과정이다.

그런데 의미추론 과정에서 도출된 것은 사실일 수도 있고 왜곡된 것일 수도 있다. 하지만 인간관계에서 일어나는 일들은 그 사실적인 의미를 분명하게 확인할 수 있는 방법이 제한되어 있다. 상대방에게 그 의도를 직접 묻는다 하더라도 상대방이 솔직하게 말한다고 확신하기 어렵다. 이러한 점이 인간관계에서 상대방의 마음을 정확하게 읽기 어려운 이유이다. 흔히 타인의 행동에 대한 의미를 추론하는 과정에서 오류나 왜곡이 발생하면 오해가 생기게 된다.

인지치료자인 Beck(1976)에 따르면, 일상생활에서 정서장애를 경험하는 사람들은 사건의 의미를 부정적으로 왜곡하는 경향이 있다고 한다. 이러한 의미추론 과정에서 인지적 오류(cognitive error)를 범한다. 이러한 인지적 오류는 인간관계에서 상대방의 의도나 사건의 의미를 왜곡하여 오해하게 하는 주된 원인이 된다.

인간관계에서 저지르기 쉬운 인지적 오류는 그릇된 가정 및 잘못된 개념화로 이끄는 생각에 있어 체계적 오류이다. 인지적 오류는 정보처리가 부정확하거나 비효과적일 때 나타나며 대개 비현실적인 세계관을 나타내거나 비논리적인 추론과 관련된다. 인지적 오류는 별다른 노력 없이도 자발적이고 자동적으로 발생하는 것처럼 보인다. 그래서 그것은 또한 부정적 자동적 사고라고 불린다. 자동적 사고는 순간 우리에게 떠오르는 생각이나 영상을 말한다. 사람들에게 나타나는 다양한 인지적 오류는 다음과 같다(권석만, 2004; 노안영, 2005).

- 독심술(mind reading): 충분한 근거 없이 다른 사람의 마음을 마음대로 추측하고 단정하는 오류이다. 이러한 인지적 오류를 범하는 사람들은 자신이 타인의 마음을 정확하게 꿰뚫어 볼 수 있는 능력을 지녔다고 믿는 경우가 많다. 그런데 이 경우 상대방의 마음을 확인할 방법이 없기 때문에 자신의 판단이 옳았다고 생각하게 된다. 예를 들어, A는 여자 친구가 예전처럼 밝은 표정을 짓지 않자 자신에 대한 애정이 식은 것으로 생각하고 기분이 상해서 여자 친구에게 은근히 불쾌한 말을 하게 되었다. 그러자 불쾌한 말을 들은 그녀 역시 화를 내게 되었고 급기야 두 사람 사이는 악화되었다. 결국 여자 친구는 실망하고 자신에게 호감을 보이던 다른 남자와 자주 만나게 되었다. 이를 알게 된 A는 자신이 판단이 옳았다고 확신하게 된다.
- 정신적 여과(mental filtering): 인간관계 상황의 주된 내용은 간과하고 특정한 일부의 정보에만 주의를 기울여 전체의 의미를 해석하는 오류이다. 이 경우 인간관계 상황의 긍정적인 양상을 여과하는 데 초점이 맞추어져 있고 극단적으로 부정적인 세부사항에 머무르는 것을 말한다. 예를 들어, 수십 명의 학생에게 강의하는 교수는 졸고 있는 서너 명의 학생을 보고 '내가 강의를 잘 못하나 보다. 내 강의가

재미없나 보다'라고 생각하여 낙담하는 경우가 여기에 해당한다.

- 과잉일반화(overgeneralization): 단일 사건에 기초하여 극단적인 신념을 가지게 되어 그것들을 유사하지 않은 사건들이나 장면에 부적절하게 적용하는 오류이다. 예를 들어, B가 미팅에 나가서 파트너에게 다시 만날 것을 제의하였으나 거절당하였다. 이렇게 거절당한 이유는 자신의 키가 작기 때문이라고 생각했고 B는 요즘 여자들은 누구나 사람을 키와 같은 외모로 판단한다고 생각한다. 그 결과 자신이 어떻게 하든지 여자들로부터 거절당할 것이라고 생각하여 다시는 미팅에 나가지 않으면서 모든 여성에 대한 분노감정을 지니게 되는 경우이다. 또한 한두 번 시험에 떨어진 사람이 '나는 어떤 시험을 치든지 나의 노력이나 상황과는 상관없이 실패할 것이 뻔하다'라고 생각하는 경우가 여기에 해당한다.
- 의미확대 혹은 의미축소(magnification or minimization): 대개 사람들이 자신의 실수나 결점 또는 타인의 재능을 바라볼 때에는 그것들을 실제보다 좀 더 큰 것처럼 보게 되는 경향이 있고, 반면에 자신의 장점이나 타인들의 문제를 대할 때에는 축소하여 사건들이 작고 멀게만 보는 오류이다. 예를 들어, 친구가 자신에게 한 칭찬에 대해서는 듣기 좋으라고 한 얘기로 그 의미를 축소하는 반면, 친구의 충고에 대해서는 평소 친구의 속마음을 드러낸 것으로 중요성을 확대하여 받아들이는 경우이다. 이처럼 불완전한 점들을 극대화하고 좋은 점들을 극소화하기 때문에, 그는 결국 자신이 부적절하며 타인들보다 열등하다고 생각하고 또 우울하다고 느끼게 된다.
- 개인화(personalization): 관련 지을 만한 일이 아님에도 불구하고 외적 사건들과 자기 자신을 관련 짓는 오류이다. 예를 들어, 한 학생이 강의실 앞을 지나가는데 마침 강의실 입구에 서서 이야기 중이던 학생들이 크게 웃었다. 사실 이들은 자신들의 이야기 때문에 웃은 것이다.
- 흑백논리적 사고(all or nothing thinking): 이분법적 사고(dichotomous thinking)라고도 불리는 것으로, 완전한 실패 아니면 대단한 성공과 같이 극단적으로 흑과 백으로 구분하려는 오류이다. 예를 들어, 타인의 반응을 '나를 좋아하는가' 아니면

'나를 싫어하는가'의 둘 중의 하나로 해석하며 그 중간의 의미를 인정하지 않는 경우이다. 또한 '완벽하게 성공하지 못하면 실패한 것이다' '나를 좋아하지 않으면 싫어하는 것이다.'와 같이 흑백논리적으로 판단하여 그 중간지대를 생각하지 못하는 경우이다.

- 감정적 추리(emotional reasoning): 임의적 추리(arbitrary inference)라고도 불리는데, 충분한 근거 없이 막연히 느껴지는 감정에 근거하여 결론을 내리는 오류이다. '나는 느낀다. 고로 나는 존재한다.'는 식으로 생각하는 경우이다. 예를 들어, '나는 부적절하다고 느낀다. 고로 나는 쓸모없는 사람이다.' 또는 '불길한 느낌이 드는 걸 보니 일이 잘못된 게 틀림없어.'라고 생각하는 경우가 여기에 해당한다.
- 파국화(catastrophizing): 개인이 걱정하는 한 사건을 취해서 지나치게 과장하여 두려워하는 것을 말한다. 자신을 계속 파국화시키는 것은 한 사람이 재난에 대한 과장된 사고를 통해 세상에 곧 종말이 닥칠 것이라는 두려움 속에서 살아가도록 하는 원인이 된다. 예를 들어, 크리스마스를 앞두고 아이들 선물, 양가 부모님 선물, 친지나 지인 선물을 사는 아내를 보고 있는 남편이 '이러다가 집안을 말아먹고 우리는 거지가 되고 말 거야'라고 생각하는 경우가 있다. 또한 화를 잘 내지 못하고 억누르는 사람들 중에는 '내가 한번 화를 내면 폭발하고 말 거고, 그렇게 되면 난 전혀 제어하지 못하고 끔찍한 일이 일어나고 말 거야'라고 생각하는 경우가 여기에 해당한다.
- 잘못된 명명(mislabeling): 사람의 특성이나 행위를 기술할 때 과장되거나 부적절한 명칭을 사용하여 기술하는 오류이다. 예를 들어, 자신의 잘못을 과장하여 '나는 실패자다' '나는 인간쓰레기다'라고 부정적인 명칭을 자신에게 부과하는 것이다. 또한 자신이나 타인에게 '저질체력' '돌아이' '성격이상자' '정신이상자' 등의 과장된 명칭을 부과하는 경우가 여기에 해당한다. 잘못된 명명의 오류는 개인의 행동을 그러한 명칭에 맞도록 유도하는 자기최면을 초래할 수도 있다.

Bandura(1986)에 의하면, 인간은 자기가 선정한 기대에 스스로 자신의 행동을 맞추어 가는 경향이 있다고 한다. 그는 이러한 경향을 자기충족적 예언(self-fulfilling prophecy)이라고 하였다. 즉, 자신을 '실패자'라고 규정하는 사람은 미래의 상황에서도 자신이 실패자로 행동할 것이라고 예측하게 되고 실제 상황에서 실패자처럼 행동하게 된다.

2) 나를 변화시키려는 결심의 습관화 66일

런던대학교의 Wardle 교수는 사람들이 무언가 변해야 한다고 느낄 때 자신의 습관을 체크한다고 말한다(www.thaindian.com, 2009. 7. 19.). 과음을 하기 때문에, 과식을 하기 때문에, 운동할 시간을 내지 못하기 때문에 등 자신의 성공을 가로막고 있는 것은 이렇듯 작은 습관이라고 생각한다. 금연과 금주, 다이어트, 운동, 아침형 인간되기의 새로운 습관을 들이려 노력하지만 변하지 않고 반복되는 습관의 패턴 속에 매몰되어 결국 실패를 맛보고 좌절감을 느끼는 사람들이 대부분이다. 그럴 때면 '나는 왜 이것밖에 안 될까, 결국 나란 존재는 어쩔 수 없구나!'라는 자괴감에 빠져 마치 다이어트 결심이 습관화되지 못하고 요요 현상을 겪듯 아무런 성과 없이 이전으로 되돌아가기도 한다.

현재 우리의 삶을 결정짓고 있는 것은 이렇듯 아주 작은 습관이다. 따라서 좋은 습관을 되도록 많이 몸에 익히는 것이 좋다. 습관화된다는 것은 아무 생각 없이 무심결에 어떤 행동을 하더라도 원하는 바람직한 행동을 하는 것으로 행동의 기제가 무의식에 저장되는 것을 의미한다. 어떻게 얼마나 해야 원하는 행동과 마인드를 자신의 습관으로 만들 수 있는가? Wardle 교수팀의 연구에 따르면, 66일간 지속하면 생각이나 의지 없이 행동할 수 있는 습관이 된다고 한다. 삶의 장애물처럼 버티고 있던 나쁜 습관을 교정하고 좋은 습관을 무의식으로 만드는 것이 66일에 가능하다면 작심삼일(作心三日)의 좌절감을 벗어나 꾸준한 66일간의 노력이 요구된다.

3) 인지적 왜곡과 오류에서 벗어나기

(1) 논박하기

인지적 왜곡은 자기 말(self-talk), 자기언어화(self-verbalization) 그리고 자기진술(self-statement) 등에 의해 더욱 내면화, 신념화된다. 논박은 일상생활에서 인지적 오류를 확인한 후 이를 합리적 생각과 자기언어로 바꾸는 일련의 질문이다.

첫째 단계는 확인된 인지적 왜곡과 그에 근거한 자기언어에 대해 규정하여 다시 진술하도록 한다. 가령, 수업 시간에 친구와 이야기를 하다가 선생님께 지적을 받고 엉뚱한 대답을 하여 친구들이 크게 웃었을 경우 '어이구, 이런 멍청이.'라고 생각한다면 이는 너무 막연하다. 즉, 구체적인 사실과 관련짓지 않고 너무 일반화하였다. 이런 경우 '답을 엉뚱하게 하여 친구들이 나를 바보 멍청이라고 놀릴 것이다.'라고 규정하여 생각이나 자기언어를 재구성한다.

둘째 단계는 재구성한 생각이나 자기언어가 합리적인가를 묻고 답하는 것이다. 예를 들어, '답을 틀리게 했다고 바보 멍청이여야 할 근거가 어디 있는가? 그러한 학생은 없으며 그럴 수도 없지 않은가?'와 같은 생각이나 자기언어를 구성한다.

셋째 단계는 인지적 왜곡이나 그에 근거한 자기언어를 자신이 하고자 하는 일에 도움이 되는 생각이나 언어로 대치하는 것이다. 앞의 경우를 다시 예로 들면, '선생님의 질문에 잘 답하였다면 좋았지만 그러질 못했다. 수업 중에 선생님 말씀을 잘 듣지 않으면 질문을 받았을 때 잘 답하지 못할 것이다. 이제부터는 더욱 충실히 수업에 참여해야겠다.'라고 생각하거나 자기언어를 재구성한다.

(2) 인지 타당성 평가

1995년 Beck과 Emery는 인지 타당성을 평가하는 5단계 과정을 머리글자로 A-FROG로 제시하였다(노안영, 2005). A-FROG는 개인이 합리적으로 생각하고 있는가의 여부를 평가하는 것으로 다음과 같은 준거에 따라 사고를 평가한다. 만약 자신이 가진 생각이나 사고에 대한 다음의 질문에 모두 '예'라고 답하지 않았다면 당신의 생각

이나 사고는 역기능적이며 왜곡된 것일 수 있다.

- A(Alive): 나의 사고는 나를 생기 있게 하는가?
- F(Feel): 나는 이러한 사고의 결과로 기분이 더 나아졌는가?
- R(Reality): 나의 사고는 현실적인가?
- O(Others): 나의 사고는 다른 사람과의 관계에 도움이 되는가?
- G(Goals): 나의 사고는 나의 목표를 성취하는 데 도움이 되는가?

(3) 재귀인하기

인간은 어떤 상황이나 사건에 대한 책임이 거의 없는 경우에 그러한 상황이나 사건의 책임을 자신에게 돌릴 수 있다. 가령, 시험성적이 좋지 않게 나왔을 때 그 원인에 대해서 생각한다. 데이트 신청을 거절당한 사람은 그 이유에 대해서 곰곰이 생각해 보게 된다. 이때 그러한 상황이나 사건의 원인을 어떻게 생각하느냐에 따라 그에 대한 감정과 행동도 달라진다. 이렇게 자신이나 타인이 한 행동과 그 결과의 원인을 추론하는 과정을 귀인(attribution)이라고 하며, 부적절한 귀인으로 받는 고통에서 탈피할 수 있도록 정확한 인과관계에서 자신의 책임 여부를 파악하도록 하는 것을 재귀인이라 한다.

우리는 자신이나 상대방의 행동이나 결과에 대한 원인을 여러 가지 방식으로 귀인하게 된다. 첫째, 내부적-외부적 귀인이다(internal-external attribution)이다. 내부적 귀인은 행동을 한 당사자인 행위자의 성격, 능력, 동기 등 내부적 요인에 기인하는 것이다. 반면, 외부적 귀인은 행위자 밖의 요소인 환경, 상황, 타인, 우연 등의 탓으로 귀인하는 것이다.

둘째, 안정적-불안정적 귀인(stable-unstable attribution)이다. 안정적 귀인은 그 원인이 내부적인 것이든 외부적인 것이든 비교적 변함이 없는 지속적인 요인인 성격, 지적 능력에 귀인하는 것이다. 이와는 달리 불안정적 귀인은 자주 변화될 수 있는 요인인 노력, 동기 수준에 귀인하는 것이다.

셋째, 전반적-특수적 귀인(global-specific attribution)이다. 이것은 귀인요인이 얼마

〈표 2-2〉 데이트 신청의 거절에 대한 가능한 귀인들

소재 / 안정성	내부적 요인	외부적 요인
안정 요인	A군의 외모, 성격, 능력	B양의 쌀쌀한 성격
불안정 요인	A군의 데이트 신청 행동	B양 기분상태, 친구 같이 있음

나 구체적으로 한정되어 있는지의 정도를 의미한다. 예를 들어, 이성에게 데이트를 신청했다가 거절당한 일에 대해서 성격이라는 내부적-안정적 귀인을 한 경우에도 그의 성격 전반에 귀인할 수도 있고, 그의 성격 중 '성급하다'는 일부 특성에 구체적으로 귀인할 수도 있다.

이렇게 데이트 신청을 거절당한 부정적인 결과에 대해서 그 원인을 여러 가지에 귀인할 수 있다. '어떤 원인에 귀인했는가?'에 따라 결과적인 감정과 행동이 달라진다. 거절당한 이유를 자신의 열등한 외모나 성격과 같이 내부적-안정적 귀인을 한 경우에는 A군은 자신에 대한 열등감을 느끼고 기분이 상당히 우울해져 위축된 행동을 보일 수 있다. 이와 달리, 거절당한 원인이 B양의 기분상태나 주변에 있었던 친구 때문이라고 외부적-불안정적 귀인을 한 경우에는 A군의 기분이 그다지 상하지 않을 것이다. 이처럼 대인관계에서 일어난 사건의 원인을 어떤 방향으로 귀인하느냐에 따라 감정과 행동이 달라진다.

(4) 자기지시적 훈련

자기지시적 훈련(self-instructional training)은 개인이 자신에게 하는 말이 그의 행동에 직접적인 영향을 끼친다는 가정에 근거하고 있다. 개인의 마음속에 일어나는 자동적이며 복잡한 문제해결 과정을 언어화(verbalization)하고 몇 개의 단계로써 구분 짓는다. 즉, 사람들이 문제에 직면하여 그것을 해결하는 과정에서 스스로 자기에게 말을 하며, 이러한 자기 말(self-talk)에는 몇 가지 형식이 있다고 가정한다(Kendall & Braswell, 1985). 〈표 2-3〉에 문제해결과 관련된 자기 말의 다양한 형식과 내용이 제시되어 있다.

자기 말의 형식 중 여기서 언급할 것은 성공경험 후의 자기보상적(self-reward) 자기 말

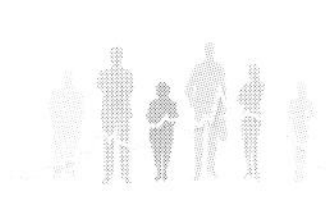

〈표 2-3〉 자기지시의 형식 및 내용

문제 정의적 자기 말	나는 TV나 영화 보기를 너무 좋아해서 공부하는 시간을 많이 빼앗기고 있으니 큰 문제다.
문제 접근적 자기 말	TV나 영화를 보는 시간을 줄일 수 있는 방법을 생각해 봐야겠다.
주의집중적 자기 말	나태해졌던 마음을 가다듬고 정신을 바짝 차려야겠다. 공부할 때는 오직 공부만 생각하겠다.
자기보상적 자기 말	오늘 집중해서 딴생각하지 않고 공부했더니 TV 보는 시간도 크게 줄였고 공부도 많이 했다. 나는 대견한 일을 했다.
대응적 자기 말	요사이 다시 TV를 많이 본다. 나도 모르는 사이에 마음이 나태해졌다. 그러나 다시 한 번 마음을 굳게 먹고 공부에 전념해 보겠다.

과 실패경험 후의 대응적(coping) 자기 말이다. 성공경험 후, '와, 나는 일을 멋지게 잘 해냈다.' '나는 내가 자랑스럽다.' '이런 여세를 몰아 계속 성공해 나가겠다.' 등의 자기보상적 자기 말을 적극적으로 하도록 훈련받는 학생들의 자신감은 상당히 고양된다.

마찬가지로 대응적 자기 말을 적절히 할 수 있도록 학생들을 훈련시키는 것도 중요하다. 그 이유는 실패경험 후 대응적 자기 말을 하는 것은 자기혐오에 빠지는 것을 막아 주기 때문이다. 실패경험 후, '아, 나는 왜 이렇게 멍청이 같은가?' '나는 도대체 왜 이 모양인가?' 등의 자기혐오적인 자기 말을 하는 대신 '아차, 내가 실수를 했구나.' '내가 경솔했고 생각이 짧았다.' '좀 더 침착하고 신중하게 다시 한 번 해 봐야겠다.' 등의 대응적 자기 말을 하도록 훈련시키는 것은 실패를 효과적으로 극복하게 하는 데 큰 도움이 될 수 있다.

3. 나 자신의 가치 발견하기

1) 실존을 자각하기

실존주의 사상가인 Kierkegaard는 "실존은 본질에 앞선다(Existence precedes

essence)."는 명제를 앞세우고 경험의 주관적인 측면, 선택의 자유, 책임 등을 강조하였다. 즉, 자신의 존재(存在)를 각성한 실존(實存)에 초점을 두고 인간 자신의 본질은 자신이 존재하고 난 뒤 자신의 자유 의지에 의해 선택하고 행동하고 책임지는 가운데 스스로 형성되어 간다고 보았다.

이러한 실존주의 사상은 어느 사상보다도 개인의 개별성과 주관성을 강조한다. 또한 우리 모두가 무한한 가능성을 가지고 있으며 그 자신이 가치와 의미의 창조자임을 강조한다.

Heidegger도 『존재와 시간(Being and Time)』에서 실존이란 현존재(Dasein)가 일상인(Das Man)으로 전락하여 자기 존재의 근거를 상실한 상태에서 본래적 존재 방식을 기투적(企投的)으로 취하는 것이라고 말하였다. 이처럼 인간은 존재 이후에야 비로소 무엇으로 되는 것이며, 그가 무엇으로 될 것이냐 하는 것은 그 자신이 결정하는 것이다.

이처럼 한 인간으로서 나 자신은 스스로 형성하고자 하는 구상 그대로일 뿐만 아니라 이러한 나의 구상이 본래적인 존재 방식을 기투적으로 취한 후에 형성되는 것이다. 타인에 의하여 형성된 나도 그 형성자는 나 자신이다. 왜냐하면 타인에 의하여 형성된 나 자신도 내가 선택하였기 때문에 내가 선택에 의하여 형성되었다고 말할 수 있기 때문이다.

결국 실존주의 사상에 기초할 때, 인간의 삶은 피투성(被投性), 즉 '내던져짐'을 그 특징으로 한다. 인간은 자신이 선택의 주체요, 그 선택은 미래를 결정하는 기준이 되며 그런 결정의 모든 책임을 자신이 져야만 하는 존재다. 내던져진 존재의 본성을 자신이 창조하며, 자신의 잠재력을 각성함으로써 인생을 보다 행복하게 만들 수 있는 기투(企投)의 존재라는 것이다(노안영, 2005). 그렇다면 어떻게 해야 자신의 진정한 실존을 깨달을 수 있을까?

2) 삶의 의미 찾기

나는 누구인가, 어디에서 왔는가, 내가 왜 여기에 있는가, 내 삶의 목적과 의미는 무엇인가? 삶은 그 자체 내에 긍정적 의미를 가지고 있지 않고, 나 자신이 어떤 의미를 창

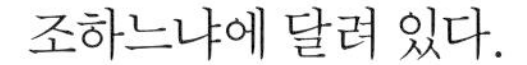

조하느냐에 달려 있다.

종종 의미 없고 모순되게도 보이는 세상 속에서 우리는 이전에 도전하지 않았던 가치에 도전하고, 우리 자신의 새로운 면모를 발견하려고 노력한다. 이런 일을 하는 가운데 우리는 자신의 의미를 발견하고 창조한다. 결실 있는 생활을 위한 인간의 진정한 노력에 바탕이 되는 동기는 의미를 가지려고 하는 의지다. 일상에서 의미를 발견하려고 하는 강렬한 내부의 동기는 행동에 불을 당겨 준다.

먼저 무의미 혹은 실존적 공허에 빠진 삶의 태도를 바꾸기 위해서 삶의 의미를 발견할 수 있는 원천에 대해 살펴보자. Frankle이 제시한 의미의 원천은 일, 사랑, 고통, 과거 그리고 최상의 의미다(노안영, 2005).

첫 번째 원천은 일의 의미다. 인생에 대한 책임감은 그 인생이 제시하는 사태에 대한 반응으로 나타난다. 이러한 반응은 말로서 나타나는 것이 아니라 행동으로 나타나야 한다. 고용되지 않거나 실직을 당해서 일을 하지 않는 것은 창조적 의미의 결여에 의해서 사람들이 어떻게 영향 받을 수 있는가에 대한 하나의 예다.

두 번째 원천은 사랑의 의미다. 사랑은 다른 사람의 내면을 이해하는 것이다. 성적 욕구가 만족되었을 때 성적 추동(drive)은 이내 사라진다. 하지만 사랑은 자기의 모든 유일성과 독자성 안에서 상대방의 경험을 체험하는 것이다. 자아가 타아 속에서 고스란히 받아들여지고 서로 사랑하는 사람에겐 없어서는 안 될, 바꿀 수 없는 인격으로 될 때 진정한 사랑이라 하겠다(성진기, 1980).

세 번째 원천은 고통의 의미다. 고난이나 고통은 인간이 무감각하거나 권태롭게 되는 것을 막아 준다. 고통은 행동을 초대하고, 그 결과 성장과 성숙에로 이끄는 요인이 된다. 부정적 상황은 인간에게 최고의 가치를 실현시키거나 가장 깊은 의미인 고통의 의미를 깨닫도록 하는 기회를 준다. 사람들은 운명의 무기력한 희생자일 수도 있지만, 그들은 자신의 고난을 성취와 보다 깊은 깨달음으로 바꿀 수 있는 내적 자유를 여전히 가지고 있다.

네 번째 원천은 과거로부터의 의미다. Kierkegaard가 "인생은 회상할 때 이해할 수 있다."고 하였고, Pushkin이 "지나간 것은 그리워지는 법"이라고 설파했던 것처럼, 과거는 우리에게 많은 의미의 원천이 된다.

마지막 원천은 최상의 의미(supra-meaning)다. Nietzsche는 "이유를 아는 사람은 어떻게든 견뎌 낼 수 있다."고 하였다. 인생에서 최상의 의미를 아는 사람은 앞으로 나아가려고 시도한다. 예를 들면, 최상의 의미가 행복이고 행복은 단지 천국에서만 얻을 수 있고 온전히 성취될 수 있다고 믿는 사람은 신의 율법을 따르려고 할 것이다. 신에게 순종하는 매 순간이 그에게는 의미 있을 것이다. 만약 신의 율법이 '네 이웃을 내 몸같이 사랑하라.'라면, 타인에게 자선을 베푸는 사람은 그의 행동을 의미 있게 만들 것이다.

이처럼 최상의 의미는 지적 수단에 의해서가 아니라 신념에 의해 단지 파악될 수 있고 고통과 관련하여 찾는 종교에 의해 가장 잘 이해될 수 있다.

〈인간관계연습 6〉

['삶의 의미'를 찾아서]

학번(　　　　)　　성명(　　　　)

의미의 원천	내용
나에게 있어 일의 의미는?	
나에게 있어 사랑의 의미는?	
나에게 있어 고통의 의미는?	

나에게 있어 과거로부터의 의미는?	
나에게 있어 최상의 의미는?	
우리 조원들의 이름은?	
우리 조에서 발표한 내용 중에서 가장 의미 있게 느낀 점은 무엇인가?	

〈읽기자료 2〉

[시작하는 것과 실패하는 것을 계속하라!]

대학시절 헬렌 켈러 전기에서 만났던 설리번 선생님이 헬렌 켈러에게 늘 되풀이한 말이 생각난다.

> "시작하고 실패하는 일을 계속하라. 실패할 때마다 무엇인가 성취할 것이다. 네가 원하는 것은 성취하지 못할지라도 무엇인가 가치 있는 것을 얻게 되리라. 시작하는 일과 실패하는 일을 계속하라."

1880년 미국에서 태어난 헬렌 켈러. 그녀는 세상에 태어난 지 9개월만에 큰 병을 앓아 시력을 잃었고, 귀로는 들을 수 없게 되었으며, 입으로는 말할 수 없는 '삼중고'의 장애인이 되었다. 보지도 듣지도 말하지도 못하는, 어떻게 보면 나무토막 같은 그녀를, 전 세계를 놀라게 한 위대한 사람으로 만든 사람이 앤 설리번이었다. 물(water)이라는 말 한마디를 배우는 데 7년이란 세월이 걸렸다. 설리번 선생님은 헬렌 켈러의 손을 물에 담그기도 하고 혹은 물을 흘려보내기도 하고 때론 한 방울씩 떨어뜨리며 'w-a-t-e-r'라고 손에 쓰기를 7년. 어느 날 헬렌 켈러는 그 손에 닿아 흐르는 어떤 것이 물(water)을 의미한다는 것을 깨닫게 되었고 20세 때 하버드대학교에 입학하게 되었다. 7년이란 긴 세월 동안 헬렌 켈러는 시작하는 일과 실패하는 일을 계속하였다.

> 자신의 성공을 가로막는 가장 큰 방해꾼은 바로 내 안에 도사리고 있는 '실패하면 안 되는데……' 하는 부정적 사고다. 새로운 상담기법 중의 하나인 신경언어프로그래밍의 전제조건 중의 하나로 'There is no failure, only feedback.'이라는 것이 있다. 이것은 우리말로 '실패는 없다. 다만 피드백(배움, 깨달음)이 있을 뿐이다.'라는 뜻이다.

흔히 '실패는 성공의 어머니'라고 한다. 설리번 선생님이 되풀이하여 말했던 실패를 통해 무엇인가 가치 있는 것을 얻게 되고 결국 실패라는 어머니를 통해 성공이라는 귀한 아들을 낳게 된다는 것이다. 다시 말해, 우리의 어머니가 없었다면 우리가 태어나지 못했던 것처럼 실패라는 어머니를 통해 성공이라는 아들이 태어날 수 있다. 끊임없는 시작과 실패를 통해 미래를 넘어 세계로 웅비하는 젊은이가 되길 기대한다.

> "피 끓는 젊은이여! 시작하는 일과 실패하는 일을 계속하라!"

출처: 김종운(2008).

참고문헌

강갑원(2004). 알기 쉬운 상담이론과 실제. 서울: 교육과학사.

권석만(1996). 자기개념의 인지적 구조와 측정도구의 개발. 학생연구, 31, 11-38.

권석만(2004). 젊은이를 위한 인간관계 심리학. 서울: 학지사.

김규수, 류태보(2001). 교류분석치료. 서울: 형설출판사.

김종운(2008). 시작하는 것과 실패하는 것을 계속하라! 동아대 학보 2008년 6월호.

노안영(2005). 상담심리학의 이론과 실제. 서울: 학지사.

성진기(1980). Counseling에 대한 실존철학적 조명. 전남대학교 학생생활연구.

우재현(2002). 애니어그램 성격유형검사. 서울: 정암서원.

정동섭 역(2008). 분노의 기술. 서울: 이너북스.

Adler, A. (1979). *Superiority and social interest.* New York: Norton & Company.

Bandura, A. (1986). *Social foundations of thought and action: A social cognitive theory.* Englewood Cliffs, NJ: Prentice-Hall.

Beck, A. T. (1976). *Cognitive therapy and emotional disorders.* New York: International University Press.

Dusay, J. M., & Dusay, K. M. (1984). Transactional analysis. In R. J. Corsini (ed.), *Current psychotherapies* (3rd ed.). Itasca, IL: Peacock.

James, W. (1890). *Principles of psychology.* New York: Holt.

Kendall, P. C., & Braswell, L. (1985). *Cognitive-behavioral therapy for impulsive children.* NY: Guilford Press.

Littauer, F. (2004). *Personality Plus: How to Understand Others.* Michigan: Baker Book House Company.

한국교류분석협회(www.ta.or.kr). 2010년 11월 28일자.

www.thaindian.com. 2009년 7월 19일자.

제 3 장

THE PSYCHOLOGY OF HUMAN RELATIONSHIPS FOR ENCOUNTER AND GROWTH

연잎의 지혜

빗방울이 연잎에 고이면
연잎은 한동안 물방울의
유동으로 일렁이다가
어느 만큼 고이면
수정처럼 투명한 물을
미련 없이 쏟아 버린다.

그 물이 아래 연잎에 떨어지면
거기에서 또 일렁거리다가
도르르 연못으로 비워 버린다.

연잎은 자신이 감당할 만한
무게만을 싣고 있다가
그 이상이 되면 비워 버린다.

그렇지 않고 욕심대로 받아들이면
마침내 잎이 찢기거나
줄기가 꺾이고 말 것이다.

세상 사는 이치도
이와 마찬가지다.

욕심은 바닷물과 같아서
마시면 마실수록 목이 마르다.

사람들은 가질 줄만 알지
비울 줄은 모른다.

인간관계 형성과 발달

모이면 모일수록
많아지면 많아질수록
우리의 영혼과 육체를
무겁게 짓누른다.

삶이 피로하고 고통스러운 것은
놓아 버려야 할 것을 쥐고
있기 때문이다.

자신을 짓누르는 물방울을
가볍게 비워 버리는 연잎처럼
무엇을 버리고 무엇을 가져야
할지를 알아야 한다.

사람이 욕심에 집착하면
불명예 외에 아무것도
얻을 것이 없다.

좋은 것을 담으려면
먼저 그릇을 비워야 한다.
욕심을 버려야 채워진다.
악기는 비어 있기 때문에 울린다.
비우면 내면에서 울리는
자신의 외침을 듣는다.

- 법정 -

우리는 살아가면서 많은 사람들과 만나게 되지만 그들 모두와 친밀한 관계를 맺기는 어렵다. 우리는 인간관계의 대상을 선택하기도 하며, 또한 인간관계의 대상으로 타인으로부터 선택되기도 한다. 어떤 만남은 피상적인 인사를 주고받다가 만남의 목적을 달성하고 나면 헤어지게 되며, 어떤 만남은 생각이나 취미가 서로 맞아서 자주 연락하고 만나다 보니 친밀한 관계로 발전하기도 한다.

이처럼 인간관계는 흔히 피상적인 접촉에서 시작하여 친밀한 관계로 발전되어 가지만, 그렇다고 일방적으로 진전되지는 않으며 서로의 생각이나 감정의 차이 및 이해관계 때문에 갈등도 겪게 되고 이러한 갈등을 잘 극복하지 못할 경우에는 관계가 끝나기도 한다.

인간관계의 변화는 우연히 일어나는 것이 아니라 나름대로의 원리나 법칙이 있는데, 이러한 법칙과 원리를 잘 이해한다면 인간관계를 형성, 유지, 발전시키는 데 도움이 될 수 있다.

인간관계가 시작되기 위해서는 무엇보다도 상대방과 인간관계를 맺고 싶은 마음이 들어야 할 것이고 상대방에게 매력을 느끼는 순간부터 인간관계가 시작된다고 할 수 있다. 그렇다면 우리는 어떤 조건하에서 상대방에 대하여 매력을 느끼고 인간관계를 맺게 되는 것일까?

1. 인간관계 대상의 선택

대인관계에서 우리는 어떤 사람에게 끌리고 어떤 사람들이 나에게 끌리는 것일까? 그 요소들을 살펴보기로 한다(권석만, 2007; 이민규, 2004).

1) 개인적 특성들

우리는 대인관계에서 상대방의 개인적 특성을 보고 그 사람에 대한 호감을 갖게 되

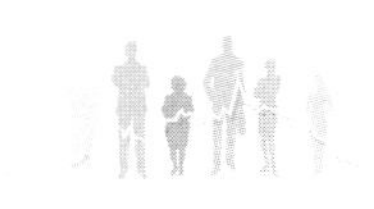

는 경우가 많다. 이렇게 호감에 영향을 미치는 개인적 특성에는 성격특성, 유능성 그리고 신체적 매력이 포함된다.

(1) 성격특성

1990년 영국의 대학생들과 데이트 중인 사람들을 대상으로 한 낭만적 상대에서의 선호하는 성격특성들에 관한 Goodwin의 연구를 보면, 대부분의 사람들이 선호하는 특성들은 친절함, 사려 깊음, 정직, 유머였다.

Anderson(1968)은 사람을 기술하는 데 사용되는 555개의 형용사 목록을 대학생들에게 제시하고 각 특성을 가진 사람들을 얼마나 좋아할 것인가를 평가하게 했다. 이 연구 결과에서 선호하는 성격특성으로 나타난 것은 성실성, 정직함, 이해심 많음, 진실함, 지적임, 믿음직함, 사려 깊음, 따뜻함, 친절함, 유쾌함, 유머 있음, 책임감 있음 등의 순이었다. 반면, 선호하지 않는 성격특성은 거짓말을 잘함이었다. 그러나 선호하는 성격특성은 문화와 시대에 따라 변화하며, 또한 개인에 따라 달라질 수 있다.

(2) 유능성

일반적으로 우리는 붙임성이 좋고 지적이며 유능한 사람들을 좋아한다. 이러한 사람들과 함께 있을 때 우리는 그들로부터 보상을 더 많이 받을 수 있다. 그러나 지나치게 유능하고 완벽한 사람은 오히려 위협적으로 느껴져서 호감을 얻지 못하는 경우도 있다.

이것을 검증하기 위한 한 연구에서 보면(이민규, 2004), 남학생들로 하여금 캠퍼스 내에서의 중요한 문제에 대해 좋은 해결책을 제시하는 다른 남학생을 인터뷰한 녹음 내용을 듣게 했다. 인터뷰 내용은 매우 유능한 경우, 매우 유능하지만 당황해서 자신에게 커피를 쏟은 경우, 다소 무능한 경우, 다소 무능하면서 자신에게 커피를 쏟은 경우의 네 가지 조건에서 기술되었다. 피험자들은 인터뷰한 사람들 중 어떤 유형을 가장 좋아할까? 그들은 실수를 저지른 매우 유능한 학생을 선호했다. 이와 같이 유능한 동시에 때로는 실수도 하는 사람에 대해서 더 많은 호감을 느끼게 된다.

(3) 신체적 매력

'이왕이면 다홍치마'라는 속담에서 보는 것처럼, 사람은 잘 생기고 아름다운 사람을 좋아한다. 신체적인 외모가 사람의 성격특성을 반영하는 것으로 믿는다는 것은 많은 연구 결과들에 의해서 지지되었다. 예를 들어, 똑같은 내용의 에세이를 보여 주고 글을 쓴 사람의 사진이라면서 매력적인 여성과 매력적이지 않은 여성의 사진을 제시하면 매력적인 여성이 더 잘 썼다고 평가한다.

이처럼 외모나 지명도 또는 학력과 같이 어떤 사람이 갖고 있는 한 가지 장점이나 매력 때문에 관찰하기 어려운 다른 성격적인 특성들도 좋게 평가하도록 만드는 것을 후광효과(halo effect)라고 한다. 반면에 못생긴 외모 때문에 그 사람의 다른 측면까지 부정적으로 평가하는 경향을 악마효과(devil effect)라고 한다. 만화 혹은 텔레비전 연속극의 주인공은 대부분 잘생겼고, 범죄자, 깡패, 간신이나 사기꾼 등 악역을 맡은 사람은 평범하거나 험상궂게 생겼다.

사람이 매력적인 사람을 좋아하는 데에는 또 다른 이유가 있다. 잘생긴 사람과 함께할 때 사람은 자신이 더 좋은 평가를 받는다고 생각하기 때문이다. 한 연구에서 사람들에게 외모의 매력 정도에 차이가 나는 커플이 함께 찍힌 사진을 보여 주면서 남자파트너를 평가하게 하였다. 연구 결과, '못생긴 남자와 미모의 여자가 짝이 된 커플'이 잘생긴 남자와 못생긴 여자 커플, 남녀 모두 못생긴 커플, 그리고 둘 다 잘생긴 커플과 비교했을 때 여러 가지 점에서 가장 높은 점수를 받았다. 이처럼 매력 있는 짝과 함께 있을 때 사회적인 지위나 자존심이 고양되는 것을 방사효과(radiation effect)라고 한다.

한편, 흥미로운 것은 파트너가 아니라 두 사람이 서로 잘 모르는 경우에는 이런 방사효과가 나타나지 않는다는 것이다. 즉, 낯선 사람과 함께 있을 때에는 매력 없는 사람과 함께 있는 것이 더 유리하다는 것이다. 이런 현상을 대비효과(contrast effect)라고 한다.

결국 사람은 애인이나 배우자를 고를 때는 가능한 매력적인 상대를 고르려고 하고, 평소에는 자기에 비해 너무 잘나거나 매력적인 사람을 피하고 비슷하거나 좀 못한 사

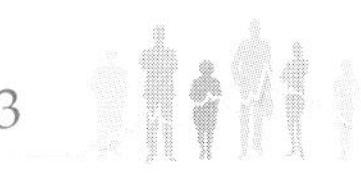

람들과 어울리는 경향이 있다고 할 수 있다.

2) 상호작용 특성들

대인관계에서 사람들 간의 호감을 유발시키는 몇몇 요인들은 자신과 타인과의 독특한 상호관계에서 작용하게 된다. 이러한 상호작용 요인들에는 근접성, 유사성, 상보성 그리고 호혜성이 있다.

(1) 근접성

사람은 단지 자주 만났다는 것만으로도 친근감을 느끼고 호감을 경험하는 경향이 있는데, 이를 근접성 효과(proximity effect)라 한다. 흔히 '이웃사촌'이니 "눈에서 멀어지면 마음도 멀어진다(out of sight, out of mind)."는 말이 있듯이, 우리는 물리적으로 가까이 있는 사람과 친해지는 경향이 있다. 근접성은 지형적, 거주지적 그리고 공간적으로 가까운 물리적 거리를 의미한다. 일반적으로 사람은 가까이 살고, 함께 일하며, 함께 장을 보거나 행동하는 사람들과 알게 되고 끌리게 된다.

(2) 유사성

유유상종(類類相從)이 사실일까 아니면, 반대적인 성향에 끌리는가? 이와 관련된 연구들의 결과는 전자를 훨씬 더 지지한다. 이러한 현상을 유사성 효과(similarity effect)라고 한다. 연애하는 커플들과 결혼한 부부들은 나이와 인종, 종교, 사회경제적 지위, 교육, 지성, 신체적 매력 그리고 태도에서 비슷한 경향이 있다는 연구 결과들이 있다. 예를 들어, 전통적이고 고정 관념화된 성 역할 특성에 강하게 동일시하는 남녀는 약하게 동일시된 사람들보다 서로에게 더 끌리는 경향이 있다. 결혼한 부부들에서도 성격의 유사성은 부부의 행복감과 밀접한 상관이 있는 것으로 밝혀졌다.

(3) 상보성

대인관계에서 사람들 사이의 유사성은 호감을 형성하는 데 중요한 요인으로 작용한다. 그럼에도 불구하고 때로는 상반되는 어떤 특성이 서로를 이끌리게 만드는 경우들이 있다. 예를 들어, 지배적이고 권위적인 남편과 수동적이고 복종적인 아내와의 관계를 들 수 있다. 또한 말하기를 좋아하는 사람은 말하기보다는 들어 주기를 잘하는 사람을 좋아하는 경우다. 이와 같이 자신의 욕구를 충족시킬 수 있는 성격을 가지고 있는 사람들을 좋아하는 현상을 욕구 상보성(need complementarity)이라고 한다.

돈독하고 친밀한 관계를 맺는 가장 좋은 방법은 서로의 욕구를 보완시켜 주는 특성을 가지고 있으면서도 유사성을 공유하는 것이다. 예를 들면, 지배적인 남편과 순종적인 아내가 취향과 인생관에서 유사성을 갖고 있을 때 보다 친밀한 관계가 유지될 수 있다.

(4) 호혜성

대인관계에서 사람은 자기를 좋아하는 사람을 좋아한다는 것이 호혜성(reciprocity)이다. 호혜성 원리는 한마디로 미움은 미움을 낳고, 호감은 호감을 낳으며, 사랑은 사랑을 낳는다는 것이다.

호혜성은 자기충족적 예언(self-fulfilling prophecy)이 작용하는 원리와 같다. 만약 어떤 사람이 당신을 좋아한다고 믿는다면, 당신은 상대방에게 보다 친절한 행동을 할 것이다. 당신의 친절한 행동은 상대방으로 하여금 보다 긍정적으로 반응하게 자극하고, 이것은 당신의 초기 기대를 확인시켜 준다.

그러나 예외적으로 '비싸게 구는, 즉 쉽게 넘어가지 않을 사람(hard to get)'이라고 인식시키는 것이 호감을 증가시킬 수도 있다. '튕기기 전략'이라고 할 수 있는 이 전략은 이성으로부터 받는 관심이나 호감에 비교적 관심이 없는 것처럼 보일 때, 즉 호혜성 원리를 위반할 때 상대방을 더 매달리게 만들 수 있다는 것이다. 그러나 경험적 증거에 의하면 이러한 전략은 자신이 아주 매력적이라고 평가받는 경우가 아니면 별 도움이 안 된다.

2. 인간관계의 발전 과정

두 사람이 만나 호감을 느끼고 가까워져서 인간관계를 맺어 나갈 때는 어떤 과정을 거치게 되는가? 이것은 인간관계의 발전 과정과 관련되는 물음이다. 인간관계의 발전 과정은 몇 가지 단계로 구분되며 이러한 단계를 거쳐 변화해 나간다(설기문, 2002; Knapp & Vangelisti, 2008).

1) 시작단계

시작단계(initiating stage)는 말 그대로 최초의 만남과 상호작용이 시작되는 단계로 상대방에게 매력을 느끼고 관계를 갖고자 마음을 먹는 것으로부터 시작된다. 어떤 사람이 상대방을 관찰한 다음, 그에게 접근할 것인가를 생각해 보고 최종적인 결정을 내린다면 첫 단계는 시작된 것이다. 처음에 말을 걸고 관계가 시작될 때 다음과 같은 세 가지 중의 한 가지 방향으로 앞으로의 관계를 전망할 수 있다.

첫 번째 방향은 더 이상 관계를 하지 않겠다는 것이다. 이것은 일단 말을 걸고 대화를 나누어 본 결과, 기대와 다르거나 어떤 이유에서든 더 이상 관계를 하지 않는 것이 좋겠다고 판단될 때 관계를 더 이상 하지 않기로 결정하게 된다.

두 번째 방향은 피상적인 수준에서 관계를 유지하는 것이다. 이렇게 결정하는 이유는 일단 관계는 시작되었지만 공유할 수 있는 공통점이 적다거나, 알고 지내는 것은 좋으나 더 이상 관계를 발전시킬 만한 가치가 없다고 판단되기 때문이다.

세 번째 방향은 보다 깊은 관계를 하는 방향으로의 결정이다. 피상적인 수준에서가 아닌 더 깊은 수준에서 대화와 더 깊은 사적인 관계의 필요성과 가치가 인정될 때 상대방과의 관계를 발전시킬 시간과 노력을 투자할 것을 결심하게 된다.

2) 실험단계

실험단계(experimenting stage)는 일단 관계가 시작되었으나 계속적인 관계를 유지할 것인지의 여부를 판단하기 위해 상대방의 특성에 대해서 탐색하는 단계이다. 이 단계에서는 정보 수집과 관계 촉진이라는 두 가지 과업을 성공적으로 달성하여야 한다.

첫째, 정보 수집은 상대방의 이름, 고향, 직업, 출신학교, 전공 분야, 가족관계 등에 대해서 알아보는 것인데 이러한 정보 수집을 통해서 낯선 관계를 발전시키는 실험을 하게 된다.

둘째, 관계 촉진은 여러 번의 만남이나 대화를 통해 서로 간의 공통 화제나 관심 분야, 취미 등을 찾아내고 그것을 중심으로 서로에게 맞추어 나가는 노력이다.

이러한 정보 수집과 관계 촉진을 통해 나를 남에게 알리기도 하고 상대방에 대해 보다 심도 깊은 이해를 증진시켜 더욱 친밀한 인간관계를 형성하게 된다.

3) 심화단계

심화단계(intensifying stage)는 단지 그저 '아는 관계' 수준에서 '친한 관계' 수준으로 넘어가는 단계이다. 우리가 시간과 마음을 투여하여 관계를 발전시켜 감에 따라 친밀성과 신뢰수준이 증가하여 두 사람 간의 관계는 심화된다. 이 단계에서는 우리의 사적이고 개인적인 부분을 더 많이 내보이게 되고 상대방의 사적인 부분에 대해서도 더 많이 알게 된다. 그리하여 개인적인 면모와 세계관에 대해 이해하게 될 뿐만 아니라 격식 없는 호칭과 대화가 가능하며 대인적 거리가 가까워져 스킨십이 자연스럽게 이루어진다.

4) 통합단계

통합단계(integrating stage)는 심리적으로 하나가 되는 단계이다. 하나가 되고 싶어

서 여러 가지를 공유하려는 노력이 일어나고, 커플링을 구입하기도 하고, 선물과 사진을 교환하고, 둘만이 간직할 만한 추억거리를 만들고, 신뢰와 자기노출이 더욱 심화되어 서로의 관계가 최고도로 깊어진다. 이때 신뢰와 자기노출은 상호작용적이고 나선적이어서 하나가 상승하면 다른 하나가 다시 상승하는 결과를 가져온다. 그 결과 신뢰가 더 깊은 자기노출을 낳고 또 더 깊은 자기노출은 더 깊은 신뢰를 낳게 된다.

5) 재협상단계

재협상단계(renegotiating stage)는 스스로 관계 자체를 다시 냉정하게 따져 보고 재검토해 보는 단계이다. 이 단계에서는 관계에 대한 여러 가지 의문과 생각이 떠오르게 되고 그 관계를 지속시킬 때 어떤 투자(cost, input)를 더 해야 하며, 투자로 인해 돌아오는 대가(benefit, output)가 무엇인지에 대하여 꼼꼼하게 따져 보게 된다.

두 사람 사이에서 나타나는 불만이나 문제가 어떤 식으로 재협상되고 해결되느냐에 따라서 관계의 양상이 달라질 수 있다. 서로의 불만에 대하여 적극적으로 대화하고 협상하는 노력을 하여 성공하게 되면, 새로운 차원의 관계로 거듭날 수 있다. 반면, 재협상에 실패하게 되면 불만을 지닌 채 피상적인 관계를 지속시키기도 하고, 아예 관계를 청산하기도 한다. 따라서 이 단계에서는 두 사람 사이에서 불만과 갈등이 일어날 수 있다는 현실을 서로 인정하고 이에 대하여 함께 적극적으로 대화하고 문제해결을 위한 노력을 하는 것이 건강한 방법이라고 할 수 있다.

6) 동맹단계

동맹단계(bonding stage)는 만족스런 재협상 결과에 따라 이제 관계를 공식화시키려는 일종의 계약이다. 공적이고 법적인 헌신을 하려고 결혼을 결정하기도 하고, 의형제를 맺기도 하며, 그 외에도 다양한 방식으로 서로 간에 책임을 지고 의무를 다하려는 노력이 일어나는 단계이다.

지금까지 살펴본 인간관계의 발전 과정에서 있을 수 있는 대화의 예시는 〈표 3-1〉과 같다.

〈표 3-1〉 인간관계의 발전 과정에 따른 대화의 예시

단계	대표적인 대화의 예
시작단계	"안녕하세요. 어떻게 지내십니까?" "네, 안녕하세요. 잘 지내고 있습니다."
실험단계	"스키 타는 것 좋아하시나 봐요. 저도 무척 좋아합니다." "그래요? 반갑네요. 주로 어디로 타러 가십니까?"
심화단계	"당신이 좋아요." "사실 나도 그래요. 나도 당신을 사랑해요."
통합단계	"당신 생각이 머리에서 떠나질 않아요." "저도요. 우리는 항상 하나인 것 같은 기분이에요."
재협상단계	"나는 당신을 위해 이렇게 하고 있는데 관심을 더 가져 주었으면 좋겠어요." "그래요. 그동안 내가 좀 바빴어요. 노력할게요."
동맹단계	"항상 당신과 함께 있고 싶군요." "그럼 우리 결혼할까요?"

3. 인간관계에서의 자기개방

1) 자기개방의 개념과 효과

(1) 자기개방의 개념

정보 수집과 관계 촉진을 통해 나를 남에게 알리기도 하고 상대방에 대해 보다 심도 깊은 이해를 증진시켜 더욱 친밀한 인간관계를 형성하게 된다. 이렇게 우리가 자신에 관한 정보를 상대에게 알려 주는 것을 자기개방(self-disclosure)이라고 한다. 이에 대해 구체적으로 살펴보면 다음과 같다.

인간관계의 심화에 중요한 것이 자기개방이다. 이것은 인간관계에서 주변 사람들에

게 일반적으로 알려져 있지 않은 자신의 개인적인 정보를 상대방에게 의도적으로 노출시키는 행위이다(Fisher, 1984). 자기개방은 대인관계에서 상대방으로 하여금 경계심과 두려움을 완화하고 신뢰감을 증진한다. 이러한 자기공개를 통한 두 사람 사이의 신뢰감은 다시 자기개방을 보다 촉진하는 효과를 지니고, 좀 더 솔직하고 깊이 있는 대화가 가능해지며, 서로 사적인 정보를 공유하게 된다. 따라서 상대방에 대한 개방성과 신뢰가 높아지게 되어 대인관계가 보다 심화된다.

(2) 자기개방의 효과

낯선 사람에게 자신을 노출하는 것은 매우 모험적이라고 볼 수 있다. 왜냐하면 자신의 부정적인 면을 상대방에게 알려 주었을 경우에 거절이나 조롱에 대한 두려움이 생길 수 있고, 자신을 초라하고 어리석은 사람으로 받아들이면 어떻게 하나 하는 걱정이 앞서기 때문이다. 하지만 우리가 상대방을 진정으로 모른다면 어떻게 그와 진정으로 친해질 수 있겠는가? 반대로 상대방이 나를 잘 알지 못한다면 어떻게 그가 나를 깊이 이해할 수 있겠는가? 이렇게 본다면 자기개방은 상호이해의 깊이를 증진함으로써 인간관계에 발전을 가져오는 가장 중요한 과정이라고 할 수 있다. 이러한 자기개방의 효과에 대해 살펴보자.

첫째, 자기이해가 증진된다. 때때로 우리는 자신이 어떤 생각을 하고 있는지 또는 어떤 감정을 느끼고 있는지 잘 모르거나 의식하지 못할 때가 있다. 그리고 이유도 모르게 생각이 복잡하고 혼란스러워 자신의 진정한 생각이 뭔지 이해가 되지 않을 때도 있다. 그런데 누군가에게 자신의 생각과 감정을 하나둘씩 이야기하다 보면 차츰 생각과 감정이 정리되어 자기 자신을 좀 더 정확하게 그리고 객관적으로 이해하게 된다.

둘째, 관계가 친밀해진다. 자기개방을 많이 하게 되면 먼저 그 사람에 대한 친근감이 생기게 된다. 서로가 자기개방을 많이 하게 되어 공감대가 확대되면 조금씩 서로에 대한 거리감이 줄어들고 친밀감이 커지게 된다.

셋째, 의사소통이 증진된다. 자기개방은 또 다른 자기개방을 낳는다. 나의 자기개방은 상대방의 자기개방을 가능하게 하고 또 상대방의 자기개방은 나의 또 다른 자기개방을 촉진한다. 따라서 자기개방은 상호 간의 의사소통을 증진시키는 효과가 있다.

넷째, 감정을 정화(catharsis)한다. 어떤 실수나 잘못한 일 때문에 죄책감을 가지고 있을 때 혹은 어떤 불가피한 상황으로 인하여 심리적 상처를 입었을 때 그것에 대해 자기개방을 하게 되면 죄책감이 줄어들거나 마음이 후련한 경험을 할 수가 있다. 이렇게 속이 후련한 것은 바로 감정 정화가 일어났기 때문이다. 특히 남에게 쉽게 이야기하기 어려운 감정적인 내용일수록 자기개방이 갖는 감정 정화의 효과는 크다. 이런 이유로 우리는 가슴이 답답할 때 누군가 가슴을 털어놓을 대상을 찾고 자기개방을 하게 되는 것이다.

다섯째, 에너지가 증진된다. 무엇인가 남에게 털어놓지 못하고 숨긴다는 것은 괴롭고 힘든 일이다. 뿐만 아니라 그것은 에너지를 소모시킬 뿐만 아니라 건설적이고 생산적인 일에 소모해야 할 에너지가 부족하게 만든다. 하지만 감추었던 비밀의 부분을 진솔하게 개방한다면 그동안 가두어져 사용되지 못하고 억제된 에너지가 힘을 얻어 제대로 활용될 수 있기 때문에 새롭게 에너지를 얻는 것과 같은 효과를 경험할 수 있다. 예컨대, 직장에서 해고를 당하고 그것을 가족에게 숨기느라 힘들어하던 직장인이 그러한 사실들을 털어놓고 나서 얻게 되는 에너지의 충전이나 새롭게 느끼는 기운 등은 바로 자기개방의 효과라 할 수 있다.

2) 자기개방의 모형–조해리의 창

나의 인간관계는 어떠한가? 나의 인간관계는 어떤 유형에 속하는가? 나는 다른 사람에게 나의 모습을 잘 내보이는가? 또 다른 사람이 나에 대해서 어떤 생각을 가지고 있는지 잘 아는가?

(1) 나의 마음의 창은 어떤 모습일까

인간관계에서 나 자신을 다른 사람에게 내보이는 일, 즉 말하기(신뢰 · 노출)는 매우 중요하며, 이것은 인간관계를 심화시키는 주요한 요인으로 알려져 있다. 이렇게 자신

을 다른 사람에게 나타내 보이는 점에 있어서 사람마다 차이가 있다. 또 인간관계에서 다른 사람들이 나에 대해 어떻게 느끼고 있는지를 잘 아는 일, 듣기(존중 · 수용) 역시 중요하다. 타인은 나를 비춰 주는 사회적 거울(social mirror)이라는 말이 있듯이, 다른 사람의 반응 속에서 나의 모습을 비춰 보는 일이 중요하다. 이렇게 다른 사람을 통해 나에 대한 피드백(feedback)을 얻음으로써 자기이해가 깊어지고 자신의 행동에 대한 조절능력이 커진다.

말하기(신뢰 · 노출)라는 자기개방과 듣기(존중 · 수용)라는 피드백의 측면에서 우리의 인간관계를 진단해 볼 수 있는 방법이 바로 '조해리의 마음의 창(Johari's window of mind)'이다. 조해리의 창은 심리학자인 Joseph Luft와 Harry Ingham에 의해서 개발되었으며 두 사람의 이름을 합성하여 조해리의 창이라고 명명되었다. 조해리의 창을 이용하여 자신의 인간관계를 살펴보도록 하자. 먼저 다음 물음에 대해 자신을 평가해 보자.

〈인간관계연습 7〉

[나의 대화 스타일 진단]

나의 대화 스타일은 무엇일까요?	그렇지 않다	그저 그렇다	매우 그렇다
1. 나는 상대방 의견에 공감하면 이를 바로 인정한다.	1 2 3 4	5 6 7 8	9 10
2. 나는 상대방의 잘못을 지적할 필요가 있을 때에는 직접 말한다.	1 2 3 4	5 6 7 8	9 10
3. 나는 상대방으로부터 납득하기 어려운 말을 들을 경우, 상황파악을 위한 질문을 하고 잘 들어 본다.	1 2 3 4	5 6 7 8	9 10
4. 나의 의견에 대해 상대방이 어떻게 생각하는지 물어본다.	1 2 3 4	5 6 7 8	9 10
5. 나는 나의 느낌을 상대방에게 솔직하게 표현한다.	1 2 3 4	5 6 7 8	9 10
6. 나는 상대방의 감정을 존중한다.	1 2 3 4	5 6 7 8	9 10
7. 나는 걱정거리가 생길 경우 다른 사람을 찾아가 터놓고 의논한다.	1 2 3 4	5 6 7 8	9 10
8. 나는 혼자 이야기를 계속하여 상대방을 불안하게 하지 않는다.	1 2 3 4	5 6 7 8	9 10
9. 나는 진심으로 상대방의 이야기를 들어 준다.	1 2 3 4	5 6 7 8	9 10

10. 나는 누군가가 찾아오면 그의 의견을 듣고, 대화를 독단적으로 끌고 가지 않는다.	1 2 3 4 5 6 7 8 9 10
11. 나는 상대방이 서운한 점을 표현하면 차분하게 그에게 설명한다.	1 2 3 4 5 6 7 8 9 10
12. 나는 상대방의 의견을 잘 받아들인다.	1 2 3 4 5 6 7 8 9 10
13. 나는 달가운 일이 아닐지라도 상대방이 알아야 할 사항이라면 알려 준다.	1 2 3 4 5 6 7 8 9 10
14. 상대방의 의견이 나와 다를 경우, 나의 생각을 말하고 함께 검토해 본다.	1 2 3 4 5 6 7 8 9 10
15. 나는 말하기 거북한 내용이라도 상대방에게 솔직히 말한다.	1 2 3 4 5 6 7 8 9 10
16. 나는 나의 실수에 대해 상대방에게 변명을 하지 않고 비판에 귀를 기울인다.	1 2 3 4 5 6 7 8 9 10
17. 나는 상대방에게 있는 그대로를 나타내며 가식이 없는 편이다.	1 2 3 4 5 6 7 8 9 10
18. 나는 나의 의견에 찬성하지 않는 사람이라도 그의 의견을 끝까지 듣는다.	1 2 3 4 5 6 7 8 9 10
19. 나는 상대방에게 그의 생각을 편하게 말하도록 권장한다.	1 2 3 4 5 6 7 8 9 10
20. 내가 옳다고 확신하는 것은 상대방을 잘 설득한다.	1 2 3 4 5 6 7 8 9 10

채점 및 해석

번호	1	2	5	7	11	13	14	15	17	20	총점(T)
값											
번호	3	4	6	8	9	10	12	16	18	19	총점(L)
값											

문항 1, 2, 5, 7, 11, 13, 14, 15, 17, 20의 점수를 더하여 10으로 나눈 점수는 말하기(신뢰 · 노출)이고 문항 3, 4, 6, 8, 9, 10, 12, 16, 18, 19의 점수를 더하여 10으로 나눈 점수는 듣기(존중 · 수용)이다. 말하기(신뢰 · 노출)에 해당하는 점수를 가로선으로 긋고 듣기(존중 · 수용)에 해당하는 점수를 세로선으로 긋는다. 그러면 4분면의 영역이 생기고 가장 넓은 영역에 해당하는 것이 자신의 유형이 된다([그림 3-1] 참조).

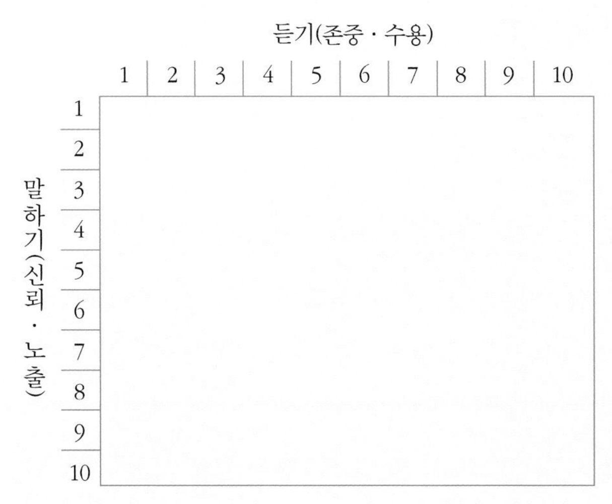

나의 대화 스타일은 (　　)이다.

(2) 대화 스타일별 강점과 약점

조해리의 마음의 창은 공개적 영역, 맹목적 영역, 숨겨진 영역, 미지의 영역 등 네 영역으로 구분된다(권석만, 2007). 첫째, 나도 알고 다른 사람에게도 알려져 있는 나에 관한 정보를 의미하는 공개적 영역(open area), 둘째, 나는 모르지만 다른 사람은 알고 있는 나에 관한 정보, 즉 개인의 행동습관, 특유의 말버릇을 의미하는 맹목적 영역(blind area), 셋째, 나는 알고 있지만 다른 사람에게는 알려지지 않은 정보, 즉 나의 비밀이나 약점을 의미하는 숨겨진 영역(hidden area), 넷째, 나도 모르고 다른 사람도 알지 못하는 나에 관한 정보를 의미하는 미지의 영역(unknown area)이 그것이다.

사람마다 마음의 창 모양이 다르다. 각 개인이 나타내는 인간관계에서 나 자신을 다른 사람에게 내보이는 일, 즉 말하기(자기개방)와 다른 사람들이 나에 대해 어떻게 느끼고 있는지를 잘 아는 일, 즉 듣기(피드백) 정도에 따라 마음의 창을 구성하는 네 가지 영역의 넓이가 달라진다. 이렇게 다양하게 나타나는 마음의 창 모양은 [그림 3-1]과 같이 어떤 영역이 가장 넓은가에 따라 크게 네 가지 유형으로 구분될 수 있다.

첫째, 거북형으로 미지의 영역이 가장 넓다.

인간관계에 소극적이며 혼자 있는 것을 좋아하는 사람들이다. 인간관계에 좀 더 적극적이고 긍정적인 태도를 가질 필요가 있다. 인간관계 개선을 위해 미지의 영역은 줄이고 공개적 영역을 넓히는 것이 바람직하다.

둘째, 올빼미형으로 숨겨진 영역이 가장 넓은 사람이다.

타인에 대해 수용적이며 속이 깊고 신중한 사람들이다. 다른 사람의 이야기는 잘 경청하지만 자신의 이야기는 잘 하지 않는 사람들이다. 현대인에게 가장 많은 유형으로 자기개방을 통해 다른 사람과 좀 더 넓고 깊이 있는 교류가 필요하다.

셋째, 황소형으로 맹목적 영역이 가장 넓은 사람이다.

기분이나 의견을 잘 표현하며 나름대로 자신감을 지니고 있으며 솔직하고 시원시원하다. 다른 사람의 반응에 무관심하거나 둔감하여 때로는 독선적인 모습으로 비춰질 수 있다. 다른 사람의 말에 좀 더 진지하게 귀를 기울이는 노력이 필요하다.

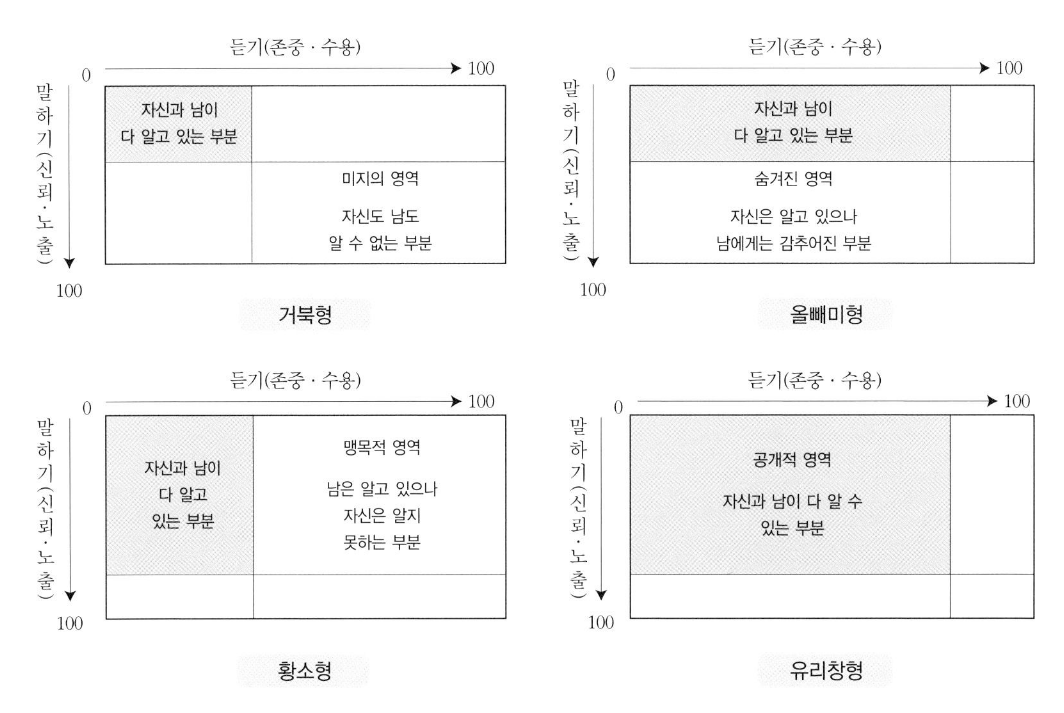

[그림 3-1] 대화의 유형

출처: 권석만(2004).

넷째, 유리창형으로 공개적 영역이 가장 넓은 사람이다.

대체로 인간관계가 원만한 사람들이다. 적절하게 자기표현을 잘 하고 다른 사람의 말도 잘 경청하며 다른 사람에게 호감과 친밀감을 주어 인기가 많다. 그러나 지나치게 공개적 영역이 넓은 사람은 말이 많고 주책스러우며 경박한 사람으로 비칠 수 있다.

〈인간관계연습 8〉

[성격 검사: 기질테스트]

이 단어연상 검사는 F. Littauer가 발전시켜 그가 개최한 '성격플러스(Personality Plus)' 세미나에 참가한 수많은 이들에게 시행한 검사다(정동섭, 안효선 역, 2003). 각 열의 네 단어들 가운데 자신에게 가장 잘 맞는 단어 하나 앞에 ✓표 하시오. 정확히 자신에게 들어맞는 단어가 하나도 없다면 가장 근사한 단어 앞에 ✓표 하시오.

1. (　　)활발함, (　　)모험적, (　　)분석적, (　　)융통성
2. (　　)쾌할함, (　　)설득력, (　　)의지 강함, (　　)조용함
3. (　　)사교적, (　　)자기의지 강함, (　　)자기희생적, (　　)복종적
4. (　　)설득력 있음, (　　)경쟁적, (　　)사려 깊음, (　　)자기통제적
5. (　　)새로운 생각, (　　)꾀 많음, (　　)공손함, (　　)수줍어함
6. (　　)활발함, (　　)자기신뢰, (　　)감수성 예민, (　　)만족해함
7. (　　)주동적, (　　)적극적, (　　)계획가, (　　)인내심 많음
8. (　　)충동적, (　　)자신에 참, (　　)계획가, (　　)부끄러워함
9. (　　)낙천적, (　　)솔직함, (　　)질서정연, (　　)자상함
10. (　　)익살스러움, (　　)강력함, (　　)신실함, (　　)친절함
11. (　　)유쾌함, (　　)과감함, (　　)세심함, (　　)싹싹함
12. (　　)쾌활함, (　　)확신에 참, (　　)점잖음, (　　)일관적
13. (　　)고무적, (　　)독립적, (　　)애상주의적, (　　)유순함

14. ( )과시적, ( )결단력, ( )심오함, ( )천연덕스러움
15. ( )쉽게 어울림, ( )의견 제안 잘함, ( )음악적, ( )중재자
16. ( )말 많이 함, ( )끈질김, ( )신중함, ( )관용적
17. ( )생동적, ( )지도자 유형, ( )충직함, ( )듣기 잘함
18. ( )귀여움, ( )우두머리, ( )도표 잘 그림, ( )만족 잘함
19. ( )인기 좋음, ( )생산적, ( )완전주의자, ( )허용적
20. ( )활기참, ( )과감함, ( )행동적, ( )균형 잡힘
21. ( )뻔뻔스러움, ( )명령형 보스 기질, ( )수줍어함, ( )맥 없음
22. ( )무절제함, ( )냉정함, ( )용서 안 함, ( )열정 없음
23. ( )장황함, ( )반항적, ( )성 잘냄, ( )마지못해 함
24. ( )잘 잊음, ( )솔직함, ( )까다로움, ( )두려워함
25. ( )끼어들기, ( )참을성 없음, ( )불안정, ( )우유부단함
26. ( )예측 불허, ( )사랑 없음, ( )인기 없음, ( )끼어들기
27. ( )되는 대로 성격, ( )완고함, ( )즐겁게 해 주기 힘든 성격, ( )주저함
28. ( )허용적, ( )교만함, ( )비관적, ( )평범함
29. ( )쉽게 성냄, ( )변론적, ( )외톨이, ( )목표 없음
30. ( )순진함, ( )신경질적, ( )부정적 태도, ( )냉담함
31. ( )공을 차지하고 싶음, ( )일에 미침, ( )내향적, ( )근심 많음
32. ( )말 많음, ( )무뚝뚝함, ( )지나치게 예민, ( )소심함
33. ( )무질서함, ( )지배적임, ( )낙심 잘함, ( )결단력 약함
34. ( )일관성 없음, ( )편협함, ( )비관용적, ( )무관심
35. ( )지저분함, ( )남 이용 잘함, ( )침울함, ( )불평 잘함
36. ( )과시적, ( )고집 셈, ( )회의적, ( )느림
37. ( )목소리 큼, ( )남 위에 올라섬, ( )고독 즐김, ( )게으름
38. ( )침착지 못함, ( )성미 급함, ( )의심 많음, ( )행동 느림
39. ( )불안함, ( )신중치 못함, ( )복수심 강함, ( )억지로 함
40. ( )변화무쌍, ( )교활함, ( )비판적, ( )타협적

출처: Littauer(2004).

해석

1~20번 항목은 장점이며, 21~40번 항목은 단점이다. 각 문항마다 네 가지의 특성이 있는데, 왼쪽부터 차례대로 다혈질, 담즙질, 우울질, 점액이다. 40번까지 각 특성에 해당하는 점수를 더하여 합계를 낸다. 여기서 주의할 사항은 100% 다혈질, 혹은 100% 우울질 같은 사람은 없다는 것이다. 기질은 네 가지의 혼합으로 이루어져 있다고 보는 것이 바람직하다. 예를 들면, 다혈질 20%+담즙질 50%+우울질 10%+점액질 20% 식이다.

다음은 네 가지 기질 각각의 장단점 및 결과적 현상이다.

1. 다혈질

① 장점

명랑하고 활기참, 불쾌와 권태를 쉽게 극복함, 즐거움과 기쁨을 잘 느낌, 사교적이고 친밀함, 동정과 연민이 많음, 솔직하고 순수함, 열심이 있음, 모험심이 강함

② 단점

불안정함, 비효율적이고 무질서함, 경솔하게 판단하고 행동함, 의지가 약함, 뒷처리가 미숙함, 집중력이 약함, 감정과 생활의 기복이 심함, 약속과 책임을 쉽게 망각함, 자기 위주의 사고와 행동을 함, 육체의 여러 소욕에 약함

③ 결과적 현상

돈과 시간을 잘 낭비함, 한 가지에 몰두하지 못함, 쉽게 화내고 쉽게 풀림, 주위의 관심을 집중시킴, 잡담과 어울림을 즐김, 정이 많아 늘 일이 있음, 일을 뒤로 미룸, 기분이 쉽게 변화됨, 잡음에 예민함, 즉각적으로 반응함, 우울질을 싫어함, 침착치 못해 성적이 떨어짐, 쉽게 대답하고 쉽게 잊음

2. 담즙질

① 장점

자신감과 의지가 강함, 자립심과 결단력이 강함, 즉각적인 분석력이 있음, 추진력과 집착력이 강함, 단체 활동에 적극적임, 실질적인 해결능력, 지도자적 기질이 많음, 적극적이고 끈질김

② 단점

차갑고 무뚝뚝하고 성급함, 자기만족과 도취가 심함, 동정심이 없음, 화를 잘 내고 분을 오래 품음, 자기중심적이고 거만함, 포용력이 적음, 이기적이고 잔혹함, 계산적이고 세속적임, 영적인 문제에 무관심함, 남을 믿지 못함

③ 결과적 현상

이기적 판단과 결정을 함, 뻔뻔스럽게 행동함, 남을 무시하는 경향이 많음, 원한을 쉽게 품고 보복함, 목적을 위해 수단・방법을 가리지 않음, 임기응변에 능함, 실무적이고 육체적인 일에 곧잘 싫증을 느낌, 아이에게 지나치게 엄함, 자기 공로와 업적을 내세움, 주위의 편견과 불합리에 과격하게 맞섬

3. 우울질(흑담즙질)

① 장점

정서가 풍부함, 감수성이 예민함, 진지하고 신중함, 창작성과 예술성이 뛰어남, 깊은 사고력, 성실하고 진실함, 자기희생, 실수가 적음

② 단점

침울하고 답답함, 실천력이 결여됨, 극히 비판적임, 공상과 편견이 심함, 정신병리 현상에 잘 빠짐, 늘 피해의식에 빠짐, 감정과 정서가 불안정함, 의심이 많고 변덕이 심함, 비판적이 되기 쉬움, 결단력이 약함

③ 결과적 현상

예술을 즐겨 감상함, 뒤에서 일하기를 좋아함, 희생적인 직업을 택함, 의견을 발표하는 것을 꺼리나 발표할 때에는 완벽하게 함, 사무 처리에 체계가 없음, 우울증과 콤플렉스 또는 편집증 질환을 보이기도 함, 자녀에 대한 지나친 기대와 간섭을 함, 이해심이 없고 비난만 함, 방해자와 다른 의견을 가진 자를 피하고 뒤에서 원망함

4. 점액질

① 장점

유머와 위트가 있음, 낙천적임, 편안함과 위로를 줌, 객관적이고 이성적임, 신용을 잘 지킴, 여유 있는 상황 대처, 인내심이 강함, 부드럽고 깔끔함

② 단점

게으르고 나태함, 목적의식이 결여됨, 소극적이고 수동적임, 실천력이 약함, 무관심함, 이론만 내세움, 이기심, 발전과 변화를 두려워함, 결단력이 없고 우유부단함, 깊은 정이 없음

③ 결과적 현상

주위에 무정하며 무관심함, 일에 대해 평가만 하고 참여 않음, 역경 속에서도 오래 참고 부드러움, 정리 정돈을 잘함, 끈질긴 노력이 부족함, 시간과 약속을 잘 지킴, 반대 입장을 가진 사람 앞에서 냉담하게 대처함

〈인간관계연습 9〉

[당신의 웃음지수는?]

'21세기는 유머 있는 리더가 미래를 주도한다.'고 한다. 유머를 가진 사람은 코믹한 말 한마디로 주위를 환하게 만들고 분위기를 부드럽게 만든다. 이렇게 되면 상대방은 긴장을 풀고 호감을 갖게 된다. 여기서는 미래의 리더의 덕목 중 하나인 유머 감각을 평가하기로 한다. 이 검사는 평소 자신의 언어, 심리, 생각, 태도, 타인의 평가 등을 포함하는 30개 문항으로 구성되어 있다.

평상시 자신의 유머 관련 언어 및 태도 등에 대해 '전혀 그렇다'(5점)에서 '전혀 그렇지 않다'(1점)까지 자신을 가장 잘 나타내는 정도를 5단계로 평정한다.

매우 그렇다(5점) / 그렇다(4점) / 보통이다(3점) / 그렇지 않다(2점) / 전혀 그렇지 않다(1점)

문항	매우 그렇다	그렇다	보통이다	그렇지 않다	전혀 그렇지 않다
1. 나는 나 자신을 좋아한다.					
2. 나는 일상의 작은 일에서도 행복을 느낀다.					
3. 슬퍼질 때 일부러 더 즐거운 생각을 한다.					
4. 실수했을 때 스스로에게 긍정적인 말을 해 준다.					
5. 잔뜩 긴장된 순간 웃음으로 여유를 찾는다.					

6. 힘든 상황에서 웃게 만드는 꿈(비전)이 있다.					
7. 하루의 시작을(또는 등교 시) 웃음으로 한다.					
8. 혼자 있을 때도 좋은 생각을 하며 웃음 짓곤 한다.					
9. 나의 평소 얼굴표정은 밝은 편이다.					
10. 박장대소처럼 큰 소리로 웃는 것이 자연스럽다.					
11. 나는 자신감이 넘친다.					
12. 재미있는 이야기를 할 때 자신 있게 한다.					
13. 나는 생활 속에서 웃음거리를 쉽게 찾아낸다.					
14. 충고나 비판을 겸허한 웃음으로 수용한다.					
15. 내 기억 속엔 재미있고 즐거운 추억이 많다.					
16. 가족 혹은 친구들과 하루에 다섯 번 이상 웃는다.					
17. 가족 혹은 친구의 짜증을 웃으면서 들어 준다.					
18. 가족 혹은 친구들에게 감사의 표현을 자주 한다.					
19. 나는 비꼬는 유머나 부정적인 유머를 피한다.					
20. 지금 세 개 정도의 재미있는 유머를 할 수 있다.					
21. 사람들은 즐거운 분위기를 위해 나를 찾는다.					
22. 대화를 할 때 많이 웃는 편이다.					
23. 화가 나는 상황에서도 먼저 웃으며 화해를 청한다.					
24. 낯선 사람에게도 자연스럽게 웃을 수 있다.					
25. 다른 사람의 실수를 웃음으로 넘길 수 있다.					
26. 웃음을 통해 상대방의 기분을 바꾸어 준다.					
27. 다른 사람들의 칭찬을 자주 하는 편이다.					
28. 타인을 위해 우스꽝스럽게 행동할 수 있다.					
29. 같은 말도 더 재미있게 하려고 노력한다.					
30. 대부분의 상황에서 긍정적인 면을 본다.					

출처: 한국웃음연구소(2013년 12월 3일자).

채점 및 해석

◆ 121~150점: 웃음 VIP

유쾌한 분위기를 즐기는 당신은 인생의 멋을 알고 있다. 작은 일에서도 행복을 느끼는 당신은 타인을 웃음으로 즐겁게 해 주는 천부적인 능력 또한 가졌다. 당신이 가진 웃음 바이러스를 널리 퍼뜨려라.

◆ 91~120점: 웃음에 양념을 더 하라

당신은 환한 얼굴로 사람들을 편안하게 한다. 하지만 자기만의 웃음이 아닌 타인과 공유하는 웃음에 조금 서툴기도 하다. 인생의 최고경영자가 되길 원한다면 불행 속에서 웃을 수 있는 용기가 필요하다.

◆ 61~90점: 생각은 긍정적, 표정은 부정적(?)

가치관은 긍정적이지만, 자주 웃는 성격은 아니다. 기존에 가지고 있던 웃음에 대한 편견들을 버리고 웃어 보라. 웃는 연습을 통해 행복해진다는 것을 직접 체험해 보라.

◆ 0~60점: 웃음치료가 필요한 중환자(?)

다른 사람은 배꼽을 잡고 웃는 상황에서도 웃음이 나오지 않는 성격이다. 웃음이 부족하다는 것은 육체적 질병을 앓고 있는 것만큼이나 심각하다. 미친 듯이 한번 웃어 보라.

참고문헌

권석만(2004). 젊은이를 위한 인간관계의 심리학. 서울: 학지사.

설기문(2002). 인간관계와 정신건강. 서울: 학지사.

이민규(2004). 현대생활의 적응과 정신건강: 행복한 삶을 위한 심리학. 서울: 교육과학사.

정동섭, 안효선 역(2003). 부부를 위한 기질 플러스. 서울: 에스라서원.

Anderson, N. (1968). Likableness ratings of 555 personality-trait words. *Journal of Personality and Social Psychology, 9*, 272-279.

Fisher, D. (1984). A conceptual analysis of self-disclosure. *Journal of the Theory of Social Behavior, 14*, 277-296.

Knapp, M. L., & Vangelisti, A. L. (2008). *Interpersonal Communication and Human Relationships*. Boston: Allyn & Bacon.

한국웃음연구소(www.haha.co.kr). 2010년 12월 3일자.

제 4 장

우리의 마음에는 두 개의 저울이 있다

남에게 줄 때 다는 저울과
남으로부터 받을 때 다는 저울
두 개의 눈금은 서로 다르다.

남에게 줄 때 재는 저울은
실제보다 많이 표시되고,
남으로부터 받을 때 재는 저울은
실제보다 적게 표시된다.

그래서 하나를 주고 하나를 받아도
항상 손해 본 듯한 느낌을 갖는다.

인간관계의 심리학적 이해

우리의 마음속에 있는 두 저울의
눈금 차이를 적게 할 수 있다면……

만일 눈금 차이를 줄이는 것이 어렵다면,
남에게 줄 때는 조금 덜 준 듯이
남으로부터 받을 때는 조금 더
많이 받은 듯이 생각할 수만 있다면……

적어도 조금은
더 받은 듯 행복을 느끼지 않을까……

-『생각을 바꾸면 성공이 보인다』 중에서 -

인간관계는 나(I)와 너(Thou)의 만남을 통해 이루어지며 나와 너를 서로에게 의미 있는 존재로 만들어 가는 과정이다. 그런데 나와 너는 서로 다른 환경에서 성장하여 각기 다른 욕구, 가치관, 사고방식 그리고 행동방식을 지닌 독특한 개성을 지니고 있다. 이렇듯 독특한 개성을 지닌 나와 너가 만나 서로를 의미 있는 존재로 만들어 가는 인간관계 과정에서 많은 일들이 일어난다.

서로에게 호감을 느껴 우정과 사랑을 주고받는 친밀한 관계로 발전하기도 하고, 때로는 서로에게 거부감을 느끼고 상처를 주고받으며 미움과 원망을 느끼는 적대적인 관계로 끝나기도 한다. 그렇다면 나와 너의 어떤 특성이 인간관계를 때로는 친밀한 관계로 때로는 적대적인 관계로 만드는 것인가?

인간은 누구나 하나의 작은 우주라고 할 만큼 여러 가지 심리적 특성으로 이루어진 복잡하고 미묘한 존재다. 인간관계는 이러한 복잡한 심리적 특성을 지닌 나와 너의 상호작용이며, 이러한 상호작용의 내용과 방식에 의해서 인간관계의 질이 결정된다. 나와 너의 상호작용 속에서 일어나는 심리적 과정은 매우 복잡하고 오묘하여 이해하기 쉽지 않다. 그러나 복잡한 인간관계의 과정을 좀 더 단순화하여 [그림 4-1]과 같은 인간관계에 대한 심리학적 모델에 의해 살펴볼 수 있다.

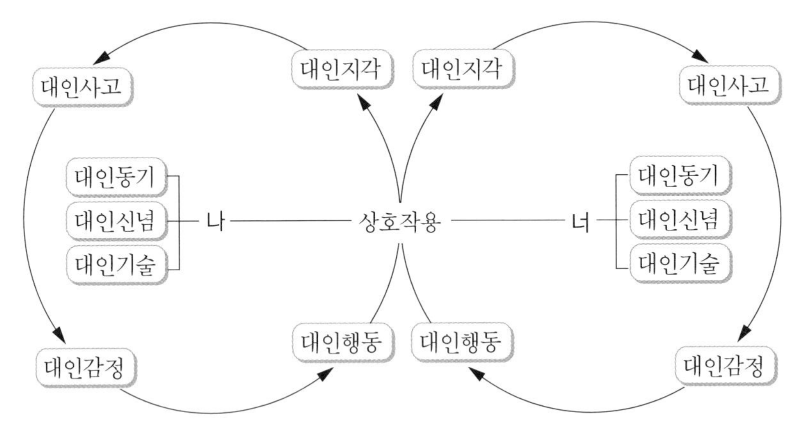

[그림 4-1] **인간관계에 대한 심리학적 모델**

출처: 권석만(2004).

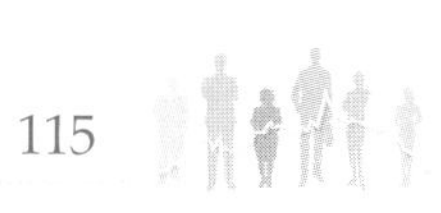

이 모델은 인간관계에 영향을 미치는 요인을 크게 세 가지로 구분하고 있다. 첫째는 인간관계의 주체인 나의 심리적 요인이며, 둘째는 인간관계의 대상인 너의 심리적 요인이다. 그리고 셋째는 나와 너 두 사람 사이에서 일어나는 상호작용의 요인이다.

인간관계의 주체인 나와 너는 성장 과정에서 형성된 여러 가지 독특한 심리적 특성을 지니고 있다. 인간관계에 개입되는 주요한 성격특성은 크게 세 가지 요인, 즉 대인동기, 대인신념 그리고 대인기술로 나누어 볼 수 있다.

여기서는 대인동기, 대인신념 그리고 대인기술 등 인간관계에 영향을 미치는 성격적 요인들에 대해 살펴보기로 한다(권석만, 2004).

1. 대인동기

대인동기 혹은 대인욕구(interpersonal motives)는 인간관계에 임하는 개인의 내면적인 욕구를 말한다. 인간은 인간관계에서 충족시키고자 하는 다양한 대인동기를 지니고 있다. 또한 사람마다 중요시하는 대인동기의 종류가 각기 다르며, 개인 내에서도 여러 가지 대인동기들마다 그 강도가 다르다.

1) 욕구의 위계와 발달

Maslow(1970)는 인간의 다양한 욕구들이 피라미드와 같은 모양으로 묘사되는 위계를 형성한다고 보았다. 그는 인간의 욕구를 [그림 4-2]와 같이 다섯 가지 위계로 구분하고 있다.

첫째, 가장 낮은 위계에 있는 것으로 생리적 욕구(physiological needs)다. 생존에 반드시 필요한 공기, 물, 음식 등에 대한 기본적인 욕구를 말한다.

둘째, 안전 욕구(safety needs)다. 이러한 욕구는 위험으로부터 보호받을 수 있으며 안전한 피난처를 갈구하는 욕구를 말한다.

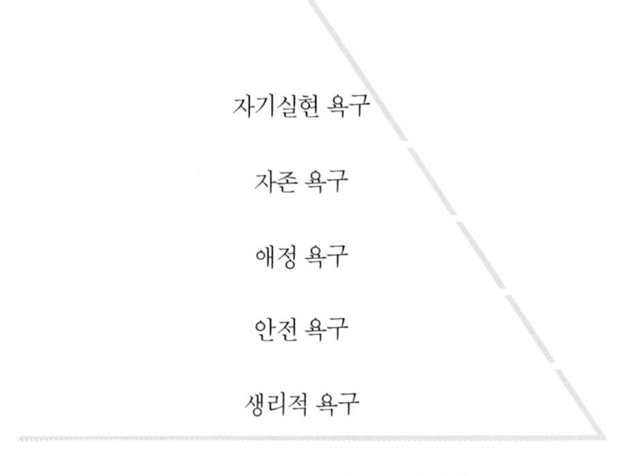

[그림 4-2] Maslow의 욕구의 위계

셋째, 안전 욕구의 바로 위에 놓인 수준은 애정 욕구(love needs)다. 인간은 의미 있고 강한 집단에 소속되고자 하는 욕구를 지닌다. 또한 소속감의 욕구는 소속된 집단의 구성원으로부터 사랑과 보호를 받고자 하는 사랑의 욕구와 밀접한 관계를 가지고 있다. 애정 욕구는 타인과의 친밀하고 밀접한 관계를 통해 충족될 수 있는 대인동기의 바탕이 된다.

넷째, 자존 욕구(esteem needs)는 숙달감과 권력감에 대한 욕구와 타인으로부터 인정받고 싶은 욕구를 포함한다. 당신은 가지고 있는 어떤 특성이나 자질 때문에 인정받고 존중받는다. 그래서 인정에 대한 욕구는 수용이나 애정 욕구보다 더 정교하다.

다섯째, 피라미드의 꼭대기에 위치하는 것이 자기실현 욕구(self-actualization needs)다. 이는 인간이 능히 될 수 있는 무엇이든지 그대로 되고자 하는 경향성과 역량의 한계까지 분발하려는 경향성이다.

Maslow(1970)에 따르면, 욕구는 낮은 위계의 욕구로부터 높은 위계의 욕구로 발달해 가며, 특히 하위욕구가 만족되지 않으면 상위욕구로의 발달이 이루어지지 않는다. 따라서 상위욕구로의 발달은 하위욕구의 충족을 전제조건으로 이루어진다. 예를 들면, 배고프고 목마르고 위험에 쫓기는 상황에서는 애정 욕구나 자존 욕구가 뒤로 밀려

나고 음식과 물을 찾아 안전한 곳으로 피신하려는 욕구와 행동이 우선적으로 나타난다. 또한 사랑과 소속감에 대한 욕구가 충분히 충족되지 않은 사람에게는 자존 욕구나 자기실현 욕구가 제대로 발달되지 않는다. 이렇게 인간의 욕구는 서로 위계적인 관계를 지니고 있으며 상위욕구로의 발달은 하위욕구의 안정된 충족을 필요로 한다.

반면에 피라미드의 위쪽으로 이동함에 따라, 욕구들은 확실히 더 인간적이고 덜 동물적인 것이 된다. Maslow(1970)는 피라미드의 아래에 있는 욕구를 결핍 욕구(deficiency-based motives), 더 높은 수준의 욕구를 존재 욕구 혹은 성장 욕구(growth-based motives)라고 하였다. 즉, 더 낮은 곳에 위치한 욕구는 결핍에 의해 생기며 그러한 동기를 만족시키려는 것은 불유쾌한 상태를 벗어나는 것을 의미한다. 가장 높은 곳에 위치한 자기실현 욕구는 인간으로서 아직 실현되지 않은 잠재능력이 멀리서 부르는 소리와 같다(Sheldon et al., 2001).

2) 대인동기의 기능

동기는 대체로 목표지향적 행동을 시작, 지속, 그리고 조절하는 등 세 가지 기능을 한다(Ford, 1992).

첫째, 동기는 목표지향적 행동을 유발하는 기능을 한다. 즉, 목표를 달성하기 위해 특정한 행동을 하도록 행동의 방향을 결정한다. 갈증을 느낄 때는 음식을 찾지 않고 물을 찾는 것처럼, 갈증의 해소라는 목표를 향한 일련의 행동을 하도록 인도한다.

둘째, 동기는 목표지향적 행동을 지속하게 하는 추진력을 제공한다. 갈증을 느낄 때 물을 구하지 못하면 지속적으로 물을 구하도록 하는 기능을 한다.

셋째, 동기는 목표지향적 행동을 조절하는 기능을 한다. 즉, 갈증을 느껴 물을 찾아 충분히 마시면 더 이상 물을 찾지 않는 것과 같다.

이와 같이 동기는 목표지향적 행동을 유발하고 유지하며 종결하는 기능을 한다.

2. 대인신념

대인신념(interpersonal beliefs)은 개인이 인간과 인간관계에 대해 가지고 있는 지적인 이해, 믿음 등을 말한다. 사람은 자신이 믿는 대로 행동한다. 사람은 누구나 자기 자신, 타인, 그리고 인간관계에 대해서 나름대로 신념을 가지고 있으며 이러한 신념은 인간관계에 강력한 영향을 미친다.

1) 대인신념의 내용

'어떤 부모가 좋은 부모인가?' 라는 물음에 대해서 사람마다 다른 생각과 믿음을 가지고 있다. 또한 좋은 아버지는 자상하고 친구 같은 아버지라고 믿는 사람과 예의범절을 잘 가르치기 위해서는 엄격한 아버지가 좋은 아버지라고 믿는 사람은 자녀에게 다르게 행동할 것이다. 이처럼 대인관계의 본질과 속성에 대해서 어떤 신념과 태도를 가지느냐에 따라 한 개인의 대인행동이 달라진다. 대인행동에 중요한 영향을 미치는 대인신념의 내용을 살펴보면 다음과 같다(권석만, 2004).

첫째, 인간관계의 중요성에 대한 신념이다. '삶에서 인간관계는 얼마나 중요한 것인가?' 라는 물음에 대하여, 삶에서 인간관계가 중요하다고 믿는 사람은 인간관계를 위해 많은 시간과 노력을 아낌없이 투자할 것이다. 그러나 중요하지 않다고 믿는 사람은 인간관계에 소극적인 행동을 나타낼 것이다. 이렇게 인간관계의 중요성과 그 이유에 대한 신념은 인간관계에 대한 관심과 그에 투자하는 시간과 노력 그리고 인간관계 방식에 심대한 영향을 미친다.

둘째, 중요시하는 인간관계의 영역이다. 인간관계는 가족관계, 친구관계, 이성관계, 직장의 동료관계 등 다양한 영역이 있다. 어떤 사람은 다른 인간관계보다 가족관계를 매우 중요시한다. 이들은 믿을 사람은 결국 가족밖에 없다고 믿고 많은 시간을 가족과 함께 보내는 반면, 다른 영역의 인간관계는 소홀히 한다.

셋째, 이상적 인간관계에 대한 신념이다. 많은 사람과 폭넓은 인간관계를 맺는 것을 이상적으로 보는 사람이 있는 반면, 소수의 사람과 깊은 인간관계를 맺는 것을 이상적으로 보는 사람도 있다. 또한 어떤 사람은 생명도 함께 나눌 수 있는 강력한 인간관계를 원하는 반면, 어떤 사람은 서로 구속하지 않고 편안한 인간관계를 원하기도 한다.

넷째, 인간관계를 맺는 방법에 대한 신념도 인간관계에 영향을 미친다. 어떤 사람은 인간관계를 의도적 노력 없이 자연스럽게 이루어지며 그래야 한다고 믿는 사람이 있는 반면, 어떤 사람은 지속적인 관심과 노력에 의해서 유지될 수 있다고 믿는 사람도 있다.

2) 대인신념의 속성

대인신념은 어릴 적 직간접적으로 경험해 왔던 인간관계에 근거하여 개인이 굳게 믿고 있는 믿음이다. 그리고 이러한 대인신념은 대인관계 상황에서 한 개인의 대인행동을 결정하는 주요한 요인이 된다. 대인신념은 다음과 같은 속성을 가지고 있다(권석만, 2004).

첫째, 대인신념은 지속적이고 비교적 일관되게 지니고 있는 사고 내용을 말한다. 사람은 누구나 과거의 인간관계 경험을 자신의 기억 속에 나름대로 체계적인 형태로 저장하고 있다. 이처럼 대인신념은 수많은 경험 내용을 체계적으로 추상화하여 마음 깊숙이 지속적으로 지니고 있는 심층적이고 안정된 신념이자 인간관계관이다.

둘째, 대인신념은 새로운 인간관계 상황에 대한 기대와 예측의 근거가 된다. 인간은 과거경험에 근거하여 미래를 예측하고 예측의 결과에 따라 행동이 달라진다. 가령, 과거의 이성관계에서 실망과 배신을 여러 번 경험한 사람은 '이성은 못 믿을 존재'라는 믿음을 지니게 되고, 앞으로 만나게 될 이성 상대도 그러할 것이라는 예측을 하게 된다. 그 결과 이성관계에서 소극적이거나 회피적인 태도를 취하게 될 것이다.

셋째, 대인신념은 새로운 경험의 의미를 해석하고 평가하는 근거가 된다. 인간관계 상황은 상대방과 주고받는 수많은 언어와 행동으로 구성되어 있다. 우리는 상대방의 언행이 어떤 의미를 지니는지에 대해서 수시로 해석하고 평가한다. 그러한 해석과 평가에 따라 감정을 느끼고 행동을 통해 반응하게 된다. 예를 들면, 이전의 인간관계에서 자주 거부당한 사람은 상대방의 여러 가지 언행 중에서 자신을 비난하거나 질책하는 듯한 말에 더 많은 주의를 기울이고 그 말이 자신을 비난하고 거부할 것이라는 의미로 해석되어 분노와 소외감을 느끼게 될 수 있다.

3. 대인기술

어떤 사람은 자신이 원하는 대로 다른 사람과 좋은 관계를 맺을 수 있는 세련된 사교적 기술을 가지고 있는 반면, 어떤 사람은 타인과 사귀고 싶어도 미숙한 행동 때문에 어려움을 겪기도 한다. 이렇게 인간관계를 성공적으로 이끌어 갈 수 있는 사교적 능력을 대인기술(interpersonal skill)이라고 한다. 대인기술은 크게 비언어적 대인기술과 언어적 대인기술로 나누어 볼 수 있다(권석만, 2004).

1) 비언어적 대인기술

우리 사회는 서구사회에 비해 언어적 표현보다는 비언어적 표현을 통해 의사소통하는 비언어적 문화를 지니고 있다(권석만, 1996). 실제로 대인관계에서 사람들이 의사소통을 할 때, 언어 요소(words)는 7%, 말의 속도, 높낮이, 크기와 같은 음성 요소(tonality)는 38%, 자세, 몸짓, 얼굴표정, 눈 깜빡임, 호흡의 형태와 같은 생리 반응(physiology)은 55%의 영향력을 가진다(O'Connor & Seymour, 1990). 즉, 비언어적 표현이 전체 의사소통에서 93%의 영향력을 차지함으로써 언어적 요소보다 훨씬 큰 영향력을 갖고 있다고 하겠다.

흔히 비언어적으로 표현되는 타인의 의도와 감정을 잘 파악하는 것이 중요하며 이를 눈치(sense)라고 한다. 비언어적 대인기술로서 활용될 수 있는 비언어적 소통수단

은 다음과 같다(권석만, 2004).

첫째, 얼굴표정을 통해 많은 의미를 전달하게 된다. 우리의 얼굴표정은 안면 전체에 분포하고 있는 약 40여 개의 근육에 의해 조절된다. 이러한 근육은 대뇌의 지배를 받으며 수의적으로(voluntarily) 혹은 불수의적으로(involuntarily) 조절될 수 있다. 대인관계에서 타인에 대한 사고나 감정에 따라 얼굴근육이 특정한 패턴으로 움직여서 독특한 얼굴표정을 만들어 낸다. 인간의 여섯 가지 기본 정서인 기쁨, 놀람, 공포, 슬픔, 분노, 혐오를 나타내는 독특한 얼굴근육 운동패턴이 존재한다고 한다(Ekman, 1984). 이러한 기본 정서에 대한 얼굴표정은 문화와 민족에 상관없이 거의 동일하다고 한다.

둘째, 눈맞춤(eye contact)은 상대에 대한 관심을 표현하고 여러 가지 감정을 표현하는 수단이 된다. 눈맞춤은 눈빛과 쳐다보는 시간에 따라 다양한 의미를 전달하게 된다.

셋째, 몸동작을 통해 의사를 표현하는 몸짓은 신체언어(body language)의 중요한 범주다. 우리는 이야기하는 동안 강조할 때는 손을 번쩍 들거나 주먹을 불끈 쥐어 들고, 반대할 때는 손을 내젓기도 한다. 또한 고개를 끄덕이거나 가로저어 동의나 반대를 표현하기도 한다. 이렇듯 몸의 움직임을 적절히 사용하는 것은 말의 의미를 더욱 분명하게 하거나 강렬하게 만드는 기능을 한다.

넷째, 신체 접촉은 여러 가지 감정을 표현하는 중요한 수단이다. 어린 시절 우리는 부모와 신체적 접촉을 통해 의사소통하며, 친구 사이에는 서로 몸을 만지고 어깨동무도 한다. 또한 연인은 포옹, 키스, 애무와 같은 신체 접촉을 통해 강한 애정을 표현하기도 한다.

다섯째, 물리적 거리나 서로 앉는 방향과 같은 공간 활용은 상대방에 대한 태도를 표현하는 중요한 수단이 된다. 예를 들면, 두 사람 사이의 물리적 거리는 친밀감이 높을수록 좁아지는 경향이 있다. Hall(1966)에 따르면, 사람은 주위 공간을 자신을 중심으로 친밀역(0~60cm), 개인역(60~120cm), 사회역(120~330cm), 공공역(330cm~이상)으로 나누고, 매우 친밀한 사람에게 친밀역 안으로 들어오는 것을 허용한다.

2) 언어적 대인기술

인간의 의사소통에서 비언어적 표현이 중요한 기능을 하지만, 주된 의사소통의 통로는 언어다. 언어는 인간의 내면적인 의도를 전달하는 가장 효과적인 의사소통 수단이다. 따라서 대인관계는 언어적 의사소통의 내용과 질에 크게 영향을 받게 된다. 대인관계를 촉진하는 언어적 대인기술을 몇 가지 살펴보면 다음과 같다.

첫째, 경청하기(listening)는 의사소통의 기본적인 과정이며 상대방이 보내는 소통 내용에 주의를 기울이고 이해를 위해 노력하는 행동을 의미한다. Perls는 인간관계에서 진실인 "경청 대 싸움", 즉 "경청하는 사람은 싸우지 않고 싸우는 사람은 경청하지 않는다."라고 상대방을 제안하면서 잘 경청하면 그를 이해하고 싸우지 않게 된다는 것을 강조하였다.

우리가 인간관계에서 사용하는 언어에는 음성언어와 신체언어가 있다. 귀로 음성언어만을 잘 듣는 것은 부분적 경청이다. 적극적 경청이란 귀와 눈을 가지고 상대방의 음성언어와 신체언어를 이해하는 것을 말한다.

둘째, 질문하기(questioning)는 서로 다양한 정보를 교환하며 상호작용을 촉진하는 주요한 대인기술이다. 이 기술은 기본적으로 상대방에게 추가적인 정보를 요청하고 상대방의 태도, 감정, 의견을 확인하는 행동이다. 중요한 것은 상대방에 대하여 관심이 있다고 하여 일방적으로 질문공세를 하는 것보다는 상대방의 질문을 받고 또 상대방에게 질문을 하는 균형 있는 상호작용이 필요하다.

셋째, 공감하기(empathy)는 '내 마음을 나와 같이 알아준다.'는 느낌을 주게 되어 상대방에 대한 신뢰가 증대되고 자기개방이 촉진된다. 이렇듯 공감하기는 인간관계를 심화시키는 매우 중요하고 강력한 대인기술이다. 이러한 공감하기는 노력과 훈련에 의해 증진될 수 있다. 공감적 이해 능력에는 두 가지 기초적 요소가 있다. 첫 번째 요소는 상담자가 상대방의 말 속에 깔려 있는 주요한 감정, 태도, 신념, 가치 기준을 포착하는 것으로서 감수성의 차원이다. 두 번째 요소는 상담자가 상대방의 외적 측면뿐만 아니라 내적 측면까지 이해하고 알게 된다는 것을 상대방에게 알려 주는 것으로서 의사소통의

차원이다.

공감의 효과는 다음과 같다. 첫째, 상대방에게 자신의 말이 주의 깊게 경청되고 있음을 전달할 수 있다. 둘째, 상대방은 방어심리가 축소되어 개방적인 표현이 보다 촉진된다. 셋째, 상대방은 부정적인 생각이나 감정도 수용된다는 생각을 하게 되며, 자신의 부정적인 감정도 받아들일 수 있게 되어 문제에 대한 통찰이 가능해진다. 넷째, 상호 간에 신뢰, 존중, 매력이 더해져서 관계가 더욱 촉진된다.

〈인간관계연습 10〉

[공감연습]

*사례 1.

애들이 참 얄미워요. 학점을 잘 따려고 야단들이에요. 친한 사이에도 노트도 잘 안 빌려주려고 하고…….

나의 반응: 경쟁이 심해서 학교생활이 삭막할 거야. 그래서 속상하고 힘들지.

*사례 2.

며칠 전 친구와 말다툼을 해서 며칠째 말 안 하고 지내요. 그 후로 먼저 말을 걸려고 해도 잘 안 돼요.

나의 반응:

*사례 3.

요즘은 진로 문제로 너무 걱정이 되어서 잠이 오지 않아요. 좋은 직장에 취업하는 것이 정말 어려운 문제인 거 같아요.

나의 반응:

넷째, 설명하기(explaining)는 자신이 가진 정보를 상대방에게 제공하고 공유하기 위한 중요한 의사소통기술이다. 대인관계에서 우리는 자신의 입장, 생각, 지식을 상대방에게 전달해야 하는 상황에 자주 부딪힌다.

다섯째, 강화해 주기(reinforcement)는 상대방에 대한 인정, 긍정, 칭찬, 격려, 지지를 전달하는 언어적 표현을 의미한다. 강화해 주기는 상대방으로 하여금 자신이 따뜻하게 이해받고 수용되고 있다는 느낌을 갖게 하고 상대방의 자존감과 소속감을 높여주어 대인관계가 즐겁고 보상적인 것으로 느껴지게 한다.

여섯째, 자기개방하기(self-disclosure)는 대인관계에서 상대방에게 일반적으로 알려져 있지 않은 자신의 개인적인 정보를 상대방에게 의도적으로 노출시키는 기술이다. 자기개방하기는 상대방으로 하여금 경계심과 두려움을 완화하고 신뢰감을 증진하며 자기개방을 촉진하는 효과를 발휘한다.

일곱째, 유머(humor)는 유쾌한 익살, 해학, 농담으로서 인간관계를 보다 맛나게 하는 양념과 같은 것이다. 유머는 긴장을 해소하여 상대방을 편안하게 만드는 역할을 한다. 그러나 유머를 사용할 때는 몇 가지 주의가 필요하다. 특히 유머나 농담의 주제가 성적인 내용이거나 타인을 조롱, 무시, 모욕하는 듯한 공격적인 내용을 담고 있는 경우 상대방의 감정을 상하게 하여 오히려 인간관계를 악화시키는 경우도 있다. 따라서 유머는 때와 장소 그리고 대상을 고려하여 적절하게 하는 것이 필요하다.

여덟째, 자기주장하기(self-assertion)는 자신의 개인적인 권리를 보장받기 위해서 타인의 권리를 존중하면서 동시에 자신의 사고, 감정, 신념을 직접적이고 솔직하게 표현하는 대인기술이다. 이렇게 볼 때, 자기주장하기는 타인의 권리를 손상하고 위협하는 공격적 행동과는 구분된다. 자기주장하기의 주된 내용은 네 가지로 구분된다(Lazarus, 1971). 첫째는 들어주기 어려운 타인의 요청을 거절하는 것, 둘째는 타인에게 부탁을 하거나 요청을 하는 것, 셋째는 긍정적 감정과 부정적 감정을 표현하는 것, 마지막으로 대화를 원할 때 시작하고 원하는 때에 종결하는 것이다.

특히 자기주장을 할 때 부정적 감정을 표현하는 것은 쉽지 않다. 이때 보다 쉽게 자신의 부정적 감정을 표현할 수 있는 기술이 나-전달법(I-Message)이다. 나-전달법이

〈표 4-1〉 나-전달법과 너-전달법의 비교

예) 약속을 해 놓고 아무 연락 없이 오지 않은 친구를 만났을 때

종류	나-전달법	너-전달법
표현	오기로 해 놓고 아무 연락 없이 나타나지 않으니까 무슨 일이 생기지 않았나 해서 무척 걱정이 되고, 내가 기다리는 것을 알면서 연락을 안 해 준다고 생각하니 나를 배려해 주지 않는다는 생각 때문에 섭섭하기도 하더라.	너는 전화 한 통 걸 성의도 없냐! 나를 어떻게 보는 거야? 너하고 이제 약속하나 봐라. 잘하고 있군.
보기	상황-결과-느낌	비꼬기, 지시, 교화, 비판, 평가, 경고
나의 내면	걱정, 섭섭함	걱정, 섭섭함
상대의 해석	나를 걱정하였구나. 연락을 안 해 줘서 섭섭했구나.	나의 사정은 전혀 생각해 주지 않는군. 나를 나쁜 사람으로 보고 있군.
개념	'나'를 주어로 하는 진술	'너'가 주어가 되거나 생략된 진술
효과	1. 느낌의 책임을 자신에게 돌린다. 2. 상대방에 대해 부정적인 평가를 하지 않기 때문에 방어나 부적응이 일어날 가능성이 적다. 3. 관계를 저해하지 않는다. 4. 상대방으로 하여금 자성적인 태도와 변화하려는 의지를 높일 가능성이 높다.	1. 죄의식을 갖게 하거나 자존심을 상하게 한다. 2. 배려받지 못하고 무시당한다는 생각을 갖기 쉽다. 3. 반항심, 공격성, 방어를 야기하여 자성적인 태도가 형성되기 어렵고 행동변화를 거부하도록 한다.

란 자신의 내면을 표현할 때 주어를 '나'로 하여 그런 느낌을 가지게 된 책임이 상대방에게 있지 않고 표현자에게 있음을 알려 주는 대화방법이다. 느낌의 책임을 자신에게 두지 않고 상대방에게 전가하는 진술 방식은 너-전달법이다. 불쾌한 감정을 지니거나 갈등상태에 있을 때 보통 사람들이 흔히 하는 표현이 너-전달법이다. 그러나 이러한 표현은 문제를 더 크게 하거나, 관계를 해치는 경향이 있으며 상대방을 변화시키기 어렵다.

〈표 4-1〉에서 알 수 있듯이, 나-전달법과 너-전달법은 상대방을 걱정하고 생각하는 마음은 같으나 효과가 전혀 다르다는 것을 알 수 있다.

❀ 〈인간관계연습 11〉

[나-전달법]

* 상황 1: 친구 A는 돈을 계획 없이 기분 내키는 대로 쓰고 막상 쓸 돈이 없어 후회하면서 항상 나에게 손을 벌린다.

상황	결과	느낌
네가 돈을 계획적으로 쓰지 않아서	필요할 때 돈을 쓰지 못해 힘들게 되고 다른 친구들이 널 무계획적인 사람으로 여길까 봐	매우 걱정스럽다.

* 상황 2: 내가 중요한 전화를 받고 있다고 조용히 좀 해 달라고 했는데 친구 B가 아랑곳하지 않고 큰 소리로 떠든다. 그런데 이런 일이 벌써 여러 번이다.

상황	결과	느낌

* 상황 3: 친구 C는 자신이 조별 발표를 위한 PPT 자료를 준비하겠다고 하였으나 발표 당일 깜빡 잊어버려 담당교수님께 질책을 들었다. 그런데 이런 일은 이번이 처음이 아니다.

상황	결과	느낌

참고문헌

권석만(1996). 자기개념의 인지적 구조와 측정도구의 개발. 학생연구, 31, 11-38.

권석만(2004). 젊은이를 위한 인간관계의 심리학. 서울: 학지사.

Ekman, P. (1984). Expression and the nature of emotion. In P. Ekman & K. Scherer (Eds.), *Approaches to emotion* (pp. 319-343). Hillsdale, NJ: Erlbaum.

Ford, M. E. (1992). *Motivating humans: Goals, emotions, and Personal agency beliefs.* Newbury Park: SAGE Publications, Inc.

Hall, E. T. (1966). *The hidden dimension.* New York: Doubleday.

Lazarus, A. (1971). *Behavior therapy and beyond.* New York: Mcgraw-Hill.

Maslow, A. H. (1970). *Motivation and personality.* New York: Harper.

O'Connor, J., & Seymour, J. (1990). *Introducing Neuro-Linguistic Programming.* London: Thorsons.

Sheldon, K. M., Elliot, A. J., Kim, Y., & Kasser, T. (2001). What is satisfying about satisfying events? Testing 10 candidate psychological needs. *Journal of Personality and Social Psychology, 80,* 325-339.

제5장

THE PSYCHOLOGY OF HUMAN RELATIONSHIPS FOR ENCOUNTER AND GROWTH

착한 늑대 나쁜 늑대

체로키족의 나이 많은 추장이 손녀에게 말했습니다.

"우리 마음속에는 두 마리의 늑대가 살고 있단다.
그 둘은 항상 싸우곤 하지.
한 마리는 나쁜 늑대야.
분노, 질투, 슬픔, 후회, 욕심, 오만, 자기연민, 거짓, 허영, 헛된 자존심이란다.
다른 한 마리는 착한 늑대란다.
기쁨, 평화, 사랑, 희망, 친절함, 겸손, 동정, 너그러움과 믿음이지."

인간관계의 상호작용적 요인

이야기를 들은 손녀가 물었습니다.

"그럼 그중 어떤 늑대가 이기나요?"

추장은 이렇게 대답했습니다.

"네가 먹이를 더 많이 주는 늑대가 이기게 된단다."

나와 너는 각기 독특한 대인동기, 대인신념, 대인기술을 지닌 상태에서 만나게 된다. 독특하고 고유한 개성을 지닌 나와 너가 만나서 상호작용을 통해 인간관계를 맺어 나간다. 이러한 상호작용은 두 사람이 주고받는 언어적 또는 비언어적 행동을 구성되는 의사소통 과정이다. 이러한 의사소통 과정에서 나와 너는 여러 가지 생각(대인지각과 대인사고)과 느낌(대인감정)을 갖게 되고 그에 따라 행동(대인행동)하게 된다.

여기서는 대인지각, 대인사고, 대인감정 그리고 대인행동 등 인간관계에 영향을 미치는 심리적 요인들에 대해 살펴보기로 한다(권석만, 2004).

1. 대인지각

우리는 매일 여러 사람과 만나면서 그때마다 만나는 사람의 내면적 속성에 대해서 판단한다. 이러한 판단에 기초하여 상대방의 행동을 예측하고 나의 행동을 결정한다. 이렇듯 상대방의 속성에 대한 지각은 대인행동을 결정하는 매우 중요한 심리적 요인이며, 사회심리학에서는 대인지각(person perception)이라고 한다. 대인지각을 이해하기 위해 인상형성과 귀인과정에 대해 살펴볼 필요가 있다(이민규, 2004).

1) 인상형성

일반적으로 우리는 다른 사람으로부터 전해 들은 소수의 정보나 관찰 가능한 몇 가지의 정보로부터 매우 신속하게 어떤 사람의 내면까지도 추측하는 경향이 있다. 이렇게 몇 가지 행동이나 외모 등을 근거로 하여 첫인상이 형성되거나 성격특성이 추론되면 이들은 스스로 유지되는 경향이 있다. 이처럼 먼저 제시된 정보가 나중에 들어온 정보보다 전반적인 인상형성에 강력한 영향을 미치는 것을 초두효과(primacy effect)라고 한다.

첫인상이 이렇게 강력한 효과를 발휘하는 이유는 무엇인가? 첫 번째 이유는 처음에 들어온 정보가 나중에 들어오는 정보들을 해석하는 지침을 만들어 주기 때문이다. 예를 들면, 어떤 사람이 '머리가 좋다'는 것을 알기 이전에 '성실한 사람'이라는 첫인상을 가지고 있었을 때와 '이기적인 사람'이라는 인상을 가졌을 때는 머리 좋은 것을 전혀 다른 방식으로 해석한다. 즉, 성실한 사람이 머리가 좋으면 머리 좋은 것을 '똑똑하고 지혜로운 것'으로 해석한다. 그러나 이기적인 사람이 머리가 좋은 것은 '교활하고 나쁜 것'으로 해석된다. 흔히 이를 맥락효과(context effect)라고 한다. 그리고 두 번째 이유는 인상을 형성해 놓지 않으면 상대방을 판단하기 위해 매번 모든 정보에 신경을 써야 하지만, 일단 상대에 대한 첫인상이 형성되면 그 후에 들어오는 정보들은 더 이상 주의를 기울이지 않아도 되기 때문이다.

초두효과와는 반대로 시간적으로 나중에 제시된 정보가 잘 기억되어 인상형성에 더 큰 영향을 미칠 수 있는데, 이를 신근성 효과(regency effect)라고 한다. 가령, 초기 정보가 너무 일찍 제시되어 이미 망각된 상태이거나 최근의 정보가 아주 현저하게 부각될 경우에만 나타난다.

2) 인상형성에 사용되는 정보

우리가 누군가를 만났을 때 그 사람의 외면보다는 내면을 중시한다고 할지라도 우리는 다른 사람의 마음을 알 수가 없기 때문에, 결국 관찰되는 정보에 의존할 수밖에 없다. 타인의 인상을 형성하기 위해 우리는 감각기관을 통해 전달되는 관찰 가능한 몇 가지 정보에 의존한다. 외모, 옷차림과 치장, 언어적 진술, 비언어적 단서들 등이 인상형성에 중요한 요인이 된다.

(1) 외모

어떤 사람에 대해서 알려고 할 때, 가장 먼저 사용되는 정보는 그 사람의 외모이다. 흔히 '책표지로 책을 판단하지 말라.'고 한다. 그러나 우리에게 체격이나 체형, 키, 몸무게, 피부색, 머리색이나 건강상태 등의 신체적 특성들은 그 사람에 대한 인상을 형성하는 과정에서 매우 중요한 영향을 미친다.

사회심리학자들이 'What is-beautiful-is-good(아름다운 것이 좋은 것)'이라는 용어를 만들어 냈다(Dion, Berscheid, & Walster, 1972). 가령, 아름답지 않은 사람과 비교할 때, 아름다운 사람은 항상 좀 더 사회적으로 능력 있고, 자기표현을 잘하고, 지적으로 유능하게 보인다는 것이다.

(2) 옷차림과 치장

'옷이 날개'라는 말이 있듯이, 옷은 사람의 몸을 가장 넓게 덮고 있는 것으로 어떻게 입느냐에 따라 그 사람의 인상을 다르게 형성하도록 만든다. 아주 잘 차려입은 최고급 의상은 보석이나 자동차와 같이 우리의 사회적 권위를 대변해 주며 첫인상의 형성에 중요하다. 특히 고급 승용차에 대한 사람들의 반응은 매우 흥미롭다. 미국 샌프란시스코 지역에서 실시한 한 연구(Doob & Gross, 1968)는 사람들이 고급 승용차를 가진 사람에 대해 보다 특별한 반응을 보인다는 사실을 증명한다. 연구자들은 교차로에서 빨간불이 파란불로 바뀌어도 앞차가 출발하지 않고 있을 때 뒤차에서 보이는 반응을 관찰했다. 그 결과, 앞차가 최고급 신형 승용차인 경우에는 그렇지 않은 승용차일 때보다 훨씬 참을성 있게 기다렸다가 경적을 울렸으며 경적을 울릴 때도 짧고 부드럽게 울린다는 사실을 관찰했다.

(3) 언어적 진술

다른 사람에 대한 또 다른 명확한 정보는 그들이 말하는 내용과 방식이다. 사람들은 상대방이 스스로에 대해 어떻게 말하는지에 따라 다른 인상을 형성할 수 있을 것이다. 예를 들면, 어떤 사람은 입만 열면 다른 사람을 험담하는 반면, 또 다른 사람은 웬만하면 좋은 점을 말하거나 '그럴 수도 있다'고 말한다. 전자는 비판적이고 불평불만이 많은 사람이고, 후자는 낙천적이며 호의적인 사람이라는 인상을 주게 될 것이다.

말의 내용뿐 아니라 말하는 방식 역시 그 사람의 인상에 영향을 미친다. 말을 더듬고

말의 속도가 빠르며 높은 톤의 말을 하는 사람들은 성격이 급하거나 정서적으로 불안정하다는 인상을 주게 되는 반면, 말을 또박또박 천천히 하면서도 조용히 말하는 사람은 침착하고 정서적으로 안정된 사람이라는 인상을 주게 된다.

(4) 비언어적 단서들

타인에 대한 정보의 또 다른 원천은 비언어적 의사소통이다. 우리는 어떤 사람이 어떤 행동을 하면서 시간을 보내는지를 관찰하고 그 사람을 판단한다. 사람들이 늘 자신의 내면을 말로 표현하지 않기 때문에, 우리는 어떤 사람이 어떻게 행동하는지를 보고 상대방을 판단한다. 가령, 노숙자 보호소에서 자원봉사하는 일로 여가를 보내는 사람과 술 마시고 당구 치는 것으로 여가를 보내는 사람은 각기 다른 인상을 형성하게 될 것이다.

이러한 행동의 내용과 함께 행동방식 역시 인상형성에 영향을 미친다. 예를 들면, 움직임이 빠른 사람은 성격이 급하고 일처리도 능숙하다는 인상을 주지만 행동이 느린 사람은 성격이 느긋하거나 게으르다는 인상을 줄 것이다.

얼굴표정, 시선, 신체언어, 몸짓 등은 언어적 표현보다 훨씬 많은 정보를 제공하며 더 비중 있게 다루어지는 경향이 있다. 왜냐하면 언어적 표현이나 행동단서에 비해 비언어적인 메시지들은 상대적으로 언어적인 조작이 힘들기 때문이다.

3) 인상형성의 경향성

어떤 일을 할 때 되도록 최소한의 에너지를 투자하여 최대의 효과를 얻으려고 하듯이, 우리는 타인에 대한 인상형성 과정에서도 이러한 경제적인 방식을 택하려는 인지적 구두쇠(cognitive misers)인지도 모른다(Taylor, 1981). 이처럼 우리는 최대한 경제적인 방식으로 한정된 정보처리 용량을 가지고 있기 때문에 인지적인 지름길을 선택하게 되고 이것들은 효율성을 증대시키는 대신 여러 가지 편향과 판단 오류의 근원이 되기도 한다.

(1) 핵심적 성격특성

어떤 사람의 성격특성은 다른 특성보다 인상형성에 중요한 영향을 미치는데, 이것을 핵심적 특성(central traits)이라 한다. 가령, 우리에게 어떤 사람이 온정적인지 여부는 다른 특성보다도 매우 중요하다. 그 사람이 말수가 적다는 것은 온정성 여부보다 덜 중요하다고 할 수 있다. 왜냐하면 말수 정도는 그 사람과 함께할 때 우리가 느끼는 즐거움의 정도에 크게 영향을 미치지 않기 때문이다.

Kelly(1967)는 핵심적 성격특성이 갖는 영향력을 수강 학생들을 대상으로 실험하였다. 그는 학생들에게 강의가 시작되기 전에 심리학 초청 강사에 대해 소개해 주었다. 소개 내용은 한 가지를 제외하고 똑같은 것이었다. 한 강의에서는 '따뜻한' 사람이라고 소개했고, 다른 강의에서는 '냉정한' 사람이라고 소개했다. 강사는 동일한 내용과 방식으로 두 번의 강의와 토론을 20분간 진행하였다. 강의가 끝난 후에 학생들에게 강의 평가를 하도록 하였다. 그 결과, 똑같은 강의실에 똑같은 강의 내용과 방식이었음에도 불구하고 '따뜻한' 사람으로 소개했던 강의를 들은 학생들에게 훨씬 좋은 평가를 받았다.

(2) 특출성과 나쁜 평의 중시

만약에 개강 첫날 어떤 여학생이 한복을 입고 나타난다면, 또는 어떤 남학생이 스커트를 입고 강의실에 들어온다면 어떠할까? 그 여학생 또는 그 남학생은 학생들의 기억 속에 오래도록 남아 있을 것이다. 어떤 상황에서 특이하게 보이는 어떤 특성은 다른 특성에 비해 확실히 인상형성에 더 중요한 영향을 미치는데, 이를 특출성의 효과(salience effect)라고 한다.

인상형성 과정에서 긍정적인 정보보다 부정적인 정보가 더 중요하게 취급되는 것을 부정성 효과(negative effect)라고 한다. 일반적으로 사람은 긍정적인 정보를 바탕으로 한 판단보다 부정적인 정보를 바탕으로 한 판단에 대해 보다 강한 확신감을 갖고 있으며(Hamilton & Zanna, 1972), 부정적인 인상은 변화시키기가 힘든 반면, 긍정적인 인상은 쉽게 부정적으로 바뀔 가능성이 있다(Hodges, 1974).

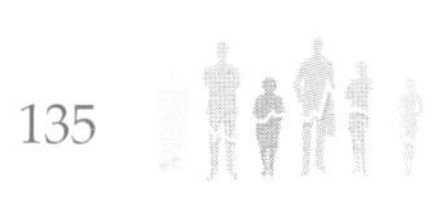

(3) 긍정성 편향

우리가 알고 있는 주변 사람들을 머릿속에 떠올리면서 좋은 사람과 나쁜 사람으로 구분하고 그 수를 비교해 보자. 아마도 좋은 사람들이 더 많다는 것을 알 수 있을 것이다. 이처럼 우리가 주위 사람들을 부정적으로 평가하기보다는 긍정적으로 평가하는 경향성을 긍정성 편향(positivity bias)이라고 부른다.

또한 사람은 일반적으로 나쁜 일보다는 좋은 일을 더 많이 경험하고 싶어 하며, 나쁜 소식보다는 희소식을 전하기를 좋아한다. 사람이 나쁜 소식을 전해야 할 때 입을 다무는 것을 함구효과(mum effect)라고 한다. 영국의 대 문호 셰익스피어도 "나쁜 소식은 그 소식을 전하는 사람에게 전염된다."고 한 것을 보면 예부터 함구효과에 대해 인식하고 있었음을 알 수 있다.

(4) 확증적 편파

우리가 어떤 사람과 만나면 거의 즉각적으로 그 사람이 어떤 사람인지에 대한 가설을 형성하기 시작할 것이다. 일단 어떤 가설이 만들어지면 이 가설들은 타인에 대한 우리의 기대를 확증하는 방식으로 당신의 행동에 영향을 미칠 것이다. 이렇듯 우리의 가설에 맞는 증거는 채택하고 그렇지 않은 정보는 무시할 것이다. 이를 확증적 편파(confirmatory bias)라고 한다.

확증적 편파를 검증한 연구를 보면, 이 실험에서 남학생은 여학생과 짧은 전화통화를 하도록 요청받는다. 통화 전에 남학생들에게 그들의 전화 상대방에 대한 배경 정보와 사진을 보여 준다. 남학생의 반은 매력적인 여자의 사진을 보고, 나머지 반은 매력적이지 않은 여자 사진을 본다. 그런데 실제로 사진 속의 여자는 연구에 참여하지 않았고, 실제 여자 전화 파트너의 매력 정도는 차이가 없었다. 전화통화를 하기 전에 남학생들은 다양한 영역에서 평정하도록 요청하였다. 그 결과, 매력적인 여자 사진을 본 남학생들은 그들의 전화 파트너가 침착하고, 유머감각이 있고, 개방적이고 사교적이라고 판단하였으며, 매력적이지 않은 여자 사진을 본 남학생들은 그들의 전화 파트너가 어색하고 내성적이며 비사교적이라고 판단하였다.

〈읽기자료 3〉

[의심하면 왠지 수상해 보인다]

중국고전해학 『아반티의 유머』에 나오는 이야기다. 여기서 아반티는 유대인의 『탈무드』에 나오는 랍비와 비슷하다. 아반티가 『열자』라는 책을 읽으면서 고개를 끄덕끄덕했다. 그러자 옆의 사람이 너무나도 수상해서 물었다. 아반티가 다음 이야기를 들려주었다.

"어떤 사람이 도끼를 잃어버렸는데, 왠지 옆집에 사는 아이가 훔쳐 갔을 거라고 생각되어 그 아이가 하는 행동을 면밀히 살펴보았다. 그렇게 생각을 해서 그런지 그 아이의 하는 행동이 모두 수상쩍게만 보였다. 말하는 것도 그렇고 걸음걸이도 그렇고 얼굴빛까지도 수상하게만 보였다. 그래서 그 아이가 훔쳐 간 것이 틀림없다고 단정했다. 그런데 며칠만에 그 도끼가 나왔다. 도끼를 깊은 곳에 둔 것을 잊어버리고 있었던 것이다. 도끼를 찾은 뒤에 다시 이웃집 아이의 얼굴을 보니 도끼 같은 것을 훔쳐 갈 아이처럼 보이지 않았다."

사슴을 쫓는 자는 산이 보이지 않고 금을 훔치는 자는 옆의 사람이 보이지 않는다는 말처럼, 매사를 늘 의심하고 보면 의심쩍게만 보이게 마련이다. 아반티는 인간의 이런 심리를 꿰뚫어 보고 고개를 끄덕이고 있었다.

(5) 편견과 차별

공정하지 못하고 한쪽으로 치우친 생각이나 견해를 편견(prejudice)이라고 하고, 집단으로부터 사회적으로 기피·배제당하여 불평등과 불이익을 받는 것을 차별(discrimination)이라 부른다. 편견과 차별에 기여할 수 있는 인상형성의 오류에는 범주화와 고정관념이 대표적이다.

우리는 종족, 성, 나이, 성적 지향에 근거하여 타인을 범주화(categorization)한다. 이것은 범주화된 구성원이 그들의 실제보다 더 동질적이라고 지각되며, 고정관념에 근거해서 그들의 행동을 설명하려고 할 것이다.

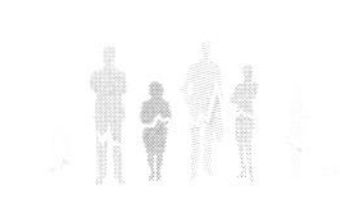

4) 타인-귀인 과정

귀인(attribution)은 앞서 살펴보았듯이, 사람이 자신의 행동과 타인의 행동, 사건의 원인에 대해서 찾으려는 시도다. 앞서 다른 장에서도 귀인 문제를 다루었지만 주로 자신의 행동이나 감정의 원인을 추론하는 자기-귀인 과정에 초점을 맞추었다. 여기서는 우리가 타인의 행동을 해석할 때 거치게 되는 귀인에 초점을 둔다.

식사 후에 양치를 하는 아들을 보면서 그 이유를 찾지 않으며 강의가 시작되는 시간에 학생들이 왜 강의실에 들어오는지 그 이유를 생각하지 않는 것처럼, 사람은 모든 잡다한 일의 이유를 찾는 데 에너지를 쓰지 않으며 원인을 찾으려는 시도인 귀인이 촉발되는 데는 반드시 그럴 만한 이유가 존재한다.

(1) 타인-귀인 과정의 촉발시기

여러 연구에 따르면 사람이 주변의 사건이나 사람들의 행동원인을 찾으려고 하는 노력은 기계적이 아니라 선택적이며 다음과 같은 몇 가지 상황에서 두드러진다.

첫째, 특이한 일이 발생할 때다. 모든 일들이 평상시처럼 잘 돌아갈 때는 관심이 없던 사회구조적인 문제들도 천안함 사건이나 끔찍한 성폭력 및 살인 사건이 일어나면 거의 모든 언론은 그 사건의 원인이 무엇인지에 대해 많은 지면과 시간을 편성한다.

둘째, 개인적인 중대성을 지닌 일이 발생할 때다. 저 멀리 떨어진 아프리카의 어떤 국가가 내전으로 많은 사람들이 희생되었다는 기사를 보면서 그 이유를 찾는 데 시간과 노력을 쏟는 사람은 거의 없다. 그러나 낯선 사람이 자기에게 시간이 있느냐고 묻는다면 반드시 우리는 그 이유를 찾으려고 한다.

셋째, 다른 사람이 예상할 수 없는 방식으로 행동할 때다. 강의 중 수업에 열중하는 학생을 보면서 '왜?'라는 의문에 대한 답을 찾느라 강의에 몰두하는 교수는 거의 없다. 하지만 어떤 학생이 다리를 꼬고 앉아 스마트폰에 열중하며 껌을 씹고 있다면 교수는 신경이 쓰일 것이다. 왜냐하면 그런 행동은 예상 밖의 일이어서 그 이유를 찾아야 하기 때문이다.

넷째, 불쾌한 일이 발생했을 때다. 일이 순조롭게 진행될 때보다는 고통스럽고 불쾌한 일들이 귀인과정을 촉발하는 경향이 있다(Bohner et al., 1988). 예를 들면, 의학계의 뉴스에 따르면 암환자의 95%가 병의 원인이 무엇인지 찾으려 노력한 반면, 암보다 덜 고통스러운 질병을 앓고 있는 환자가 병의 원인을 찾으려 시도한 경우는 70%에 불과하다.

(2) 타인-귀인 과정의 경향성

사람은 타인의 행동에 대해 귀인할 때, 몇 가지 일반적 경향을 나타낸다. 이러한 귀인 경향 중에는 현실을 왜곡하는 편향적인 것이 대부분이다.

첫째, 행위자-관찰자 편향이다. 똑같은 행동도 자신이 행위자일 때와 다른 사람이 그 행위를 하고 있는 것을 관찰할 때, 이유를 다르게 찾는 것을 행위자-관찰자 편향(actor-observer bias)이라고 한다. 예를 들면, 신호위반을 했을 때 운전자는 주로 외적인 귀인(보행자가 없어서 또는 다른 사람도 하니까)을 하여 자신의 행위를 정당화하는 반면, 보행자 입장이 되면 운전자가 처한 상황을 고려하기보다는 운전자의 성향, 즉 내적인 귀인(준법정신이 없어서 또는 성격이 나빠서)을 하며 비난하게 된다.

둘째, 허구적 일치성이다. 이것은 자신이 어떤 행동을 할 때와 같은 이유로 다른 사람도 행동할 것이라고 상상하는 경향이다. 사람이 자신의 의견이나 행동 이유의 보편성을 과장하는 경향을 허구적 일치성(false consensus)이라고 한다. 예를 들어, 중고등학교에 재학하는 학생들 중 흡연자는 비흡연자에 비해 청소년뿐 아니라 전체 인구 중 흡연자 수를 더 높게 추정하는 경향이 있다(Sherman et al., 1983). 이러한 현상은 사람이 대부분 자신의 행동과 판단을 대표성을 지닌 것으로 여기며, 자기와 다른 행동을 취하는 사람은 극단적인 사람으로 여길 수 있음을 보여 준다.

셋째, 허구적 독특성이다. 자신이 하는 유별난 행동은 개성으로 보고 남들의 유별난 행동은 주책이라고 볼 수 있는 것 역시 왜곡되고 편파적인 추론에 기인한다. 이렇게 자신은 남들과는 다르다고 생각하고 독특한 개성을 갖고 있다고 보려는 경향성을 허구적 독특성(false uniqueness)이라 한다.

남이 하면 스캔들, 내가 하면 로맨스
차에 타고 있을 때는 늦게 가는 행인을 욕하고,
횡단보도를 건널 때는 빵빵거리는 운전자를 욕한다.
남이 천천히 차를 몰면 소심운전이고,
내가 천천히 몰면 안전운전이다.
지하철에서 남은 조금만 양보해서 한 자리 만들어 나를 앉게 해야 하고,
나는 한 사람 더 끼면 불편하니까 계속 넓게 앉아서 가도 된다.
엘리베이터를 이용할 때
남은 내가 탈 때까지 열림 단추를 계속 누르고 기다려야 하고,
나는 남이 타건 말건 닫힘 단추를 눌러서 얼른 올라가야 한다.

넷째, 방어적 귀인이다. 타인의 불행에 대해 불행을 당한 당사자를 비난하며, 유사한 방식으로 자신이 희생될 가능성이 적다는 것을 확신하기 위해서 작동하는 경향성이 방어적 귀인(defensive attribution)이다. 불행을 당한 당사자에 대한 비난은 '뿌린 대로 거둔다' '사필귀정' '권선징악' 등과 같은 신념과 관련된다.

2. 대인사고

이 세상에서 그 자체로 의미를 지니는 것은 없다. 우리가 의미를 부여하지 않고서 그 자체로 의미를 지니는 것은 없다. Adler가 말한 것처럼, 의미란 현상과 사건 혹은 장면 그 자체에 의해 결정되는 것이 아니라 우리가 그 장면에 의미를 부여함으로써 결정된다(이형득, 1998).

스토아 철학자인 에픽테토스(Epictetus)는 "인간의 정서적 혼란은 그가 경험하고 있는 어떤 사실에 의해서가 아니고, 그 사실에 대해 가지는 관점 때문에 생긴다."라고 하였다. 셰익스피어도 『햄릿』에서 "이 세상에는 좋은 것도 나쁜 것도 없다. 다만 생각이

그렇게 만들 뿐이다."라고 표현했다.

특히 대인관계에서 일어나는 사건에 대해서 인간의 의미부여 기능은 더욱 활발해진다. 대인관계에서 일어나는 사건의 의미를 추론하는 과정을 대인사고라 한다. 대인사고는 대인지각에 비해 보다 복잡하고 상위수준의 인지기능이 관여하는 심리적 과정이라고 할 수 있다.

대인사고 과정은 의미추론 과정, 의미평가 과정 그리고 대처결정 과정의 3단계로 나누어 살펴볼 수 있다(권석만, 2004).

1) 의미추론 과정

우리는 의미를 부여하고 창조하는 존재다. 대인관계에서도 마찬가지로 우리는 다른 사람이 한 말이나 행동에 대해서 그 의미를 추론하게 된다. 예를 들어, 친구가 인상을 찌푸린 것에 대해서 우리는 그 행동 자체보다는 그러한 행동을 한 친구의 의도가 무엇인지에 대해서 생각하게 된다. 오랫동안 사귀어 온 여자친구가 "나 어제 소개팅 나갔었어."라고 말한다면, 우리는 그렇게 말한 속뜻에 대해 생각하게 된다.

이렇게 대인관계에서 타인이 보인 행동이나 상황이 의미하는 바를 생각하는 과정이 의미추론 과정이다. 의미추론 과정에서 도출된 내용은 사실일 수도 있고 왜곡된 것일 수도 있다. 대인관계에서 일어나는 일들은 그 사실적인 의미를 분명하게 확인할 수 있는 방법이 적다. 왜냐하면 상대방에게 그 진심을 직접 물어본다 하더라도 자신의 진심을 솔직히 말한다는 보장이 없기 때문이다.

인지치료자인 Beck(1976)에 따르면, 사람은 사건의 의미를 부정적으로 왜곡하는 경향, 즉 의미추론 과정에서 인지적 오류(cognitive error)를 범한다.

2) 의미평가 과정

의미추론 과정이 사실 판단에 관여하는 과정이라면 의미평가 과정은 대인관계에서

경험하는 사건에 대해 가치 판단 또는 선악 판단의 과정이다. 이러한 의미평가 과정이 중요한 이유는 대인감정을 결정하기 때문이다.

의미평가 과정은 실제 일어난 사건의 의미와 자신이 지니고 있는 신념을 비교하여 사건에 대한 감정을 결정하게 된다. 가령, '친구 사이에는 어떤 경우라도 서로 비난해서는 안 된다.'라는 신념을 가진 사람에게 어떤 친구가 다른 사람들 앞에서 비난을 한 경우, 친구의 비난은 이 사람의 신념에 위배된다. 따라서 이 사람은 친구의 비난을 '도저히 있을 수 없는 일'이며 '도저히 참을 수 없는 일'로 평가하게 되어 그 친구에 대해 강렬한 분노감정을 느끼게 될 것이다.

3) 대처결정 과정

우리는 인간관계에서 일어난 사건의 의미를 평가하고 나면, '어떻게 할 것인가? 또는 어떻게 대처할 것인가?'에 대해서 생각하게 된다. 이러한 물음에 대해서 생각하는 과정이 대처결정 과정이다. 이러한 대처결정 과정의 결과에 따라 우리의 대인행동이 결정된다.

(1) 대처자원 평가과정

대처자원(coping resources)은 자신이 상황에 대처하기 위해 활용할 수 있는 신체적 · 물질적 · 심리적 · 인적 자원을 말한다. 예를 들어, 친구의 비난에 대해 분노를 느낀 사람은 친구에게 그 분노를 표현하고자 할 것이다. 이때 어떻게 분노를 표현할 것인가를 결정하기 위해 자신이 사용할 수 있는 자원들(신체적 힘, 경제력, 감정표현능력, 언어구사능력, 도움을 줄 수 있는 주변의 인적 자원 등)을 평가하게 된다. 대처자원이 많을수록 선택 가능한 대처방법이 다양해지게 된다.

(2) 대처방식 선택과정

대처자원에 대한 평가가 이루어지면, 활용 가능한 대처자원을 사용하여 상황에 대처하기 위해 구체적인 방법을 생각하는 대처방식의 선택과정을 거치게 된다. 대인관계에서 부정적인 감정을 느끼는 상황에 대처하는 방식은 크게 두 가지 방식, 즉 문제 중심적 대처와 정서 중심적 대처로 나누어 볼 수 있다(Lazarus, 1981).

첫째, 문제 중심적 대처(problem-focused coping)는 갈등이 발생한 원인을 분석하고 그 원인을 변화시켜 갈등을 해결하고자 하는 현실적인 대처방식이다. 만약 학생회 활동에서 역할분담을 놓고 친구와 언쟁을 하여 기분이 몹시 상한 경우에, 언쟁의 원인을 생각해 보고 친구를 다시 만나 서로 한발씩 양보를 해소하는 것이 문제 중심적 대처의 한 가지 예다.

둘째, 정서 중심적 대처(emotion-focused coping)는 갈등으로 유발된 정서적 불쾌감을 해소하기 위한 대처방식을 말한다. 이러한 정서 중심적 대처에는 불쾌감정을 적극적으로 표출하여 감소시키는 방식인 정서적 정화(emotional catharsis), 다른 일에 주의를 돌림으로써 불쾌한 감정을 잊으려고 노력하는 주의전환(distraction), 갈등상황 속에 내포되어 있는 긍정적 의미를 찾아내어 갈등상황을 오히려 성장과 발전의 기회로 재해석하는 인지적 재구성(cognitive restructuring), 당시 상황을 반복해서 생각하여 감정을 지속하거나 악화시키는 반추(rumination), 갈등이 잘 해결된 상황을 상상하면서 대리적 만족을 느끼는 대처방식인 환상추구(fantasy seeking), 그리고 기도나 기원을 통해 갈등이 해결되기를 바라고 희망하는 대처방식인 소망적 사고(wishful thinking)가 있다.

3. 대인감정과 대인행동

인간관계 속에는 행복과 불행이 담겨 있다. 인간관계에서 긍정적 감정을 많이 경험하면 행복감을 느끼게 된다. 반면, 부정적 감정을 자주 경험하게 되면 불행감을 느끼게 된다. 대인감정은 인간관계에서 경험하게 되는 다양한 정서적 체험을 의미한다. 아울러 인간관계에서 경험하게 되는 대인감정은 타인에게 표출되는 행동적 반응인 대인행

동을 수반하게 된다.

1) 대인감정

감정은 일반적으로 기본 감정과 복합 감정으로 나눈다(권석만, 2004). 기본 감정이란 모든 사람에게 공통적으로 나타나는 원형적 감정을 뜻하는 반면, 복합 감정은 기본 감정의 조합에 의해 생기는 감정을 의미한다. 기본 감정의 수는 학자마다 다른데, Plutchik(2002)은 8개의 기본 감정을 제안하고 있다. 이러한 기본 감정은 기쁨(joy), 수용(acceptance), 공포(fear), 놀람(surprise), 슬픔(sadness), 혐오(disgust), 분노(anger), 기대(expectancy)다. 또한 이러한 기본 감정이 혼합되면 복합 감정이 된다. 예를 들면, '기쁨+수용=사랑' '분노+기대=공격' '기대+기쁨=낙관' 등이다. 이러한 감정의 관계를 보여 주는 Plutchik의 정서바퀴(Plutchik's wheels of emotions)가 [그림 5-1]에 제

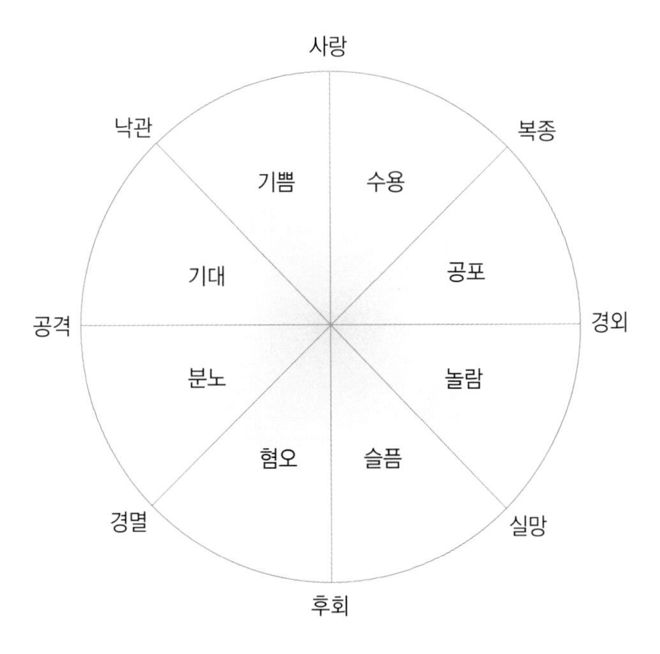

[그림 5-1] Plutchik의 정서바퀴

출처: Plutchik(2002).

시되어 있다. 8개의 기본 감정은 인접성의 정도에 따라 유사성의 정도가 결정되며, 바퀴의 양극에 있는 감정은 서로 반대되는 관계의 정서를 의미한다.

한편, 대인감정은 신체적 · 생리적 반응을 수반한다. 이러한 신체적 · 생리적 반응은 감정의 유형에 따라 독특하게 나타난다. Ekman 등(1983)은 신체적 · 생리적 반응에 대한 정교한 측정방법을 사용하여 각 감정마다 자율신경계의 독특한 반응 패턴이 있음을 밝혔다. 피부온도는 공포나 슬픔의 경우보다 분노의 경우에 더 높았으며, 심장박동은 행복, 놀람, 혐오보다 분노, 공포, 슬픔 등에서 더 빨랐다. 이러한 불쾌감정을 지속적으로 경험하면 자율신경계가 과도하게 흥분되어 여러 가지 신체적 증상을 유발할 수 있다.

또한 대인감정은 행동을 유발한다. Plutchik(2002)에 따르면, 감정은 진화심리학적 관점에서 적응적 가치를 지닌다. 감정은 인류가 생존하고 종족을 유지하는 데 필요한 적응을 돕는 것으로서 특정한 행동적 반응을 유발한다. 예를 들어, 분노와 혐오는 공격자에 대응하여 공격적 행동을 유발하고, 불안과 공포는 위험으로부터 도피하는 행동을 유발하며, 사랑과 수용의 감정은 배우자나 동료에 대한 애착과 보호행동을 유발한다.

대인감정은 신체적 · 생리적 반응과 행동적 반응으로 표출되지만 얼굴표정을 통해서 즉각적으로 나타난다. Ekman(1984)에 따르면, 감정과 얼굴근육 간에는 신경회로에 의한 연결이 존재하여 어떤 감정을 느끼면 자동적으로 그에 상응하는 얼굴근육이 움직여 특정한 얼굴표정을 만들어 낸다.

감정표현은 개인에 따라 차이가 있을 수 있는데, 사람들을 감정표현의 정도에 따라 실제 감정보다 과장해서 표현하는 외현형(externalizer)과 축소해서 표현하는 내면형(internalizer)으로 구분할 수 있다(민경환, 2009). 성별로 보더라도, 여자는 대체로 외현형에 속하고 남자는 내면형에 속하는 경향을 보인다.

2) 대인행동

대인행동은 인간관계에서 우리가 겉으로 드러내는 언어적 · 비언어적 행동을 말한

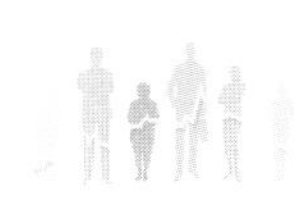

다. 대인행동은 다른 사람에게 나의 감정이나 의도를 전달하는 통로인 동시에 타인의 감정과 의도를 전달받는 통로이기 때문에 인간관계에서 중요하다. 또한 대인행동으로 드러나지 않은 내면적인 감정이나 의도는 타인에게 전달되지 않기 때문에 인간관계에서 모든 의사소통과 교류는 대인행동을 통해서만 전달된다.

(1) 대인행동의 유형

대인행동은 몇 가지 유형으로 구분할 수 있다. 먼저 반응적 행동과 자발적 행동으로 구분할 수 있다. 반응적 대인행동은 타인의 행동에 대한 반응으로 유발된 행동이고, 자발적 대인행동은 타인에게 어떤 반응을 유발하기 위해 자발적으로 나타내는 행동이다. 그런데 인간관계에서 나타나는 대부분의 행동은 반응적 대인행동이라고 볼 수 있다. 인간관계는 대인행동을 서로 주고받는 과정으로서, 상대방의 행동에 대한 반응으로 나의 대인행동을 나타내고 상대방은 다시 그에 대한 반응으로 대인행동을 나타내게 된다. 이처럼 서로의 대인행동이 꼬리를 물고 연쇄적으로 교환되는 과정이 인간관계이기 때문이다.

다음으로 상대방에 대한 감정경험을 표현하는 시기에 따라 즉각적 행동과 유보적 행동으로 나누어 볼 수 있다. 어떠한 사람은 특정한 감정을 경험하면 즉시 그 자리에서 표출해 버리는 반면, 어떤 사람은 감정을 즉시 표출하지 않고 속에 담아 두었다가 서서히 표출한다. 즉각적 행동은 상대방에게 즉각적인 피드백을 주어 솔직하게 감정을 전달하여 긴장과 오해를 줄일 수 있는 장점이 있는 반면, 때로는 경솔하고 충동적인 행동으로 보일 수 있다. 반면, 유보적 행동은 이성적으로 판단하는 신중한 행동이 될 수 있는 반면, 표출되지 않은 불쾌감정이 마음속에서 증폭되고 긴장이 장기화되어 서로에게 부담이 된다.

끝으로, 대인행동은 상대방에 대한 특이한 감정과 의도를 표현하는 강도에 따라 적극적 행동과 소극적 행동으로 나누어 볼 수 있다. 적극적 행동은 상대방에 대한 긍정적 또는 부정적 감정을 직접적으로 명백하게 충분히 표현하는 행동이다. 반면, 소극적 행동은 자신의 감정과 생각을 간접적이고 모호하며 우회적으로 표현하는 행동이다.

특히 우리 사회는 유교문화가 뿌리 깊게 퍼져 있어서 감정표현을 억제하는 것을 미덕으로 생각하는 경향이 있다. 또한 자신의 감정과 생각을 간접적이고 우회적으로 표현하거나 때로는 반대로 '내숭행동(coy behaviors)'으로 표현하는 경향이 있다. 따라서 상대방의 비언어적 행동이나 단서를 통해 의도를 파악하는 '독심술(mind reading)', 즉 '눈치(sense)'가 발달하게 된다(권석만, 2004).

(2) 대인행동에 영향을 미치는 요인

대인행동은 대개 상황적 요인과 성격적 요인에 의해 결정될 수 있다(권석만, 2004). 개인이 특정한 상황에서 나타내는 대인행동은 상황적 요인에 의해 촉발될 수 있다. 예를 들어, 무례한 행동을 한 사람에게는 공격적인 행동을 보이게 되지만, 정중하게 도움을 요청하는 사람에게는 호의적인 행동을 보일 수 있다.

여기서 주목할 것은 우리는 다양한 상황에서 비교적 일관성 있는 대인행동을 보인다는 것이다. 예를 들어, 무례한 행동을 한 사람에게는 물론 도움을 요청한 사람에게도 공격적인 행동을 나타내는 사람도 있다. 이런 행동을 여러 상황에서 반복적으로 나타내는 사람은 공격적인 대인행동 패턴과 성격특성을 지닌 것으로 볼 수 있다.

그런데 대인관계에서 갈등은 개인이 지닌 대인행동 패턴의 문제로 파생될 수 있지만 대개의 경우 두 사람의 대인행동 패턴이 서로 갈등적인 경우에 발생하게 된다. 예를 들어, 매우 독선적인 사람은 대인관계 갈등을 경험할 가능성이 높지만 상대방이 매우 순종적인 경우에는 두 사람의 관계가 큰 갈등 없이 유지될 수 있다. 반면, 상대방이 똑같이 지배적인 경우에는 두 사람 사이에 권력싸움과 같은 갈등이 생기게 된다.

3) 대표적인 대인감정과 대인행동

(1) 행복감과 환희

행복감(happiness)과 환희(joy)는 자신이 바라는 목표가 달성되었거나 달성되어 가고 있다고 생각될 때 느끼는 감정이다. 일반적으로 행복감은 환희에 비해 전반적이고 포괄적인 사건에 대한 지속적인 긍정적 감정이다. 반면, 환희는 보다 구체적인 사건에 대해서 급격하게 느끼는 강한 감정을 뜻한다.

대인관계에서 경험하는 행복감과 환희와 같은 대인감정은 긍정적인 사건에 대한 반응이지만 개인의 성격특성과 밀접한 관계를 가지고 있다. 즉, 개인의 성격특성에 따라 '행복감을 느끼는 능력'에 차이가 있다. 어떤 사람은 일상의 사소한 일에도 긍정적 의미를 찾아내어 행복감을 느끼는 반면, 어떤 사람은 누구나 기뻐할 만한 상황에서도 별다른 기쁨을 느끼지 못한다. 따라서 '행복은 주어지는 것이 아니라 느끼는 만큼 자신의 것'이라는 말을 마음속 깊이 새길 필요가 있다.

(2) 자긍심

자긍심(pride)은 자신이 가치 있는 존재라고 느낄 때 경험되는 긍정적 대인감정이다. 자긍심은 자신의 성취에 대한 긍정적 평가에 의해서도 경험될 수 있지만, 타인에게 인정과 긍정적 평가를 받았을 때 자긍심이 느껴진다.

자긍심의 근거가 되는 자기가치의 평가는 크게 두 가지 기준에 근거한다. 첫 번째 기준은 자신의 성취와 업적에 대한 긍정적인 자기평가이며, 두 번째 기준은 다른 사람들이 나타내는 애정과 인정이다.

자긍심을 느끼는 사람은 타인에게 자신 있고 자기주장적이며 당당한 행동을 보이게 된다. 그러나 자긍심이 지나쳐 자기도취적이고 자기과시적인 행동으로 나타나게 되면, 오만하고 건방진 사람으로 보일 수 있다.

(3) 사랑과 애정

자긍심이 자신에 대한 긍정적 대인감정이라면, 사랑(love)과 애정(affection)은 타인에 대한 긍정적 대인감정이다. 어떤 사람에게 사랑과 애정을 느끼게 되면, 그 사람에 대해서 호의적인 관심과 아울러 접근적인 행동을 보이게 된다. 그리고 상대방에 대해 그리운 마음이 일어나고 도움을 요청받을 때, "다른 사람들이 나를 부르면 한참을 생각해 보겠지만, 당신이 나를 불러 준다면 무조건 달려갈 거야."라는 유행가처럼 다른 사람과는 달리 파격적인 도움을 제공하게 된다.

(4) 분노

분노(anger)는 대인관계에서 파괴적인 역할을 하는 강력한 부정적인 대인감정의 하나다. 분노를 유발하는 공격적 행동은 크게 세 가지 유형으로 구분된다. 첫 번째 유형의 공격적 행동은 개인의 신체나 소유물을 손상하는 행동이다. 두 번째 유형의 공격적 행동은 비난, 무시, 모욕, 경멸 등과 같이 개인의 인격을 손상하는 비하적인 공격적 행동이다. 세 번째 유형의 공격적 행동은 개인이 추구하는 목표 달성을 방해하고 좌절시키는 행동이다.

분노감정은 공격적 행위를 한 대상에게 표출되는데, 분노감정의 강도는 공격행동에 의한 손상의 정도에 비례하며, 공격행동이 의도적이고 악의적이었을 때 더욱 강한 분노를 느끼게 된다. 특히 분노감정이 강하고 상대방이 약할수록 공격행동은 행동화되는 경향이 있다.

분노는 공격과 복수의 행동을 유발한다. 분노감정의 표현에는 동해보복법(同害報復法)이라고도 하는 탈리오 법칙(lex talionis)이 흔히 적용된다. 이 법칙은, 함무라비 법전[1]에 규정되어 있고 성서에도 유사한 내용이 있다. 동해보복이란 '생명에는 생명으로써, 눈에는 눈으로써, 이에는 이로써'라는 문구로 표현할 수 있다. 이 법칙이 정해지기 전에는 원시부족 사이에 충돌이 발생한 경우에 무제한으로 복수와 재복수가 허용되었으나, 이 법이 정해진 후로부터는 피해자가 입은 피해와 동일한 정도로만 보복을 제한하게 된 것이다.

분노감정은 직접적인 공격행동 외에 다양한 방법으로 표현되고 해소될 수 있는데, 다음에서 대표적인 몇 가지를 살펴보기로 한다(권석만, 2004).

1) 함무라비 법전은 기원전 1750년경 고대 바빌로니아의 함무라비 왕이 만든 것이다. 함무라비 왕은 높이가 약 2미터 정도 되는 돌기둥에 법의 내용을 글자로 새겨 넣고 국민에게 보게 하였다. 이 법에는 탈리오의 법칙, 노예제도 등의 내용이 들어 있어 아직 고대적 잔재가 남아 있었다. 또한 이 법은 문자로 표시된 법(성문법)으로는 세계에서 가장 오래되었고, 프랑스 루브르 박물관에 그 돌기둥 원형이 보관되어 있다.

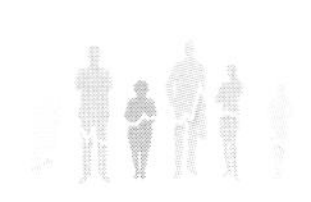

첫째, 대치행동(displacement)으로, 분노를 유발한 사람이 아닌 제3의 대상에게 공격행동을 하는 것이다. 우리 속담에 '종로에서 뺨 맞고 한강에서 분풀이한다.'는 말이 있는 것처럼 분노를 일으킨 대상이 아닌 다른 약한 대상에게 분노감정을 대치하여 표출하는 방법이다.

둘째, 수동적 공격(passive aggression)으로, 겉으로는 공격적 의미가 드러나지 않지만 상대방을 간접적 혹은 우회적으로 괴롭히는 공격방법이다. 예를 들어, 우연을 가장하여 상대방과의 약속을 지키지 않아 상대방을 곤란에 빠뜨리거나 상대방이 바라는 일을 하지 않는 행동 등이 이에 속한다.

셋째, 내향화(introjection)하는 방법이다. 상대로부터 공격을 당해 나의 가치가 훼손된 것은 결국 내가 약하고 잘못했기 때문이라고 문제의 원인을 자신에게 돌림으로서 자책하는 경우가 이에 속한다. 이러한 방법은 때로 분노감정을 우울감정으로 이어지게 하기도 한다.

넷째, 승화(sublimation)의 방법이다. 이것은 분노감정을 직접 발산하기보다는 사회적으로 용인된 건설적인 방법으로 발산하는 방법이다. 운동이나 창조적인 작업에 몰두함으로써 분노감정을 해소하는 것으로서, 분노감정의 성숙한 발산방법이라고 할 수 있다.

다섯째, 용서(forgiveness)다. 용서는 개인의 철학적 가치관에 근거하여 상대방에 대한 분노감정을 스스로 해소하는 것이다. 이러한 용서는 분노감정을 처리하는 가장 성숙된 방법인 동시에 가장 어려운 방법이기도 하다. 달라이 라마는 『용서』라는 책에서 용서의 진정한 의미를 다음과 같이 말하고 있다(류시화 역, 2004).

> 용서란 나에게 상처를 준 사람을 용서하는 것뿐만 아니라 다른 사람을 미워하는 그 마음으로부터 나를 놓아 주는 것이다.

이처럼 용서는 다른 사람을 위해 하는 것이라 생각할 수 있지만 결국 용서는 나를 위해 하는 것이다. 결국 서로의 성장과 발전을 위한 미래지향적인 대처가 용서인 것이다.

한편, Ellis는 불필요한 분노감정을 조절하기 위한 몇 가지 제안을 하였다(권석만, 2004 재인용). 첫째, 선악에 대한 유연한 기준을 견지한다. 선악의 기준은 상황에 따라 달라질 수 있으며, 절대적인 기준은 찾기 어렵다. 둘째, 타인에게 과도한 당위적 규율을 엄격하게 부과하지 않는다. 셋째, 타인이 기대에 어긋나는 행동을 했을 때, 실제로 나에게 돌아온 피해와 손해에 대해서 현실적 평가를 한다. 넷째, 처벌보다는 예방에 초점을 맞춘 대응을 한다. 중요한 것은 상대방을 처벌하기보다는 내가 원치 않는 행동을 상대방이 더 이상 하지 않도록 하는 것이다.

(5) 슬픔

일반적으로 슬픔(sadness)은 상실에 대한 인간의 정서적 반응으로서 인간관계에서 흔히 경험하는 고통스러운 감정이다. 특히 슬픔은 사랑하는 사람과의 이별과 같이 인간관계의 상실(loss)을 경험할 때 느끼는 감정이다.

슬픔은 여러 가지 인간관계 상황에서 경험되는데, 크게 세 가지 상황으로 나눌 수 있다. 첫 번째 상황은 다른 사람으로부터 긍정적인 관심과 애정을 상실했을 때다. 두 번째는 자신의 중요한 가치나 역할을 상실했을 때다. 가령, 사고로 자신의 신체 일부를 잃거나 사회적 지위를 잃어버리는 경우와 같이 자신의 중요한 가치를 상실했을 때 슬픔을 느끼게 된다. 세 번째 상황은 사랑하는 사람과의 죽음이나 이별이다.

정신의학자이자 호스피스 운동의 선구자인 Kübler-Ross는 『상실수업(On Grief and Grieving)』에서 상실의 5단계 이론을 제시하였다. 상실의 5단계란 죽음, 이별, 비극, 배반, 실연 등 깊은 슬픔을 동반한 상실의 상황에서 인간이 어떻게 반응하는가를 말한다. Kübler-Ross는 죽음을 앞둔 환자의 가족들을 면담한 결과로서, 상실에 대한 환자 가족의 심리상태를 부정(denial), 분노(anger), 협상(bargaining), 우울(depression) 그리고 수용(acceptance)의 단계를 거치는 것으로 설명하고 있다(김소향 역, 2007).

슬픔의 행동적 표현방식은 슬픔의 강도, 개인 그리고 문화마다 다르다. 슬픔에 대한 첫 번째 행동적 표현방식은 슬픔 감정을 표출하는 애도행동(grieving behaviors)이다. 두 번째는 무활동(inactivity)으로, 두문불출하여 은둔하거나 식음을 전폐하고 즐거운

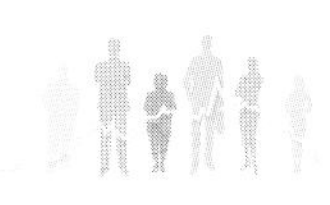

활동을 멀리하는 것이다. 세 번째는 상실한 사람에 대한 즐거운 경험을 아쉬운 마음으로 되새기고 괴로운 경험에 대해 후회하는 반추행동이다. 네 번째는 다른 사람의 도움이나 정서적 지지를 추구하는 것이다. 때로 가까운 사람을 상실한 슬픔을 잊고 극복하기 위해 다른 사람과 급격하게 친밀한 관계를 맺는 경우가 그 예다. 다섯 번째는 상실의 고통이 심할 때 그러한 고통을 주고 떠나간 사람에 대한 분노와 원망을 하는 경우다.

'시간은 가장 좋은 의사다.'라는 말이 의미하듯이, 슬픔은 시간의 흐름과 더불어 자연적으로 회복되는 것이 일반적이다. 그러나 상실의 슬픔이 장기간 지속되는 경우에는 우울 또는 절망의 상태로 발전할 수 있다. 그러므로 상실의 슬픔을 다른 사람에게 표현하고 충분히 공감을 받도록 하며 상실의 빈 자리를 다른 사람이나 의미 있고 생산적인 일을 통해서 서서히 채워 가려는 노력이 필요하다.

(6) 고독감

고독감(loneliness)은 타인과 단절되어 고립된 상태에 대한 주관적인 감정이다. 흔히 고독감은 인간관계에서 경험하는 타인과의 관계에 대한 부정적 평가에 기인한다. '나는 혼자이고, 믿고 의지할 사람이 아무도 없다.' 또는 '나를 도와줄 사람은 아무도 없다.'라는 생각을 하게 되면 고독감은 참기 어려운 고통이 된다. 고독감이 장기화되고 심화되면 우울감, 공허감, 무망감 그리고 절망감으로 발전하게 된다.

Schmidt와 Sermat(1983)는 일상생활에서 이루어지는 인간관계의 영역을 가족관계, 이성관계, 친구관계, 직업적 동료관계의 네 가지 영역으로 나누었는데, 이러한 네 가지 영역 중 어느 한 영역의 인간관계가 결여되어 있거나 불만족스러울 때 인간은 고독을 느끼게 된다.

〈읽기자료 4〉

[죽음의 5단계]

병원에서 불치병에 걸렸다는 판정을 받는다면, 대부분 하늘이 무너지는 듯한 충격에 빠질 것이다. 미국의 정신과 의사였던 Kübler-Ross(1926~2004) 박사는 『죽음과 죽어감(On Death and Dying)』이라는 저서에서 불치병 판정을 받은 환자가 임종 때까지 겪게 되는 심경의 변화를 5단계로 설명했다. Kübler-Ross 박사가 평생에 걸친 임상 경험과 통찰을 토대로 정리한 죽음의 5단계는 죽음을 앞둔 이들에게는 죽음에 이르기까지 자신의 심리상태를, 죽음을 앞둔 환자를 돌보는 의료진과 가족, 호스피스 봉사자 등에게는 그러한 환자를 어떻게 대해야 할지를 알려 준다. 다음에서는 죽음의 5단계와 단계별 도움 방법을 소개한다.

- **1단계: 부정의 단계**
  불치병에 걸렸다는 것을 통보받은 환자가 보이는 첫 번째 반응이다. 평소 죽음에 대해 생각해 보지 않은 환자가 갑작스러운 죽음과의 만남을 통해 죽음을 거부하고, 고립감을 느끼는 단계다. 부정은 환자의 언어나 행동을 통해 나타난다. "믿을 수 없어. 나한테 그런 일이 일어날 리 없어."라는 말을 하게 되고, 진단이 틀렸기를 바라는 마음에서 여러 의사와 병원을 찾아다니게 된다.
- **2단계: 분노의 단계**
  "하필이면 왜 내게……"라고 말하면서 자기 자신에게나 사랑하는 사람 또는 병원 직원, 더 나아가 절대자에게까지 분노를 직접적으로 드러내는 단계다. 이 단계에서 가족이나 의료진들은 견디기가 매우 힘들다. 가족이나 간호사에게 자주 불만을 터뜨리며, 의사에게도 불만이 많다.
- **3단계: 타협의 단계**
  부정과 분노를 거친 환자는 타협을 시도하는 단계로 접어든다. 죽음의 순간을 어떻게 해서라도 미뤄 보고 싶은 것이다. 과거 경험에 비춰 착실한 행동을 하거나 신에게 헌신할 것을 맹세하면 보상을 받을 수 있다는 생각에서 행동을 한다. 때로는 장기기증 의사를 밝히기도 하며, 비합리적이고 미성숙한 환상에 빠지는 경우도 있다. 타협의 상대는 대부분 절대자다.
- **4단계: 우울의 단계**
  자기 병을 더 이상 부인하지 못하게 될 때, 증상이 더 뚜렷해지고 몸이 눈에 띄게 쇠약해질

때 환자는 더 이상 웃어넘기지 못하는 단계에 이른다. 초연한 태도와 무감각, 분노와 격정은 극도의 상실감으로 바뀌어 심한 우울증에 빠진다. 수술로 자신의 신체 일부가 상실된 것, 남게 될 가족에 대한 걱정, 삶의 회한 등이 환자를 괴롭힌다. 이 단계에서 환자는 조용히 있기도 하고 울기도 한다.

- 5단계: 수용의 단계

자신의 운명에 더 이상 분노하거나 우울해하지 않는 단계로, 담담하게 가족들과 지나간 감정들을 이야기하거나 사랑했던 사람들과의 추억을 이야기한다. 이 시기 환자들은 대개 지치고 쇠약해지며, 감정 반응이 무디어진다. 환자의 관심 세계가 점점 좁아짐에 따라 혼자 있고 싶어 하고, 사람이 방문을 해도 이야기를 나눌 기분이 아닐 때가 많다.

〈인간관계연습 12〉

[대인감정과 대인행동의 탐색]

학번(　　　　)　　성명(　　　　)

- 내가 최근에 겪은 부정적인 대인감정이나 대인행동은 무엇인가?
- 어떻게 대처하였나?
- 우리 조원으로부터의 피드백은 무엇인가?
- 내가 최근에 겪은 긍정적인 대인감정이나 대인행동은 무엇인가?
- 언제였으며, 그것을 통해 얻은 배움은 무엇인가?
- 우리 조원으로부터의 피드백은 무엇인가?

〈인간관계연습 13〉

[개성유형 진단검사]

모든 사람의 얼굴과 발가락의 형태가 서로 다르듯이, 우리의 개성도 서로 다르다. 어느 개인의 얼굴 모양이 옳다 그르다 할 수 없듯이, 우리의 개성도 옳거나 그르다고 할 수 없다. 이 설문지를 작성하는 목적은 자신의 성격유형에 대한 윤곽을 스스로에게 제공하자는 것이며, 그것이 다른 사람의 것과 다르다 하더라도 정신적 건강이나 문제성과는 전혀 관계가 없다.

다음 항목들은 a와 b의 짝으로 배열되어 있고, 각 쌍 중 어느 한 항목이 당신이 좋아하거나 그렇지 못한 것이다. 당신의 선호도를 0~5로 점수를 주어 표시하시오(0점은 그 항목에 부정적이거나 반대 항목에 관한 선호를 나타내는 것을 말하며, 5점은 그 항목을 아주 좋아하거나 반대 항목을 싫어하는 것을 의미한다). 두 항목에 대한 점수의 합은 반드시 5점이 되어야 한다(예: 0과 5, 1과 4, 2와 3 등).

반드시 상담자의 지시에 따라 진행하되, 공란으로 비워 두는 일은 없어야 한다. 만약 시간이 모자라 배점을 못하는 항목이 있다면 체크를 한 후 나중에 점수를 기록하시오.

※ 다음 문항은 모두 32개의 항목으로 구성되어 있다. 쉽게 판단되지 않는 항목은 직감으로 느껴지는 대로 점수를 배분하시오.

1a.______ 다른 사람이 어떻게 생각하는가를 알아본 후에 결정을 내린다.

1b.______ 다른 사람과 상의하지 않고 결정을 내린다.

2a.______ 상상력이 풍부하거나 직관적이라는 말을 듣는 편이다.

2b.______ 사실적이고 정확하다는 말을 듣는 편이다.

3a.______ 습득 가능한 자료와 상황에 대한 체계적 분석을 근거로 사람을 평가한다.

3b.______ 동정이나 감정, 혹은 그들의 필요가 가치관에 근거를 두고 사람을 평가한다.

4a.______ 다른 사람이 원하는 대로 약속을 하도록 내버려 두는 편이다.

4b.______ 나의 의견이 명확하게 드러나도록 확실한 약속을 추진한다.

5a.______ 조용하고, 혼자 사색에 잠기기를 즐긴다.

5b.______ 다른 사람들과 활동적이고 정력적으로 시간을 보내기를 즐긴다.

6a.______ 일을 해결하는 데 효과가 있다고 알고 있던 방식을 좇는다.

6b.______ 일이 닥쳤을 때 보다 새로운 해결방법을 생각해 보려 한다.

7a.______ 감정이 개입되지 않은 논리적 추리와 주의 깊고 단계적인 분석을 토대로 결론을 짓는 편이다.

7b.______ 지난 경험으로부터 인생이나 사람들에 대해 내가 느끼거나 믿는 것에 따라 결론을 내린다.

8a.______ 시한을 정해 두는 것을 싫어한다.

8b.______ 계획을 세워서 그것에 집착하는 편이다.

9a.______ 잠시 대화하다가는 이내 주제에 대해 혼자 생각한다.

9b.______ 한참 동안 자유롭게 이야기하고 나서 나중에 혼자 생각한다.

10a.______ 가능성을 생각한다.

10b.______ 현실적인 것을 다룬다.

11a.______ 남들은 나를 생각이 깊은 사람으로 여긴다.

11b.______ 남들은 나를 감정이 풍부한 사람으로 여긴다.

12a.______ 결정을 내리기 전이나 후에 오랜 시간 모든 가능한 각도를 고려해 본다.

12b.______ 필요한 정보를 얻으면 잠시 생각한 후에 재빨리 확고한 결정을 내린다.

13a.______ 다른 사람들이 알 수 없는 내면적인 생각이나 느낌을 혼자 즐긴다.

13b.______ 다른 사람들이 함께 참여하는 활동이나 사건을 즐긴다.

14a.______ 추상적이거나 이론적인 것을 좋아한다.

14b.______ 구체적이거나 실질적인 것을 좋아한다.

15a.______ 다른 사람들로 하여금 그들 스스로의 감정을 탐색하도록 도와준다.

15b.______ 다른 사람들로 하여금 논리적인 판단을 하도록 도와준다.

16a.______ 변화를 좋아하고 선택의 범위를 넓혀 놓는다.

16b.______ 예측 가능성을 좋아하고 미리 알아맞히기를 좋아한다.

17a.______ 자신의 내면적인 생각과 감정을 타인에게 거의 전달하지 않는다.

17b.______ 자신의 내면적 생각과 감정을 자유롭게 전달한다.

18a.______ 가급적 전체의 가능성에 관한 의견을 제출한다.

18b.______ 가급적 얻을 수 있는 실질적인 세부사항을 제시한다.

19a.______ 상식과 신념을 기초로 결론을 내린다.

19b.______ 자료와 분석과 추리를 기초로 결론을 내린다.

20a.______ 전체 윤곽에 기초를 두고 미리 계획을 세운다.

20b.______ 수행하기 바로 전에 필요에 따라 계획을 세운다.

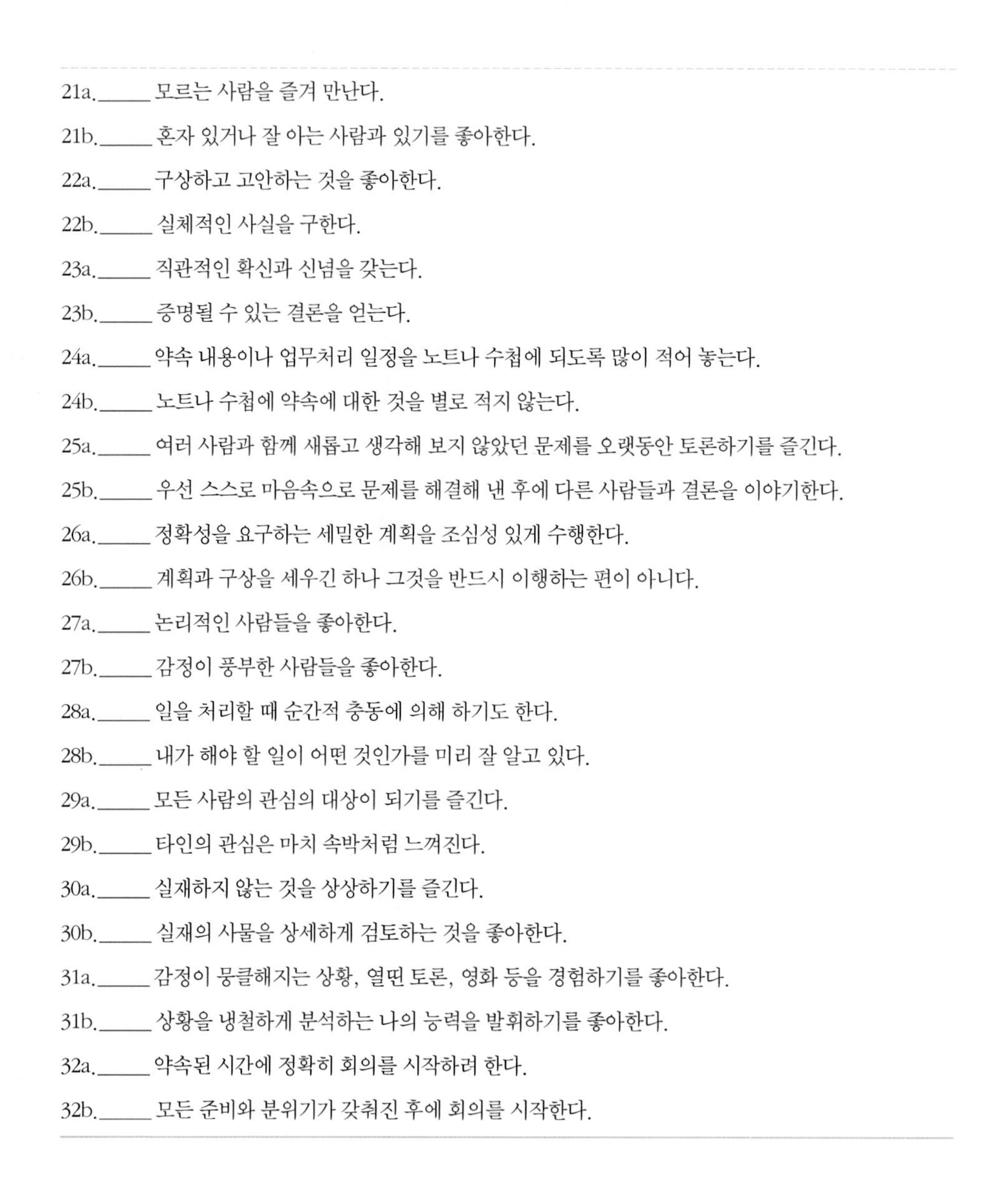
21a._____ 모르는 사람을 즐겨 만난다.
21b._____ 혼자 있거나 잘 아는 사람과 있기를 좋아한다.
22a._____ 구상하고 고안하는 것을 좋아한다.
22b._____ 실체적인 사실을 구한다.
23a._____ 직관적인 확신과 신념을 갖는다.
23b._____ 증명될 수 있는 결론을 얻는다.
24a._____ 약속 내용이나 업무처리 일정을 노트나 수첩에 되도록 많이 적어 놓는다.
24b._____ 노트나 수첩에 약속에 대한 것을 별로 적지 않는다.
25a._____ 여러 사람과 함께 새롭고 생각해 보지 않았던 문제를 오랫동안 토론하기를 즐긴다.
25b._____ 우선 스스로 마음속으로 문제를 해결해 낸 후에 다른 사람들과 결론을 이야기한다.
26a._____ 정확성을 요구하는 세밀한 계획을 조심성 있게 수행한다.
26b._____ 계획과 구상을 세우긴 하나 그것을 반드시 이행하는 편이 아니다.
27a._____ 논리적인 사람들을 좋아한다.
27b._____ 감정이 풍부한 사람들을 좋아한다.
28a._____ 일을 처리할 때 순간적 충동에 의해 하기도 한다.
28b._____ 내가 해야 할 일이 어떤 것인가를 미리 잘 알고 있다.
29a._____ 모든 사람의 관심의 대상이 되기를 즐긴다.
29b._____ 타인의 관심은 마치 속박처럼 느껴진다.
30a._____ 실재하지 않는 것을 상상하기를 즐긴다.
30b._____ 실재의 사물을 상세하게 검토하는 것을 좋아한다.
31a._____ 감정이 뭉클해지는 상황, 열띤 토론, 영화 등을 경험하기를 좋아한다.
31b._____ 상황을 냉철하게 분석하는 나의 능력을 발휘하기를 좋아한다.
32a._____ 약속된 시간에 정확히 회의를 시작하려 한다.
32b._____ 모든 준비와 분위기가 갖춰진 후에 회의를 시작한다.

채점 및 해석

※ 다음 중 해당되는 칸에 각 항목에 대해 당신이 적은 점수를 옮겨 적으시오. 당신의 점수를 올바른 위치에 옮겨 적었는지 a, b를 다시 체크해 보고 점수를 합쳐 합계란에 기록하시오.

범주 1

I 항목	E 항목
1b. ____	1a. ____
5a. ____	5b. ____
9a. ____	9b. ____
13a. ____	13b. ____
17a. ____	17b. ____
21b. ____	21a. ____
25a. ____	25b. ____
29b. ____	29a. ____
I 합계 ____	E 합계 ____

범주 2

N 항목	S 항목
2a. ____	2b. ____
6b. ____	6a. ____
10a. ____	10b. ____
14a. ____	14b. ____
18a. ____	18b. ____
22a. ____	22b. ____
26b. ____	26a. ____
30a. ____	30b. ____
N 합계 ____	S 합계 ____

범주 3

T 항목	F 항목
3a. ____	3b. ____
7a. ____	7b. ____
11a. ____	11b. ____
15b. ____	15a. ____
19b. ____	19a. ____
23b. ____	23a. ____
27a. ____	27b. ____
31b. ____	31a. ____
T 합계 ____	F 합계 ____

범주 4

P 항목	J 항목
4a. ____	4b. ____
8a. ____	8b. ____
12a. ____	12b. ____
16a. ____	16b. ____
20b. ____	20a. ____
24b. ____	24a. ____
28a. ____	28b. ____
32b. ____	32a. ____
P 합계 ____	J 합계 ____

다음의 표에 당신의 각 항목별 합계 점수를 옮겨 적으시오.

범주 1		범주 2		범주 3		범주 4	
I	E	N	S	T	F	P	J

채점표에 나타난 약자(대문자)는 다음을 나타낸다.

I: 내향적(introversion)	E: 외향적(extroversion)
N: 직관적(intuition)	S: 감각적(sensing)
T: 이성적(thinking)	F: 감성적(feeling)
P: 인식적(perceiving)	J: 판단적(judging)

- 외향적(E)인 사람은 인간과 사물의 외면적 세계를 지향하는 반면, 내향적(I)인 사람은 생각과 감정의 내면적 세계를 지향한다.
- 감각적(S)인 사람은 세부사항은 면밀히 조사해 보는 반면, 직관적(N)인 사람은 큰 문제에 집중하기 좋아하는 성향이 있다.
- 이성적(T)인 사람은 어떤 일을 논리적이고 객관적으로 판단하기 원하는 반면, 감성적(F)인 사람은 보다 주관적인 바탕 위에서 어떤 결정을 내리기를 선호한다.
- 인식적(P)인 사람은 융통성이 있고 보다 많은 정보를 얻고자 하는 경향이 있는 반면, 판단적(J)인 사람은 단호하고 확실한 목표를 정해 일을 추진하기를 좋아한다.

개인의 특성에 대한 해설

- 점수 합계에 따른 개인적 특성은 다음과 같다.
  - 20~21: 그 범주의 상반된 개성이 균형을 유지하고 있다고 볼 수 있다.
  - 23~24: 해당 범주의 한쪽 개성은 다소 강하나 다른 쪽의 개성은 다소 약함을 의미한다.
  - 25~29: 해당 범주의 한쪽은 매우 강하나 다른 쪽은 매우 약하다고 볼 수 있다.
  - 30~40: 해당 범주의 한쪽은 너무 강하고 다른 쪽은 너무 약하다는 결과로 해석할 수 있다.
- 각 범주는 상대적으로 강한 쪽의 개성이 실제로 당신의 개성을 구성하고 있는 셈이지만, 당

신의 개성은 22점 이상을 얻은 모든 범주의 개성을 모두 조금씩 가지고 있는 것이다. 20점 혹은 21점의 점수는 상대적 균형을 유지하고 있는 것으로서, 어느 쪽의 개성이든 당신의 일부라고 말할 수 있다.

조직의 특성에 대한 해설

- 같은 개성을 가진 사람들이 모이면 어떤 문제에 대한 결론을 쉽게 얻을 수 있다. 그러나 그들의 결정은 공통된 개성에 의해 약점을 보완 받지 못하기 때문에 오류를 범할 수도 있다.
- 서로 다른 개성의 사람이 모이면 여러 가지 면에서 공감대를 찾지 못할 것이고, 상대방을 받아들이는 데 어려움을 겪을 수 있다. 상호 간의 마찰과 오해는 커질 것이지만 상호작용하여 내리는 결론은 커다란 타당성을 갖게 된다.
- 일반적으로 사람은 자기와 비슷한 강점과 약점을 가진 같은 사람 편에서 서기 쉽다. 그러나 각기 개성이 다른 사람들이 모여 하나의 목표로 가기 위한 집합체가 곧 '조직'이다. 서로의 개성을 이해하여 장점을 신장하고 약점을 보완 · 수용하려는 노력이 화합과 발전의 씨앗이다.
- 각 유형의 특징은 다음과 같다.

내향적	외향적
– 조용하고 침착하다는 말을 자주 들으며, 몇몇 친구들과 아주 친하게 지내는 편이다. – 친한 친구나 아는 사람들이 많으며, 생각을 많이 한 후에 행동을 한다. 친한 친구들과 어울리는 것을 좋아하면서도 공부를 집중적으로 할 때는 혼자 하기를 좋아한다. – 보고 듣고 아는 것을 먼저 말하기보다 누가 물어보면 그때 대답을 하는 편이다. ◎ 학습 유형 – 혼자 충분히 생각하고 이해하는 시간이 허용되는 분위기에서 더 많이 배운다. – 집단작업이나 발표하기 전에 설명을 듣고, 관찰하고, 질문을 주고받는 과정이 있을 때 더 잘 배운다. 알고 있어도 금방 대답하지 않는 경향이 있다.	– 활발하고 적극적이라는 말을 자주 들으며, 슬프거나 기쁜 일이 생기면 즉시 부모에게 표현하는 편이다. – 주위에서 일어나는 모든 일에 관심을 보이고, 조용히 혼자 있는 시간보다는 친구들과 어울리는 시간이 많고, 처음 보는 친구라도 쉽게 이야기를 건네고 친해지는 편이다. – 기분을 잘 드러내고 반응을 즉시 보이며, 과제도 친구들과 함께하는 것을 좋아하며, 보고 듣고 하는 것을 말로 많이 표현한다. ◎ 학습 유형 – 다른 친구들과 함께 집단작업을 선호하고, 자기 의견을 표현할 기회를 통해 많이 배운다. – 자신이 직접 해 보는 것을 좋아하고, 실험과 실패가 허용되는 분위기에서 더 잘 배운다.

직관적	감각적
– 과제를 한동안 하다가도 잠시 다른 것에 관심을 쏟다가 다시 과제를 하는 경향이 있다. – 상상 속의 이야기를 즐기며 이야기를 잘 지어낸다. 상상력이 풍부하다는 이야기를 자주 듣고, 상상 속의 친구를 가지고 있어 혼자 있을 때도 그 친구와 이야기를 할 때가 있다. – 새로운 것 배우기를 좋아하고 전에 하던 것과는 다른 방법으로 과제를 하는 것을 좋아한다. 다른 사람들이 생각지도 않은 엉뚱한 행동이나 생각을 할 때가 종종 있다. ◎ 학습 유형 – 보이는 것에서 시작해서 상상력을 불러일으키고 자극시키는 학습 유형이 효과적이다. 한 문제에 대한 여러 가지 해답의 가능성을 탐색하는 것을 선호한다. – 단계적이고 짜인 학습양식보다 자기 진도에 맞추어 나갈 수 있는 분위기에서 더 잘 배운다. 복습보다는 예습에 의한 학습 유형이 효과적이다.	– 공부를 할 때 꾸준하고 참을성 있게 한다는 얘기를 자주 듣는다. 이해를 할 때도 구체적인 보기를 들어서 상세하고 정확한 설명을 할 때 더 잘 이해한다. 꼼꼼하다는 얘기를 듣고, 사람들의 외모나 주위 환경의 세부적인 특징들을 잘 기억하는 편이다. – 세부적인 내용을 거듭 반복해서 암기하는 형태의 공부를 잘한다. – 새로운 방법을 시도하기보다 남들이 하는 대로 따라 하거나 익숙한 놀이나 활동을 더 하려고 하는 편이다. ◎ 학습 유형 – '보이는 것을 믿을 수 있다.'는 말이 이 유형에게 잘 적용된다. – TV, 비디오, 오디오 등을 이용한 학습 유형이 효과적이다. 단계적인 설명과 개념이 어떻게 실제로 적용되는가 하는 것을 보기로 들어 줄 때 이해가 빨라진다. – 복습에 의한 학습 유형이 효과적이다.
감성적	**이성적**
– 다른 사람들의 관심에 민감하고 칭찬이나 인정받는 것을 좋아한다. 감정이 풍부하고 인정이 많고 순하다는 얘기를 자주 듣는 편이고, 윗사람들의 말을 잘 듣는다는 이야기를 자주 듣는다. 무엇을 설명할 때 간단하게 하기보다 길게 하는 편이고, 게임을 할 때도 양보를 잘하는 편이다. – 야단을 맞거나 벌을 받으면 눈물을 쉽게 흘리는 편이며, 감정에 북받쳐 자기상황을 제대로 설명하지 못하는 편이다.	– '왜'라는 질문을 자주하고 경쟁적인 게임을 더 좋아한다. 궁금한 것이 있으면 꼭 물어보는 편이고, 게임을 할 때도 규칙을 중요시한다. – 한번 마음먹은 일은 끝까지 주장하는 편이고, 논리적인 설명으로 부모나 친구를 잘 설득하는 편이다. – 야단을 맞거나 벌을 받아도 쉽게 눈물을 보이지 않고, 자기 입장을 설명할 수 있는 편이다.

감성적	이성적
◎ 학습 유형 – 칭찬과 인정이 따를 때 더 잘 배운다. 자기에게 던지는 교수의 개인적인 한마디의 말이나 메모가 학습동기에 큰 비중을 차지한다. 교수와 학생, 학생과 학생이 서로 잘 지내는 화목한 분위기에서 더 잘 배운다. – 지속적인 경쟁 분위기에서는 쉽게 좌절한다. 학습주제가 사람들에게 어떻게 도움을 줄 수 있는가 하는 설명에 쉽게 관심을 기울인다.	◎ 학습 유형 – 자료를 수집하고, 조직하고, 평가하는 기회가 허용될 때 더 잘 배운다. – 학교에서 수행되는 과제들이 교수에 의해 공정하게 평가되고 인정되는 것을 보고자 한다. – 학습 진도가 빠를 때 자극을 받아 더 열심히 한다. – 원인과 결과를 밝히는 설명양식을 더욱 잘 이해한다.
인식적	**판단적**
– 계획표를 짜기는 하나, 중간에 변경을 많이 하는 편이다. 과제를 두고도 재미있게 노는 데 몰입하는 경향이 있으며, 과제는 미루어 두었다가 한꺼번에 해 버리는 경향이 있다. 학교에 제출한 과제물이 준비되지 않아도 크게 걱정하지 않는 편이며 호기심이 많고 새로운 친구나 상황에 잘 맞춘다. – 방이나 책상을 대체로 정리하지 않는 편이다. ◎ 학습 유형 – 자유스럽고 유연성을 지닌 학습분위기를 선호한다. 지속되는 규칙준수의 강조와 이론 설명 위주의 학습에는 쉽게 흥미를 잃는다. – 호기심이 많아 행동으로 표현하는 체험학습과 다양한 활동을 겸한 학습 유형이 효과적이다. 학습계획을 세우는 데 도움이 필요하다. 동시에 자기 진도에 맞추어 나갈 수 있는 허용적 분위기에서 더 잘 배운다.	– 계획표를 짜 놓고 그 계획을 지키는 편이다. 책임감이 강하고, 예정에 없던 일이 생겨 계획을 갑자기 바꾸면 불편해한다. 자기 방이나 책상을 깨끗이 정돈하는 편이다. 과제를 끝내 놓고 노는 편이고, 제때에 과제를 못하거나 학교에 가져갈 때 대단히 조급해하고 걱정을 많이 하는 편이다. ◎ 학습 유형 – 계획에 따라 움직이는 학습지도하에 잘 배우고, 과제를 내줄 때 교수가 정확하게 설명해 줄 것을 기대한다. 견학이나 준비물 등은 미리미리 말해 주길 기대하며, 마무리 짓지 않고 다른 과제로 넘어가면 매우 스트레스를 받고 혼란스러워한다. – 팀 활동에서 조를 짜고, 지시하고, 지적하는 활동을 좋아한다.

출처: 김형태(2005).

참고문헌

권석만(2004). 젊은이를 위한 인간관계의 심리학. 서울: 학지사.

김소향 역(2007). 상실수업. 서울: 이레.

김형태(2005). 집단상담의 이론과 실제. 서울: 동문사.

류시화 역(2004). 용서. 서울: 오래된미래.

민경환(2009). 성격심리학. 서울: 법문사.

이민규(2004). 현대생활의 적응과 정신건강: 행복한 삶을 위한 심리학. 서울: 교육과학사.

이형득(1998). 상담이론. 서울: 교육과학사.

Beck, A. T. (1976). *Cognitive therapy and emotional disorders.* New York: International University Press.

Bohner, G., Bless, H., Schwarz, N., & Strack, F. (1988). What triggers causal attributions? The impact of valence and subjective probability. *European Journal of Social Psychology, 18*, 335-345.

Dion, K., Berscheid, E., & Walster, E. (1972). What is beautiful is good. *Journal of Personality and Social Psychology, 24*, 285-290.

Doob, A. N., & Gross, A. E. (1968). Status of frustrator as an inhibitor of horn-honking responses. *The Journal of Social Psychology, 76*, 213-218.

Ekman, P., Levenson, R. W., & Friesen, W. V. (1983). Autonomic nervous system activity distinguishes among emotions. *Science, 221*, 1208-1210.

Ekman, P. (1984). Expression and the nature of emotion. In P. Ekman, & K. Scherer (Eds.), *Approaches to emotion* (pp. 319-343). Hillsdale, NJ: Erlbaum.

Gutman, D. L. (1967). Aging among the highland Maya a comparative. In. E. Eisdor, D. Cohan, A. Kleinman, & P. Maxim (Eds.), *Model for Clinical Psychopatholgy* (pp. 7, 28-35). New York: S. D. Medical Scientific Books.

Hamilton, D. L., & Zanna, M. P. (1972). Differential weighting of favorable and unfavorable attributes in impression formation. *Journal of Experimental Research in Personality, 6*, 204-212.

Hodges, B. H. (1974). Effect of valence on relative weighting in impression formation. *Journal of Personality and Social Psychology, 30*, 378-381.

Kelly, H. H. (1967). *Attribution theory in social psychology*. In D. L. Vine (Ed.), *Nebraska symposium on motivation*. Lincoln: University of Nebraska Press.

Kübler-Ross, E. (1969). *On death and dying*. New York: The Macmillan Company.

Lazarus, R. S. (1981). The Stress and the coping paradigm. In C. E. Eisdorfer, D. Cohen, & R. Plutchik, (2002), *Emotions and Life: Perspectives from Psychology, Biology, and Evolution*. Washington, DC: American Psychological Association.

Plutchik, R. (1980). *Emotions: A psychoevolutionary synthesis*. NewYork: Harper & Row.

Schmidt, N., & Sermat, V. (1983). Measuring loneliness in different relationships. *Journal of Personality and Social Psychology*, *44*, 1038-1047.

Sherman, S. J., Presson, C. C., Chassin, L., Corty, E., & Olshavsky, R. (1983). The false consensus effect in estimates of smoking prevalence: Underlying mechanisms. *Personality and Social Psychology Bulletin*, *9*, 197-207.

Taylor, S. E. (1981). *The interface of cognitive and social psychology*. In J. Harvey (Ed.), *Cognition, social behavior and the environment*. Hillsdale, NJ: Erlbaum.

제2부 다양한 인간관계

제 6 장

THE PSYCHOLOGY OF HUMAN RELATIONSHIPS FOR ENCOUNTER AND GROWTH

친구와 만남

만남에는 그리움이 따라야 한다.
그리움이 따르지 않는 만남은
이내 시들해지기 마련이다.
진정한 만남은 상호 간의 눈뜸이다.
영혼의 진동이 없으면 그건 만남이 아니라
한때의 마주침이다.

그런 만남을 위해서는
자기 자신을 끝없이 가꾸고 다스려야 한다.

좋은 친구를 만나려면
먼저 나 자신이
좋은 친구감이 되어야 한다.
왜냐하면 친구란 내 부름에 대한 응답이기 때문이다.

친구 간의 인간관계

끼리끼리 어울린다는 말도 여기에 근거를 두고 있다.

혹시 이런 경험은 없는가?
들길이나 산길을 거닐다가
청초하게 피어 있는 들꽃과 마주쳤을 때
그 아름다움의 설레임을 친구에게 전해 주고 싶은
그런 경험은 없는가?

이런 마음을 지닌 사람은 멀리 떨어져 있어도
영혼의 그림자처럼 함께할 수 있어서
좋은 친구일 것이다.

좋은 친구는 인생에서 가장 큰 보배이다.
친구를 통해서 삶의 바탕을 가꾸라.

- 법정 -

1. 친구관계의 의미와 특징

1) 친구관계의 의미

친구(親舊)를 사전에서 찾아보면, 가깝게 오래 두고 사귀어 온 벗이라는 뜻이다. 인생에서 좋은 친구만큼 소중한 것도 없다. 연인이나 배우자에게 하지 못한 이야기를 친구에게는 진솔하게 가슴 터놓고 이야기하는 경우를 많이 본다.

우리는 기쁨도 슬픔도 모두 삼키고 가야 하는 기나긴 인생의 여정에서 수많은 사람을 만난다. 만나는 대부분의 사람과는 친밀한 관계를 맺지 못하고 그저 스쳐 지나간다. 그러나 소수의 사람들과는 친밀한 관계를 맺는다. 이들은 서로를 잘 알고 마음과 뜻이 통하여 우리의 삶에 소중한 존재가 된다.

한 연구에 따르면, 우리는 평생 동안 100명 정도의 사람들과 친밀한 인간관계를 맺는다. 인생의 동반자에 대한 네 가지 유형이 있는데, 가족적 동반자와 낭만적 동반자 및 작업적 동반자의 수는 제한되어 있고(Schmidt & Sermat, 1983), 결국 한평생을 살면서 인간관계에서 대부분을 차지하는 것은 사교적 동반자인 친구다.

2) 친구관계의 특징

David와 Todd(1985)는 기본적으로 친구관계는 두 사람이 상호 호혜적 관계로 관여하는 것으로, 기쁨(enjoyment), 수용(acceptance), 믿음(trust), 존중(respect), 상호지원(mutual assistance), 신뢰(confiding), 이해(understanding), 자발성(spontaneity)의 여덟 가지 요소를 포함한다고 하였다. 친구관계는 가족관계, 이성관계, 직장의 동료관계와 구분되는데, 친구관계가 지니는 몇 가지 일반적인 특성을 살펴보면 다음과 같다(권석만, 2004).

첫째, 친구관계는 대등한 위치의 인간관계다. 친구관계는 흔히 나이나 출신지역, 출

신학교나 학력 그리고 사회경제적 지위 등에서 비슷한 사람과 맺는 친밀한 관계다. 가끔씩은 이러한 속성에 뚜렷한 차이가 있는 경우에도 친구관계가 형성될 수 있지만, 일반적으로 친구관계는 수직적 관계보다는 수평적 관계의 속성을 지닌다. 이러한 이유로 인간관계에서 가장 민주적인 관계를 경험하는 것이 친구관계라 할 수 있다.

둘째, 친구관계는 가장 순수한 인간지향적인 인간관계다. 친구관계는 실리적 목적보다는 상대방에 대한 호감과 우정이 친구관계를 유지하는 주요한 요인이 된다. 즉, 친구관계는 친구가 인간적으로 좋고, 친구와의 만남이 즐겁고 유쾌하기 때문에 유지되는 것이다.

셋째, 친구관계는 대등한 위치에서 맺는 편안한 인간관계다. 친구는 가장 자유롭고 편안한 관계로서, 관계를 맺고 끝내는 것은 전적으로 개인의 자유다. 친구 사이에서는 자기개방이 가장 심도 있고 광범위하게 이루어질 수 있다. 따라서 가족이나 연인에게 할 수 없는 이야기를 친구에게 가장 허심탄회하게 할 수 있는 것이다.

넷째, 친구관계는 서로 공유할 삶의 영역이 넓다. 친구관계는 나이, 학력, 지식수준, 사회경제적 지위 등이 비슷하여 공감할 수 있는 공유 영역이 가장 넓은 관계다. 뿐만 아니라 화제, 취미, 오락, 가치관 등이 유사하기 때문에 친구와의 만남이 즐겁고 편안하게 느껴진다.

다섯째, 친구관계는 의무나 구속력이 적다. 친구관계는 유지해야 할 강제 요인이 없기 때문에 다른 인간관계보다 해체가 용이하다. 따라서 친구관계는 그 관계를 유지하기 위해 자발적이고 적극적인 노력을 기울이지 않으면 약화되고, 따라서 해체되기 쉽다.

2. 친구관계의 기능과 유형

1) 친구관계의 기능

친구관계도 다른 인간관계와 같이 여러 가지 사회적 · 정서적 지지와 도구적 지원을 얻을 수 있는 사회적 자원이다. 친구관계에서는 친구 간에 서로 공유하는 활동이 여러 가지 기능을 제공하며, 개인의 성장과 발달에서 여러 가지 중요한 역할을 한다.

『열자(列子)』「탕문편(湯問篇)」에 나오는 거문고의 명인 백아와 그 음악을 진정으로 이해한 친구 종자기 사이의 이야기는 이를 잘 보여 준다. 백아가 산울림을 표현하고자 거문고를 타면 종자기는 "높은 산이 눈앞에 나타나 있구나."라고 했고, 백아가 강물을 생각하며 거문고를 타면 종자기는 "도도히 흐르는 강물이 눈앞을 지나고 있는 것 같다."고 감탄했다. 자기의 뜻을 알아주는 참다운 친구를 지음(知音)이라고 한 연유다. 백아는 종자기가 죽자 거문고를 부수고 더 이상 연주를 하지 않았다. 또한 관포지교의 주인공 관중도 포숙을 가리켜 "나를 낳은 것은 부모이지만 나를 아는 것은 오직 포숙뿐이다(生我者父母 知我者鮑子也)."고 했다. 관중과 포숙의 우정을 높이 평가하는 것은 이들이 서로에 대한 신의로운 지지자였기 때문이다.

먼저 친구관계의 기능을 긍정적 측면에서만 살펴보면 다음과 같다(권석만, 2004; 김영희, 2010).

첫째, 친구는 주요한 정서적 공감자이자 지지자가 된다. 둘째, 친구는 자기 자신과 자신의 삶을 평가하는 주요한 비교 준거가 된다. 셋째, 친구는 즐거운 체험과 활동을 공유하는 사람이다. 넷째, 친구는 안정된 소속감을 제공한다. 다섯째, 친구는 삶에 현실적인 도움을 준다.

친구관계의 기능을 보는 관점은 대체로 다음의 세 가지로 나눌 수 있다(이은해, 1999). 첫째, 친구관계의 기능은 긍정적 지원 기능뿐만 아니라 갈등, 경쟁, 배신 등 부정적 속성도 있다. 둘째, 친구관계의 기능은 상대방이 어떻게 지각하느냐에 따라 달라질 수 있다. 셋째, 친구관계의 긍정적·부정적 측면에 대한 하위분류는 연구자마다 차이가 있으나 대체로 친밀감, 신뢰, 정서적 안정, 사회적 상호작용, 도움, 자기인정, 갈등, 경쟁 등을 포함한다.

Berndt(1986)는 친구관계의 기능을 자기개방, 친사회적 행동, 자아존중감, 지지, 놀이, 활동, 친밀, 갈등과 경쟁, 상호작용으로 분류한다(이은희, 2005). 이은해와 고윤주(1999)는 친구관계의 질이 긍정적 기능 여섯 가지(정서적 안정, 신뢰, 도움 제공, 친밀감,

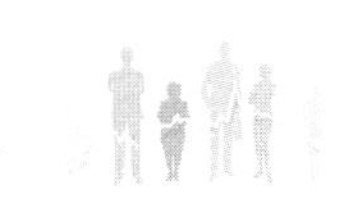

나에 대한 인정, 교제의 즐거움)와 부정적 측면 두 가지(갈등, 경쟁) 및 관계에 대한 만족감 등의 아홉 가지 영역으로 구성되어 있다고 보았다.

2) 친구관계의 유형

우리는 여러 사람들과 다양한 친구관계를 맺는다. 친구관계는 우정의 강도, 형성 요인, 목적, 기능 등에 따라 다양하게 분류될 수 있다.

(1) 우정의 강도에 따른 친구관계

우정의 강도를 숫자로 평가하는 것은 쉬운 일이 아니지만, 다음과 같은 몇 가지 기준에 따라 친구관계를 분류할 수 있다.

첫째, 우정은 경험하는 긍정적 혹은 부정적 감정의 비율 및 강도, 즉 정서적 만족도에 비례한다. 유쾌하고 편안한 친구는 부담스럽고 불편한 친구보다 우정의 강도가 높다고 할 수 있다. 아울러 미래의 만족도에 대한 예상도 반영된다. 즉, 미래에 정서적 만족도가 높아질 것이라고 예상되는 친구관계는 그렇지 못한 관계보다 강한 우정을 느끼게 된다.

둘째, 우정은 투여하는 심리적 또는 물질적 투자의 양에 비례한다. 친구를 위해 많은 시간을 투여하고 심리적인 관심과 애정을 보여 주며, 때로는 물질적으로도 친구에게 투자하게 된다. 아울러 우정은 미래에 친구를 위해 투자할 수 있는 양에 비례한다. 만약 친구가 돈을 빌려 달라고 했을 대 과연 얼마나 흔쾌히 빌려 줄 수 있는가? 즉, 우정은 친구에 대한 신뢰의 정도와 자기희생의 정도를 반영하며, 이를 통해 우정을 평가할 수 있다.

셋째, 우정의 강도는 만남의 지속 시간이나 빈도와 관계가 있다. 오랫동안 친구관계를 유지하고 빈번하게 만남을 통해 다져온 우정은 견고해진다.

(2) 형성 요인에 따른 친구관계

친구관계는 형성 요인에 따라 일차적 친구와 이차적 친구로 구분된다. 일차적 친구관계는 학연, 지연, 혈연에 기반을 두어 형성된 친구관계로, 상당 기간 반복적 만남에 의해 관계가 형성되고 지속되는 경향을 갖는다. 반면, 이차적 친구관계는 관심사, 취미, 가치관 등을 공유함으로써 형성된 친구관계로 상황적 요인보다는 개인적 특성에 근거한 친구관계다.

(3) 목적에 따른 친구관계

아리스토텔레스는 친구관계를 형성하고 유지하는 목적에 따라 쾌락적 친구, 효용적 친구, 인격적 친구로 나누고 있다. 이 중 인격적 친구는 덕성(virtue)에 의해 맺어진 친구인데, 여기서 덕성이란 개인이 지니는 여러 가지 긍정적인 성격특성, 즉 수용성, 신뢰성, 지혜로움, 성숙성 등을 의미한다.

공자는 세 가지 유익한 친구관계 유형과 세 가지 해로운 친구관계 유형으로 나누고 있다. 『논어』 제16편 계씨(季氏)에서 다음과 같이 소개하고 있다.

> 孔子曰 益者 三友오 損者 三友니 友直하며 友諒하며 友多聞이면 益矣오. 友便僻하며 友善柔하며 友便佞이면 損矣니라(공자왈 익자 삼우 손자 삼우 우직 우량 우다문 익의 우편벽 우선유 우편녕 손의).

이를 쉽게 풀어 보면 다음과 같다. 유익한 벗이 셋이 있고 해로운 벗이 셋이다. 정직한 사람을 벗하고, 성실한 사람을 벗하고, 견문이 많은 박학다식한 사람을 벗하면 유익하다. 그리고 겉치레만 하는 편벽한 사람과 벗하며, 아첨 잘하는 사람과 벗하며, 거짓말 잘하는 사람과 벗하면 해롭다.

(4) 기능에 따른 친구관계

친구관계는 기능에 따라 연합적, 수혜적 그리고 상호적 친구관계로 구분할 수 있다(Reisman, 1981). 먼저 연합적 친구관계(associative friendship)는 공간적 근접성, 유사성, 업무의 공유 등에 의해 맺어지는 친구관계로 단기적이고 피상적인 수준으로 가볍게 만나는 친구관계다. 다음으로 수혜적 친구관계(receptive friendship)는 한 사람이 상

대방에게 주로 베푸는 역할을 하는 친구관계다. 가령, 스승과 제자, 멘터와 멘티 관계가 이에 해당된다. 끝으로, 상호적 친구관계(reciprocal friendship)는 동등한 위치에서 상호 이해와 신뢰에 근거한 친구관계로 깊은 정서적 유대와 헌신적 관여에 의해 오랫동안 지속된다.

3. 친구관계의 발전과 해체

1) 친구관계의 발전

친구관계는 어떻게 시작되고 발전하는가? 친구관계는 자연발생적인 우연과 특정한 의도의 혼합물이라 할 수 있다. 일반적으로 친구관계는 다음의 3단계를 통해 발전한다(Huston & Levinger, 1978).

첫째, 면식의 단계로 처음에는 서로 알지만 직접적 접촉 없이 관찰을 하는 단계다. 즉, 대화나 공동 활동 등의 직접적인 접촉이 이루어지지 않고 상대방에 대한 관심과 호기심을 지니고 있는 상태라고 할 수 있다.

둘째, 접촉의 단계로 의례적인 인사를 나누고 서로 가볍게 접촉하며 서로에 대한 관심이 오가는 단계다. 두 사람 사이의 상호작용에서 교류의 공정성과 호혜성이 관계를 유지하는 주요한 요인이 된다.

셋째, 상호의존의 단계로 서로의 깊은 내면적 세계, 즉 상대방의 성격, 가치관, 고민 등을 공유함으로써 상호의존의 깊이가 깊어지고 영역이 넓어지는 단계다. 아울러 두 사람 사이에 나타나는 상호작용에서 호혜성의 원칙이 초월된다.

2) 친구관계의 해체

친구관계는 가족관계, 직장의 동료관계, 이성관계 등과 비교해 보았을 때, 자발적이고 강제성이 없으며 구속력이 적다. 이러한 이유 때문에 친구에 대한 기대와 믿음이 깨지게 되면 친구관계에 위기가 발생하고, 그만큼 관계가 악화되거나 종결되기 쉽다. 친구관계의 갈등의 원인을 강문희, 이광자 그리고 박경(1999)은 다음과 같은 네 가지로 제시하였다.

첫째, 친구에 대해 우월감을 갖고 상대방을 위축시키거나 경쟁하려 하면, 당하는 입장에 있는 친구는 약자로서 이 관계를 청산할지 아니면 상대방에게 맞설지 갈등하게 된다.

둘째, 서로의 기대 정도가 다를 때 친구관계에서 갈등을 느낄 수 있다. 한 친구는 좀 더 친해지기 위해 점진적으로 노력하고 자신을 조금씩 공개하는 반면, 다른 친구는 자기개방을 급격하게 하여 다른 친구에게 심적 부담을 주면 갈등을 하게 된다.

셋째, 성격 차이에서 갈등이 생겨나기도 한다. 내성적인 사람은 마음속의 생각이나 느낌을 표현하기 힘들어하는 반면, 외향적인 사람은 말이 빠르고 표현의 양이 많다.

넷째, 가치관의 차이로 친구관계의 갈등을 유발할 수 있다. 서로의 다른 견해를 좁히지 못하여 친구 간의 불협화음이 생기게 된다.

한편, 친구관계의 약화 혹은 해체되는 원인을 권석만(2004)은 다음과 같이 설명하고 있다.

첫째, 접촉과 관심의 감소가 친구관계의 약화 요인이 될 수 있다. '보지 않으면 마음도 멀어진다(out of sight, out of mind).'는 말이 있는 것처럼, 과거에 절친했던 친구도 만남의 빈도가 뜸해지면서 서로 소원해지고 서먹해지는 경우가 많다. 일반적으로 친밀한 관계를 유지하기 위해서는 시간적 · 물질적 · 심리적 투자가 필요하다. 그러나 사람은 누구나 이러한 투자에 한계가 있기 때문에 친밀한 관계를 유지할 수 있는 수가 제한될 수밖에 없다. 따라서 새로운 사람과 친밀해지면 기존의 친밀한 관계는 상대적으로 소원해지기 마련이다.

둘째, 갈등해결의 실패가 친구관계의 해체 요인이 될 수 있다. 사람 사이에는 크고 작은 갈등이 있기 마련이다. 친구관계를 와해시키는 것은 갈등 그 자체라기보다는 갈등을 해결하려는 노력이 실패하는 경우다. 이처럼 갈등이 도저히 해결하기 어려운 상

태로 확대되면 친구관계가 해체되게 된다.

셋째, 친구에 대한 실망이 친구관계 약화의 한 요인이 된다. 친한 친구 사이에는 서로에 대한 기대와 믿음이 존재한다. 그런데 친구에 대한 기대와 신뢰 그리고 믿음이 깨졌을 때 느끼게 되는 실망과 배신감은 고통스러운 것이다. 예를 들어, 곤경에 처한 사람은 친구의 신속하고 자발적인 도움을 기대하게 된다. 이때 친구가 그러한 기대에 어긋나는 행동을 하면 서운함과 실망 그리고 배신감을 느끼게 된다. 또한 반대로 곤경에 처한 친구가 무리한 부탁을 해 올 경우 느끼는 심리적 부담 역시 친구관계를 소원하게 하는 원인이 된다.

넷째, 투자와 보상의 불균형이 친구관계 해체의 원인이 된다. 친구관계를 유지하기 위해서는 여러 측면의 투자가 필요하다. 이러한 투자에 비해 친구로부터 돌아오는 보상이 적을 경우에 친구관계가 약화된다. 가령, 멀리 떨어져 사는 친구를 만나기 위해 많은 이동 시간과 비용을 투자해야 하는데, 막상 만나서 정서적 만족이나 현실적 도움과 같은 보상이 줄어들면 지속적인 만남이 어려워지고 친구관계가 멀어질 수 있다.

끝으로, 이해관계의 대립이 친구관계의 해체 원인이 된다. 아무리 친한 친구라도 함께 자취를 하거나 사업을 하게 되면 싸우게 된다는 말이 있다. 제한된 자원을 두고 서로 양보하기 힘든 대립적인 갈등상황에 처할 수 있기 때문이다. 또한 한 분야에서 승진 혹은 자리를 놓고 경쟁해야 하는 경우처럼 이해관계가 얽힌 경쟁관계에 들어가게 되면 친구관계는 위기에 처하게 된다.

4. 효과적인 친구관계의 전략

친구관계에서 누구나 갈등과 위기를 경험하게 된다. 아리스토텔레스가 "친구들에게 기대하는 것을 친구들에게 베풀어야 한다."고 한 것처럼, 친구가 의리 있고 친절하기를 바란다면 내가 먼저 친구를 배려하고 신의를 지키는 것이 바람직하다. 다음에서는 의리와 믿음을 가지고 친구를 사귀고 아름다운 우정을 유지하는 데 도움이 될 수 있는 전략들에 대해 살펴보기로 한다.

1) 친구관계 맺기의 효율적인 전략

지금까지 친구관계의 의미, 특성, 기능, 그리고 어떻게 발전되고 해제되는가에 대하여 살펴보았다. 친구관계를 지속시키는 것은 쉬운 일이 아니다. 여기서는 건강한 친구

〈표 6-1〉 친구관계 맺기 전략의 구체적 예

적합한 전략	상호작용 시작하기	• 친구에 대해 알고 자신을 소개하고 대화를 시작한다. • 무슨 일을 함께 하자고 제안한다.
	친절한 행동	• 친절하고 상냥하고 사려 깊게 행동한다. • 친구에게 먼저 양보하고 친구의 입장에서 배려한다.
	친사회적 행동	• 다른 사람에 대한 존경과 예의 및 공손하고 정중한 태도를 보이고, 다른 사람의 말을 경청한다. • 긍정적인 태도와 성격으로 솔직하고 자연스럽게 행동한다. • 좋은 평판을 얻도록 노력하고 단정한 차림을 한다.
	사회적 지지 제공	• 도움을 준다. • 친구에게 조언을 하고, 관심을 보이고 공부나 놀이 등의 활동을 함께한다. • 옆자리에 앉고, 같은 집단에 소속되며, 다른 사람을 칭찬한다.
부적합한 전략	심리적 공격	• 나쁜 매너, 편견, 사려 깊지 못하고 다른 사람을 이용하며, 욕을 하거나 무례하게 행동한다. • 비협동적이고, 친구를 무시하며, 따돌리고, 배타적으로 행동한다. • 친구를 나쁘게 말하고 감정을 상하게 한다. • 험담하고 나쁜 소문을 퍼뜨리며 난처하게 만들고 비난한다.
	부정적인 자기표현	• 거드름 피우고, 샘내고, 자랑하고, 자기중심적이고, 심술궂고, 잔인하고, 적의를 보이고, 토라지고, 까다롭고, 항상 화를 내고, 어리석게 행동하고, 성질을 부리고, 문제를 만들고, 자기평판을 나쁘게 만든다.
	반사회적 행동	• 싸우고, 침 뱉고, 몸에 상처를 입히는 등 신체적 공격을 한다. • 고함지르고 괴롭히며 싸움을 걸고 조롱하며 욕하는 등 언어적 공격을 한다. • 거짓말하고 훔치고 속이며, 약속을 지키지 않고 비밀을 이야기하는 등 배신행위를 한다.

출처: 정옥분(1997), p. 173.

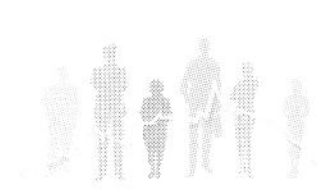

관계를 지속시키기 위한 구체적인 전략들에 대해 살펴보기로 한다.

Wentzel과 Erdley(1993)의 연구에 따르면, 친구관계를 맺는 데 효과적인 전략은 친사회적 행동과 또래의 승인과 관계가 있고, 부적합한 전략은 반사회적 행동과 관계가 있는 것으로 나타났다. 〈표 6-1〉은 친구관계 맺기의 구체적인 전략을 제시한 것이다.

2) 효과적인 친구관계를 위한 전략

친구관계에서 갈등이나 다툼은 미리 예방할 수 있고 이미 일어난 갈등이나 다툼을 원만하게 해결할 수 있다면, 흔히 '비 온 뒤에 땅이 굳어진다.'는 말처럼 더욱 돈독하고 발전된 관계를 만들 수 있다. 효과적인 친구관계 유지를 위해 지녀야 할 태도를 강문희, 이광자 그리고 박경(1997)의 '친구관계에서 지켜야 할 열두 가지 사항'을 참고하여 살펴보고자 한다.

첫째, 필요할 때는 자발적으로 돕는다. 흔히 '풍요로울 때는 친구가 나를 알아보고 어려울 때는 내가 친구를 알아본다.'고 한다. 친구가 나의 도움을 꼭 필요로 할 때 친구를 도와주는 일은 스스로에게도 기쁜 일이 되고 친구에게는 더 없이 고마운 경험으로 남게 된다.

둘째, 친구의 사생활을 존중한다. 아무리 가까운 친구 사이일지라도 친구의 사생활을 지나치게 간섭하고 개입하려 드는 것은 무례한 일이다. 친구의 사생활에 지나치게 간섭하여 친구관계가 불편하게 되고 멀어지는 경우가 있다. 이런 경우 자신의 불편함을 솔직하게 친구에게 이야기하는 것이 도움이 된다.

셋째, 신뢰를 지킨다. 때때로 친구가 자신의 생각과는 다르게 행동한다거나 혹은 남들이 나의 생각과는 다르게 친구를 보더라도 친구에 대한 신뢰를 지키는 모습은 친구에게 매우 감동을 준다. 신뢰를 받은 친구는 거기에 상응하는 반응을 보일 것이다.

넷째, 허심탄회하게 흉금을 터고 마음을 나눈다. 아마도 가장 쉽게 자신의 고민을 털어놓을 수 있는 사이는 친구 사이일 것이다. 마음 놓고 털어놓을 수 있다는 것은 이를 통해 답답한 문제를 서로 나눌 수 있고 불편한 감정을 정화할 수 있다는 것을 의미한다.

다섯째, 서로의 장점을 칭찬하고 본받는다. '칭찬은 고래도 춤추게 한다.'고 한다. 칭찬을 통해 친구를 격려하고 좋은 점을 본받는 것은 공자가 말한 유익한 벗을 사귀는 것이 된다.

여섯째, 감정적인 지지를 보여 준다. 만나면 기분 좋고 자주 보고 싶은 친구는 상대방의 말을 잘 경청해 주고 마음이 따뜻하며 배려하는 친구다. 상대방의 기분을 잘 알아차리거나 감정에 적절하게 공감하는 능력은 상대 친구로부터 힘과 용기를 얻게 해 준다.

일곱째, 개인적인 조언을 구한다. 친구에게 개인적인 조언을 구하는 일은 자신의 모습을 친구를 통해 객관적으로 바라볼 수 있게 하고 고민 해결의 실마리를 푸는 데 도움이 된다. 뿐만 아니라 친구관계에서 더욱 깊은 신뢰감을 형성하는 계기가 되기도 한다.

여덟째, 나에게 베푼 친절이나 고마움에 꼭 보답한다. 가까운 사이일수록 작은 고마움이나 사소한 감사라도 꼭 전할 필요가 있다. 흔히 "친구 사이인데 뭘 그런 것까지 말해야 하나?" "친구 사이에는 미안하다거나 고맙다는 말은 어울리지 않아." 등의 말이 통용되기도 한다. 하지만 아무리 작은 정성이라도 서로 표현할 때 상대방에 대한 배려와 따뜻함에 감동하게 되고 우정도 더욱 돈독해질 수 있다.

아홉째, 친구에게 개인적인 감정이나 문제를 개방한다. 친구관계에서 야기되는 갈등 중의 하나는 서로 자신을 솔직히 개방하지 않는 데서 비롯된 오해에 근거하는 경우가 적지 않다. 그러므로 상대방이 어떤 생각을 가지고 있으며, 어떤 기분인지 알 수 있어야 내가 어떻게 행동을 취할지 결정할 수 있게 된다.

열째, 나와 친구의 차이점을 인정한다. 흔히 아주 오래된 친구들을 보면 생활습관이나 태도에서 비슷한 면도 많이 발견되지만 상당히 다르면서도 서로 잘 맞고 서로를 존중하는 모습을 볼 수 있다. 이러한 친구관계는 서로의 개성을 인정하는 데서 비롯된다.

열한째, 갈등을 인정하고 서로 솔직한 태도를 갖는다. 때때로 속으로는 친구 때문에 기분이 상했음에도 겉으로는 아무렇지 않은 듯 대하는 경우가 있다. 잠시 동안은 둘의 관계에 별다른 변화가 없고 겉으로는 평온해 보일 수 있다. 그러나 시간이 지날수록 표정이나 태도로 드러나 더 큰 갈등을 유발할 수 있다.

열두째, 필요하다면 다른 사람의 도움을 받는다. 친구와의 갈등 관계를 혼자서 고민하고 괴로워하기보다는 두 사람 사이에 중재 역할을 해 줄 수 있는 사람이 있다면, 도움을 받을 필요가 있다.

〈인간관계연습 14〉

[친구관계에서의 나 탐색]

잠깐 눈을 감고 내가 태어나서 지금까지 만났던 수많은 사람들에 대해 떠올려 보자. 그중에서 특히 내가 좋아하고 편안한 관계를 맺을 수 있었던 사람들을 떠올려 보자. 다음으로 공연히 부담스럽고 못마땅해 불편한 관계를 맺었던 사람 혹은 관계를 맺으려는 시도조차도 하지 않았던 사람들을 떠올려 보자.

다음의 질문에 대하여 잠시 눈을 감고 생각해 본다. 생각을 한 후, 질문에 답하고 이를 다른 조원들과 함께 발표하며 나눈다.

1. 다음 유형 중에서 나는 어느 유형에 가깝다고 생각하는가?

① 말이 많은 사람 ② 고집이 센 사람
③ 잘 나서는 사람 ④ 계획성이 없는 사람
⑤ 자기중심적인 사람 ⑥ 교만한 사람
⑦ 수줍음이 많은 사람 ⑧ 직설적으로 표현하는 사람

2. 나는 이러한 유형이기 때문에 어떤 득(得)과 실(失)이 있는지 생각해 보자.

3. 내가 싫어하는 사람은 어떤 유형인가?

4. 다른 시각에서 보면 내가 싫어하는 유형의 사람에게서 어떠한 장점을 찾을 수 있는가?

5. 다른 사람에게 호감을 줄 수 있는 사람이 갖추어야 할 다섯 가지 조건은 무엇이라고 생각하는가?

6. 내가 다른 사람들에게 좀 더 호감을 줄 수 있기 위해서 앞으로 개선하고 싶은 점은 무엇인가?

출처: 정진선, 문미란(2008).

참고문헌

강문희, 이광자, 박경(1999). 인간관계의 이해. 서울: 학지사.

권석만(2004). 젊은이를 위한 인간관계의 심리학. 서울: 학지사.

김영희(2010). 초등학생의 친구관계 기능 인식에 관한 연구. 공주교육대학교 교육대학원 석사학위논문.

이은해(1999). 아동의 친구관계에 관한 연구. 아동학회지, 20(3), 77-95.

이은해, 고윤주(1999). 학령기 아동의 친구관계 질 척도개발에 관한 연구. 아동학회지, 20(2), 225-242.

이은희(2005). 청소년의 친구관계에 관한 연구. 관동대학교 교육대학원 석사학위논문.

정옥분(1997). 청년발달의 이해. 서울: 학지사.

정진선, 문미란(2008). 인간관계의 심리: 이론과 실제. 서울: 시그마프레스.

Berndt, T. J. (1986). Sharing between friends: Contexts and consequences. In E. C. Mueller & C. R. Cooper (Eds.), *Process and outcome in peer relationships*. New York:

Academic Press.

Davis, K. E., & Todd, M. J. (1982). Friendship and love relationships. In K. E. Davis & T. Mitchell (Eds.), *Advances in descriptive psychology* (Vol. 2, pp. 79-122). Greenwich, CT: JAI.

Huston, T., & Levinger, G. (1978). Interpersonal attraction and relationships. In M. Rosenzwig & K. Porter (Eds.), *Annual Review of Psychology* (Vol. 29). Palo Alto, CA: Annual Review.

Reisman, J. M. (1981). Adult friendships. In S. W. Duck & D. Gilmour (Eds.), *Personal relationship 2: Developing personal relationships.* New York: Academic Press.

Schmidt, N., & Sermat, V. (1983). Measuring loneliness in different relationships. *Journal of Personality and Social Psychology, 44,* 1038-1047.

Wentzel, K., & Erdley, C. (1993). Strategies for making friends: Relations to social behavior and peer acceptance in early adolescence. *Developmental Psychology, 29,* 819-826.

제7장

THE PSYCHOLOGY OF HUMAN RELATIONSHIPS FOR ENCOUNTER AND GROWTH

이성과의 사랑

연애하다가 헤어졌을 때 상대가 나를 배신했다는 말은 하지 마세요.
인간은 서로 사귀다가 그 관계를 그만둘 수 있어요.
상대를 좋아하는 마음은 내 자유지만 상대가 나를 좋아하는 건 상대의 자유잖아요.

여기에 손익을 따지니까 내가 이렇게 해 줬는데
너는 요만큼만 해 줬다는 계산이 자꾸 튀어나옵니다.
그러고는 나를 배신했다, 어떻게 그럴 수가 있느냐며 분노합니다.

이성 간의 인간관계

그러면 그럴수록 나만 불행해지고 내 삶만 파괴됩니다.
이 파괴는 배신한 상대가 아니라 내가 스스로 만들어 낸 겁니다.

사랑을 계산하지 마세요.
헤어지는 경험이 없는 사랑은 없습니다.
이별을 맞닥뜨렸을 때 '당신과 만나서 그동안 즐거웠어.
덕분에 사람 심리가 어떻게 변하는지 배웠어.' 라고 긍정적으로 받아들이세요.
그러면 결국 내 삶이 아름다워집니다.

서점을 들러 보면, 『왜 나는 너를 사랑하는가』『화성에서 온 남자 금성에서 온 여자』『지금 사랑하지 않는 자, 모두 유죄』『사랑하라 한 번도 상처받지 않은 것처럼』『사랑을 찾아 돌아오다』 등과 같은 사랑을 주제로 한 책들이 수없이 나열되어 있는 것을 볼 수 있다. 또한 운전을 하다 라디오를 듣다 보면 「남자가 여자를 사랑할 때」「7년간의 사랑」「미안해 사랑해서」「사랑빛」 등등 사랑을 노래하는 수없이 많은 유행가를 만날 수 있다.

사랑은 인간관계에서 경험할 수 있는 가장 복잡하고 오묘한 감정이다. 사랑은 가장 황홀하면서도 때로는 가장 고통스러운 체험이기도 하다. 동서고금을 막론하고 러브스토리는 가장 인기 있는 주제였다. 신화 속에도, 전설 속에도, 그리고 시와 소설 속에서도 사랑 이야기가 빠지는 곳은 없다. 사랑과 감기는 감출 수가 없다는 이야기가 있다. 이 이야기는 감기에 걸리면 누구나 알 수 있듯이 사랑에 빠진 사람은 어떻게든 표가 난다는 뜻이다.

과연 우리 삶에서 그토록 중요한 사랑은 무엇인가? 이 장에서는 사랑의 의미, 우리가 사랑에 대해 가지고 있는 신화, 사랑의 유형, 사랑의 발전과 종결 과정을 알아보자.

1. 사랑의 의미와 신화

1) 사랑의 의미

국민가수 나훈아의 노래 중에 「사랑은 눈물의 씨앗」이라는 노래가 있다. 이 노래의 가사를 보면 "사랑이 무어냐고 물으신다면 눈물의 씨앗이라고 말하겠어요"라는 대목이 있다. 또한 이용과 허윤정이 함께 부른 「사랑과 행복 그리고 이별」이라는 노래에서는 "사랑이란 왠지 모른 척해도 관심이 있는 게 사랑이야, 그대 믿을 수 없어 애타는 마음이 사랑이야, 그대 소중한 것을 모두 다 주는 게 사랑이야, 사랑이야"라고 말하고 있

다. 그렇다면 사랑이 무어냐고 묻는다면, 여러분은 무엇이라고 말하겠는가? 사랑의 의미를 한마디로 규정하기란 쉽지 않다.

최원석은 '영화로 즐기는 화학이야기'라는 글에서 사랑을 도파민, 노르에피네프린, 세로토닌, 페닐에틸아민 등의 화학물질의 변화로 설명하고 있다(한국바스프 인터넷 웹진, 2010년 8월 14일자).

'첫눈에 반했다.' 또는 '처음 본 순간 사랑에 빠졌다.'는 것이 영화 속에서나 가능한 것은 아니다. 많은 사람들이 실제로 경험하는 현상이 바로 첫눈에 빠지는 마법과도 같은 사랑이다. 사랑의 시작은 바로 빛에서 시작된다. 아름다운 여인에게서 반사된 빛은 망막에서 전기화학적 신호로 바뀐다. 이 전기화학적 신호는 신경을 따라 뇌로 전달된다. 이 신호를 해석한 뇌는 도파민을 폭발적으로 분비하게 하며, 노르에피네프린(아드레날린)으로 심장을 두근거리게 한다.

한 통계에 따르면 첫눈에 반한 사랑은 90초에서 4분 사이에 일어나며, 실험에 따르면 이러한 사랑은 30초 정도 지속된다. 사랑에 빠진 사람은 사랑의 전령사 또는 행복호르몬이라고 불리는 도파민이 분비되면서 행복감에 빠져들게 된다. 도파민은 뇌에 이와 같이 좋은 느낌을 줘서 사랑이 시작될 수 있게 시동을 걸어 준다는 것이다. 알코올이나 코카인 중독도 이들 약물이 도파민을 분비하는 세포를 자극해서 몸에 쾌감, 즉 행복감을 주기 때문에 일어난다. 사랑은 바로 이러한 중독에서 시작되는 것이다. 사랑의 시작부터 끝날 때까지 분비되는 화학물질들은 정상적인 생활을 어렵게 만들 정도로 쾌감을 주고 사람을 흔들어 놓는다.

영화 속에 등장하는 대부분의 연인들은 자신의 업무를 뒤로 하거나 위험을 감수하는 등 어느 정도 용기가 필요한 행동을 서슴없이 하게 된다. 사랑에 빠진 사람이 이러한 행동을 할 수 있는 것은 두려움을 극복하도록 용기를 주는 노르에피네프린 덕분이다. 사랑은 평소와 다른 상황이기 때문에 평형에서 이탈한 몸은 이를 스트레스로 간주하고 노르에피네프린을 분비하는 것이다. 세로토닌은 정신적인 안정감을 위해 체내에 약 10mg 정도를 가지고 있어야 한다. 세로토닌 수치가 낮아지면 수면장애나 불안과 같은 증세가 유발된다. 세로토닌 부족이 장기화되면 스토커처럼 편집증적인 반응을 보이기도 한다. 실제로 사랑에 빠진 사람과 강박증 환자의 혈액은 평균보다 40%나 낮은 세로토닌 농도를 보인다고 한다. 사랑은 평소와 같은 느낌이 아니라 안정감에서 벗어난 상태인 것이다.

사랑에 빠져 정신을 못 차리게 하는 데 작용하는 화학물질은 앞서 말한 도파민이나 노르에피네프린, 세로토닌 외에 또 하나가 있다. 사랑하는 사람의 뇌에는 도파민과 함께 페닐에틸아민(phenylethylamine: PEA)이 변연계를 가득 채우게 된다. 페닐에틸아민은 노르에피네프린과 마찬가지로 심장박동을 증가시키며, 마치 마약과도 같이 행복감을 준다.

페닐에틸아민은 천연 암페타민(amphetamine)이라고 할 수 있는데, 알려진 대로 암페타민은 중추신경을 자극하는 각성제다. 연인이 밤새 사랑을 나눌 수 있는 것은 그들이 원래 잠이 없기 때문이 아니라 페닐에틸아민이 지치지 않게 만들어 주기 때문이다. 재미있는 것은 페닐에틸아민에 의한 효과가 길어야 30개월이라는 것이다. 사랑에 빠진 연인들을 대상으로 한 연구에서 아무리 첫눈에 빠져 정신 못 차리던 커플도 1년이 지나면 처음의 흥분이 조금씩 가라앉는다고 한다. 이 단계가 되면 페닐에틸아민과 같이 증가한 화학물질의 분비량이 줄어들게 되고, 뇌의 활성 부위도 달라진다. 즉, 활성 부위가 욕구와 감정의 뇌인 변연계에서 이성과 합리적 판단의 뇌인 신피질로 옮겨 가게 되는 것이다. 이는 로맨틱한 사랑에서 좀 더 고차원적인 사랑의 단계로 사랑도 변하게 된다는 의미다.

2) 사랑에 관한 신화

사랑은 어느 문화에서나 이상화된 개념이다. 이러한 사랑에 대한 지나친 이상주의에 의해 사랑에 대한 잘못된 신념, 즉 신화(myth)가 만들어진다. 우리의 첫 번째 과제는 사랑에 대한 현실적인 관점을 취하고, 이러한 잘못된 신화를 자각하고 잘못된 신화를 만들지 않는 것이다. 사랑에 관한 신화는 다음과 같은 몇 가지가 있다(Weiten & Lloyd, 1997).

첫째, '사랑에 빠지면 상대방은 그것을 알게 될 것이다.' 사람은 때로 자신의 사랑이

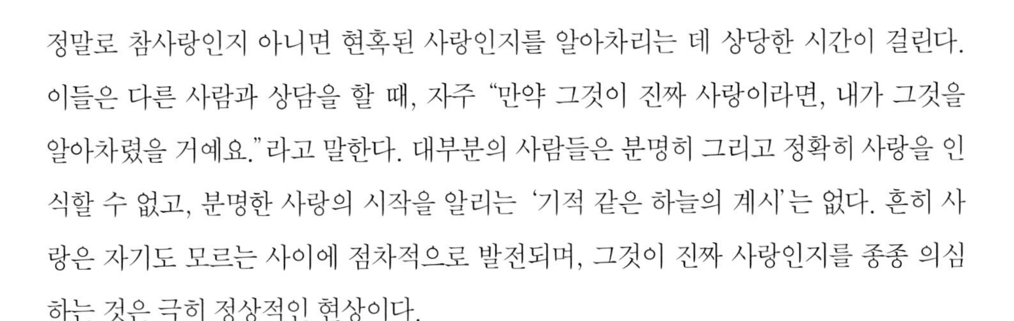

정말로 참사랑인지 아니면 현혹된 사랑인지를 알아차리는 데 상당한 시간이 걸린다. 이들은 다른 사람과 상담을 할 때, 자주 "만약 그것이 진짜 사랑이라면, 내가 그것을 알아차렸을 거예요."라고 말한다. 대부분의 사람들은 분명히 그리고 정확히 사랑을 인식할 수 없고, 분명한 사랑의 시작을 알리는 '기적 같은 하늘의 계시'는 없다. 흔히 사랑은 자기도 모르는 사이에 점차적으로 발전되며, 그것이 진짜 사랑인지를 종종 의심하는 것은 극히 정상적인 현상이다.

둘째, '사랑에 빠지면 나는 내 행동을 통제하지 못할 것이다.' 이 신화는 사랑이 너무 강력하여 일단 우리가 그 마법 안에 걸려들면 합리적이고 이성적으로 행동하지 못한다고 말한다. 이러한 합리화는 자기 마음을 통제하지 못하는 자신에게 말할 때는 편안할지 모르지만, 사람이 사랑에 빠졌을 때 오히려 책임감 없이 행동하도록 조장하는 격이 된다. 어쨌거나 우리는 이러한 신화를 잘 알아차리고 성행위, 혹은 언약식, 약혼 또는 결혼에 대한 결정을 내릴 때 특별히 신중하고 이성적이어야 한다.

셋째, '진정한 사랑은 영원히 지속될 것이다.' 사람들은 이러한 신화를 믿으려 한다. 만약 사랑이 이루어지지 않으면, 사람은 자신이 한 사랑은 참사랑이 아니었다고 말한다. 이러한 신화는 스스로에게 우리의 삶 속에서 또 다른 이상적인 참된 사랑을 계속해서 찾아 나서려고 한다. 사랑은 우리의 삶 속에서 여러 번 경험하게 되는 아름답지만 때로는 쓰라린 경험이라는 것을 아는 것이 보다 현실적이다.

넷째, '사랑한다면 어떤 조건도 문제될 것이 없다.' 이 신화는 성공적이지 못한 결혼의 토대가 된다. 상당히 많은 연인들이 그들의 관계에서 대화의 부족, 성 역할에서의 불일치, 의견충돌, 부모의 반대, 종교적 차이, 동성동본, 성격 차이 등을 문제로 인식한다. 이러한 경우 사람들은 스스로에게 다음과 같이 말한다. "우리가 서로 사랑하는 한 우리는 잘 헤쳐 나갈 수 있을 거야." 혹은 "우리가 사랑하니까 그런 것쯤은 별 문제 없이 서로 극복할 수 있을 거야." 진실한 사랑이 확실히 상호 간의 걸림돌을 헤쳐 나가는 데 도움이 되지만, 그렇다고 해서 성공을 보장하는 것은 아니다. 사실상 한 연구에 따르면, 당신이 얼마나 상대방을 좋아하는가는 얼마나 사랑하는가보다 더 중요한 것으로 나타났다. 즉, 낭만적 사랑의 성공도(successfulness)를 측정하고자 하는 많은 연구자들은 사랑(love)보다는 호감(liking)이 연인들 간의 관계에서 파생되는 문제를 해결하는 데 도움이 될 가능성이 있다고 주장한다.

다섯째, '사랑에 빠지면 마냥 행복하기만 할 것이다.' 이러한 신화는 사랑이 외적으로 즐거운 경험이어야만 한다는 비현실적 기대를 일으킨다. 사실상 사랑은 부정적 정서와 쓰라린 고통을 낳을 수 있다. 사랑을 할 때 우리의 감정은 양가적이다. 이것은 우리가 사랑하는 상대방에게 많은 것을 요구하고 기대하는 경향이 있기 때문이다. Davis (1985)에 따르면, 우리는 연인이나 배우자를 대할 때 친구보다 더 참을성 없고 비판적인 행동을 하는 경향이 있다. 종종 "사랑하는 사이에도 미워할 수 있을까?"라고 묻는다. 이런 흔한 질문은 많은 사람들이 서로 사랑하면서도 미워할 수 있다는 사실을 말해준다. 결국 사랑의 열정적 요소는 우리로 하여금 부정적인 감정과 쓰라린 고통을 겪을 수 있음을 보여 준다.

〈인간관계연습 15〉

[사랑의 신화 측정]

다음 각 진술문에 당신이 동의하는 정도를 표시하시오.

문 항	매우 그렇다	그렇다	보통이다	그렇지 않다	전혀 그렇지 않다
1. 진정한 사랑은 인생에 딱 한 번 온다.	⑤	④	③	②	①
2. 운명적인 사랑은 신이 맺어 준 사랑이다.	⑤	④	③	②	①
3. 파트너에 대해 많은 부분(성장 환경, 성격, 능력 등)을 점검해 보아야 한다.	⑤	④	③	②	①
4. 오래 사귀었어도, 파트너가 싫어지면(계속 실망시킨다면) 관계를 깨끗이 정리하는 것도 괜찮다.	⑤	④	③	②	①

5. 주변에서 파트너와 나와의 만남을 말려도, 내가 사랑한다면 문제될 것이 없다.	⑤	④	③	②	①
6. 나의 완벽한 이상형은 반드시 나타날 것이다.	⑤	④	③	②	①
7. 파트너와 나는 모든 의견이 일치해야 한다.	⑤	④	③	②	①
8. 파트너는 나 외에 다른 것(일, 취미생활 등)을 더 사랑할 수 있다.	⑤	④	③	②	①
9. 사랑하는 사이라면 많은 시간들을 함께 있어야 한다.	⑤	④	③	②	①
10. 진정으로 사랑한다면 성관계가 문제되지 않는다.	⑤	④	③	②	①

채점 및 해석

문항별로 표시한 점수를 모두 더한다. 일반적으로 32점 이상이면 사랑에 대한 신화를 많이 가지고 있는 것으로 해석할 수 있다.

2. 사랑의 삼각형 이론

연인이나 부부의 사랑은 두 남녀의 성격이나 만남의 기간 등에 따라 다양한 형태로 나타나기 때문에 사랑의 심리적 메커니즘을 이해하기가 쉽지 않은 것이 사실이다. 예일대학교 심리학과 교수인 Sternberg(1998)가 제시한 사랑의 삼각형 이론(triangular theory of love)은 남녀 간의 사랑의 구성요소와 유형 및 메커니즘을 이해하는 데 큰 도움을 준다.

1) 사랑의 세 가지 구성요소

Sternberg(1998)는 사랑의 세 가지 구성요소와 여덟 가지 유형을 설명하는 사랑의 삼각형 이론을 제안하였다. 그들에 의하면, 사랑의 세 가지 요소는 정서적 측면의 친밀감, 동기적 측면의 열정, 인지적 측면의 헌신이며, 이 세 가지 요인이 적절히 조화를 이룰 때 완전한 사랑을 이룰 수 있다고 보았다.

이성 관계는 흔히 친밀감으로 시작하여 사랑으로 발전하게 된다. 종종 열정만으로 시작되었다가 다른 두 가지 요소가 싹트기도 하며, 때로는 여러 가지 이유로 헌신과 봉사의 관계로 시작되었다가 친밀감이나 열정이 생기기도 한다(Sternberg, 1997).

먼저 친밀감(intimacy)은 서로 감정을 공유하고 정서적 지지를 해 주는 것으로 높은 수준의 자기개방을 수반하고 서로의 개인적 정보를 공유한다. 즉, 친밀감은 만남의 횟수와 교제기간에 비례하여 서서히 증가하는 사랑의 따뜻한 측면이다.

열정(passion)은 서로의 관계 속에서 생리적으로 흥분시켜 사랑하는 사람과 함께 있고 싶은 강렬한 욕망을 동반한 사랑의 뜨거운 측면이다. 열정은 친밀감과 달리 급속히 일어나며 때로는 상대방을 처음 만난 순간부터 강렬한 열정을 느끼게 되는 경우도 있다. 그럼에도 불구하고 열정은 교제기간이 길어짐에 따라 그 강도는 줄어들어 그리 오래 지속되기 어렵다.

끝으로 헌신(commitment)은 상대방을 사랑하고 사랑을 지키겠다는 선택이자 의사결정이며 책임감이다. 그러므로 헌신은 사랑의 차가운 측면이자 인지적이고 이성적인 측면이다. 사랑하는 사람에 대한 헌신과 관련된 행위는 사랑의 약속과 맹세, 사랑의 징표나 선물, 주변 사람에게 연인을 소개하는 일, 연인과 함께 고통스런 일을 돕고 견디는 일, 약혼, 결혼 등이 있다.

2) 사랑의 여덟 가지 유형

사랑의 삼각형 이론은 사랑의 유형을 분류하는 데에도 새로운 관점을 제시한다. 즉, 친밀감, 열정, 헌신이라는 세 요소의 존재 유무에 따라서 여덟 가지 조합이 가능하다. 〈표 7-1〉은 사랑의 여덟 가지 유형과 그 특징들을 요약하여 보여 주고 있다(Sternberg, 2004).

- 비사랑(non-love): 세 요소 중 어느 것도 갖추지 않은 관계는 사랑이라고 할 수 없다. 우리가 일상적으로 만나 지나치게 되는 많은 사람들과의 무의미한 인간관계

가 이에 속한다고 할 수 있다.

- 호감(liking): 친밀감만 있는 경우로서 친구관계에서 느끼는 우정과 같은 것이라고 할 수 있다. 뜨거운 열정과 상대에 대한 헌신적 행동은 없지만 친밀감과 따뜻함을 느끼는 상태를 말한다.
- 도취적 사랑(infatuation love): 열정만 있는 것으로서 우연히 어떤 사람을 보고 첫눈에 반해 뜨거운 사랑의 감정을 느끼지만 결코 말 한 번 걸어 보지 못하고 혼자 가슴앓이를 하는 경우이다. 지나치게 짝사랑의 대상을 이상화시켜 현실을 제대로 보지 못한다. 즉흥적으로 생겨났다가 갑자기 사라져 버릴 수 있으며 정신적 · 육체적인 흥분이 상당한 정도로 나타나는 특징이 있다. 서로 말 한 번 걸지 않았기 때문에 친밀감이나 헌신행위가 이루어질 기회가 없다. 그러나 짝사랑의 대상을 멀리서 보거나 생각만 해도 가슴이 뛰고 설레며 다리에 힘이 쭉 빠지는 등 신체적 흥분상태를 수반한 열정을 경험하게 된다. 짝사랑도 여기에 해당될 수 있다.
- 공허한 사랑(empty love): 헌신만 있는 경우이다. 사랑 없이 결혼생활을 유지하는 부부가 이러한 유형에 해당한다. 예를 들어, 오랜 결혼생활을 통해서 열정이 식은 것은 물론 실망과 갈등 속에서 친밀감마저 퇴색해 버렸지만 자녀를 위해 형식적인 부부관계를 유지하고 있는 경우나 충분한 친밀감과 뜨거운 열정 없이 상대방의 재산과 사회적 지위를 보고 결혼이라는 헌신만 하는 경우도 이에 해당된다.
- 낭만적 사랑(romantic love): 친밀감과 열정은 가지고 있지만 헌신행위가 없는 사랑의 경우이다. 육체적 · 감정적으로 밀착되어 있어서 관계지속에 대한 기대나 계획에 대해서는 특별한 주의나 노력을 기울이지 않는다. 예를 들어, 여름 휴가지에서 한때의 사랑 같은 것은 매우 낭만적이지만 여름이 지난 후의 지속적인 만남에 대해서는 미리 준비하지는 않는다. 그러나 다른 유형으로 발전하거나 변화할 가능성은 열려 있다.
- 우애적 사랑(companionate love): 친밀감과 헌신행위는 있으나, 열정이 없거나 식어 버린 사랑이다. 육체적 매력이 약해진 오래된 우정 같은 결혼생활에서 자주 발견되는 사랑의 유형이라고 할 수 있다. 대부분의 낭만적 사랑은 우애적 사랑으로

변하면서 남게 된다. 우애적 사랑에 만족을 느끼는 정도는 개인마다 차이가 있지만 친구처럼 살아가거나 결혼생활은 유지하면서 외도를 하거나 새로운 낭만을 찾기도 한다.

- 헐리우드식 사랑(hollywood love): 흔히 허구적 사랑(fatuous love)이라고 하는데, 열정과 헌신은 있으나 친밀감이 형성되지 못한 사랑의 경우이다. 어느 날 만났다가 곧 서로 약혼하고 또 곧 결혼하는 방식과 같은 사랑이다. 서로 간의 관계가 발전해 가는 데 필요한 친밀감의 형성을 위한 시간 없이 열정에 근거해 헌신이 이루어진다는 점에서 그것은 실체가 없어 보이기도 한다. 관계의 기초를 열정에 두었고 열정이 사라지기 시작할 때 곧 실망하게 되며 관계에 위기를 겪는다. 진정한 의미의 친밀감이 형성되고 서로를 깊이 이해할 시간이 부족하다. 흔히 이런 사랑은 지속되기 어렵다.
- 완전한 사랑(consummate love): 친밀감과 열정과 헌신을 갖춘 성숙하고 이상적인 사랑이다. 모두가 도달하려고 노력하는 그런 종류의 사랑이다. 하지만 성숙한 사랑을 얻기는 어렵고 또 그것을 지키기는 더욱 어렵다.

사랑의 여덟 가지 유형에서 살펴본 것처럼, 일반적으로 사랑의 형태는 시간이 흐르고 관계가 지속됨에 따라 어떤 한 형태에서 다른 형태로 변해 간다. 예컨대, 완전한 사랑으로 결혼한 부부의 경우, 결혼생활이 지속됨에 따라 열정은 식고 친밀감과 헌신만 남아 동반적 사랑으로 변한다. 또한 완전한 사랑으로 결혼했으나 부부간의 갈등으로 열정과 친밀감마저 식어 버린 채 자식들을 위해 살아가는 부부는 공허한 사랑으로 변하게 된다.

그렇다면 우리는 어떻게 완전한 사랑을 지속시킬 수 있을까? Sternberg(2007)는 이러한 물음에 "중요한 것은 사랑의 표현 없이는 아무리 크고 완전한 사랑도 시들고 말 것이다. 사랑의 표현방법을 연구해 볼 필요가 있다."라고 역설하고 있다. 흔히 말해, '표현하는 사랑이 아름답다.'고 결론지을 수 있다.

〈표 7-1〉 사랑의 유형

사랑의 유형	사랑의 세 가지 요소		
	친밀감	열정	헌신
비사랑(non-love)	×	×	×
호감(liking)	○	×	×
도취적 사랑(infatuation love)	×	○	×
공허한 사랑(empty love)	×	×	○
낭만적 사랑(romantic love)	○	○	×
우애적 사랑(companionate love)	○	×	○
헐리우드식 사랑(hollywood love)	×	○	○
완전한 사랑(consummate love)	○	○	○

3) 사랑의 도형적 분석

사랑의 삼각형 이론은 사랑에 대한 여러 가지 분석을 가능하게 한다. 사랑의 세 가지 요소인 친밀감, 열정, 헌신은 사랑의 삼각형의 세 변을 구성한다. 각 변의 길이는 그 변을 대표하는 요소의 정도나 강도를 의미한다. 이렇게 사랑의 세 가지 요소를 삼각형의 세 변에 대응시키면 여러 가지 의미 있는 메시지를 얻을 수 있게 된다.

(1) 사랑의 삼각형 만들기

친밀감, 열정, 헌신의 세 가지 요소를 수량화하여 측정하는 것은 매우 어려운 일이다. 그러나 Sternberg(2007)는 사랑의 요소를 측정하기 위해 사랑의 삼각형 척도를 제작하였다. 현재 누군가와 애정관계를 맺고 있는 사람은 이 척도를 통해 상대방에 대한 사랑을 평가해 볼 수 있다. 사랑의 삼각형 이론 척도에서 계산된 세 가지 요소에 대한 총점은 각 요소의 크기나 강도를 반영하며 사랑의 삼각형을 구성하는 세 변의 길이가 된다. 측정된 세 변의 길이로 삼각형을 만들어 보자. 이때 어느 한 변이 지나치게 길어서 그 길이가 다른 두 변의 길이의 합보다 크면 삼각형을 만들 수 없다. 또 다른 두 변이 짧아서 그 길이를 더하여도 나머지 한 변의 길이에 미치지 못하면 삼각형이 되지 못한다.

사랑의 삼각형을 이용한 사랑의 도형적 분석은 이성 간의 사랑에 대한 많은 시사점을 준다. 그럼에도 불구하고 오묘한 사랑의 체험을 삼각형에 비교한다는 것은 지나친 단순화라고 할 수 있다. 또한 사랑의 형태를 도형화하고 사랑의 크기를 수량화한다는 것은 상당히 무모한 일이기도 하다. 그렇기에 이러한 도형적 분석을 과신하는 것은 위험한 일이다. 다만 이러한 분석을 통해서 보다 성숙하고 서로에게 만족스런 사랑을 만들어 가기 위한 건설적인 시사점을 얻는 것이 중요하다고 하겠다.

(2) 균형적 사랑과 불균형적 사랑

사랑의 세 가지 요소가 지나치게 불균형적으로 구성되어 있는 애정관계는 그만큼 불완전한 사랑이라고 할 수 있다. 또한 세 변으로 구성한 삼각형의 넓이는 사랑의 양 또는 크기를 반영한다. 삼각형의 모양은 사랑을 구성하는 요소들 간의 균형 정도를 나타낸다. [그림 7-1]은 다양한 넓이와 모양의 삼각형을 보여 주고 있다.

삼각형의 넓이는 사랑의 크기가 되는데, 세 가지 구성요소가 균형 있게 증가할 때 최

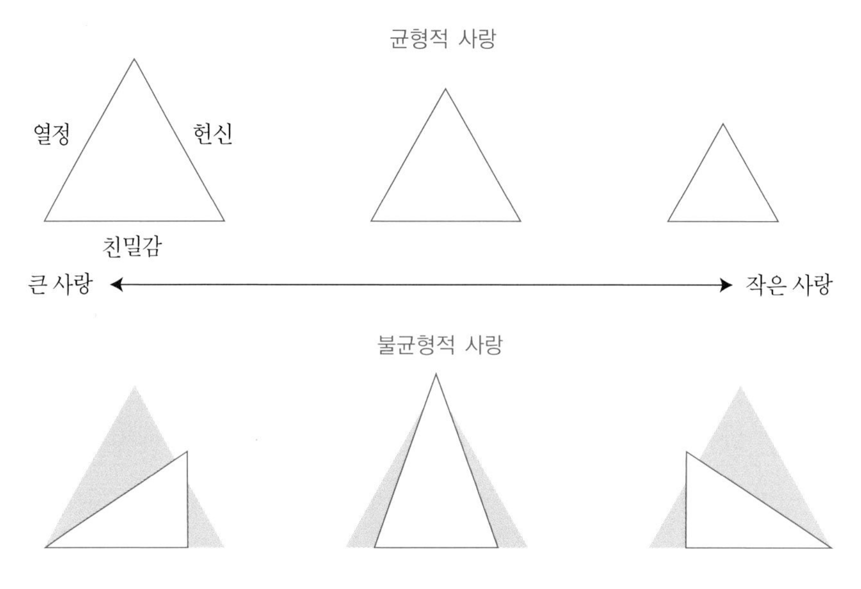

[그림 7-1] 다양한 사랑의 삼각형 모양과 크기

대한으로 커진다. 어떤 한두 구성요소가 아무리 크다 하더라도 다른 구성요소가 함께 크지 않으면 불균형적인 모양이 된다. 이는 세 가지 구성요소가 균형적으로 잘 발달된 사랑이 크고 성숙하다는 것을 나타내게 된다.

(3) 연인에 대한 나의 사랑과 나에 대한 연인의 사랑

사랑의 삼각형은 사랑하는 두 연인 각자의 관점에서 그려질 수 있다. 사랑하는 두 사람이 현재의 사랑에 대해서 각자의 삼각형을 만들 수 있다. 그리고 그 삼각형의 모양과 넓이를 비교하며 서로에 대해 지니는 친밀감, 열정, 헌신의 정도를 평가할 수 있다. [그림 7-2]에서와 같이 두 사람의 삼각형을 비교하여 현재의 사랑에 대해 두 사람이 어떤 요소를 강하게 경험하고 있는지 또는 어떤 요소가 부족하다고 느끼는지를 파악할 수 있다.

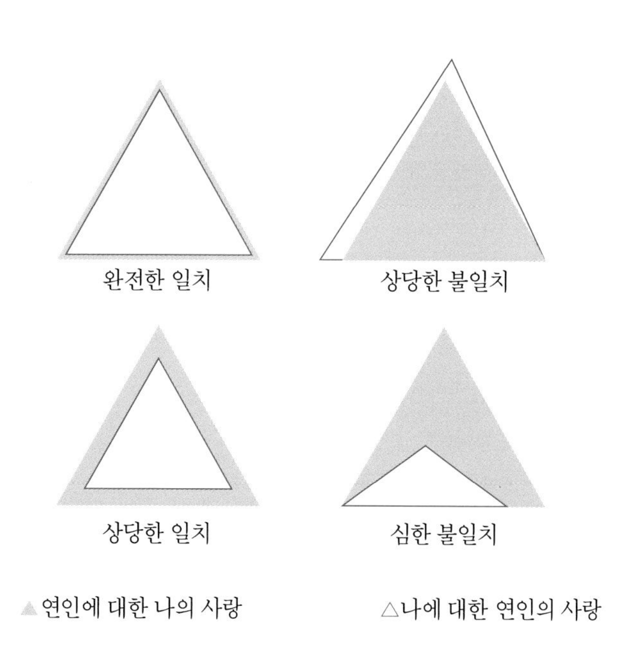

[그림 7-2] 사랑의 삼각형에 대한 두 연인 간의 비교

〈인간관계연습 16〉

사랑의 삼각형 척도–나의 사랑은 어떤 모양일까

다음의 문장들은 현재 당신이 사귀고 있는 이성친구에 대한 당신의 심리상태를 기술한 것이다. 각 문장을 잘 읽고 파트너에 대한 당신의 상태를 잘 나타내는 정도라고 생각되는 적절한 숫자에 ✓ 표 하시오.

전혀 아니다		약간 그렇다		웬만큼 그렇다		상당히 그렇다		매우 그렇다
1	2	3	4	5	6	7	8	9

1. 나는 파트너의 행복을 위해서 적극적으로 지원한다. ······ 1 2 3 4 5 6 7 8 9
2. 나는 파트너와 따뜻한 관계를 맺고 있다. ······ 1 2 3 4 5 6 7 8 9
3. 나는 힘들 때 파트너에게 의지할 수 있다. ······ 1 2 3 4 5 6 7 8 9
4. 파트너는 힘들 때 나에게 의지할 수 있다. ······ 1 2 3 4 5 6 7 8 9
5. 나는 파트너와 나의 모든 것을 공유할 의향이 있다. ······ 1 2 3 4 5 6 7 8 9
6. 나는 파트너로부터 상당한 정서적 지지를 받고 있다. ······ 1 2 3 4 5 6 7 8 9
7. 나는 파트너에게 상당한 정서적 지지를 주고 있다. ······ 1 2 3 4 5 6 7 8 9
8. 나는 파트너와 말이 잘 통한다. ······ 1 2 3 4 5 6 7 8 9
9. 나는 내 인생에서 파트너를 매우 중요시한다. ······ 1 2 3 4 5 6 7 8 9
10. 나는 파트너와 친밀감을 느낀다. ······ 1 2 3 4 5 6 7 8 9
11. 나는 파트너와 편안한 관계를 느끼고 있다. ······ 1 2 3 4 5 6 7 8 9
12. 나는 파트너를 정말 이해하고 있다고 느낀다. ······ 1 2 3 4 5 6 7 8 9
13. 나는 파트너가 나를 정말 이해하고 있다고 느낀다. ······ 1 2 3 4 5 6 7 8 9
14. 나는 내가 파트너를 정말 신뢰한다고 느낀다. ······ 1 2 3 4 5 6 7 8 9
15. 나에 관한 매우 개인적인 정보를 파트너와 공유하고 있다. ······ 1 2 3 4 5 6 7 8 9
16. 파트너를 보기만 해도 나는 흥분된다. ······ 1 2 3 4 5 6 7 8 9
17. 나는 낮에도 파트너에 대해서 생각하는 나 자신을 자주 발견한다. ······ 1 2 3 4 5 6 7 8 9
18. 파트너와 나의 관계는 정말 낭만적이다. ······ 1 2 3 4 5 6 7 8 9
19. 나는 파트너가 매우 매력적이라고 느낀다. ······ 1 2 3 4 5 6 7 8 9
20. 나는 파트너를 이상화하고 있다. ······ 1 2 3 4 5 6 7 8 9

21. 내 파트너처럼 나를 행복하게 만들 수 있는 사람을 상상할 수 없다. ……………1 2 3 4 5 6 7 8 9
22. 나는 다른 어떤 사람보다도 파트너와 함께 있고 싶다. ……………1 2 3 4 5 6 7 8 9
23. 파트너와의 관계보다 더 중요한 것은 이 세상에 없다. ……………1 2 3 4 5 6 7 8 9
24. 나는 파트너와 신체적으로 접촉하는 것을 특히 좋아한다. ……………1 2 3 4 5 6 7 8 9
25. 파트너와의 관계에는 마술적인 점이 있다. ……………1 2 3 4 5 6 7 8 9
26. 나는 파트너를 찬미한다. ……………1 2 3 4 5 6 7 8 9
27. 나는 파트너 없는 인생을 생각할 수 없다. ……………1 2 3 4 5 6 7 8 9
28. 파트너와 나의 관계는 열정적이다. ……………1 2 3 4 5 6 7 8 9
29. 낭만적인 영화나 책을 볼 때면 파트너를 생각하게 된다. ……………1 2 3 4 5 6 7 8 9
30. 나는 파트너에 대해서 공상을 하곤 한다. ……………1 2 3 4 5 6 7 8 9
31. 내가 파트너에 대해서 염려하고 있다는 것을 알고 있다. ……………1 2 3 4 5 6 7 8 9
32. 나는 파트너와의 관계를 지속시키기 위해 최선을 다하고 있다. ……………1 2 3 4 5 6 7 8 9
33. 다른 사람이 우리 사이에 끼어들지 않도록 나는 파트너에 대해 헌신할 것이다. ……………1 2 3 4 5 6 7 8 9
34. 나는 파트너와의 관계가 흔들리지 않을 것이라는 점에 대해 자신감을 가지고 있다. ……………1 2 3 4 5 6 7 8 9
35. 나는 어떤 난관에도 불구하고 파트너에게 헌신할 것이다. ……………1 2 3 4 5 6 7 8 9
36. 파트너에 대한 나의 사랑은 남은 인생 동안 계속되리라고 예상한다. ……………1 2 3 4 5 6 7 8 9
37. 나는 파트너를 위해서 항상 강한 책임감을 느낄 것이다. ……………1 2 3 4 5 6 7 8 9
38. 파트너에 대한 나의 사랑은 확고한 것이다. ……………1 2 3 4 5 6 7 8 9
39. 나는 파트너와의 관계가 끝나는 것을 상상할 수 없다. ……………1 2 3 4 5 6 7 8 9
40. 나는 파트너에 대한 나의 사랑을 확신한다. ……………1 2 3 4 5 6 7 8 9
41. 나는 파트너와의 관계가 영원히 지속될 것이라고 생각한다. ……………1 2 3 4 5 6 7 8 9
42. 나는 파트너와 사귀는 것을 잘한 결정이라고 생각한다. ……………1 2 3 4 5 6 7 8 9
43. 나는 파트너에 대한 책임의식을 느낀다. ……………1 2 3 4 5 6 7 8 9
44. 나는 파트너와의 관계를 계속 유지할 작정이다. ……………1 2 3 4 5 6 7 8 9
45. 설혹 파트너와 갈등이 생긴다 해도, 나는 여전히 우리 관계를 유지할 것이다. ……………1 2 3 4 5 6 7 8 9

채점 및 해석

사랑의 요소	문항번호 및 채점방식
친밀감	1~15번까지 점수 합산 ______점 ÷ 15 = ______점
열정	16~30번까지 점수 합산 ______점 ÷ 15 = ______점
헌신	31~45번까지 점수 합산 ______점 ÷ 15 = ______점

나의 사랑 삼각형 그리기

'사랑의 삼각형 척도'를 통해 얻은 사랑 삼각형을 이루는 세 가지 요소들의 점수를 각각 세 변의 길이로 하여 사랑 삼각형을 그려 보자. 그리고 다음 물음에 관해 생각해 보면서 사랑의 관계를 이해하고 개선하는 계기가 되도록 할 필요가 있다.

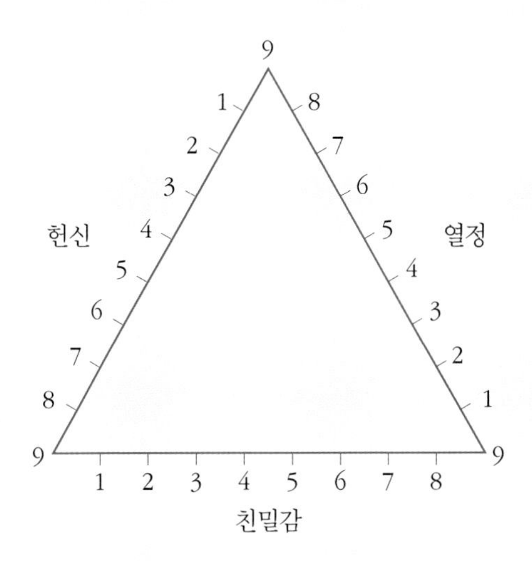

- 당신의 사랑 삼각형은 어떤 모양을 하고 있는가?
- 어떤 구성요소가 가장 크고, 어떤 구성요소가 가장 작은가?
- 이것은 당신의 사랑에 대해 무엇을 의미하는가?
- 이것은 파트너가 추구하는 사랑과 얼마나 일치하는가?
- 앞으로 자신이 추구하고 싶은 사랑의 유형을 위해 무엇을 시도해 볼 수 있는지 이야기 나누어 보자.

3. 사랑의 발전과 종결

1) 사랑의 발전단계

처음에 서먹하고 낯설어하던 두 남녀는 만남의 횟수가 증가하면서 점차 친밀감을 느끼고 열정을 가지고 이 사람만을 사랑해야지 하는 의사결정과 헌신을 하게 된다. 사회심리학자들은 이와 같이 서로를 사랑하는 이성관계처럼 인간관계가 심화되는 과정을 사회적 침투(social penetration)라고 표현한다. Altman과 Taylor(1973)는 이성관계의 발전 과정을 다음과 같은 사회적 침투 과정으로 설명하고 있다.

첫째, 첫인상 단계(first impression stage)다. 이 단계에서는 상대방을 만나 외모나 행동관찰을 통해 인상을 형성한다. 이 단계에서 호감을 갖게 되면 상대에 대한 관심이 높아져 더 알고 싶은 마음이 생겨나며 개인적 정보를 알기 위해 여러 가지 노력을 하게 된다.

둘째, 지향단계(orientation stage)다. 이 단계에서는 서로 자신에 대한 피상적인 정보만을 교환하며 상대방이 자신에게 호감을 가지고 있는지 탐색한다. 대부분의 만남이 이 단계에서 끝난다. 지향단계에서 상대로부터 거부를 당해 자존심이 상할 수 있으나, 마음의 상처는 그다지 깊지 않다.

셋째, 탐색적 애정교환단계(exploratory affective exchange stage)다. 이 단계에서는 상대방을 좋아하는 감정을 어떻게든 알리려고 하고 상대방이 자신을 어떻게 생각하는지 확인하려 한다. 그러나 애정표현이 상대방이 허용한 범위를 넘어가면 상대방에게 부담을 주게 되어 관계가 더 이상 진전이 없거나 종결될 수 있다. 이 단계는 살얼음판을 걷듯 가장 예민하고 불안정한 단계이며, 상대방으로부터 거부를 당할 경우 이미 감정이 상당 수준 개입되었기 때문에 상당한 아픔을 겪을 수 있다.

넷째, 애정교환단계(affective exchange stage)다. 이 단계에서는 편안하게 상대를 칭찬하며 비판도 한다. 서로 사랑하는 연인 사이라는 것을 암묵적으로 인정하고 빈번한 전화통화, 만남, 선물이나 편지를 주고받으며 서로를 위한 깜짝 이벤트를 준비하기도 한다. 사랑에 대한 약속을 한 상태가 아니기 때문에 여전히 사랑에 대한 확신은 없고 상대의 사랑을 확인하고 신뢰를 형성해 가는 단계다.

다섯째, 안정된 교환단계(stable exchange stage)다. 이 단계에서는 서로 마음을 터놓고 대화를 하며 서로의 소유물에도 마음 놓고 접근하며, 상대방의 사랑에 대한 확신을 갖게 되고 결혼 약속을 하게 된다. 이 단계에서 결혼에 이르게 되는 경우는 행복한 경우이지만, 부모의 반대, 유학, 질병, 죽음 등의 이유로 결혼에 이르지 못하고 헤어지는 경우, 두 사람은 평생 잊지 못할 마음의 상처를 입게 된다.

2) 사랑의 붕괴

흔히 사랑은 불꽃처럼 일어나 영원을 약속하지만 많은 사람들이 애초의 기대나 희망을 이루지 못하고 끝내고 만다. 그렇다면 무엇 때문에 사랑은 성공하기도 하고 실패하기도 하는가? 이러한 의문을 풀기 위해 Hill 등(1979)은 성공적인 사랑과 실패한 사랑을 조사하여 이를 설명할 수 있는 요인들을 도출하였다. 그 결과, 지속적인 사랑을 유지하여 사랑에 성공한 커플들과 비교했을 때 사랑에 실패한 커플들은 처음 2년 동안 서로에게 밀착되지 않았으며 평등한 관계를 유지하지 못했다. 즉, 남자나 여자 중 한 사람이 그들 관계에 더 흥미가 있었고 더 많은 것을 투자했다. 그리고 서로 비슷한 점이 더 적었다.

한편, Duck(1982)은 사랑이 어떻게 끝나는가를 설명하는 모델을 제시하였는데, 이는 다음과 같은 네 단계로 이루어져 있다.

첫째, 일반적 심리 단계로 연인관계 종결의 발단이 되는 일을 경험하고 더 이상 참을 수 없는 것으로 인식할 때 일어난다. 이 단계에서는 상대방의 행동 중에서 사랑을 종결시키는 원인이 될 수 있는 행동에 대한 평가를 한다.

둘째, 양방적 인지 단계로 두 사람은 사랑을 끝내게 할 수 있는 어떤 실마리를 인지하고 이 문제 때문에 상당한 시련을 경험한다. 이때 그들은 사랑을 유지하면서 갈등

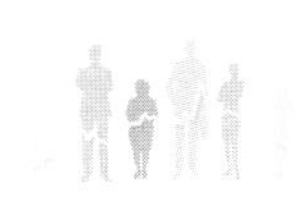

의 원인을 제거하는 것과 같이 관계를 개선할 것인지 아니면 끝낼 것인지를 결정해야 한다.

셋째, 사회적 단계로 더 이상 길이 없다고 판단되어 사랑을 끝내기로 결정했으면 이제 사회적 적응을 위한 다른 시도가 시작된다. 이때 주위 사람들에게 관계 종결에 대한 변명을 준비하는데, 이것은 다른 사람과 사랑을 해야 할 경우의 대비라고 할 수 있다.

넷째, 정리 단계로 두 사람의 관계를 정신적으로나 육체적으로 완전히 끝내는 시기다. 이 단계에서는 자존심에 상처를 받지 않으면서 주위 사람들에게 합리적으로 보이기 위해 사랑이 종결된 이유를 일부러 설명하기도 한다.

3) 사랑의 발달과 유지를 위한 전략

사람이 자신의 사랑 관계를 발전시키고 지속할 기회를 증진시킬 수 있는 방법이 있는가? 다행스럽게도, 이러한 의문에 대해 어느 정도 조언을 할 수 있을 만큼의 연구가 최근까지 이루어져 왔다. 여기서는 사랑을 발달시키고 유지하기 위하여 마음에 새겨 두어야 할 몇 가지 조언들에 대하여 살펴보기로 한다(이주희, 최은정, 최명선, 박희현, 진혜경, 2008; 정진선, 문미란, 2008).

첫째, 상대방을 이해하려고 노력하라. 우리가 남녀의 차이에 대해 알고 나면 이해의 폭은 보다 넓어질 수 있다. 남녀의 차이에 대해 Gray(1992)는 결혼의 위기에 처한 2만 5천여 부부들을 위한 세미나를 통해 얻어진 결과로 집필한 『화성에서 온 남자 금성에서 온 여자』에서 남녀의 사랑 욕구가 어떻게 다른지 설명하고 있다. 즉, 남자는 신뢰와 인정, 찬사를 받고 싶어 하지만, 여자는 관심과 이해, 공감을 받고 싶어 한다. 그리고 남자는 목표지향적이며 유능함, 자율적 힘을 과시하고 싶어 하기 때문에 누군가가 자기를 필요로 한다고 느낄 때 힘이 솟는다. 반면, 여자는 관계지향적이어서 친밀감과 관심, 보살핌과 대화를 원하기 때문에 누군가가 자기를 사랑하고 있다고 느낄 때 마음이 움직인다.

둘째, 나의 마음을 솔직하게 표현하라. 좋은 인간관계에서 자기개방은 매우 중요한 요소다. 특히 연인관계에서는 더욱 그러하다. 예를 들면, 그 혹은 그녀가 도대체 무슨 생각을 하고 있는지 알 수 없어 표현하지 않는 상대의 사랑을 의심하며 온갖 상상을 한다. 그러다 헤어질 구실을 찾게 되고, 상처를 받는 것이 두려워 상대방보다 먼저 이별 선언을 하기도 한다. 사랑하는 사람끼리 자신이 무엇을 원하는지 속마음을 터놓고 말할 수 있다는 것은 그만큼 두 사람의 관계가 돈독하다는 것을 말해 준다. 그러므로 생활 속에서 자기를 개방하고 솔직하게 표현하는 연습이 필요하다.

셋째, 좋은 경청자가 되라. 효과적인 대인관계에서 필요로 하는 의사소통 기술은 연인관계에서도 반드시 필요하다. 이를 위해 우선 상대방의 말을 잘 경청해야 한다. 경청하기(listening)는 의사소통의 기본적인 과정이며 상대방이 보내는 소통 내용에 주의를 기울이고 이해를 위해 노력하는 행동을 의미한다. Perls는 인간관계에서 진실인 '경청 대 싸움', 즉 "경청하는 사람은 싸우지 않고 싸우는 사람은 경청하지 않는다."라고 상대방을 제안하면서 잘 경청하면 그를 이해하고 싸우지 않게 된다는 것을 강조하였다. 더욱 중요한 것은 자신이 공감하고 이해하고 있다는 사실을 상대방에게 전달하는 것이며, 특히 상대방에 대한 부정적 감정을 전달할 때 나-전달법(I-message)을 사용하는 것이 매우 중요하다.

넷째, 사랑을 하려면 변화와 용기를 가져라. 남녀가 사랑하는 과정에서 늘 좋은 일만 있는 것은 아니다. 상대방에 대해 욕구불만, 좌절, 상실감, 실망, 그리고 견디기 어려운 고통도 있을 수 있다. 이러한 시련을 극복하기 위해서는 자신이 먼저 변화하고 그 변화를 위한 용기를 가져야 한다.

다섯째, 낭만적 사랑을 너무 기대하지 마라. 사춘기 소녀가 백마 탄 왕자님을 꿈꾸듯이, 성인이 되어서도 낭만적인 사랑을 꿈꾸는 사람들이 여전히 많다. 그런 사람들은 첫눈에 반해 눈이 멀어 버리는 그런 상대를 만나고자 한다. 또한 사랑도 그렇게 낭만적으로 지속되길 원한다. 그러나 열정만 있는 그런 사랑은 쉽게 달아 오른 만큼 쉽게 식어 버린다. 예를 들면, 애초에 상대의 장점만 보이고 단점까지도 장점으로 보였지만, 시간이 지나 열정이 사라지게 되면 상대방의 단점들이 눈에 띄기 시작하면서 실망감이 더욱 커지게 된다. 그러므로 사랑은 낭만적인 것인 동시에 현실적인 것이라는 것을 명

심할 필요가 있다.

여섯째, 갈등 자체가 관계를 저해하는 것이 아니라 갈등을 해결하려는 노력의 실패가 관계를 저해한다는 것을 명심하라. 서로 성장환경, 성격 그리고 취향이 다른 두 남녀가 가까운 연인관계를 맺게 되면, 불가피하게 크고 작은 갈등을 경험하게 된다. 이처럼 연인 사이의 갈등이 반복해서 생겨나고 이를 효과적으로 해결하지 못하면, 연인관계는 붕괴된다. 따라서 '갈등이 있으니까 서로가 맞지 않는가 보다' 하고 지레짐작하기보다는 그 문제를 어떻게 합리적으로 해결할 것인가에 초점을 두어야 할 것이다.

일곱째, 끝은 새로운 시작일 수 있다는 사실을 받아들여라. 끝이라는 것은 새로운 시작을 의미하기도 한다. 끝내는 것과 그 후의 변화가 두려워 불행한 관계를 지속시키고 있는가? 불행한 관계를 계속 그대로 유지하는 것보다는 적어도 보다 긍정적인 결과가 잠재되어 있는 불확실한 미래를 택하는 것이 보다 현명할 수도 있다.

〈읽기자료 5〉

[사랑, 그 알 수 없는 미스터리]

생텍쥐페리는 "사랑은 서로를 쳐다보는 것이 아니라 같은 곳을 바라보는 행위다."라고 말했다. 서로를 쳐다보는 것이 사랑에 빠진 것이라면 같은 곳을 바라보는 것은 그 단계를 넘어 사랑하는 관계로 발전한 것이다. 즉, 열정의 단계를 넘어 서로 애착을 가지는 단계까지 진행한 상황이다. 이러한 연인 사이에는 신의의 호르몬인 옥시토신이 분비된다. 옥시토신은 '빠른 출산'이란 의미의 그리스어에서 온 말로 자궁벽을 수축시키고, 유선을 발달시키는 등 산모와 관련이 많다. 또한 동물들에게 옥시토신을 주입하면 바로 짝짓기 행동을 보인다. 즉, 옥시토신은 서로 잠자리를 같이하고 싶다는 느낌을 주는 역할을 한다.

하지만 옥시토신이 단순히 잠자리를 같이하게 만드는 역할만 하는 것은 아니다. 잠자리에서 얻어지는 쾌락을 통해 오랜 세월 동안 부부가 서로 사랑하도록 만들어 준다. 미국의 생리학자이자 과학 저널리스트인 제레드 다이아몬드 교수는 "섹스의 쾌락은 우리의 유전자 복제 노력에 대한 유전자의 보상이다."라는 말을 했다. 섹스를 통해 유성생식을 해야 하는 동물들은 모두 이러한 유전자의 보상체계 덕분에 종족 보존이 가능한 것이다.

사랑에 빠져 모든 것을 제쳐 놓고 사랑을 얻기 위해 행동하는 것은 그 개체에게 위험한 행동이다. 바퀴벌레 약은 바로 바퀴벌레가 번식을 위해 물불을 가리지 않는 특성을 이용한 것이다. 사랑에 빠졌을 때 주어지는 행복감이 위험에 대한 유전자의 보상이라는 해석은 1년 후부터 낭만적 사랑이 식어 가는 이유도 잘 설명해 준다. 만약 두 연인이 낭만적 사랑에 빠져 사랑 외에는 나몰라라 한다면 결국 자신과 연인 그리고 후손에게도 해가 된다. 따라서 자연은 열정적 사랑의 기한을 설정해 둔 것이다. 하지만 열정적 사랑이 식는다고 모든 것이 끝나는 것은 아니다. 열정적 사랑이 끝나면 서로 믿고 신뢰할 수 있는 새로운 사랑으로 진행하기 때문이다. 화학물질로 본다면 '사랑은 움직이는 것'이 아니라 '사랑은 변하는 것'이다. 키스를 할 때 짜릿한 이유(한꺼번에 많은 전기화학적 신호가 안면을 통해 뇌로 몰리면서 이런 짜릿한 느낌을 받게 된다)가 밝혀졌다고 해서 첫 키스가 주는 황홀함이 감소하는 것은 아니다. 이와 마찬가지로 사랑의 각 단계마다 다른 화학물질이 분비되고, 화학물질에 의해 우리의 사랑이 좌우된다고 사랑의 위대함이나 신비함이 사라지는 것은 아니다.

우리의 뇌에는 은하계의 별보다 많은 수의 신경세포가 무한에 가까운 결합 방식을 가지고 있다. 사랑을 조절하는 화학물질이 어떤 역할을 하는지 안다고 하더라도 이 많은 신경세포에 어떻게 작용할지 알아내는 것은 아직까지 우리 능력 밖의 일이다. 단지 우리는 이러한 연구를 통해서 사랑에 빠지는 데 도움을 줄 수 있을 뿐이다.

출처: 한국바스프 인터넷 웹진(2006년 11월 12일자).

참고문헌

김경숙 역(2010). 화성에서 온 남자 금성에서 온 여자. 서울: 동녘라이프.

김중술(1994). 新 사랑의 의미. 서울: 서울대학교 출판부.

이주희, 최은정, 최명선, 박희현, 진혜경(2008). 인간관계론. 경기: 공동체.

정진선, 문미란(2008). 인간관계의 심리: 이론과 실제. 서울: 시그마프레스.

Altman, I., & Taylor, D. (1973). *Social Penetration: The Development of Interpersonal Relationships.* New York: Holt, Rinehart and Winston.

Davis, K. E. (1985). Near and dear: Friendship and love compared. *Psychology Today, 19*(2), 22-30.

Duck, S. (1982). *Topography of Relationship Disengagement and Dissolution, Personal Relationships: Dissolving Personal Relationships.* London, England: Academic Press.

Gray, J. (1992). *Men are from Mars, women are from Venus: A practical guide for improving communication and getting what you want in your relationships.* New York: Harper Collins.

Hill, C. T., Rubin, Z., Peplau, L. A., & Willard, S. G. (1979). The volunteer couple: Sex differences, couple commitment and participation in research on interpersonal relationships. *Social Psychology Quarterly, 42*, 415-420.

Lee, J. A. (1988). Love-styles. In R. J. Sternberg & M. L. Barnes (Eds.), *Psychology of love* (pp. 38-67). New Haven, CT: Yale University Press.

Sternberg, R. J. (1997). Construct validation of a triangular love scale. *European Journal of Social Psychology, 27*(3), 313-335.

Sternberg, R. J. (1998). *Cupid's arrow: The course of love through time.* New York: Cambridge University Press.

Sternberg, R. J. (2004). A triangular theory of love. In H. T. Reis & C. E. Rusbult (Eds.), *Close relationships* (pp. 213-228). New York: Psychology Press.

Sternberg, R. J. (2007). Triangulating love. In T. J. Oord (Ed.), *The altruism reader: Selections from writings on love, religion, and science* (p. 332). West Conshohocken, PA: Templeton Foundation.

Weiten, W., & Lloyd, M. (1997). *Psychology Applied to Modern Life*. Pacific Grove. CA: Brooks/Cole.

한국바스프 인터넷 웹진(webzine.bast-korea.co.kr). 2006년 11월 12일자.

제8장

1998년 4월 고성 이씨(固城李氏) 문중 묘를 이장하던 중 이응태(李應台: 1556~1586)의 묘에서 발굴된 한글 편지입니다. 젊은 나이에 세상을 먼저 떠난 남편에게 쓴 편지로, 남편을 잃은 아픔과 그에 대한 사랑이 구구절절 쓰여 있습니다.

〈편지 전문〉

원이 아버님께

병술 유월 초하룻날 집에서

당신 늘 나에게 말하기를 둘이 머리 세도록 살다가 함께 죽자 하시더니

어찌하여 나를 두고 당신 먼저 가시는가요?

나하고 자식은 누구에게 의지하여 어떻게 살라고 다 버리고 당신 먼저 가시는가요?

당신 날 향해 마음을 어떻게 가졌고 나는 당신 향해 마음을 어떻게 가졌던가요?

늘 당신에게 내가 말하기를 함께 누워서 이보소 남도 우리 같이 서로 어여삐 여기고 사랑할까

결혼과 인간관계

남도 우리 같을까 하며 당신에게 말했는데 어찌 그런 일은 생각도 않고 나를 버리고 먼저 갔나요?

당신을 여의고 아무래도 내 살 수가 없어 빨리 당신에게 가고자 하니 나를 데려가세요.

당신 향한 마음은 이생에서 잊을 수 없으니 아무리 해도 서러운 뜻이 끝이 없으니

이내 마음 어디에다 두고 자식 데리고 당신을 그리워하며 살까 하노이다.

이 내 편지 보시고 내 꿈에 자세히 말해 주세요.

내 꿈에 이 편지 보신 이야기 자세히 듣고저 이렇게 써 넣으니 자세히 보시고 나에게 말해 주세요.

당신 내 밴 자식 낳거든 보고 말할 일 있는데 그리 가시니 밴 자식 낳거든 누구를 아빠 하라고 하시는가요?

아무리 한들 내 마음 같을까 이런 천지 같은 한이 하늘 아래 또 있을까.

당신은 한갓 그곳에 가 계실 뿐이지만 아무리 한들 내 마음같이 서러울까.

그지없어 다 못 적고 대강만 적으니 이 내 편지 자세히 보시고 내 꿈에 자세히 보이고 자세히 말해 주세요.

나는 꿈에 당신을 보리라 믿고 있습니다.

몰래 보여 주세요.

그지없어 이만 적습니다.

두 남녀가 사랑을 하고, 이러한 사랑의 결실로 결혼에 이르게 된다. 이처럼 연인관계가 부부관계로 바뀌게 되는 것이다. "검은 머리가 파뿌리가 되고 죽음이 서로를 갈라놓을 때까지 서로 사랑하겠는가?"라는 주례사의 혼인 서약에 두 남녀는 "네!"라고 대답하고 부부가 된다.

혹자는 '결혼은 해도 후회, 안 해도 후회'라고 말한다. 행복한 결혼생활은 화목한 가정을 위한 밑거름이 되고, 한 개인의 행복을 결정하는 가장 중요한 인간관계다. 철학자 피카이로가 "결혼이란 단순히 만들어 놓은 행복의 요리를 먹는 것이 아니라, 이제부터 노력해서 행복의 요리를 둘이서 만들어 먹는 것이다."라고 말한 것과 같이, 결혼은 완성이 아니라 사랑하는 두 사람이 끊임없는 대화와 노력을 통해 가꾸어 나가는 새로운 시작이라고 할 수 있다. 여기서는 결혼의 의미, 결혼을 하는 이유, 결혼에 이르는 과정, 결혼생활의 적응, 그리고 성공적인 부부관계를 위해 노력할 점 등에 대해서 살펴보고자 한다.

1. 결혼의 의미

결혼은 사회적으로 인정된 남녀 한 쌍의 정신적 · 육체적 결합이자 가정 형성의 기본이 된다. 개인적 측면에서 결혼은 인간에게 정서적 안정과 성적 만족을 준다. 사회적 측면에서 결혼은 성 질서와 종족 보존을 통해 사회 안정에 기여하며, 사회문화를 계승한다. 나아가 결혼은 인간이 독립된 개체로서 부부, 부모 등의 역할을 수행하고 보다 성숙한 인격 완성에 이르는 여정이며 삶의 궁극적 목적인 자아실현의 수단이라 할 수 있다(김혜숙, 박선환, 박숙희, 이주희, 정미경, 2008).

강문희, 이광자 그리고 박경(2003)은 결혼의 의미에 대하여 다음과 같이 일곱 가지로 요약하여 설명하고 있다.

첫째, 결혼은 사랑의 실현이다. 현대의 결혼 욕구 중 가장 강한 동기는 사랑하는 사

람과 함께 있고 싶어서다. 따라서 결혼을 통해 합법적으로 떳떳하게 함께 살고 결혼생활을 통해 성숙한 사랑을 맺어 나간다.

둘째, 결혼을 통해 성적관계의 합법성을 부여받고 이를 충족시키기 위해서다. 성숙한 남녀는 생물학적으로 성욕구를 표현하게 되는데, 이것에 대해서 사회가 합법적으로 인정하고 성관계를 허용하는 제도가 바로 결혼이라고 할 수 있다.

셋째, 결혼을 통해 남녀 간의 경제적 협력이 가능함으로 경제적 안정을 얻을 수 있다. 최근의 한 조사에서도 미혼 직장인의 91.3%가 맞벌이에 찬성하는 것으로 나타나서 기혼 직장인의 85.7%보다 더 높게 나타났다(경향신문, 2008년 3월 6일자). 배우자를 선택할 때도 경제적으로 안정된 직업을 가진 여성 혹은 안정된 직장을 가진 남성을 좋은 배우자의 조건으로 보는 것이 이와 관련된다.

넷째, 결혼을 통해 자녀를 출산할 기회를 갖게 된다. 전통사회에서 결혼은 자녀 출산과 가계 계승의 중요한 수단 중의 하나였다. 오늘날에도 적절한 시기에 자녀를 갖고 싶은 욕구도 결혼을 결정하는 중요한 요인이 된다.

다섯째, 결혼을 통해 정서적 안정을 이룰 수 있다. 개인은 여러 사람에게서보다 각별한 한 사람과의 관계에서 더 친밀한 일대일의 관계를 유지시켜, 이를 통하여 자신의 정서적 욕구가 충족되기를 바라기도 한다.

여섯째, 진정한 어른이라는 신분을 획득한다. 결혼을 통하여 부모로부터 독립하고 독립된 신분을 획득할 수 있으므로 결혼을 하려는 욕구가 작용한다. 특히 우리 사회는 결혼을 해야 진정한 어른으로서 대접을 해 주는 의식이 강하다.

일곱째, 결혼을 통해 사회적 기대에 부합하기 위해서다. 특히 가족주의가 강한 우리나라에서는 적절한 시기에 결혼을 하지 않고 있으면 주위 사람이나 환경으로부터 압력을 받게 된다.

결국 결혼은 인간의 요구와 의무 간에 균형을 잘 유지하고 책임 있는 역할을 수행하도록 하며, 이를 통해 성숙된 인격체로 완성되어 가는 인생의 중대한 과제라고 할 수 있다.

2. 결혼의 과정

수많은 이성 중에서 한 사람의 결혼 상대자를 만나는 과정은 가히 운명적이라고 할 만큼 신비스럽고 놀랍다. 이렇게 배우자를 선택하는 것은 직업을 선택하는 것 이상으로 어렵고도 중요한 선택과제다.

Cleveland, Udry 그리고 Kim(2001), Udry(1997)는 배우자를 선택하는 과정에서 일종의 정수기 여과망처럼 결혼시장에서 점차적으로 자신에게 맞는 요소들을 찾아 나간다는 여과망(filter) 모델을 설정하였다. 이 이론에 따르면, 배우자 선택의 초기단계에서는 인종, 연령, 교육 수준, 사회경제적 지위, 종교와 같은 사회적 특성이 중요한 역

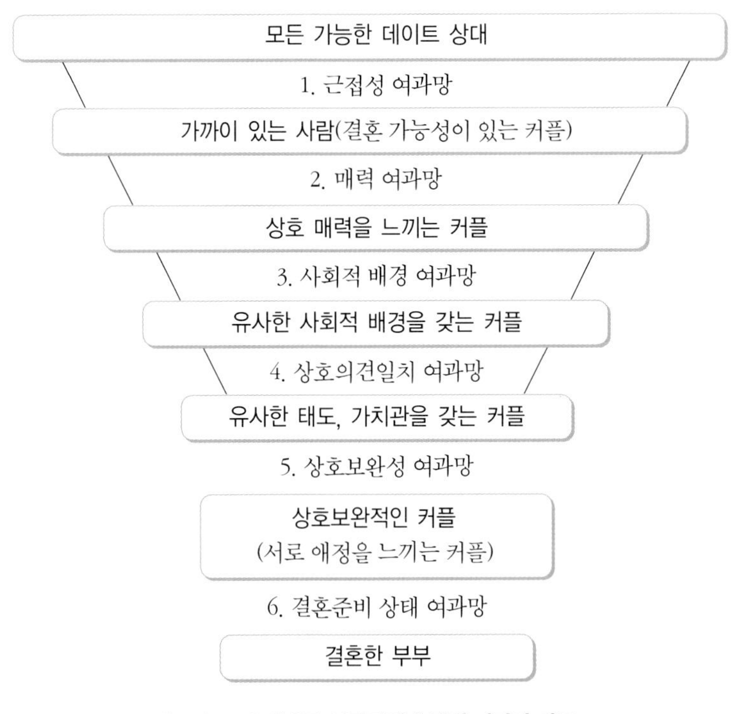

[그림 8-1] 배우자 선택과정에 대한 여과망 이론

출처: Udry(1997).

할을 한다. 이후 관계가 점차 진전되면서 가치관, 인생관, 흥미, 관심사와 같은 개인적 특성의 공유와 공감이 더 중요한 역할을 하게 된다. 그리고 더욱 친밀한 관계로 진행되어 약혼이나 결혼을 생각하는 단계에 이르면, 상호보완성이 중요한 선택기준으로 작용한다.

Udry(1997)에 따르면, 결혼 상대자가 선택되기까지 6개의 여과망이 존재한다. 모든 가능한 결혼 상대자는 이러한 여과망을 하나씩 거치면서 걸러져 그 대상이 좁혀지고 결국 마지막 한 사람을 선택하게 된다. 이러한 선택과정을 그림으로 표시한 것이 [그림 8-1]이다. 배우자 선택과정에 대한 여과망은 다음과 같은 6단계를 거치게 된다.

첫째, 근접성 여과망을 통하여 모든 가능한 대상자 가운데 현실적 · 지리적으로 쉽게 만날 수 있는 사람들로 그 대상이 제한된다. 가령, 이것은 현재 서울에 거주하고 있는 한 남성은 제주도에서 사는 여자보다는 서울에서 사는 여자와 결혼할 가능성이 높다는 말이다. 마찬가지로 교사로 일하는 여성은 같은 직업을 가지고 있는 남자와 만나 결혼할 가능성이 높다.

둘째, 매력 여과망을 통하여 서로에게 매력을 느끼며 호감을 갖는 사람들로 그 대상은 다시 좁혀진다. 매력을 느끼는 요인은 개인에 따라 다르지만, 상대방의 행동을 관찰한 결과에 의해 인성, 외모, 능력 등이 포함된다. 처음 만났을 때는 신체적 매력이 호감을 촉진시키는 데 중요하게 작용하지만, 장기간 사귀는 과정에서는 능력이나 성격적인 요인들이 매력으로 작용할 수 있다.

셋째, 사회적 배경 여과망을 통하여 인종, 연령, 종교, 사회경제적 지위, 직업, 교육수준 등이 비슷한 커플들끼리 맺어질 가능성이 높다.

넷째, 상호의견일치 여과망을 통하여 정치 · 경제 · 사회 · 가정에 대한 관점, 여성의 지위와 역할에 대한 태도 등 인생관과 가치관이 유사해서 의견 합치가 이루어진 경우 두 사람은 결혼할 가능성이 더욱 높아진다.

다섯째, 상호보완성 여과망을 통하여 상호 간의 욕구와 필요를 서로 충족시켜 줄 수 있고, 어느 한 편의 단점을 다른 편에서 보완해 줄 수 있을 때 결혼 가능성이 증가된다.

끝으로, 결혼준비 상태라는 여과망을 통과함으로써 비로소 결혼에 이르게 된다.

이와 같이 여러 여과망을 통과했더라도 결혼준비 상태가 되어 있지 않다면 결혼이 성사되기 어렵다. 예를 들면, 아마도 남자는 병역의무를 마치고 대학을 졸업해서 취업한 후, 그리고 여자는 대학을 졸업한 후 혼기에 만난 사람과 결혼할 가능성이 가장 높을 것이다. 하지만 배우자를 선택하는 것은 수동적인 과정이 아니며, 자기의지에 의한 능동적인 과정이다. 그러므로 외적인 압력이나 순간적인 감정에 의해서 인생의 동반자를 선택해 버린다는 것은 매우 위험한 일이다.

3. 배우자의 선택

오늘날 세 쌍 중의 한 쌍, 혹은 두 쌍의 한 쌍이 이혼하는 심각한 가족 문제들에도 불구하고, 여전히 지구상의 95% 이상은 한 번 이상의 결혼을 한다(이태연, 이인수, 정기수, 최명구, 2006). 열정적으로 사랑하여 행복한 결혼생활을 꿈꾸는 커플들도 결혼을 앞두고 '과연 내가 결혼을 잘 결정한 것인가?' 하고 한 번쯤 되물어 보기도 한다. 그렇다면 성공적인 결혼생활과 관련된 요인들에는 어떤 것들이 있을까? 이태연 등(2006)은 다음과 같은 네 가지 요인들을 제시하고 있다.

첫째, 가족 배경 요인으로, 배우자의 결혼 적응은 그들 부모의 결혼만족도와 상관이 있다. 부모가 이혼했던 사람들은 다른 사람들보다 이혼을 경험할 가능성이 높다(Amoto & Keith, 1991). 이것은 결혼의 불안정성이 세대 간에 전이될 확률이 높은 데서 기인한다.

둘째, 연령 요인으로, 커플의 연령이 결혼의 성공 여부와 관련이 있다. 결혼 연령이 낮은 경우 이혼의 비율이 높고, 만혼의 경우 역시 이혼의 가능성이 높다. 만혼의 커플들은 좁은 결혼시장 범위 내에서 선택의 폭이 좁기 때문에 연령이 많은 신혼부부일수록 여러 가지 요인에서 편차가 클 가능성이 높다. 그러한 차이가 결국에는 결혼생활에서 불만과 오해로 나타날 수 있기 때문이다.

셋째, 교제 기간 요인으로, 오랜 시간의 만남을 통해 구애할 경우 결혼 성공의 확률이 높다(Cate & Lloyd, 1988). 보다 오랜 구애 기간은 커플들로 하여금 적합성을 보다

정확하게 평가할 수 있도록 도와준다. 한편, 결혼에 신중한 사람은 결혼 안정성을 촉진하는 태도와 가치를 추구하는 사람이기 때문에 구애 기간과 성공적인 결혼이 비례할 가능성이 높다.

넷째, 성격 요인으로, 배우자의 독특한 성격특성들이 성공적인 결혼을 예측하는 데 방해 요인이 된다. 한쪽 배우자 혹은 양쪽 모두에게 있는 심리적 고통과 정서적 혼란은 결혼 문제와 관련이 있다.

1) 배우자 선택 시 고려할 사항들

평생 동안 함께할 배우자를 선택할 때, 기본적인 숙고와 각자 나름대로의 방침이 필요하다. 그 이유는 단지 몇 개월만 사귀어 본 후 결혼을 하고 나서 '결혼을 후회한다.' '정말 이럴 줄 몰랐다.' 등의 푸념은 너무나 무책임하며, 또한 되돌리기 어렵기 때문이다. 신중하고 사려 깊은 배우자를 위해 고려해야 할 열 가지 원칙을 제시하면 다음과 같다(Warren, 1992).

- 원칙 1: 배우자 선택에서 일어날 수 있는 가장 흔한 실수 일곱 가지를 확인하라.
  - 결혼 결정이 너무 빨리 이루어진 것은 아닌가?
  - 결혼 결정이 너무 이른 나이에 이루어진 것은 아닌가?
  - 한쪽 혹은 양쪽 모두 너무 열렬히 결혼하고 싶어 하는가?
  - 한쪽 혹은 양쪽 모두 다른 누군가를 즐겁게 하기 위해 배우자를 선택하지는 않았는가?
  - 두 사람이 함께한 경험의 토대가 너무 약하지 않는가?
  - 두 사람이 결혼에 대해 비현실적인 기대를 갖고 있지는 않는가?
  - 한쪽 혹은 양쪽 모두 중요한 성격적 혹은 행동적 문제를 갖고 있는데, 이를 간과하고 있지는 않는가?
- 원칙 2: 당신이 이상적으로 생각하는 배우자 상을 분명히 하라.

- 원칙 3: 당신 같은 사람을 아주 좋아하는 사람을 찾아내라.
- 원칙 4: 결혼하기 전에 건강한 사람이 되도록 하라.
- 원칙 5: 당신 마음속 깊은 곳에서 사랑을 느끼는 사람을 찾아내고, 그것을 표현하라.
- 원칙 6: 결혼을 결정하기 전에 열정적인 사랑이 무르익도록 하라.
- 원칙 7: 친밀성의 예술에 숙달되도록 하라.
- 원칙 8: 사랑의 부담으로부터 나오는 갈등을 처리하는 방법을 배워라.
- 원칙 9: 평생에 걸친 관계를 순순히 서약할 수 있을 때까지는 관계가 진행되는 것을 거절하라.
- 원칙 10: 가족과 친구들의 충분한 지지를 받으면서 결혼생활의 행복을 누려라.

이와 같은 배우자 선택의 열 가지 원칙을 점검하고, 각자가 중요시하는 배우자의 개인적인 특성이 무엇인지를 분명히 하고 난 후에 어떤 사람과 친밀한 관계를 형성할 것인지 의사결정을 해야 한다. 누군가와 친밀한 관계를 하기로 결정했다면, 상대방에 대하여 세밀한 분석이 필요하며, 그러한 분석을 기초로 하여 결혼 여부를 최종적으로 결정해야 할 것이다.

결혼 상대자를 결정했다면, 그에 따르는 단념과 포기도 할 줄 알아야 한다. 예를 들어, 책임감이 강하고 열심히 일하며 사회로부터 인정받는 것이 좋아서 그 사람을 선택했다면, 그가 열정을 다해 일하는 것을 이해하고 받아들여야 할 것이다. 그런데 결혼을 한 후에, 일도 열심히 하고 가족과도 많은 시간을 보내 달라고 주장한다면 그것은 어떤 면에서 모순이라고 할 수 있다.

한편, 유영주, 김순옥 그리고 김경신(2000)은 배우자를 선택하여 결혼을 결정할 때, 문제 있는 결혼 결정의 일곱 가지 유형을 제시하고 있다. 실제 결혼한 후 후회를 하거나 불화로 갈등을 겪고 있는 주변 부부를 통해서 혹은 여러 가지 연구들의 결과에 비추어 보면 이러한 사실을 확인할 수 있다.

① 순간적인 열정으로 한 결혼

매력적인 사람과 사랑에 빠지기는 쉽다. 그러나 단기간에 몇 번 만나 보고 바로 결혼을 결정한다는 것은 상대방을 충분히 이해하지 않은 상태에서 출발하므로 갈등이 생기기 쉽다. 순간적인 열정만으로는 상호 이해의 기반이 약하다.

② 현실 도피적 결혼

현재의 불행한 가정에서 탈출하기 위하여, 또는 자신의 목표를 달성하지 못한 좌절감 때문에 별로 원하지도 않은 사람과 결혼을 결정하는 경우 성공적인 결혼생활이 되기 어렵다.

③ 고독감으로부터 도피하기 위한 결혼

누구나 외로움을 느낄 때가 있다. 더구나 자아가 약해져 있을 때에는 자신을 남에게 맡기고 싶을 때가 있다. 그러나 결혼하는 것이 반드시 외로움을 막아 주는 방편이 될 수는 없고, 성숙하지 않은 남녀의 결합은 부부문제, 재정문제, 자녀문제 등 더 많은 문제를 야기할 수 있다.

④ 지위 상승의 수단으로서의 결혼

젊은 남녀들 중에는 보다 나은 경제적 기반 위에서 제2의 인생을 출발하고자 결혼을 자신의 목표 달성 수단으로 삼는 사람이 있다. 그러나 두 사람 간의 사랑이 없는 결혼은 결국 매매혼과 다름이 없으며, 그 생활은 오래 지속되기 힘들다.

⑤ 혼전임신에 의한 결혼

교제를 하는 동안 결혼에 대한 구체적인 생각이 아직 준비되지 않은 상태에서 성적인 접촉을 통해 임신을 하는 경우, 상대방에 대하여 죄의식을 느끼고 결혼을 결심하는 사람이 있다. 그러나 이런 결혼으로 자신의 인생목표가 좌절되거나 연기되는 경우, 그에 대한 원망을 상대방에게 할 수 있으며, 아직 미성숙한 상태에서 부모역할을 잘 수행하지 못하므로 문제가 발생하게 된다.

⑥ 반발에 의한 결혼

교제하는 사람이 다른 사람과 결혼을 했을 경우에 반발하여 결혼하는 경우가 있다. 우리의 전래동요인 '갑돌이와 갑순이'란 노래의 "갑돌이도 화가 나서 장가를 갔더래요. 장가 간 날 첫날밤에 달 보고 울었더래요. 갑돌이 마음은 갑순이뿐이래요. 겉으로는 음음음 고까짓 것 했더래요."라는 구절은 이를 잘 표현하고 있다. 반발에 의한 결혼은 헤어진 사람과의 관계에 얽매여 있고 현재 결혼하는 사람과는 관계가 성립되지 않았기 때문에 문제를 유발시킨다. 사실상 이전 관계에서의 승리자로서 자신을 확립하기 위하여 결혼을 하려는 것이기 때문이다. 반발에 의한 결혼의 부정적 결과를 회피하기 위해서는 과거에 대한 부정적 기억이 현재 관계에 대한 긍정적인 관점으로 대치될 때까지 기다려야 한다. 즉, 현재 함께하는 사람과의 만족스러운 결혼일 때 분노를 초월할 수 있을 것이다.

⑦ 동정에 의한 결혼

어떤 사람은 상대방이 급작스러운 신체적 변화를 경험할 때, 그 관계를 끝내는 것에 대한 죄의식으로 결혼하는 경우가 있다. 결혼에 대한 결정은 상대방에 대한 동정과 감사보다 다른 요인들에 기초를 두어야 한다. 고통받고 있는 약혼자와 결혼해서 단기간의 결과가 긍정적이며 죄의식을 피할 수 있고 '내가 책임감 있는 일을 했다.'는 생각에 의해 침착해질 수 있지만 장기간의 결과는 관계를 쇠약하게 하는 효과를 지니고 있다.

이와 같이 결혼에 대해 너무 환상적으로 생각하여 현실에 맞지 않는 기대를 한다든지, 결혼을 동정이나 의리, 명분 때문에 어쩔 수 없어서 한다든지, 또는 결혼을 도피처나 수단으로 삼는다든지 하여 결혼을 하게 되면 진정한 결혼의 의미를 갖지 못하며, 후에 가족 긴장과 불화의 원인이 될 수 있다. 따라서 결혼의 동기를 수단으로 삼지 말고

친밀한 관계라는 행복추구의 목적에 근거하여 그 자체가 인생의 소중한 경험이 되도록 해야 할 것이다.

2) 내 파트너에 대한 이해

파트너 간에 서로에 대해서 많은 것을 잘 알고 있다면, 그 결혼은 성공할 확률이 높아지게 된다. 그렇지만 자신의 파트너에 대해 잘 이해하기 전에 흔히 저지르는 실수들이 있다(이주희 외, 2008). 첫째, 내 파트너에 대해서 왜 알아야 하는지 그 근본적 이유를 모를 경우다. 둘째, 대부분의 사람들은 파트너에 대해서 어디까지 알아야 하는지를 잘 모른다. 셋째, 파트너에 대해 잘 모르면서도 많이 알고 있다고 착각한다. 넷째, 파트너에 대해 피상적인 것만 알면서 깊이 있게 알고 있다고 착각한다. 예를 들면, '내 파트너는 고등학교까지는 고향에서 다녔고, 대학은 서울에서 다녔다.'는 사실만 알고 있을 뿐 막상 파트너가 서울에서 대학에 다니는 동안 경험하고 느꼈던 것들을 알고자 하지 않는 경우다. 파트너가 겪었던 낯선 도시 생활의 단조로움과 고단함, 자취 생활의 외로움과 고충을 알지 못하면, 결혼 후에 파트너가 혼자 식사하는 것을 왜 그렇게 싫어하는지 알 수가 없다.

파트너에 대해서 알아야 할 것은 무엇일까? 앞에서 살펴보았듯이, 두 사람이 가치관이나 흥미, 종교, 생활양식, 인생 설계 등 공유하는 것이 많을수록 그 관계는 성공적일 가능성이 높다. 파트너에 대해 반드시 알아야 할 것은 그의 성격과 행동이다. 예를 들어, 자존감이 매우 낮거나 융통성이 부족한 경우 그리고 상대방에게 극도로 의존적인 경우에는 가학적이거나 폭력을 사용할 가능성이 높다.

평생 함께 살아야 할 배우자를 선택하는 것은 인생에서 가장 어려운 일 중 하나다. 저 사람이 아니면 못 살겠다는 사랑이 그리 흔한 것도 아니고, 또 설령 그렇게 뜨겁게 사랑해서 결혼했다고 해서 그것이 영원하리라는 보장도 없으니 더더욱 그렇다.

젊었을 때는 남들 앞에서 '나 이런 사람과 산다.'는 것을 자랑하고 싶어서인지 외모와 키가 중요해 보이기도 한다. 또한 학벌은 최소한 어느 대학에, 옷은 어떻게 입어야 하고, 유머감각도 있어야 하고, 악기도 한 가지쯤은 능숙하게 다룰 줄 알아야 하고, 기왕이면 집안도 괜찮고 부자였으면 더욱 좋겠고 등등 외적인 조건에 마음이 가기 일쑤다. 하지만 이러한 조건만을 따져서 결혼하여 몇 년간 살다 보면 그보다는 인간적인 성실성과 부지런함이 중요하다는 사실을 깨닫는다. 그때서야 과거에 그런 사람을 놓친 것을 후회하지만 이미 소용없는 노릇이다.

결혼해서 불행하다고 하는 사람들이 많은 이유가 이처럼 남들 보기에 자랑할 만한 사람을 고르는 어리석음 때문은 아닐지 생각해 볼 만하다. 물론 누구든 그 속을 알 수 없고 어느 때는 자신의 행동이나 마음도 예측할 수 없는 것이 인간이다. 그렇기 때문에 배우자에 대한 자신의 선택에 후회가 없으려면 최소한의 체크 리스트가 필요하다.

데이트 상대자에 대해 좀 더 알고 싶다면 데이트 중에 다음과 같은 질문을 던져 보는 것도 좋다.

1. 인간적으로 성숙하려는 의지가 있는 사람인가?
   ① 과거 몇 년간 마음에 상처를 받은 일이 있는가? 그리고 그 일은 그에게 어떤 변화를 가져왔는가?
   ② 정서적 약점은 무엇이며, 그 이유는 무엇 때문이라고 생각하는가?
   ③ 가족이나 친구들은 그/그녀를 어떻게 평가하며, 그에 동의하는가?
   ④ 그/그녀는 자신의 모습에서 어떤 점을 고치기 원하며, 그것을 위해 어떤 부분을 더 노력해야 한다고 생각하고 있는가?

2. 마음을 열 수 있는 능력이 있는 사람인가?
   ① 그/그녀는 자신이 좋아하거나 사랑하는 사람에게 자신의 감정을 솔직하게 표현할 수 있는가?
   ② 그/그녀는 어떤 감정을 표현하기 어려워하고 또 쉬워하는가?
   ③ 만약 그/그녀가 내게 자신의 마음을 그대로 표현한다면 나는 어떨 것 같은가?

3. 정직과 성실 그리고 신뢰성을 갖춘 사람인가?
   ① 결혼하면 서로 모든 일에 정직해야 한다고 생각하는가? 어떤 일은 숨길 수 있다고 생각하지는 않는가?
   ② 어떤 일에 거짓말을 할 수 있다고 생각하는가? 만일 그/그녀가 그런 사실을 알고 불행한 것을 보면 어떻게 할 것인가?

4. 성숙한 책임감이 있는 사람인가?
   ① 약속시간을 잘 지키는가?
   ② 그/그녀는 어떤 부분(경제적 문제, 건강, 약속)을 가장 책임지기 어려워하는가?
   ③ 가족이나 친구들에게 책임감이 있는 사람이라는 평가를 받고 있는가?

5. 자존심이 있는 사람인가?
   ① 자기 자신이나 자신의 삶에 자긍심을 지니고 있는가?
   ② 그/그녀의 가장 나쁜 습관은 무엇인가?
   ③ 그/그녀가 지금까지 살아오면서 가장 큰 고비는 무엇이었는가?

6. 인생에 대해 긍정적인 시각을 지니고 있는 사람인가?
   ① 그/그녀가 지닌 가치관과 인생철학은 무엇인가?
   ② 그/그녀는 언제나 일이 잘될 것이라고 믿는 편인가?
   ③ 그/그녀가 과거에 배운 가장 중요한 인생 교훈은 무엇인가?

자신에게 어울리는 배우자를 만나 결혼생활을 성공적으로 이끄는 것은 인생에서 그 무엇보다 중요한 일이다. 물론 앞서 제시한 모든 항목들과 질문들에 부합하는 훌륭한 배우자를 선택하는 것은 어려운 일이다. 하지만 앞으로 선택할 자신의 배우자가 이러한 항목들에 대해서 어떤 생각을 가지고 있는지에 대해서는 교제하는 기간 동안 서로 꼭 한번 나누어 보아야 할 화두들이다.

한편, 유명한 결혼정보회사의 CEO인 이웅진(2008)은 결혼 상대자를 잘 알기 위해 '결혼 전에 연인과 함께 해 봐야 할 일'을 다음과 같이 세 가지로 제안하고 있다.

첫째, 치열하게 싸워 본다. 싸우지 않고 성장하는 부부는 없다. 오랫동안 동고동락해 온 부부들은 대부분 열렬한 부부싸움을 해 본 경험을 가지고 있다. 젊은 시절의 다툼이 있었기에 그들은 현재 눈빛만 봐도 마음이 통하는 존재가 된 것이다.

상대가 아무리 싸워도 결론이 나지 않는 사람인가? 혹은 문제를 해결하는 것보다는 어떻게든 이기는 것만이 목적인 사람인가? 화만 나면 자리를 뜨거나 식탁을 엎어 버리는 등 스스럼없이 폭력을 행사하는 사람인가? 그렇다면, 진정으로 한 번 생각해 봐야 할 것이다.

둘째, 극과 극을 모두 경험해 볼 필요가 있다. 예를 들면, 어떤 남자가 "나는 어려서부터 찬밥은 먹어 본 적이 없어요. 우리 어머니는 제게 늘 따뜻한 밥을 새로 지어주셨죠."라고 말한다. 그 말을 들은 여자는 다음날 남자를 집으로 초대하여 찬밥을 내어놓으며 "미안해요. 찬밥이 조금 남았는데 괜찮죠? 일부러 밥을 새로 할 필요는 없잖아요."라고 말한다. 전자레인지에 데워 내놓은 밥 한 공기에 남자는 과연 어떻게 반응할까? 젓가락을 깨작거리며 마땅찮은 표정을 짓는 남자라면, 그는 자신이 왕자라는 착각에 빠져 있는 사람일지도 모른다. 따뜻한 밥이 맛있다는 것을 안다면 찬밥이 아까운 줄도 알아야 하며, 자신이 따뜻한 밥만 먹어야 하는 귀하신 몸이라면 아내 역시 따뜻한 밥을 먹어야 하는 귀하신 몸이라는 걸 생각해야 할지 않을까.

이처럼 사람은 극과 극을 모두 받아들일 줄 알아야 한다. 극과 극을 받아들인다는 것은 결국 어떠한 환경에서도 잘 적응하는 것을 의미한다. 가령, 내 파트너가 돈이 많으면 제주도에 비행기를 타고 갈 수도 있지만, 돈이 없으면 버스 타고 배 타고 갈 줄도 아는 사람, 그리고 여유가 있으면 호텔 라운지에서 칵테일 한 잔의 운치도 부릴 수 있지만 여유가 없을 때는 포장마차에서 마시는 소주 한 잔의 멋도 아는 사람이라면 더욱 좋을 것이다.

셋째, 스킨십을 경험해 본다. 많은 부부들이 결혼생활에서 불화와 갈등을 겪는 이유 중 하나는 서로에 대해 너무 모르는 상태에서 결혼을 서둘렀기 때문이다. 실제로는 많이 알수록 이해도 깊어지며 싸움도 줄어드는 법이다. 서로를 알아 가는 데에는 많은 부분들이 있겠지만 평소에 성에 대한 서로의 가치관이나 스킨십에 대한 자연스러운 대화가 필요하다. 결혼 후에 상대방의 성적 결함이나 문제를 발견한다면 그처럼 당혹스러운 일도 없을 것이다.

3) 결혼 준비과정에서 의논하고 합의해야 할 사항

대부분의 결혼하는 사람들은 결혼 예식과 신혼살림 준비로 결혼식 후의 삶을 진솔

하게 생각하고 의논할 여유조차 없는 경우가 많다. 이처럼 결혼 준비과정에서 의논하고 합의해야 할 사항이라고 하면 결혼 예식이나 예단 혹은 신혼집을 마련하는 것만을 뜻하는 것으로 이해하고 있는 경우가 많은 게 현실이다. 다음은 결혼을 결정하고 난 후, 결혼 준비과정에서 진지하게 의논하고 합의해야 할 사항들이다(정현숙, 유계숙, 2008).

• 두 사람의 직업의 조화
  – 둘 다 취업을 원하는가?
  – 둘 다 취업을 원한다면, 누구의 직업을 우선적으로 할 것인가?
  – 만일 직업으로 이사나 별거를 해야 한다면, 어떻게 할 것인가?
  – 이 문제로 서로 갈등이 생길 경우 어떻게 해결할 것이며, 그에 대한 의사결정 사항은 앞으로 자녀를 갖는 시기나 가사분담에 어떠한 영향을 미칠 것인가?

• 맞벌이에 수반된 문제
  – 맞벌이를 할 필요가 없더라도 두 사람이 다 일을 할 것인가?
  – 맞벌이를 한다면 자녀양육은 어떻게 해결할 것인가?
  – 둘 중 한 사람이 취업을 하지 않고 집에서 자녀양육을 담당할 수 있는가?
  – 가능하다면 혹은 가능하지 않다면 그 이유는 무엇인가?
  – 맞벌이를 해야 한다면 양질의 탁아를 위해서 어떠한 대안이 있는가?
  – 가족과 직장 사이의 역할 간 갈등에서 오는 스트레스에 어떻게 대처할 것인가?

• 가사 분담에 관련된 문제
  – 두 사람은 개인으로서 그리고 배우자로서 어떠한 역할 기대를 받고 있는가?
  – 가사는 어떻게 분담할 것인가? (예: 자녀 돌보기, 식사 준비, 청소, 세탁, 재정 및 각종 청구서 관리, 장보기, 쓰레기 치우기, 집안 보수 및 자동차 관리, 정원 및 애완동물 관리, 여가 및 휴가 계획 등)
  – 가사분담에 대한 의사결정은 개별적으로 할 것인가 아니면 공동으로 할 것인가?

4. 결혼에 대한 오해와 성공적인 부부관계 전략

서양 속담에 '결혼은 마치 꽉 닫힌 성과 같아서 밖에 있는 사람은 들어가고 싶어 하고 안에 들어간 사람은 나오고 싶어 한다.'는 말이 있다. 이것은 이미도 결혼은 동거나 연애생활과는 다르고, 결혼으로 야기되는 출산, 자녀양육, 고부관계, 경제적 문제, 부부갈등과 같은 현실적인 측면이 대두되기 때문일 것이다. 연애는 사랑만으로 유지될 수도 있지만, 결혼생활은 사랑만으로는 유지되기 어려운 측면이 있다.

결혼한 부부는 자신이 속해 있는 지역사회, 집안, 민족 혹은 국가나 문화의 관습과 규범을 따라야 하고 법률적인 의무를 수행해야 하기 때문에 본래의 기대와는 다르게 다양한 국면을 경험하게 된다. 이러한 다양한 현실적 측면을 마주하고 결혼생활의 실체를 하나둘씩 알아 가면서 결혼에 대한 환상은 깨지게 된다. 이를 잘 나타내는 말이 '결혼은 해도 후회하고 안 해도 후회한다'는 말일 것이다.

1) 결혼의 오해와 진실

Knox와 Schacht(1999)는 인류가 결혼에 대해서 다음과 같은 비현실적인 믿음을 영속시키고 있다고 주장하였다.

첫 번째 환상은 '우리의 결혼은 다를 것이다.'라는 것이다. 흔히 사람들은 주변에서 불행하게 결혼생활을 하는 사람을 보면서도 '그런 일은 우리에게는 일어나지 않을 거야.'라고 생각한다. 이처럼 사람들은 자신의 결혼생활은 다를 것이라고 막연히 기대하면서 결혼생활을 잘하기 위한 노력은 그다지 하지 않는다.

두 번째 환상은 '우리는 상대방을 행복하게 만들 것이다.'라는 것이다. 어느 누구도 상대방의 행복을 책임질 수는 없다. 사람들은 자신이 배우자를 행복하게 할 책임이 있고, 그렇게 할 능력도 있다고 믿는다. 그리고 상대방도 나에게 그렇게 해 주리라고 믿는다. 하지만 결혼은 여러 가지 변수가 무수히 작용하기 때문에 배우자와 가족을 위해

서 성실하게 노력해도 상황이 그것을 허락하지 않는 경우도 있다.

세 번째 환상은 '우리의 갈등은 심각하지 않다.'라는 것이다. 실제로 존재하는 갈등의 크기와 심각성을 정확하게 깨닫고 부부간에 공개적으로 대처하지 못한다면, 그 갈등은 가족해체의 원인이 되기도 한다. '우리는 행복해야 한다.'거나 '우리는 행복한 가정의 모습만 보여야 한다.'는 등의 비현실적인 목적 때문에 갈등이 없는 척 혹은 모르는 척하며 '시간이 지나면 저절로 해결되겠지.'라고 하면서 갈등을 없는 것처럼 덮어두려고 한다. 하지만 해결되지 않은 '사소한' 갈등이나 '중요해 보이지 않는' 갈등들이 서서히 자라 실제로 결혼생활을 위협하기도 한다.

네 번째 환상은 '배우자는 내가 원하는 모든 것을 충족시켜 줄 것이다.'라는 것이다. 배우자는 신이 아니고 사람이라는 것을 기억할 필요가 있다. 부모도 내가 원하는 모든 것을 다 충족시켜 주지 못했으며, 배우자도 마찬가지라는 것을 믿을 필요가 있다. 또한 자신이 만든 환상, 즉 '남편이라면 이렇게 해야 하지 않을까?' 혹은 '아내라면 이렇게 해야 하지 않을까?' 등의 배우자 각본은 어떤 배우자도 만족시켜 주기 어렵다. 자신이 알고 있는 사람들의 장점을 모아서 종합선물세트와 같은 '남편 각본(husband script)' 혹은 '아내 각본(wife script)'을 만들어 놓았기 때문에 그런 사람은 찾을 수 없을 뿐만 아니라, 누구를 그 자리에 앉혀 놓는다 하여도 그러한 욕구를 충족시키기 어렵다.

다섯 번째 환상은 '사랑이 깊을수록 갈등은 적을 것이다.'라는 것이다. 사람들은 흔히 그들이 서로를 사랑하면 할수록 갈등이 적을 것이라고 생각한다. Sprecher와 Felmlee(1993)는 "높은 정도의 사랑이 시간이 지남에 따라 갈등을 증가시킨다."는 것을 연구를 통해 밝혔다. 이것은 사랑이 강렬할수록 아마도 배우자의 실상보다는 허상을 보기 때문일 것이다.

2) 남녀별 결혼에 대한 오해와 편견

앞에서 결혼에 대한 일반적인 오해와 진실에 대하여 살펴보았다. 여기서는 남녀별로 갖게 되는 결혼의 오해와 편견에 대해 살펴보기로 한다.

(1) 여자들이 갖기 쉬운 결혼에 대한 오해와 편견

① 오해와 편견 1: '내 남자만은 아니겠지.'

남자는 대부분 비슷한 성향을 가진다. 단지 얼마나 더 도덕적이고 자제심을 가지는지의 정도가 다를 뿐이다.

② 오해와 편견 2: '결혼식과 준비가 결혼의 전부'

결혼식은 결혼생활에서 작은 부분이다. 몇 달간 준비한 물건과 집, 결혼식이 긴 인생을 책임져 주지는 않는다. 중요한 것은 연애 기간부터 서로의 인생관과 성향을 알고 맞춰 가는 것이다.

③ 오해와 편견 3: '남편이 다 해 주겠지.'

서정윤의 「홀로서기」라는 시에는 "둘이 만나 서는 게 아니라 홀로 선 둘이가 만나는 것이다."라는 싯구가 있다. 혼자 설 수 없어서 둘이 된다면 둘 다 넘어지는 것이 결혼이다. 그러나 혼자 설 수 있는 둘이라면 뛰어갈 수 있는 것도 결혼이라고 할 수 있다.

④ 오해와 편견 4: '사랑이 다 해결해 줄 거야.'

사랑도 하나의 조건이다. 흔히 사랑하기 때문에 '사랑의 힘으로 그 사람을 바꿔서 살아야지.'라고 생각하기 쉽다. 하지만 나태, 도박, 주벽, 폭력은 그 사랑만으로 쉽게 고쳐질 수 있는 것이 아니다. 이를 무시하고 사랑하기 때문에 이해하면서 결혼한 이후에 바꿔 가면서 살아가려고 한다면 마음과 몸을 병들게 할 것이다.

⑤ 오해와 편견 5: '결혼생활도 연애처럼 한다.'

연애는 생활의 모습이 아니라 생활 밖의 모습을 보여 주고 보는 것이다. 결혼생활에

서 연애처럼 사는 것을 원한다면 연애 때보다 몇 배의 노력이 필요하다. 그냥 얻어지는 것은 없다는 것을 명심해야 할 것이다.

⑥ 오해와 편견 6: '둘만 좋으면 된다.'

결혼은 양가집안, 친척, 친구 등등 여러 사람의 관계를 새롭게 맺는 것으로서 무인도에서 사는 것이 아니다.

⑦ 오해와 편견 7: '완전한 평등'

인간이 사는 세상에 완전한 공평과 평등은 어렵다. 크든 작든 어느 한쪽의 희생이 필요하다. 그렇다고 하여 어느 한쪽의 일방적인 희생을 바라는 게 아니라 자신이 희생할 부분이 무엇인가 조율하기 위해 대화가 필요한 것이다.

⑧ 오해와 편견 8: '살다가 아니면 헤어지면 되지.'

흔히 결혼을 하고 오랫동안 살아 본 사람들은 "결혼보다 100배는 힘든 게 이혼이다."라고 말한다. 그렇다고 숨죽이고 살라는 것이 아니라 신중한 결혼이 필요하다는 것이다.

⑨ 오해와 편견 9: '재미있고 유쾌하니까 결혼생활도 그럴 것이다.'

사회 속에서 모습이 가정에서 모습과 일치하지는 않는다. 때로는 기쁨도 있지만 때로는 애환도 있고, 때로는 즐거움도 있지만 때로는 화가 나는 일도 있다. 각각의 상황에서 스스로를 먼저 돌아보고 상대방을 격려하며 살아가는 것이 결혼생활이다.

⑩ 오해와 편견 10: '돈이 많으면 그래도 낫겠지?'

돈은 기회다. 그러나 전부는 아니다. 돈이 많으면 좋겠지만 경제관념, 도덕성, 성실성이 없다면 그 돈은 스스로를 겨누는 칼이 되어 돌아오게 된다.

(2) 남자들이 갖기 쉬운 결혼에 대한 오해와 편견

① 오해와 편견 1: '결혼만 하면 된다.'

스스로가 노력하지 않는데 얻어지는 행복은 없다고 할 수 있다. 행복과 행운을 구분할 필요가 있을 것이다. 즉, 행복은 복권처럼 떨어지는 행운이 아니다.

② 오해와 편견 2: '난 돈만 벌면 된다.'

남자들이 갖게 되는 결혼에 대한 오해와 편견은 자기는 돈만 벌어다 주면 된다고 생각하는 것이다. 하지만 무엇 하나로 행복해지지는 않는다. 존재감, 사랑, 경제력, 인간관계와 같은 여러 조건들이 복합적으로 이루어져 있는 것이 행복이다.

③ 오해와 편견 3: '가정은 아내의 책임이다.'

남편과 아빠는 곧 돈이라는 공식이 고정관념이 되면 이미 남편 혹은 아빠는 가정에서 소외된다. 누구의 잘못도 아니라 스스로 그렇게 만든 것이다.

④ 오해와 편견 4: '날 사랑하니까 내 부모님도 사랑할 것이다.'

남자들 중에는 자신의 배우자가 자기를 사랑하기 때문에 자신의 부모도 사랑할 것이라고 막연히 생각하는 경우가 많다. 사랑하는 배우자에게도 부모가 있다는 것을 기억하며 내 부모도 소중한 것처럼 배우자의 부모도 소중하다는 것을 명심해야 한다.

⑤ 오해와 편견 5: '밤에 부부생활만 잘하면 된다.'

서로를 이해하지 못하면 여자에게는 지옥과 같고 남자에게는 의무가 되는 게 부부생활이다. 그렇기 때문에 부부생활보다 중요한 것이 부부간의 의사소통, 보다 구체적으로 대화이다.

⑥ **오해와 편견: '매일 보니까'**

매일 본다는 건 지루한 일상이 되기 쉽다는 뜻이기도 하다. 적당한 긴장감과 배려가 필요하다. 힘들고 귀찮다는 이유로 회피한다면 벽이 생기기 쉽기 때문이다.

⑦ **오해와 편견 7: '말하지 않아도 알겠지.'**

흔히 '표현하는 사랑이 아름답다.'고 한다. 사랑하는 사람의 달콤한 말은 상대에게 힘이 되고 능력이 되고 일상에 대한 대화는 관심의 표현이 되기도 한다.

⑧ **오해와 편견 8: '결혼하면 잘 챙겨 주겠지.'**

사람의 마음은 움직이고 사랑도 움직인다. 상황이 사람을 변하게 하는 것이다. 그래서 흔히 '인간은 참 간사한 동물'이라고도 말한다. 결국 내가 싫으면 남도 싫고, 내가 귀찮으면 남도 귀찮은 것이다. 내가 먼저 챙김을 받기에 앞서 서로에게 봉사하려는 태도가 필요하다.

3) 성공적인 결혼을 위한 적응

성공적인 결혼을 위한 적응을 위해서 Stinnett(1985)는 다음과 같은 방법을 제안하였다.

첫째, 긍정적인 마음을 가져라. 상호 간의 인정, 신뢰, 존중, 이해를 바탕으로 부부간에 긍정적인 마음이 싹트게 된다.

둘째, 존중하라. 부부간에 상호존중을 솔직하게 표현하면 위협을 느끼지 않게 되고 방어적 의사소통이 감소하게 된다.

셋째, 서로의 다른 준거 틀을 이해하고 수용하라. 비슷한 문화적 배경을 가진 부부는 경험, 생각, 태도 등이 비슷하기 때문에 준거 틀이 유사하여 의사소통이 더 잘 된다. 그러나 과거 생활경험이 다르면 같은 사건에 대한 견해가 다를 수 있는데, 서로의 준거 틀을 이해하면 불일치를 극복할 수 있을 것이다.

넷째, 경청하고 또 경청하라. Perls(1992)는 '경청 대 싸움' 반응을 통해 경청의 중요성을 역설하고 있다. 즉, "경청하는 사람은 싸우지 않고 싸우는 사람은 경청하지 않는다."는 것이다. 듣는 것은 적절하게 말하는 것만큼 중요하다. 들어 준다는 것은 상대방의 말에 대하여 흥미가 있으며 상대방을 존중한다는 뜻이므로 관계를 강화시켜 준다.

다섯째, 모호한 메시지의 의미를 구체화하라. 불명확한 메시지에 대한 부정확하고 자의적인 해석은 오해와 갈등의 원인이 된다. "내가 이해하기로는 이러이러했는데 맞는지 모르겠네요."라고 말함으로써 모호한 메시지의 의미를 분명하게 할 수 있다.

여섯째, 공감하라. 대화를 잘하는 사람은 상대방의 세계에 들어가 상대방의 입장에서 볼 줄 아는 능력을 가지고 있다. 부부간에 공감하면 사소한 일에서도 배우자의 감정, 분위기, 요구에 대한 이해가 높아진다.

일곱째, 상대방의 감정을 알고 있음을 알려라. 감정은 언제나 논리적이지는 않다. 배우자가 자신의 감정상태, 특히 부정적 감정상태를 알린다면 부정적 감정은 해소될 수 있을 것이다.

여덟째, 자신의 의견을 분명히 말하라. 상대방의 기분만을 고려하여 해야 할 말을 삼가고 피하는 것은 바람직하지 않다. "조금 일찍 들어와 애들하고 놀아 줬으면 좋겠어요."라는 표현은 상대방이 원하는 것이 무엇인지 분명하게 알기 때문에 부정적인 감정이 일어나지 않는다.

아홉째, 자기개방을 하라. 적당한 자기개방이 필요하다. 특히 부정적인 자기개방은 때로 부부관계를 악화시킬 가능성이 있으므로 부정적인 자기개방의 표현은 나-전달법과 같은 방법으로 할 필요가 있다.

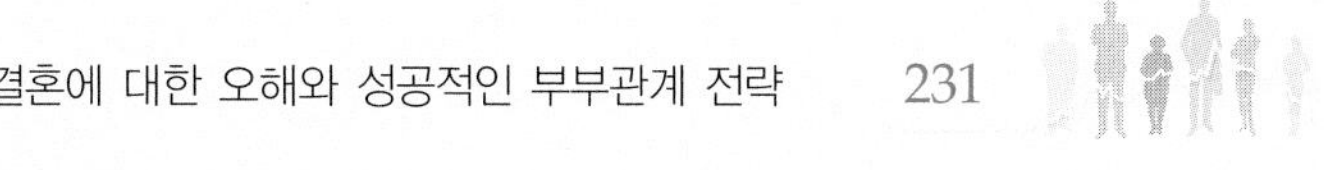

〈인간관계연습 17〉

[애정형 척도 검사]

사랑의 양식을 분류하려고 시도했던 최초의 사람은 캐나다의 사회학자 J. Lee였다. 그는 『사랑의 빛깔』이란 저서에서 마치 세 가지 원색에서 여러 가지 색채의 조합이 이루어지듯, 사랑도 세 가지 원형이 있어 거기에서 여러 가지 조합이 이루어진다고 설명했다. 이와 같은 J. Lee의 연구를 보완하여 보다 광범위한 자료를 바탕으로 사랑의 척도를 제작한 사람이 Lasswell과 Lobsenz(1980)이다.

그들은 50개의 문항으로 구성된 『애정형 척도 검사』를 제작하여 수천 명의 남녀를 대상으로 요인 분석한 결과, 여섯 가지 기본적인 사랑양식을 발견하였다. 다음 검사문항에 응답하기 전에 여러분이 반드시 먼저 해야 할 일이 있다.

잠시 시간을 내어, '당신은 사랑을 어떤 것이라고 생각하는가? 사랑할 때의 감정, 그리고 사랑은 어떠해야 된다고 생각하는가?' 등에 대한 당신의 생각을 간단히 적어 두길 바란다. 현재 당신이 하고 있는 사랑이나 과거의 경험을 참고로 한다면 아주 좋다.

검사문항에 답할 때는 '그렇다(○)' 혹은 '아니다(×)'로만 답해야 하며, 가급적 순서대로 답하고 중간에 빠뜨리는 문항이 있어서는 안 된다. 애인과 함께 이 검사를 해 볼 때는 서로 상의하지 말고 따로따로 하는 것이 가장 좋다. 이 검사 결과는 자신의 사랑에 대한 어떤 윤리적 판정을 내리는 것은 결코 아니며, 다만 자신이 생각하는 사랑의 의미나 자신이 좋아하는 사랑의 형태를 나타내는 것에 불과하다.

1. 나는 '첫눈에 반한다'는 것이 가능하다고 생각한다.
2. 나는 한참 지난 다음에야 비로소 내가 사랑하고 있음을 알았다.
3. 우리 사이의 일이 잘 풀리지 않으면 나는 소화가 잘 되지 않는다.
4. 현실적인 관점에서, 나는 사랑을 고백하기 전에 먼저 나의 장래목표부터 생각해 보지 않으면 안 된다.
5. 먼저 좋아하는 마음이 얼마 동안 있은 다음에 비로소 사랑이 생기게 되는 것이 원칙이다.
6. 애인에게 나의 태도를 다소 불확실하게 해 두는 것이 언제나 좋다.
7. 우리가 처음 키스하거나 볼을 비볐을 때, 나는 성기에 뚜렷한 반응(발기, 축축함)이 오는 것을

느꼈다.

8. 나는 전에 연애 상대였던 사람들 거의 모두와 지금도 좋은 친구관계를 유지하고 있다.
9. 애인을 결정하기 전에 인생설계부터 잘 해 두는 것이 좋다.
10. 나는 연애에 실패한 후에 너무나 우울해져 자살까지 생각해 본 적이 있다.
11. 나는 사랑에 빠지면 너무 흥분되어 잠을 이루지 못하는 때가 있다.
12. 애인이 어려운 처지에 빠지면 설사 그가 바보처럼 행동한다 하더라도 힘껏 도와주려고 노력한다.
13. 애인을 고통받게 하기보다는 차라리 내가 고통받겠다.
14. 연애하는 재미란 두 사람 간의 관계를 발전시키면서 동시에 내가 원하는 것을 거기서 나타내는 재주를 시험해 보는 네 있다.
15. 사랑하는 애인이라면 나에 관하여 다소 모르는 것이 있다 하더라도 그것 때문에 그렇게 속상해하지는 않을 것이다.
16. 비슷한 배경을 가진 사람끼리 사랑하는 것이 가장 좋다.
17. 우리는 만나자마자 서로가 좋아서 키스를 했다.
18. 애인이 나에게 관심을 보이지 않으면 나는 온몸이 쑤시고 아프다.
19. 나의 애인이 행복하지 않으면 나도 결코 행복해질 수 없다.
20. 대개 제일 먼저 나의 관심을 끄는 것은 그 사람의 외모다.
21. 최상의 사랑은 오랜 기간의 우정으로부터 싹튼다.
22. 나는 사랑에 빠지면 다른 일에는 도무지 집중하기 힘들다.
23. 그의 손을 처음 잡았을 때 나는 사랑의 가능성을 감지했다.
24. 나는 어느 사람하고 헤어지고 나면 그의 좋은 점을 발견하려고 무척 애를 쓴다.
25. 나의 애인이 다른 사람과 같이 있는 것 같은 생각이 들면 도저히 견딜 수 없다.
26. 나의 애인 두 사람이 서로 알지 못하도록 교묘하게 재주 부린 적이 적어도 한 번은 있었다.
27. 나는 매우 쉽고 빠르게 사랑했던 관계를 잊어버릴 수 있다.
28. 애인을 결정하는 데 한 가지 가장 고려해야 할 점은 그가 우리 가정을 어떻게 생각하는가 하는 것이다.
29. 사랑에서 가장 좋은 것은 둘이 함께 살며, 함께 가정을 꾸미고 그리고 함께 아이들을 키우는 일이다.
30. 애인이 원하는 것을 위해서라면 나는 기꺼이 내가 원하는 것을 희생시킬 수 있다.

31. 배우자를 결정하는 데 가장 먼저 고려해야 할 점은 그가 좋은 부모가 될 수 있는가의 여부다.
32. 키스나 포옹이나 성관계는 서둘러서는 안 된다. 그것들은 서로 충분히 친밀해지면 자연스럽게 이루어지는 것이다.
33. 나는 매력적인 사람들과 바람 피는 것을 좋아한다.
34. 나와 다른 사람들 사이에 있었던 일을 애인이 알게 된다면 매우 속상해할 것이다.
35. 나는 연애를 시작하기 전부터 나의 애인이 될 사람의 모습을 분명히 정해 놓고 있었다.
36. 만일 나의 애인이 다른 사람의 아기를 갖고 있다면, 나는 그 아기를 내 자식처럼 키우고 사랑하며 보살펴 줄 것이다.
37. 우리가 언제부터 서로 사랑하게 되었는지 정확히 알 수 없다.
38. 나는 결혼하고 싶지 않은 사람하고는 진정한 사랑을 할 수 없을 것 같다.
39. 나는 질투 같은 것은 하고 싶지 않지만, 나의 애인이 다른 사람에게 관심을 가진다면 참을 수 없을 것 같다.
40. 내가 애인에게 방해물이 된다면, 차라리 나는 포기하겠다.
41. 나는 애인의 것과 똑같은 옷, 모자, 자전거, 자동차 등을 갖고 싶다.
42. 나는 연애하고 싶지 않은 사람하고는 데이트도 하고 싶지 않다.
43. 우리의 사랑은 이미 끝났다고 생각될 때도, 그를 다시 보면 옛날 감정이 되살아나는 때가 적어도 한 번쯤은 있었다.
44. 내가 가지고 있는 것은 무엇이든지 나의 애인이 마음대로 써도 좋다.
45. 애인이 잠시라도 나에게 무관심해지면, 나는 그의 관심을 끌기 위하여 때로는 정말 바보 같은 짓도 할 때가 있다.
46. 깊이 사귀고 싶지는 않아도, 어떤 상대가 나의 데이트 신청에 응하는지를 시험해 보는 것도 재미있는 일이다.
47. 상대를 택할 때 고려해야 할 한 가지 중요한 점은 그가 자신의 직업을 어떻게 생각하는가 하는 것이다.
48. 애인과 만나거나 전화한 지 한참 되었는데도 아무 소식이 없다면, 그에게 그럴 만한 이유가 있기 때문일 것이다.
49. 나는 누구와 깊게 사귀기 전에 우리가 아기를 가지게 될 경우 그쪽의 유전적 배경이 우리와 잘 맞는지부터 먼저 생각해 본다.
50. 가장 좋은 연애관계란 가장 오래 지속되는 관계다.

채점 및 해석

채점 방법은 매우 간단하다. 각 척도별로 '그렇다(○)'로 대답한 문항의 수를 합치기만 하면 된다. 그 합친 수를 척도별로 퍼센트를 계산하여 백분율 값이 가장 높은 척도가 자신의 애정형을 나타내는 것이다.

유형	이타적 사랑 (아가페)	실용적 사랑 (프래그마)	소유적 사랑 (매니아)	낭만적 사랑 (에로스)	우애적 사랑 (스토르게)	유희적 사랑 (루두스)
검사지 문항 번호	12	4	3	1	2	6
	13	9	10	7	5	14
	19	16	11	17	8	15
	24	28	18	20	21	26
	30	31	22	23	29	27
	36	38	25	33	32	33
	40	42	39	35	37	34
	44	47	43	41	50	46
	48	49	45			
합계						

출처: 김중술(2007); Lasswell & Lobsenz(1980).

[애정형 척도 검사의 채점에 따른 일반적 해석]

예를 들어, '가장 좋은 친구' 척도에서 80%가 나오고 '논리적 척도'에서 60%가 나왔다면, 당신은 애인을 가장 좋은 친구로 삼는 사람임과 동시에 사랑을 하는 데에도 매우 실제적인(혹은 현실적인) 사람이라고 해석할 수 있다.

흔히 이와 같은 질문지형 검사에 응답할 경우, 검사문항과 직접 관계가 없는 그 사람의 성격특성이 큰 역할을 할 때가 있는데, 이것을 반응경향성(response set)이라고 한다.

예를 들어, 이 애정형 척도 검사의 거의 모든 척도에서 높은 점수를 받는 사람이 있는가 하면, 반대로 거의 모든 척도에서 낮은 점수를 받는 사람이 있을 수 있다. 그렇다고 하여 반드시 전자의 사랑은 특징이 없는 혼란된 양상이라든가, 후자는 전혀 사랑할 줄 모르는 사람이라는 의미는 결코 아니다. 그보다도, 전자에 속하는 사람의 성격특성이 어느 일부에서만 그렇다거나 혹은 가끔만 그러해도 '그렇다'로 대답하는 반응경향성을 가지고 있는 사람이며, 후자에 속하는 사람은 자신의 행동이나 정서적 반응에 대하여 매우 조심스럽고 분석적인 사람이어서 질문지 문항에 대답

할 때에도 그 같은 성격적 태도가 작용한 경우라고 볼 수 있다. 그러므로 모든 척도에서 높거나 혹은 낮은 사람도 그 나름대로의 의미가 있다. 특히 독특하게 낮은 척도들도 높은 척도와 똑같은 의미가 있는 것으로, 그것들은 그 사람이 사랑이라고 생각하지 않는 것을 나타낸다고 볼 수 있다.

• 에로스

에로스식(낭만적) 사랑을 하는 전형적인 유형은 자신의 어린 시절이 행복했었다고 생각하며(이는 객관적인 사실은 아니며, 중요한 것은 태도다), 일을 즐기고 아주 절실하게 추구하는 것은 아니지만 사랑을 위하여 위험을 감수할 준비도 되어 있다. 이 유형의 사람은 자기가 어떤 신체유형에 가장 잘 끌리는지를 분명히 알고 있기 때문에, 그 유형에 가까워 보이는 사랑을 보면 첫눈에 반해 버려 크게 흥분을 느낀다. 이들은 사랑하는 대상을 빨리 알게 되기를 간절히 원하며, 심지어는 그 상대가 옷을 입지 않은 모습조차 볼 수 있기를 바란다. 그리고 사랑하는 이의 단점과 드러나지 않은 결함을 잘 알고 있고, 사랑하는 이에게는 빈번하게 말로나 접촉을 통해 그에 대한 자신의 기쁨을 표현하려 한다. 이들은 대개 배타적인 관계를 원하지만 소유하려 하지 않으며, 경쟁자의 존재에 대해 두려워하지도 않는다. 에로스식 사랑을 하는 이들은 이상적인 연인을 만나서 함께 사는 것이 삶에서 가장 중요하다고 생각한다.

• 루두스

전형적인 루두스식(유희적) 사랑을 하는 사람은 어린 시절이 그저 평범했었다고 생각하지만, 어른이 되어서는 종종 좌절을 겪는다. 이들은 기꺼이 사랑을 위해 헌신할 생각이 없으며, 아직 정착할 준비가 되어 있지 않다. 특정한 신체유형에 매력을 느끼지도 않기에, 언제든지 다른 대상을 찾아 떠날 준비가 되어 있다. 이들은 새로운 짝을 만나면 평범한 삶을 살아가고, 특별한 감흥을 느끼지도 않고, 확실하게 사랑에 빠지는 일도 없다. 미래에 대한 계획을 세우기를 꺼리는데, 마치 자신의 계획에 사랑하는 사람을 포함시킬 것인지 아닌지의 문제를 제기하는 것처럼 여긴다. 루두스식 사랑을 하는 이들은 상대방이 너무 몰입하는 것을 피하기 위한 방법으로 파트너를 너무 자주 보는 것도 싫어하며, 파트너가 질투가 많은 것도 사랑의 재미를 망친다고 싫어한다. 그들은 여러 명의 파트너들을 똑같이 그리고 동시에 사랑하는 데서 아무런 모순도 느끼지 않는다. 이들에게 성은 헌신을 표현하기 위함이 아니라 재미를 위함이며, 사랑이 삶에서 가장 중요한 것도 아니다.

• 스토르게

전형적인 스토르게(가장 좋은 친구)식 사랑을 하는 사람은 가족 구성원이 많고, 격려해 주는 가족 안에서 자랐거나 안정되고 우호적인 공동체 안에서 성장한 사람들이다. 그들은 친구를 좋아하며 삶에 만족해한다. 그들은 사랑이 많은 시간과 활동을 공유하는 특별한 우정이라고 기대한다. 특별히 좋아하는 신체유형이 없고, 애인이 없다는 것에 전전긍긍해 하지도 않고 시간이 흐르면 만날 것이라고 생각한다. 그들은 파트너의 지나친 감정 표출을 꺼려하여, 서로의 느낌에 대해서보다는 공유할 수 있는 관심사에 대해서 얘기하기를 더 좋아한다. 파트너와의 관계가 무르익음에 따라 서로가 더 강하게 감정 표현을 해야 한다는 위협이 있지 않는 한, 서로를 평온한 방법으로 소유하게 될 것이다. 이들에게는 배우자와 성관계를 갖기 전에 먼저 친구로서 서로 알아가는 과정이 중요하다. 일단 서로 간에 깊은 우정이 아주 확실해지면, 성과 관련된 문제가 밖으로 표현될 수도 있다. 상호 간의 사랑은 그 자체가 인생의 목표가 아니라, 우정과 가정이라는 보다 큰 목표의 한 측면이다.

• 매니아

전형적으로 매니아식(소유적) 사랑을 하는 사람은 자신의 어린 시절이 불행했다고 생각한다. 성인이 되어서도 대개는 외로워하며, 종종 자신의 일에 만족하지 못한다. 이들은 사랑할 필요를 강하게 느끼면서도, 사랑은 힘겹고 고통스럽다는 생각에 사랑하기를 두려워한다. 어떤 유형을 좋아하는지에 대해서도 확신이 없으며, 때로는 잘 어울리지 않는 특성을 가진 사람을 찾아다닌다. 이들은 자신이 좋아하지도 않으며, 사랑이 실패한다면 친구로서도 관계를 유지하지 않을 그런 사람과 사랑에 빠지는 것에 스스로 놀라워하기도 한다. 그러나 그들은 파트너를 매일 만나 보려 하며, 서로가 함께할 미래를 상상해 보기도 한다. 매니아식 사랑을 하는 이는 종종 분별을 잃는 것처럼 보이며, 그들의 사랑을 증명하기 위해 극단적인 일을 자행하기도 한다. 사랑을 표현하는 것과, 대개는 성공하지 않지만 '자신을 통제하기 위해' 움츠러드는 것이 번갈아 나타난다. 이들은 극도의 질투심을 보이며, 상대방에게 더 많은 애정과 헌신을 요구한다. 또한 파트너와의 대부분의 성관계에서 항상 상대측에서 관계를 끝내게 된다. 매니아식 사랑을 하는 사람이 이런 것들을 극복하려면 많은 시간이 걸린다.

• **프래그마**

프래그마식(논리적) 사랑을 하는 전형적인 유형의 사람은 어린 시절과 현재의 삶에서 아무런 차이를 느끼지 못하지만, 성인이 되어서는 노력을 통해 목적을 달성할 수 있으며, 삶에서 성공할 수 있다고 생각한다. 어울리는 상대를 만나는 것이 이들에게는 노력을 기울여 해결해야 할 현실적인 문제다. 따라서 이들은 가까운 사무실이나 클럽 또는 자신이 몸담고 있는 공동체 내에서 자기 짝을 찾으며, 그 사람이 실제로 어떤 사람인지를 알 수 있는 상황에서 상대를 찾고 싶어 한다. 상대를 제대로 알기 전까지는 헌신이나 미래 같은 말에 대해서는 얘기하기를 꺼린다. 일반적으로 과도한 감정 표출, 특히 질투심 같은 것을 경시하면서도, 상호 간에 점점 더 헌신적으로 되거나 서로를 배려해 주는 표시에 대해 아주 만족해한다. 이들에게 어울리는 짝을 만나는 것은 행복한 삶을 위해 바람직한 것이지만 본질적인 것은 아니다. 이들에게는 그 어떤 상대도 자신의 상식을 희생할 만큼 가치 있지는 않다.

• **아가페**

아가페적(이타적) 사랑이란 아무 조건 없이 좋아하고 돌보아 주며, 용서하고 베풀어 주는 자기희생적 사랑이다. 진정한 사랑이란 받는 것이 아니라 주는 것이며, 자기 자신보다 사랑하는 사람의 행복과 번영을 더 생각하며, 상대방의 희망과 목표를 성취할 수 있도록 하기 위하여 자신의 희망이나 목표는 유예하거나 또는 포기하는 것이라고 생각한다. 아무리 내가 상대방을 사랑한다 하더라도, 만일 그가 나 아닌 다른 사람을 더 사랑한다면 나는 기꺼이 물러날 수도 있다고 생각한다. 이타적 사랑을 하는 사람은 상대방이 자기에게 큰 심리적 고통을 안겨 줄 때에도 너그러운 자비심을 베풀어, 그것은 그 사람이 몰라서 그랬거나 순전히 실수로 혹은 어쩔 수 없는 외부의 압력으로 그랬을 것이라고 해석한다. 이타적 애인의 사랑의 조건은 상대방이 자기를 얼마나 필요로 하는가 하는 것이기 때문에 더 이상 상대방이 자기를 필요로 하지 않는다고 확신할 경우에만 그들의 사랑은 끝난다.

〈읽기자료 6〉

[사랑의 여섯 가지 시험]

결혼을 전제로 하는 만남이 아니더라도, 그 사람을 사랑한다면 거쳐야 할 시험이 있다. 쉽지만은 않은 사랑! 그 사랑을 위해 어떤 시험을 거쳐야 할지 '사랑의 여섯 가지 시험'에 대해 살펴보기로 한다. 그 시험에서 나는 몇 점이나 맞을 수 있을지 생각해 보자.

• 사랑의 여섯 가지 시험 1: 서로 나누는 시험

진정한 사랑은 서로 나누고 싶어 하고, 주고 싶어 하고, 뻗치고 싶어 한다. 그것은 자기 자신을 생각하는 것이 아니라 상대방을 생각하는 것이다. 당신은 어떤 것을 읽을 때 몇 번이나 그것을 친구와 나누고 싶다고 생각하는가? 어떤 계획을 세울 때 당신은 자신이 무엇을 하고 싶은가에 대해 생각하는가, 혹은 다른 사람이 무엇을 즐기고 싶어 하는가를 생각하는가?

독일의 작가 허만 오이서는 이것을 이렇게 썼다. "행복해지고 싶어 하는 사람은 결혼을 해서는 안 된다. 중요한 것은 다른 사람을 행복하게 만드는 일이기 때문이다. 이해받기를 원하는 사람은 결혼을 해서는 안 된다. 중요한 것은 자기 배우자를 이해하는 것이기 때문이다."

첫 번째 질문은 '우리는 함께 나눌 수 있는가? 나는 행복하기를 원하는가? 혹은 행복하게 해 주기를 원하는가?'다.

• 사랑의 여섯 가지 시험 2: 힘의 시험

저자는 연인과의 관계에 대해 염려하고 있는 사람으로부터 편지를 받은 일이 있다. 그는 어디선가 진정한 사랑에 빠져 있는 사람은 몸무게가 준다는 것을 읽었다. 그러나 그는 사랑의 감정에도 불구하고 자신의 몸무게가 줄지 않아서 그것을 염려하고 있었다.

사랑의 경험이 육체적으로 영향력을 미치는 것은 사실이다. 그러나 긴 안목으로 볼 때 진정한 사랑은 당신의 힘을 빼앗아 가서는 안 된다. 오히려 그것은 당신에게 새로운 힘과 열정을 주어야 한다. 그것은 당신을 기쁨으로 충만하게 하며, 창조적으로 만들고, 더 많은 것을 성취하고 싶도록 만들어야만 한다.

두 번째 질문은 '우리의 사랑이 우리에게 새로운 힘을 주며 우리에게 창조적인 에너지를 공급하는가, 혹은 그것이 우리의 힘과 열정을 빼앗아 가는가?'다.

• **사랑의 여섯 가지 시험 3: 습관의 시험**

언젠가 약혼을 한 유럽 여성이 내게 와서 아주 걱정스러워하며 말했다. "나는 나의 약혼자를 굉장히 사랑하고 있어요. 그러나 나는 그가 사과를 먹는 태도를 견딜 수가 없어요." 청중 가운데서 이해할 만하다는 듯한 웃음소리가 들렸다.

사랑은 상대방을 그의 습관과 함께 용납한다. 이러이러한 것들은 나중에 변화될 것이라고 생각하면서 분할 계획하에 결혼하지 말라. 그것들은 결코 변화되지 않을 것이다. 당신은 상대방을 지금 있는 그대로 그의 습관과 단점까지 받아들여야 한다.

세 번째 질문은 '우리는 단지 서로 사랑하기만 하는가 아니면 서로 좋아하기도 하는가?'다.

• **사랑의 여섯 가지 시험 4: 말다툼의 시험**

한 쌍의 남녀가 내게 와서 결혼하고 싶다고 말할 때 나는 그들에게 정말 말다툼, 즉 단순히 간혹 있는 의견의 차이가 아니라 정말 싸움을 한 일이 있느냐고 묻는다. 많은 경우 그들은 "아, 아뇨, 우리는 서로 사랑하고 있습니다."라고 말한다. 물론 요점은 말다툼이 아니라 서로 화해할 수 있는 능력이 있느냐 하는 것이다. 이 능력은 결혼하기 전에 훈련되고 시험되어야만 한다. 성관계가 아니라 오히려 이 말다툼이 결혼 전의 시험으로서 요구되는 것이다.

네 번째 질문은 '우리가 서로 용서할 수 있으며 서로에게 질 수 있는가?'다.

• **사랑의 여섯 가지 시험 5: 존경의 시험**

존경이 없는, 상대방을 우러러보지 않는 진정한 사랑은 없다. 한 여자가, 축구를 하는 남자가 득점을 하는 것을 보고 감탄할 수 있다. 그러나 만일 그녀가 '저 남자가 나의 아이들의 아빠가 되기를 원하는가?'라고 스스로 질문한다면 대부분의 대답은 부정적일 것이다. 한 남자가 춤을 추고 있는 여자를 보고 감탄할 수 있다. 그러나 만일 그가 '저 여자가 내 아이들의 엄마가 되기를 원하는가?'라고 스스로 묻는다면 그녀는 그에게 아주 다르게 보일 것이다.

다섯 번째 질문은 '우리는 진실로 서로 충분히 존경하는가? 나는 배우자를 자랑스럽게 여기는가?'다.

• 사랑의 여섯 가지 시험 6: 시간의 시험

결혼하려고 하는 한 젊은 남녀가 내게 왔다. "당신들은 얼마나 오랫동안 알아 왔습니까?"라고 물었다. "벌써 3주, 거의 4주 되었습니다."가 그들의 대답이었다. 그것은 너무 짧다. 최소한 1년은 알아 왔어야 한다. 물론 2년이면 더욱 안전할 것이다. 외출복을 입었을 때만 아니라 일하면서, 일상생활 가운데 면도하지 않았을 때, 티셔츠를 입고, 혹은 머리를 감지 않았을 때나 빗질을 하지 않았을 때, 그리고 압박감을 느끼거나 위험한 상황에서 서로를 보는 것이 좋다.

이런 속담이 있다. '당신이 당신의 배우자와 함께 여름과 겨울을 지낼 때까지는 결혼하지 마라.' 당신이 자신의 사랑에 대한 감정을 의심할 경우에는 시간이 그 진부(眞否)를 알려 줄 것이다.

마지막으로 여섯 번째 질문은 '우리의 사랑은 여름과 겨울을 지냈는가? 우리는 서로 충분히 오랫동안 알아 왔는가?'다.

그리고 마지막으로 확실하게 해야 할 말이 있다. 성관계는 사랑의 시험이 아니다.

출처: 양은순 역(2009).

참고문헌

강문희, 이광자, 박경(2003). 인간관계의 이해. 서울: 학지사.
경향신문. 2008년 3월 6일자.
김중술(2007). 사랑의 의미. 서울: 서울대학교 출판부.
김혜숙, 박선환, 박숙희, 이주희, 정미경(2008). 인간관계론. 경기: 양서원.
양은순 역(2009). 나는 너와 결혼했다. 서울: 생명과말씀사.
유영주, 김순옥, 김경신(2000). 가족관계학. 서울: 신광출판사.
이웅진(2008). 이웅진의 해석남녀: 행복한 결혼을 위한 필독서. 서울: Bookin.
이주희, 최은정, 최명선, 박희현, 진혜경(2008). 인간관계론. 경기: 공동체.
이태연, 이인수, 정기수, 최명구(2006). 인간관계의 이해. 서울: 신정.
정현숙, 유계숙(2008). 가족관계. 서울: 신정.

Amoto, P. R., & Keith, B. (1991). Parental divorce and adult well-being: A meta-analysis.

Journal of Marriage and the Family, 53, 43-58.

Cate, R. M., & Lloyd, S. A. (1988). Courtship. In S. Duck (Ed.), *Handbook of personal relationship.* NY: Wiley.

Cleveland, H. H., Udry, J. R., & Kim, C. (2001). Environmental and genetic influences on sex-typed behaviors and attitudes of male and female Adolescents. *Personality and Social Psychology Bulletin, 27*(12), 1587-1598.

Knox, D., & Schacht, C. (1999). *Marriage and Family.* Belmont, CA: Wadsworth Company.

Lasswell, M. E., & Lobsenz, N. M. (1980). *Styles of Loving.* NY: Doubleday.

Perls, F. S. (1992). Gestalt therapy verbatim. NY: Gestalt Journal Press.

Sprecher, S., & Felmlee, D. (1993). Conflict, love and other relationship dimensions of individuals in dissolving, stable, and growing premarital relationship. *Free Inquiry Creative Sociology, 21,* 115-125.

Stinnett, N. (1985). Strong families. In J. M. Henslin (Ed.), *Marriage and family in a changing society.* New York: The Free Press.

Udry, J. R. (1997). A Research Design for Studying Romantic Partners. In J. Bancroft (ed.), *Researching Sexual Behavior* (pp. 309-319). Bloomington: Indiana University Press.

Warren, N. C. (1992). *Finding the love your life.* Colorado Spring, Colorado: Focus on Family Publishing.

제9장

맥아더 장군의 기도

내게 이런 자녀를 주옵소서.

약할 때에 자기를 돌아볼 줄 아는 여유와
두려울 때 자신을 잃지 않는 담대함을 가지고
정직한 패배에 부끄러워하지 않고 태연하며
승리에 겸손하고 온유한 자녀를
내게 주옵소서.

생각해야 할 때에 고집하지 말게 하시고
주를 알고 자신을 아는 것이
지식의 기초임을 아는 자녀를 주옵소서.

원하옵나니 그를 평탄하고 안이한 길로
인도하지 마옵시고
고난과 도전에 직면하여 분투 항거할 줄 알도록
인도하여 주옵소서.

그리하여 폭풍우 속에서 용감히 싸울 줄 알고
패자를 관용할 줄 알도록 가르쳐 주옵소서.

그 마음이 깨끗하고 그 목표가 높은 자녀를
남을 정복하기 전에
먼저 자신을 다스릴 줄 아는 자녀를

부모-자녀 간의 인간관계

장래를 바라봄과 동시에
지난날을 잊지 않는 자녀를
내게 주옵소서.

이런 것들을 허락하신 다음 이에 더하여
내 자녀에게 유머를 알게 하시고
생을 엄숙하게 살아감과 동시에
즐길 줄 알게 하옵소서.

자기 자신에게 지나치게 집착하지 말게 하시고
겸허한 마음을 갖게 하시어
참된 위대함이 소박함에 있음을 알게 하시고
참된 지혜는 열린 마음에 있으며
참된 힘은 온유함에 있음을 명심하게 하옵소서.

그리하여 어느 날 나 아버지는
내 인생을 헛되이 살지 않았노라고
고백할 수 있도록 도와주시옵소서.

- 맥아더 장군 -

사람은 누구나 부모-자녀라는 인연으로 세상에 태어나고, 어느 시점에서 부모가 되거나 현재 부모로서의 역할을 하고 있다. 부모는 자녀가 세상에 태어나서 가장 먼저 만나는 사회환경으로서 자녀의 성격과 가치관 형성, 습관, 태도, 행동에 이르기까지 중요한 영향을 미친다.

부모가 되고 자녀의 성장에 따라 부모-자녀 관계는 다양한 형태로 상호작용하며 변화의 위기를 거친다. 때로는 부모가 자녀에게 보이는 말과 행동이 자녀에게 용기와 자신감을 북돋아 주기도 하고, 때로는 무심코 던지는 습관화된 말이나 행동 하나하나가 자녀에게 상처를 주기도 한다.

부모는 자녀를 사랑하고, 자녀의 건강한 발달과 적응을 바라지만, 많은 자녀들이 기대하는 만큼 잘 적응하지 못하거나 인간관계에서 어려움을 겪기도 한다. 비단 특별한 문제가 없는 자녀라 하더라도 성장 과정에서 부모-자녀 관계에 많은 위기를 겪는다(이숙, 우희정, 최진아, 이춘아, 2010). 이러한 사실에 비추어 볼 때, 부모역할은 더 이상 본능적인 행위라고 할 수 없으며, 이전 부모로부터 물려받은 방식으로 가르치고 양육하는 것이라고만 할 수 없다. 부모 자신이 발달하는 존재임과 동시에 자녀도 발달하는 존재라는 관점을 이해하면서 부모-자녀 관계에 관한 유익한 지식들을 배우고 훈련받아야 할 필요가 있다.

1. 애착유형과 인간관계 특성

애착(attachment)이란 생애 초기부터 영아가 부모와 같은 정서적 안정을 제공하는 사람과 맺는 정서적 유대(emotional bonds)를 의미한다. 영아는 부모와 분리된 상황에서 낯선 사람이 나타나면 두려움과 불안으로 부모를 찾는데, 이는 영아가 부모를 자신의 안전한 신체적 기반으로 삼는다는 것을 보여 주는 것이다(이주희, 최은정, 최명선, 박희연, 진혜경, 2008).

발달적 측면에서 영아기에 최초의 안정된 애착관계를 형성하는 것은 안정성, 자신감, 신뢰감, 협동심, 이타심의 발달에 중요한 밑거름이 되고, 이를 통해 사회성이 발달하고 건강한 인간관계를 형성하게 된다.

Bowlby(1969)는 인간의 애착행동 연구를 통해 어린 시절 어머니와의 애착관계가 성장 후의 인간관계에 영향을 미친다고 보았다. 어머니가 어린 자녀의 요구에 민감한 반응을 보이고 신체적 접촉을 충분히 하며 자녀가 혼자 노는 것도 적절히 허용하는 태도를 보이면, 아이는 안정된 애착(stable attachment)을 형성할 가능성이 높다. 안정된 애착을 형성한 아이는 어머니에게 신뢰감이 형성되어 자발적이고 독립적으로 바깥세상을 탐색할 뿐만 아니라 어머니가 보이지 않는 상황에서도 비교적 안정된 감정상태를 유지하게 된다. 이러한 아이는 성장해서도 타인을 신뢰하며 지나치게 의존함이 없이 안정되고 친밀한 인간관계를 형성하게 되는데, 보통 65%가 이에 속한다.

반면에 아이의 애착행동에 대해 어머니가 적절하게 반응해 주지 못하여 아이의 애착욕구를 좌절시키게 되면, 아이는 불안정한 애착(unstable attachment)을 형성하게 된다. 불안정한 애착에는 양가적 애착과 회피적 애착의 두 가지가 있다.

먼저 양가적 애착(ambivalent attachment)은 어머니의 비일관적이고 변덕스러운 반응으로 인해 아이는 어머니에 대한 안정된 신뢰를 갖지 못하고 어머니의 사랑에 대해 불안감을 느껴 어머니의 사랑을 잃지 않으려고 지나치게 매달리는 의존 행동을 보이거나 눈치를 보는 행동을 하는 것이다. 이러한 아이는 성장하여 타인의 인정과 사랑에 지나치게 의존적인 사람이 되거나 타인의 사랑을 믿지 못하고 타인의 거부에 지나치게 예민하게 반응하는 불안정한 인간관계를 나타낼 수 있다. 약 20%가 여기에 속한다.

다음으로 회피적 애착(avoidant attachment)은 아이의 애착행동에 대해 어머니가 지속적으로 거부적인 반응을 보일 경우에 형성된다. 이 유형의 애착행동을 형성한 아이는 어머니에 대해 매달리는 행동을 포기하고 혼자 시간을 보내거나 놀이를 하는 등 혼자만의 세계로 숨어들게 된다. 이런 아동은 성인이 되어서도 인간관계에 관심을 보이지 않고 친밀한 관계를 회피하게 된다. 약 15%가 이에 속한다. 〈표 9-1〉은 아동의 애착유형에 따른 행동을 알기 쉽게 정리한 것이다(이주희 외, 2008).

〈표 9-1〉 아동의 애착유형에 따른 행동

	안정된 애착 65%	양가적 애착 15%	회피적 애착 20%
낯선 상황에서의 반응	• 주위를 탐색하기 위해 어머니로부터 쉽게 떨어진다.	• 불안해하고 탐색을 별로 하지 않는다.	• 반응을 별로 보이지 않는다.
어머니와의 분리	• 어떤 방법으로든 능동적으로 위안을 찾고 다시 탐색 과정으로 나아간다.	• 심한 분리불안을 보인다.	• 보채거나 울지 않고 잘 논다.
어머니의 복귀	• 반갑게 맞이하며 쉽게 편안해진다.	• 어머니와 접촉하려고 시도는 하지만, 안아 주어도 어머니로부터 안정감을 얻지 못하고 분노를 보이면서 내려 달라고 소리를 지르거나 어머니를 밀어내는 양면성을 보인다.	• 무시하거나 회피한다. • 어머니와의 관계에서 친밀감을 추구하지 않으며, 낯선 사람과 어머니에게 비슷한 반응을 보인다.
성장 후 대인관계 특성	• 상호신뢰를 바탕으로 안정된 인간관계를 형성한다.	• 인간관계에서 긍정적 · 부정적 양가적인 태도를 보이며 불안정하다.	• 인간관계가 소원하고 정서적 유대가 약하고 능동적으로 관계의 주체가 되지 못한다.

2. 부모의 양육태도와 자녀의 인간관계 특성

부모역할을 수행하는 데는 다양한 형태의 양육태도가 개입된다. 부모가 지닌 양육태도는 부모 자신이 성장하면서 겪었던 과거의 경험, 그가 속한 사회문화적 배경, 가정의 사회경제적 지위(Social Economic Status: SES)에 의해 달라질 수 있다.

부모의 양육태도는 자녀를 양육할 때 보편적으로 나타나는 태도로 자녀의 인지적 · 사회적 발달, 자기개념, 도덕성, 정서적 안정감 및 성격 등 자녀발달의 광범위한 영역에 걸쳐 중요한 영향을 미친다.

Baumrind(1967)는 부모의 양육태도를 권위주의적 태도, 민주적 태도, 허용적 태도

의 세 가지로 나누고 있다. 여기서는 일반적으로 사용되고 있는 Baumrind의 세 가지 양육태도와 현재 우리나라에서 많이 나타나고 있는 과잉보호적 태도를 살펴보면 다음과 같다(이숙 외, 2010).

1) 권위주의적 태도

권위주의적 부모는 무조건 복종을 요구하고 자녀에 대한 반응은 거의 하지 않는다. 자녀가 복종하도록 하기 위하여 신체적 체벌도 사용하고 부모가 정한 규칙에 대한 설명 없이 그 규칙을 절대적으로 지켜야 한다고 강요한다. 권위주의적 부모는 다음과 같은 특성을 지닌다.

- 절대적 기준을 정해 놓고 자녀의 행동과 태도를 통제하고 평가하려 한다.
- 전통이나 일, 질서유지와 복종에 중요한 가치를 둔다.
- 자녀가 부모에 대해 말대꾸나 자기 의견을 표현하는 것을 허용하지 않는다.
- 자녀의 개별성, 자립성, 자율성을 인정하지 않는다.

이러한 부모의 자녀는 사회성과 인지적 발달이 뒤떨어지고, 부모의 권위주의적 태도는 특히 남아에게 나쁜 영향을 미친다. 권위주의적 부모의 자녀는 위축되고, 부정적인 자기존중감을 가지며, 또래관계에서 주도적 역할을 못하고 두려워하는 경향을 보인다. 그 밖에 높은 공격성을 보이는 경우도 있다.

2) 민주적 태도

민주적 부모는 자녀에 대한 요구와 반응성이 모두 높은 경향이 있다. 민주적 부모는 다음과 같은 특성을 가지고 있다.

- 분명한 기준을 세워 놓고 자녀에게 성숙한 행동을 기대한다.
- 규칙을 강조하고 필요할 때는 벌을 주기도 한다.
- 자녀가 독립성을 갖도록 격려하는 동시에 개성을 격려한다.
- 자녀의 견해를 잘 들어 주고 부모 자신의 견해를 표현한다. 서로 대화를 주고받으며 개방적인 의사소통을 한다.
- 부모 자신과 자녀의 권리를 모두 인정한다.

민주적 부모의 자녀는 책임감이 강하고 유능하며 독립적이고 자기존중감이 높다.

3) 허용적 태도

허용적 부모는 자녀를 하나의 인격체로 대해야 한다고 믿으며, 부모란 권위를 지닌 존재가 아니기 때문에 자녀의 자율성을 전적으로 존중한다. 허용적 부모는 다음과 같은 특성을 갖는다.

- 자녀가 스스로 행동을 통제하고, 스스로 결정하도록 허용한다.
- 자녀의 먹고, TV 보고, 잠자는 시간 등에 대한 정해진 규칙이 거의 없다.
- 좋은 태도를 보이거나 해야 할 일을 하는 것과 같은 성숙한 행동을 거의 요구하지 않는다.
- 되도록이면 통제나 제한을 피하고 거의 벌을 주지 않는다.
- 충동적이거나 공격적인 행동조차도 관대하게 받아들인다.

허용적 태도에는 두 가지 유형이 있다. 첫 번째 유형은 자녀에게 거의 요구를 하지 않는 반면, 따뜻하고 반응적이다. 두 번째 유형은 자녀의 행동에 대해 효과적으로 대처할 수 없기 때문에 자녀에게 무심하고 주의를 기울이지 않는다. 두 번째 유형에 비해 첫 번째 유형이 성인이 되었을 때 더 잘 적응해 나가는 경향이 있으나, 기본적으로 허

용적 부모의 자녀는 충동을 통제하지 못하거나 책임감과 독립심이 결여되는 편이다.

4) 과잉보호적 태도

과잉보호적 태도(overprotective styles)는 부모가 자녀의 연령과 발달정도에 맞지 않게 보호하거나 도와주는 태도를 말한다. 과잉보호하는 부모는 몇 가지 특성을 갖는다. 첫째, 자녀의 건강이나 안전에 대해 지나치게 간섭한다. 둘째, 자녀의 나이에 맞는 기대나 요구를 하지 않음으로써 자녀에게 무능감을 심어 준다. 셋째, 자녀가 스스로 무엇인가를 하는 경험을 못하게 함으로써 열등감에 빠지게 한다. 과잉보호하는 부모의 자녀는 인내심 없고, 자기중심적이고, 늘 다른 사람들의 주목을 얻으려고 하고, 열등감을 갖는 심리적 경향성이 있다.

자녀의 양육태도에 따른 자녀의 사회적 특성은 〈표 9-2〉와 같다.

〈표 9-2〉 부모의 양육태도에 따른 자녀의 사회적 특성

부모의 유형	자녀의 특성	인간관계 특성
권위주의적 태도	• 엄격한 통제와 규칙을 따르도록 강요한다. • 훈육 시 체벌을 사용하고 논리적 설명을 하지 않는다.	• 비효율적 인간관계, 복종적, 사회성 부족, 의존적, 반항적 성격을 나타낸다.
민주적 태도	• 애정적 · 반응적이고, 자녀와 자주 대화를 갖는다. • 자녀의 독립심을 격려하고, 훈육 시 논리적 설명을 이용한다.	• 책임감, 자신감, 사회성이 높다.
허용적 태도	• 애정적 · 반응적이나 자녀에 대한 통제가 거의 없다. 훈육 시 일관성이 없다.	• 자신감이 있고 적응을 잘하는 편이나, 규칙을 무시하고, 제멋대로 행동한다.
과잉보호적 태도	• 자녀에게 과도한 애정과 간섭, 밀어붙이기, 어리광을 받아 준다.	• 독립심이 없고, 자기통제력이 부족하며, 문제행동을 많이 보인다.

출처: 이숙, 우희정, 최진아, 이춘아(2010).

3. 부모-자녀 관계의 갈등

자녀는 인정받거나 소속감을 얻기 위해서 여러 가지 행동을 하게 되는데, 좋은 방법으로는 인정받을 수 없다고 느낄 때 잘못된 행동을 통해서라도 이를 성취하려는 특성을 보이며, 이러한 의미에서 이를 잘못된 행동목표라고 한다(이숙 외, 2010).

부모는 자녀가 잘못된 행동목표를 설정하지 않도록 세심한 배려를 해야 한다. 혹시 자녀가 잘못된 행동목표를 설정하여 행동으로 나타낼지라도 바로잡을 수 있도록 도와주고, 자녀와의 관계를 평등하고 민주적으로 유지해야 한다.

1) 자녀 이해를 위한 기본 가정

자녀의 심리적 목표 및 행동전략이 무엇인지를 잘 파악할 수 있는 안목을 키울 필요가 있다. 이를 위해 다음과 같은 가정에 기초하여 자녀를 이해하도록 하는 것이 중요하다.

- 행동은 우연히 일어나는 것이 아니고 목적이나 원인이 있다.
- 행동을 이해할 때 사회적인 관계나 배경을 고려해야 한다.
- 심리적 목표 및 행위의 목적은 그 행동을 설명해 줄 수 있다.
- 자녀의 행동을 이해하기 위해 자녀가 경험한 사건에 대해 스스로 설명하게 하고 경청할 필요가 있다.
- 사람은 누구나 사회집단에 소속되고자 하는 기본 욕구가 있다.
- 인간은 누구나 자신의 행동에 대한 지침을 가지고 있다.

2) 잘못된 행동목표

인간은 사회적 존재이기 때문에 집단에 소속하고자 하는 기본적인 욕구가 있는데,

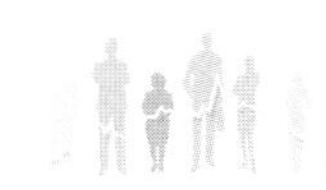

이 소속감은 최초로 접하는 가족집단으로부터 자신의 위치를 인정받으려고 노력하면서 형성된다. 자녀는 가정에서 자신의 위치를 차지하고 소속감을 얻으려고 잘못된 행동목표(mistaken goals)를 세우고 이를 성취하기 위한 행동을 하게 되는데, Dreikurs, Corsini 그리고 Gould(1974)가 분류한 네 가지 잘못된 행동목표는 다음과 같다.

(1) 관심 끌기

자녀가 가정이라는 집단에 소속되지 못하고 인정받지 못한다고 스스로 결정을 내리게 되면 타인의 관심을 받아야만 그 집단에서 안전한 위치를 차지할 수 있다는 잘못된 심리적 목표를 세우게 된다. 따라서 행동 결과에 상관없이 관심 끌기 목적을 달성하기 위해 행동한다. 즉, 바람직한 방법으로 관심을 모으려 노력했지만 관심을 얻지 못했을 때 파괴적이고 나쁜 방법으로라도 관심을 끌려고 노력하는 것이다.

이러한 관심 끌기 행동에 대해 자녀의 기대에 맞게 무의식적으로 항상 관심을 보이면 잘못된 행동은 고쳐지지 않고 강화를 받아 점점 심해진다. 자녀의 행동을 수정하기 위해서는 자녀의 긍정적 태도에는 관심을 보이지만 부정적 태도에는 무관심할 수 있도록 많은 노력과 인내가 요구된다.

(2) 힘 행사하기

가정에서도 자신이 할 수 있는 것을 부모가 못하게 한다는 것을 인식하면 자신이 하고자 하는 것을 해야만 가정에서 확고한 위치를 차지한다고 판단하여 자신의 힘과 능력을 시험해 보고 싶어 한다. 이런 동기에서 부모의 요구에 "싫어."라며 요구를 거절하면서 자신이 하고 싶은 대로 해 버리며, 자신의 힘을 과시하거나 반항한다.

이때 대부분의 부모들은 이러한 반항하는 태도를 이해하지 못하고 힘을 사용하여 자녀의 고집을 꺾고 이를 통제하려고 하기 때문에 갈등이 생기게 된다. 하지만 자녀를 힘으로 복종시키면 논쟁에서는 이길 수 있으나 부모-자녀 관계 갈등을 일으키게 된다. 즉, 일시적으로 부모가 승리하는 것처럼 보이지만 더 심한 행동을 초래하게 된다.

이러한 상황에서 자녀에 대항하여 힘을 사용하는 것은 결과적으로 힘의 가치를 실감하게 하여 더욱더 '힘 행사하기'를 하게 하는 것이다. 따라서 부모는 자녀를 다룰 때 화내지 말고 주도권을 누가 잡느냐에 초연해야 하며, 인간관계에서의 갈등처럼 자녀와의 갈등 역시 자연적 현상으로 받아들이고 자녀의 힘을 건설적으로 사용하는 방법을 가르쳐 주어야 한다.

(3) 앙갚음하기

힘 행사하기에 대한 투쟁이 계속되어 일단 부모를 이길 수 없다고 생각하게 되면, 자녀는 세 번째 목표인 '앙갚음하기'를 추구하게 된다. 이때 자녀는 자신이 사랑받고 있지 않다고 생각하고 또 그렇게 믿는다. 자신이 상처받은 만큼 다른 사람도 상처받아야 한다고 느낄 때 추구하는 목적이 앙갚음하기다. 그래야만 그 집단에 소속되어 있다고 느끼며, 상처를 입고도 그대로 있으면 다른 사람이 자기를 하찮은 존재로 여기고 인정하지 않는다고 생각하여 다른 사람에게 상처를 준다. 자녀는 부모와의 앙갚음하기 전쟁을 계속하면서 변명하고 용서를 구하거나 앙갚음을 포기하기도 하면서 좌절과 실망, 의욕상실 그리고 부정적 자아존중감이 싹트게 된다.

이 경우 부모는 상처받게 되고 무의식적으로 앙갚음하려는 자세를 취하게 되는데, 자녀의 앙갚음하기 행동은 좌절에서 시작되는 것이라는 점을 재빨리 인식하고 앙갚음하지 말아야 한다. 상대방에 대한 앙갚음은 적개심과 증오심 등의 나쁜 감정을 갖고 상처를 주게 되어 상대방의 원한을 사게 되고 인성에도 나쁜 영향을 준다. 따라서 부모는 자녀에게 선의를 보여 주고 침착하게 부모-자녀 관계를 개선해 나가야 한다.

(4) 무능함 보이기

모든 노력에도 불구하고 성공하거나 만족할 만한 행동목표에 자녀가 도달하지 못했다고 예상될 때, 그리고 실패를 예상하고 타인과 함께하는 것을 피하려 할 때 추구하는 행동목표가 무능함 보이기다. 성공하려는 희망을 갖기는커녕 아예 포기한다. 무능력하게 행동하는 자녀는 극도로 좌절되어 있고 자신에 대해 상당히 실망하고 있으며, 성공하려는 희망도 포기하고 좌절과 의욕상실 등의 특징을 나타낸다.

이때 부모는 자녀의 이러한 행동에 대해 비판해서는 안 된다. 오히려 작은 장점이라도 찾아 칭찬해 주어야 하며, 나아지려는 노력을 했을 경우 격려해 주어야 한다.

4. 부모-자녀 관계의 갈등해결방법

자녀의 연령이 증가하면서 발달특성에 따른 특징을 보이고 이에 대해 적절히 대처하지 못하는 부모는 자녀와 갈등을 일으키기도 한다. 자녀의 발달특성에 따라 적절한 관계를 유지하고 발전시켜 나가지 못하면 자녀와의 관계가 순조롭지 못하고, 이는 결국 자녀의 발달에 부정적인 영향을 미치게 된다. 따라서 부모-자녀 관계에서 나타날 수 있는 여러 가지 갈등을 잘 해결할 수 있는 방법을 익힐 필요가 있다.

1) 격려의 사용

평등과 상호존중에 근거한 민주적인 부모-자녀 관계를 형성하기 위한 가장 중요한 기술 가운데 하나가 격려다. 격려는 자녀의 장점과 성취에 초점을 맞춤으로써 자녀에게 자신감과 자아존중감을 북돋아 준다.

칭찬과 격려의 차이에 대해 살펴보면 다음과 같다. 첫째, 칭찬이 잘했을 때와 성공했을 때 주어지는 것이라면, 격려는 실패해서 넘어졌을 때 주어지는 것이다. 둘째, 칭찬이 상대방에게 보상감을 심어 주는 것이라면, 격려는 있는 그대로 상대방을 인정해 주는 말이나 행동이다. 셋째, 칭찬의 초점이 '행위나 일의 결과'에 있다면, 격려는 그 일을 행한 사람에게 초점을 맞추는 것이다. 넷째, 칭찬은 언제나 '더 잘해야지' 하는 강박관념을 심어 줄 수 있지만, 격려는 있는 그대로 자신이 인정되고 있다는 신뢰와 믿음을 자리 잡게 해 준다.

부모가 자녀와의 관계에서 격려를 사용할 때 고려해야 할 일반적인 지침은 다음과 같다.

첫째, 아무런 전제조건 없이 자녀를 있는 그대로 수용하고 신뢰한다. 둘째, 고자질과 같은 부정적 행동은 무시한다. 셋째, 긍정적인 태도나 언어를 사용한다. 넷째, 자녀가 과제를 수행하거나 어려운 문제를 수행하고자 할 때 간섭하지 않는다. 다섯째, 장점이나 잘한 점 등에 초점을 맞춘다. 여섯째, 아동의 노력을 알아주고 성취를 인정해 준다. 일곱째, 아동에게 칭찬을 해 주기보다는 격려한다.

2) 자연적 · 논리적 결과에 의한 자녀 훈육

부모가 자녀의 행동을 지도할 때 주로 사용하는 방법은 보상을 주거나 벌을 주는 방법이다. 부모가 자녀의 행동에 대해 권위적인 벌을 사용하는 대신에 '자연적 · 논리적 결과'를 경험하도록 하는 것이 효과적이다. 벌과 자연적 · 논리적 결과는 다음과 같은 특징이 있다.

첫째, 벌은 자녀의 행동에 대해 부모가 책임을 지지만, 자연적 · 논리적 방법은 부모가 아닌 아동이 자신의 행동에 책임을 진다. 즉, 자녀 스스로가 행동의 결과에 대해 책

〈표 9-3〉 벌의 결과

특징	아동에게 전달하는 말	가능한 결과
권위의 강조	"내가 그렇게 말했으니까 내 말대로 해라."	• 반항, 앙갚음의 욕구, 자제력 결핍, 도벽, 무책임
행동과 무관심, 임의적	"두고 봐라." "자업자득이다."	• 분노, 앙갚음의 욕구, 공포, 혼란, 반항
도덕적 판단	"너는 못됐다." "그건 절대 안 된다."	• 상처받음, 죄의식, 앙갚음의 욕구
과거 행동의 강조	"넌 언제나 그 모양이다." "난 너를 절대 인정하지 않아."	• 인정받지 못한다는 느낌, 훌륭한 결정을 내릴 수 없다고 느낌
공공연한 무관심, 위협	"너는 고쳐야 해." "그렇게 하는 애는 내 자식이 아니다."	• 두려움, 반항, 죄의식, 앙갚음의 욕구
순종 요구	"네가 좋아하든 말든 상관없어." "네가 현명한 결정을 내릴 거라고 믿을 수 없다."	• 반항, 반항적 순종

출처: 이경우(1986).

〈표 9-4〉 자연적 · 논리적 결과

특징	아동에게 전달하는 말	가능한 결과
사회적 질서의 강조	"나는 네가 다른 사람의 권리를 존중할 줄 알게 되리라 믿는다."	• 협동, 타인과 자신에 대한 존경, 자율, 신뢰
잘못된 행동에 대한 논리적 설명	"나는 네가 책임 있는 선택을 하리라 믿는다."	• 경험으로부터 학습
인권존중: 행위와 행위자의 분리	"너는 가치 있는 사람이다."	• 잘못된 행동은 있으나 자신은 수용된 느낌
현재와 미래 행동에 관심	"너는 네 자신을 돌볼 수 있다."	• 자기평가, 자율적
목소리로 존중과 신의를 전달함	"나는 지금의 네 행동은 좋아하지 않지만, 너를 여전히 사랑하고 있다."	• 부모의 사랑과 도움에 대한 확신
선택권 부여	"너는 결정할 수 있다." "네가 현명한 결정을 내릴 거라고 믿는다."	• 책임 있는 결정, 더욱 현명해짐

출처: 이경우(1986).

임을 지고 불이익과 불편함을 감수하게 된다.

둘째, 벌은 자녀 스스로 결정을 내리는 기회를 제한하지만, 자연적 · 논리적 방법은 자녀 스스로 어떤 행동이 적절한가를 결정하게 한다.

셋째, 벌은 권위적인 모습을 보일 때만 바람직한 행동을 하게 만들고 강제로 순응하게 함으로써 반항심과 분노감이 생길 수 있지만, 자연적 · 논리적 사건의 질서로부터 스스로 배우게 한다.

자연적 · 논리적 결과와 벌의 차이를 〈표 9-3〉, 〈표 9-4〉와 같이 비교하여 설명할 수 있다(이경우, 1986).

Dreikurs, Corsini 그리고 Gould(1974)는 자연적 결과와 논리적 결과에 대해 구체적으로 다음과 같이 설명하고 있다. 먼저 자연적 결과란 자녀가 어떤 행동을 했을 때 부모의 개입 없이 자연적으로 일어나는 결과를 경험하는 것으로서, 자연적 상황에서 아동이 자신의 행동에 의해 보상과 벌을 받는다고 느끼도록 하여 통제하는 방법이다. 즉, 자녀는 스스로 교훈을 얻고 느끼고 배우게 되는데, 마치 자연의 섭리가 자녀를 가르치는 것이다. 예를 들면, 자녀가 아침을 먹지 않으면 점심시간까지 배가 고플 것이다. 모래위를 걸을 때 신발을 벗지 않는다면 모래가 신발 속으로 들어가 불편할 것이다. 이것이 자연적 결과다. 그런데 무조건 자연적 결과에 맡겨 버릴 수 없는 상황이 있는데, 아동이 위험한 상황이거나 아동의 행동이 타인에게 피해를 줄 때, 그리고 자연적 결과가 당장 눈에 보이지 않기 때문에 아동이 그 인과관계를 이해할 수 없을 때 등이다.

다음으로 논리적 결과란 부모나 자녀가 모두 동등한 권리행사를 위해 자신들의 행동을 주관하는 규칙이나 규범을 구성원 각자가 이해하고 준수해야 하고 이를 위반할 경우 뒤따르는 결과, 즉 대가를 경험하게 하는 것이다.

아동 자신이 행동의 대가로서 따르는 결과, 즉 논리적 결과는, 첫째, 자녀를 훈육할 필요가 있을 때 사용해야 하며, 둘째, 자녀가 자기행동의 결과, 즉 대가를 경험해야 하며, 셋째, 그 대가가 자신의 행동과 논리적으로 관련이 있다는 것이다. 예를 들어, TV를 시청한다고 정해진 식사 시간을 어기면 밥을 굶게 된다는 논리적 결과를 경험하게 하는 것은 자녀에게 선택권을 주고 결정을 받아들이며 부모의 뜻을 받아들이고 자신의 행동을 수정하게 한다는 것이다.

논리적 결과를 계획할 때 주의해야 할 점은 다음과 같다. 첫째, 자녀에게 선택의 기회를 제공해 주어야 한다. 둘째, 결정한 후에는 반드시 실천하도록 일관성 있게 적용해야 한다. 셋째, 결정은 이미 내려졌지만 나중에 다시 기회가 있다고 말해 준다. 넷째, 자녀가 그 후에도 잘못된 행동을 계속하면 다시 그 행동을 하기 전에 시간이 경과하도록 한다. 다시 해 볼 기회가 있고 시간이 있다는 말 이외에 다른 말을 하지 않는 것이 효과적이다.

논리적 귀결을 계획하는 목적은 자녀에게 부모나 성인의 명령에 복종하도록 강요하지 않고 스스로 책임 있는 결정을 하도록 격려하는 것이며, 부모로 하여금 자녀와의 권력투쟁에서 벗어나도록 하는 데 있다.

3) 미래의 부모-자녀 관계를 위한 준비

좋은 부모가 되는 것은 누구나 원하는 일이지만, 그 길에 도달하는 것은 매우 어려운

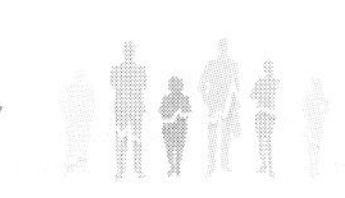

일이다. 한 생명을 잉태하고 출산하여 영아기와 유아기, 아동기와 청소년기를 거쳐 성인으로 성장하는 자녀를 지켜보는 것은 매우 특별한 즐거움인 동시에 일생 중 가장 커다란 수고와 인내를 요구한다.

부모-자녀 관계는 부모와 자녀에게 어떤 의미가 있는 것일까? 먼저 부모-자녀 관계는 부모에게 어떤 의미가 있는지 살펴보기로 한다(이숙 외, 2010).

첫째, 자기 확장의 의미다. 부모는 자녀를 통해 자기 연장감 혹은 지속감을 느낀다. 그러나 자녀를 자기와 지나치게 동일시하거나 자신의 연장으로서 또는 분신으로 생각하고 부모의 생각이나 견해를 강요할 때 문제가 발생한다.

둘째, 부모 자신의 인지적·정서적 발달을 촉진한다. 부모가 된다는 것은 개인의 성장 기회이며, 끊임없는 자기성찰과 발전의 기회를 갖게 된다.

셋째, 사회적 지위를 획득할 수 있다. 결혼을 하고 부모가 되어야 비로소 한 성인으로서 인정되며, 부모가 되는 것은 사회적으로 중대한 책임과 의무를 수반한다.

넷째, 궁극적으로 '생'의 의미를 경험하게 된다. 자녀양육을 통해 인간의 생활주기를 경험하고 생활의 의미를 이해하고 인생의 진리를 체득하게 된다.

다음으로 자녀의 입장에서 부모-자녀 관계는 어떤 의미일까?

첫째, 부모로부터 성격과 인성의 측면에서 지대한 영향을 받는다. 어떤 부모를 만나고 어떤 가족 분위기에서 성장하는가는 개인의 인생을 좌우하고 삶을 지배하게 되는 중요한 요인이다. 예를 들면, 자율성을 인정해 주는 부모 밑에서 자란 아이는 스스로를 존중하는 아이가 되고 스스로 성장할 만한 힘을 가지고 성장하여, 사회적 관심을 가지고 사회 구성원으로서 사회에 공헌하게 된다.

둘째, 부모-자녀 관계는 다른 어떤 관계보다도 오래 지속되는 관계이며, 이 관계는 평생 동안 지속된다.

셋째, 부모로부터 자녀는 사회적 지위를 부여받는다. 부모의 사회경제적 신분과 지위는 자녀가 태어나자마자 자녀의 객관적 신분이 된다.

넷째, 자녀의 인지적 문제해결 방법, 사회적 관계를 유지하는 방법, 성 역할 등에 많은 영향을 미친다.

다섯째, 다양한 삶의 경험을 같이 나누는 관계다. 부모-자녀 관계는 떼려고 해도 뗄 수 없는 밀접하고도 중요한 관계로서 자녀의 모든 성장 영역에 영향을 준다.

4) 발달단계에 따른 부모역할

(1) 영유아기의 부모역할

영아기(infancy)는 출생 후 24개월까지를 말한다. 영아기는 일생 중 가장 많은 변화가 일어나는 시기로서 인간발달단계에서 결정적인 시기다. 운동기능이 발달하여 수의적(隨意的)으로 괄약근이 통제되는 시기에 배변훈련이 시작되고, 보통 대변은 13개월, 소변은 20개월경부터 가능하게 된다. 영아기의 주요한 부모역할은 다음과 같다.

- 보육자 · 보호자로서의 역할을 한다.
- 기본적 신뢰감 형성을 돕는다.
- 자극을 제공한다. 새로운 방법에 의해 연습하고 실험하는 것을 즐기므로 놀이 환경과 자료를 제공해 주는 것이 필요하다.
- 자율성 발달을 돕는다. '제1 반항기' 주위를 탐색하도록 적당하게 인정하고 격려해 주면 영아는 자율성을 발달시키게 된다.
- 학습경험을 제공한다. 배변훈련을 성공했을 때는 많은 칭찬으로 격려해 주고, 실패에 대해서는 덮어 주는 것이 좋다. 사회성 발달을 위해 또래와 잘 어울릴 수 있도록 상호작용의 경험을 제공하며, 언어발달을 위해 사물의 이름을 반복해서 말해 주어 언어 모델로서의 역할을 다해야 한다.

유아기는 2~6세의 전조작기를 말한다. 유아기에는 어느 정도 신체적 성장이 이루어지는데, 기초적인 운동능력을 지니게 된 유아는 주변 환경을 탐색해 보고 자신의 운동능력을 시험해 보고자 바쁘게 움직인다. 이러한 행동은 호기심을 충족시킬 뿐 아니라 신체조절 능력을 더욱 발달시키게 된다.

유아의 두뇌발달은 3세경이면 성인 크기의 75%까지 성장하고, 5세경이면 성인의 90%까지 성장하게 된다. 유아기는 질병에 대한 감수성이 높고 선천적인 면역기능이 거의 소실되어 질병에 자주 걸리기 쉽다. 또한 위험한 상황을 잘 인식하지 못하고 신체 조절 능력이 미숙하기 때문에 우발적인 사고로 다치기 쉽다. 유아기의 주요한 부모역할은 다음과 같다.

- 양육자로서의 역할을 한다. 유아는 자조능력이 발달하면서 자기주장이 강해지고 반항과 거부를 한다. 이때 부모는 지나친 간섭을 피하고 적절한 제한을 가하여 일관성 있고 긍정적으로 양육해야 한다.
- 훈육자로서의 역할을 한다. 부모는 자녀에게 기본적인 규칙과 제한을 두고 이를 잘 지키도록 하기 위해 훈육을 한다.
- 자아개념의 발달을 촉진한다. 유아가 긍정적인 자아개념을 형성하도록 자녀의 의견을 수용하고 존중함으로써 긍정적인 경험을 풍부하게 제공해 주어야 한다.
- 주도성 발달을 돕는다. 자신의 환경을 능동적으로 탐색하고자 하는 욕구가 나타나게 된다. 이때 다양한 경험을 제공해 주며, 유아의 시도에 대해 관심을 보이는 것은 물론, 도움이 필요한 경우에는 지원해 준다.
- 학습경험을 제공한다. 신체를 움직이는 경험을 충분히 제공해 주어야 하며, 놀이터와 같이 마음껏 뛰어놀 수 있는 공간에서 놀 수 있는 충분한 기회를 제공한다. 그리고 신체적 한계를 넘어서까지 계속하려는 경향이 있으므로 피곤을 느끼지 않을 정도로 적절한 시간에 쉴 수 있도록 조절을 해 준다. 또한 언어적 측면에서 유아의 언어에 민감하게 반응하고 잘못을 수정해 준다. 끝으로 사회정서적 측면에서 유아기에 인사하는 방법, 성인과 대화할 때의 태도, 자신의 의사를 정확하게 표현하는 방법 등을 학습하도록 하며 이러한 것들을 생활 속에서 자연스럽게 배우도록 한다.

(2) 아동기의 부모역할

아동기는 만 6~12세로 Piaget의 발달단계에 따르면 구체적 조작기에 해당한다. 아동기에는 부모의 영향력이 감소하고 또래집단의 비중이 점차 커지게 되며, 성 역할 고정관념이 증가하여 6학년 때에는 성인과 비슷하게 된다. 아동기의 주요한 부모역할은 다음과 같다.

- 격려자로서의 역할을 한다. 부모는 아동기 자녀에게 심리적인 측면의 양육을 제공해야 하고, 또래로부터 거부되거나 또래관계를 형성하지 못한 아동에게는 거부되는 원인을 파악하고 이를 해결할 수 있도록 도와야 한다.
- 훈육자로서의 역할을 한다. 자녀가 초등학교에 입학하면서 취침과 기상, 준비물 챙기기, 숙제하기, 공부하기 등 새로운 생활습관에 적응하고 건전한 가치관을 형성하도록 훈육을 받아야 한다. 또한 부모의 훈계나 권고에 반발하고 반항하는 태도를 나타내고 부모와 갈등이 새롭게 시작되는 시기이기 때문에 민주적인 양육태도를 통해 자녀를 지도해야 한다.
- 근면성 발달을 돕는다. 부모는 아동의 수준에 맞는 적절한 과제를 부여하여 다양한 작업에서 성공하는 경험을 축적하도록 환경을 조성해 주어야 한다. 그리고 지나치게 간섭하거나 야단을 치면 열등감이 생기므로 수행을 지켜보면서 격려하는 세심함이 필요하다.
- 긍정적인 자아개념 형성을 돕는다. 부모는 자녀를 인정해 주고 격려해 주어야 하며, 성공경험을 많이 하도록 환경을 조성해 주어야 한다.
- 학습경험을 제공해 준다. 부모는 자녀가 학습 내용에서 어려움을 겪는 부분을 설명해 주고 자료를 제공하는 학습조력자 역할도 수행해야 한다. 또한 인터넷의 음란물 등의 유해한 내용에 노출되지 않도록 지도해야 한다.

(3) 청소년기의 부모역할

청소년기는 중학교부터 고등학교 시기다. 청소년기는 생리적 욕구의 조절, 새로운 존재로서의 자아정체감 수립 등의 발달과제를 해결해야 하는 시기다. 인지발달 면에서 급격한 신체적 · 정서적 변화에 따라 자신의 외모와 행동에 너무 몰두해 있으므로 다른

사람들도 자신만큼 관심이 있다고 생각하여 자신의 관심사와 타인의 관심사를 구분하지 못하는 자기중심성이 두드러진다.

청소년기의 자기중심적 사고를 나타내는 것으로는 상상적 관중과 개인적 우화를 들 수 있다. 상상적 관중이란 자신이 주인공이 되어 언제나 무대 위에 서 있는 것처럼 행동하고 다른 사람들은 모두 관객으로 생각하면서 일상생활을 하는 것을 말한다. 그리고 개인적 우화란 자신의 감정과 사고는 너무 독특한 것이어서 다른 사람인 부모나 교사는 이해할 수 없을 것이라고 생각하는 것이다. 즉, 많은 사람들에게 자신은 너무도 중요한 인물이라는 믿음 때문에 자신이 매우 특별하다고 생각한다.

'나는 누구인가?' '나는 무엇이 되기를 원하는가?' '나는 누구이며 어디서 왜 여기에 왔는가?' 등 근원적인 질문을 하게 되며, 자아정체감 형성의 결정적인 시기라 할 수 있다. 청소년기의 주요한 부모역할은 다음과 같다.

- 격려자로서의 역할이다. 청소년기 자녀의 급속한 신체적 성장은 부모의 체벌이나 통제를 어렵게 하고 부모의 권위는 도전을 받게 된다. 또한 부모가 설정한 규칙이나 가치관에 대해 논리적 모순을 발견하고 비판적으로 부모를 대하게 된다. 부모는 아동기와는 달라진 청소년의 버릇없는 태도에 당황하여 화를 내거나 방어적으로 행동하기 쉽다. 이때 수동적 공격성(passive aggression)이 커진다. 따라서 자녀를 격려하고 평등하게 상호존중하는 태도로 대하는 것이 무엇보다 중요하다.
- 상담자로서의 역할을 한다. 청소년기 자녀가 또래로부터 배척이나 따돌림을 털어놓고 상담할 수 있는 대상은 현실적으로 부모가 되어야 한다. 부모는 자녀에 비해 인생 경험이 풍부하고 자녀에게 따뜻한 관심과 지지를 보여 줄 수 있으므로 상담자로서의 역할을 잘 감당해야 한다.
- 의사소통기술의 모델이 된다. 부모는 자녀와의 대화에서 의사소통이 비효율적으로 이루어질 경우 지나치게 비판하고 통제하며 비난하는 대신 나-전달법(I-Message)이나 공감 반응으로 표현해야 한다.

〈인간관계연습 18〉

[나의 가족은 얼마나 건강한가?]

가족이 원활하게 기능하는 정도는 가족의 건강성의 중요한 척도다. 자신이 속한 가족의 건강성을 평가해 보고자 한다면, 다음에 제시된 문항에 답해 보기 바란다.

문 항	전혀 아니다	대체로 아니다	보통 이다	대체로 그렇다	매우 그렇다
1. 우리 가족은 서로 돕고 의지하며 산다.	①	②	③	④	⑤
2. 가족에 관한 사항들에 대해서 부모의 의견은 대부분 일치한다.	①	②	③	④	⑤
3. 우리 가족은 상당히 친한 편이다.	①	②	③	④	⑤
4. 우리 가족은 취미생활을 같이 한다.	①	②	③	④	⑤
5. 대부분의 경우 우리 가족은 서로 이야기로서 모든 문제를 해결할 수 있다.	①	②	③	④	⑤
6. 의견의 차이가 있어도 서로 간의 사랑이 줄지는 않는다.	①	②	③	④	⑤
7. 의도는 좋겠지만 우리 가족은 서로 간의 간섭이 너무 심하다.	①	②	③	④	⑤
8. 우리 가족은 서로 좋지 않은 감정을 많이 가지고 있다.	①	②	③	④	⑤
9. 우리 가족은 서로 오해를 하는 경우가 많다.	①	②	③	④	⑤
10. 우리 가족은 모든 사항에 대해서 계획을 하지도 못하고 결정도 잘 내리지 못한다.	①	②	③	④	⑤
11. 서로를 크게 변화시키기 위해서 노력을 한다.	①	②	③	④	⑤
12. 문제에 대해서 가족과 의논하기보다 제3자와 의논하는 것이 편하다.	①	②	③	④	⑤
13. 가족의 중요한 결정사항에는 모든 구성원들의 의견을 존중한다.	①	②	③	④	⑤
14. 우리 가족은 개개인이 무엇을 하든지 유연하고 개방적인 입장을 지닌다.	①	②	③	④	⑤
15. 가족 결정에서 가족 모두가 의견을 제시할 수 있다.	①	②	③	④	⑤
16. 부모는 모든 결정을 하기 전에 자녀의 의견을 듣는다.	①	②	③	④	⑤
17. 부모는 결정사항에 대해서 자녀의 의견을 물어보고 같이 참여시킨다.	①	②	③	④	⑤
18. 우리 가족은 다른 사람의 도움 없이 각자의 능력껏 살아가고 있다.	①	②	③	④	⑤
19. 우리 가족은 자녀에게도 어떤 일을 결정할 권리를 준다.	①	②	③	④	⑤
20. 우리 가족은 각자의 일을 결정하려고 할 때 서로 의논한다.	①	②	③	④	⑤
21. 우리 집안의 쓰레기 처리, 화초에 물 주기 등 허드렛일은 함께 한다.	①	②	③	④	⑤

채점 및 해석

이 척도는 가족관계의 세 가지 측면을 간이검사의 형식으로 평가하고 있다.

• 1~6번 문항은 가족의 친밀감을 측정하며 가족원 간의 심리적 가까움, 공유 활동, 의사소통의 개방성 등을 평가하고 있다.
- 6~8점: 가족관계가 매우 소원한 편이다. 가족원 간의 지속적인 갈등이 존재할 수 있으며, 이를 해결하기 위한 적극적 노력이나 이에 대한 적응이 필요하다.
- 9~15점: 가족관계가 소원한 편이며, 가족 간 친밀도를 높이려는 노력이 필요하다.
- 16~20점: 보통 정도의 가족 친밀도를 느끼고 있으나, 좀 더 친밀도를 높이는 것이 바람직하다.
- 21~26점: 상당히 친밀한 가족관계를 형성하고 있다.
- 27~30점: 매우 친밀한 가족관계를 형성하고 있다. 그러나 가족관계에 비해 다른 인간관계가 소원하지 않은지 생각해 볼 필요가 있다.

• 7~14번 문항은 가족의 갈등을 측정하며 가족 간의 오해, 문제해결과 계획의 어려움 등을 평가하고 있다.
- 6~8점: 가족관계가 원활하며 가족문제의 해결능력이 매우 우수하다.
- 9~15점: 가족관계가 원활하며 가족문제의 해결능력이 우수하다.
- 16~20점: 보통 정도의 가족갈등을 느끼고 있다.
- 21~26점: 가족 간의 갈등과 관여가 상당하여 불만을 느끼고 있다.
- 27~30점: 가족 간의 갈등과 관여가 심해 보이며, 가족문제를 함께 해결해 나가는 능력이 매우 부족하다.

• 15~21번 문항은 가족관계의 민주성을 측정하며 가족원의 독립성, 원활한 의사소통, 개인 의견의 존중 등을 평가하고 있다.
- 6~8점: 가족관계에서 민주성과 독립성이 매우 부족하다. 개인의 의사를 존중하고 자유로운 의사소통과 참여가 매우 필요하다.
- 9~15점: 가족관계에서 민주성과 독립성이 상당히 부족하다. 개인의 의사를 존중하고 자유로운 의사소통을 위한 노력이 필요하다.

-16~20점: 보통 정도의 원만한 의사결정 과정이 이루어지는 가족관계다.

-21~26점: 가족관계가 상당히 민주적이고 독립적이다.

-27~30점: 가족관계가 매우 민주적이고 독립적이다. 그러나 혹시 가족관계에 리더십이나 중심점이 없어 어떤 일에서 결정을 쉽게 내리지 못하는 경향이 있지는 않은지 생각해 볼 필요가 있다.

〈인간관계연습 19〉

[나는 부모로부터 얼마나 심리적으로 독립되어 있는가?]

이 척도는 부모, 특히 어머니에 대한 심리적 독립의 정도를 평가하기 위한 것이다. 다음의 문항을 읽고 자신의 상태를 적절히 나타내는 숫자에 ✓표 하시오. 만약 아버지에 대한 심리적 독립을 평가하고자 한다면, 문항 속의 어머니를 아버지로 바꾸어 응답할 수 있다.

문항	전혀 아니다	대체로 아니다	보통이다	대체로 그렇다	매우 그렇다
1. 나는 어머니와 오랫동안 떨어져 있으면 그리움을 느낀다.	①	②	③	④	⑤
2. 집안에 있을 때 대부분의 시간을 어머니와 함께 보내고 싶다.	①	②	③	④	⑤
3. 나는 내 또래의 다른 사람보다 어머니와 더 가까운 것 같다.	①	②	③	④	⑤
4. 나는 친구들의 사진을 어머니에게 보여 주고 싶다.	①	②	③	④	⑤
5. 어머니는 나의 가장 좋은 대화 상대다.	①	②	③	④	⑤
6. 나는 어머니가 인정해 줄 것인지의 여부에 따라서 내가 할 일을 결정한다.	①	②	③	④	⑤
7. 친구를 선택하는 데 어머니의 바람은 내게 영향을 미친다.	①	②	③	④	⑤
8. 어려움이 있을 때 나는 보통 어머니에게 부탁한다.	①	②	③	④	⑤
9. 나는 어머니의 동의 없이는 중요한 물품을 구입하지 않는다.	①	②	③	④	⑤
10. 나는 여행을 하거나 아르바이트를 하고자 할 때 어머니의 조언을 구한다.	①	②	③	④	⑤
11. 어머니가 나의 용돈을 주신다.	①	②	③	④	⑤
12. 내가 어머니 없이도 살아갈 수 있는지 확신이 서지 않는다.	①	②	③	④	⑤

13. 나의 종교적 신념은 어머니의 신념과 비슷하다.	①	②	③	④	⑤
14. 나의 생활신조는 어머니의 것과 비슷하다.	①	②	③	④	⑤
15. 이성교제에 관하여 나는 어머니와 비슷한 태도를 갖고 있다.	①	②	③	④	⑤
16. 성에 대한 나의 태도는 어머니의 태도와 비슷하다.	①	②	③	④	⑤
17. 남성(또는 여성)의 역할에 대한 나의 생각은 어머니의 생각과 비슷하다.	①	②	③	④	⑤
18. 돈에 대한 나의 생각은 어머니의 생각과 비슷하다.	①	②	③	④	⑤
19. 때때로 어머니는 나에게 짐이 된다.	①	②	③	④	⑤
20. 나는 어머니와 늘 불화상태에 있는 것 같다.	①	②	③	④	⑤
21. 내게 있는 문제 중 많은 부분은 어머니 때문이라고 생각한다.	①	②	③	④	⑤
22. 어머니는 나에게 너무 많은 것을 기대한다.	①	②	③	④	⑤
23. 어머니가 나에게 어떤 일을 하라고 시키면 그 일을 하기가 싫다.	①	②	③	④	⑤
24. 나는 때때로 어머니를 부끄럽게 여긴다.	①	②	③	④	⑤

채점 및 해석

이 척도는 어머니(또는 아버지)에 대한 심리적 독립을 네 가지 측면, 즉 정서적 독립, 기능적 독립, 갈등적 독립, 태도적 독립의 측면에서 평가하고 있다. 정서적 독립(1~6번 문항)은 어머니에 대한 정서적 애착과 의존, 친밀성, 공유시간 등에 있어서 독립된 정도를 의미하며, 기능적 독립(7~12번 문항)은 어떤 일을 할 때 어머니에게 조언과 도움을 구하는 측면에서의 독립성을 뜻한다. 갈등적 독립(13~18번 문항)은 어머니에 대한 부정적 감정과 갈등으로부터의 독립성을 의미하며, 태도적 독립(19~24번 문항)은 어머니의 가치관으로부터의 독립성을 뜻한다. 각 하위척도에 속하는 6개 문항의 점수를 합하면 총점이 되며, 총점(6~30점)이 작을수록 더 독립적이라고 할 수 있다.

• 정서적 독립, 기능적 독립, 태도적 독립의 세 하위척도는 총점의 점수에 따라 다음과 같은 해석이 가능하다.
  - 6~10점: 어머니에 대해 매우 독립적인 관계를 지니고 있다. 어머니에 대해 상당히 부정적이거나 거부적인 태도를 지니고 있을 수 있으므로 어머니와의 관계를 깊이 생각하고 개선할 필요가 있다.
  - 11~17점: 어머니에 대해서 상당히 독립적이며 어머니와 다소의 거리를 두며 비교적 원만한 관계를 유지하고 있다.
  - 18~24점: 어머니에 대해서 다소 의존적이나 어머니와 긴밀한 관계 속에서 적절한 거리를

두고 있다.

- 25~30점: 어머니에 대해서 매우 의존적이다. 어머니에 대한 애착이 강하고 관계가 매우 친밀할 수 있으나 자신의 자율성과 독립성이 부족할 수 있으므로 어머니와의 관계를 깊이 생각해 볼 필요가 있다.

• 갈등적 독립의 척도는 총점의 점수에 따라 다음과 같은 해석이 가능하다.
- 6~10점: 어머니와 관련된 갈등을 거의 느끼지 않고 있다. 이는 어머니와의 매우 원만한 관계에 기인할 수도 있으나 어머니에 대해서 지나치게 무관심하거나 과도한 거리를 두고 있기 때문일 수도 있으므로 어머니와의 관계를 다시 한 번 깊이 생각해 볼 필요가 있다.
- 11~17점: 어머니와 다소의 갈등을 느낄 수 있으나 적절한 거리를 유지하며 비교적 원만한 관계를 유지하고 있다.
- 18~24점: 어머니와의 관계에서 상당한 갈등을 느낄 수 있으며, 어머니와 겪게 되는 갈등을 해결하기 위한 노력이 필요하다.
- 25~30점: 어머니와의 관계 속에서 심한 갈등과 부정적 감정을 지니고 있는 것 같다. 이런 점에서 어머니로부터 부정적인 영향을 받는 심리적 의존상태에 있다고 할 수 있으므로 어머니와의 관계를 깊이 생각해 보고 개선하는 노력이 필요하다.

참고문헌

이경우(1986). **부모교육 프로그램의 방법 및 전략 방향: 부모교육 프로그램 탐색**. 부모교육연구회 편. 서울: 창지사.

이숙, 우희정, 최진아, 이춘아(2010). **부모교육**. 서울: 학지사.

이주희, 최은정, 최명선, 박희연, 진혜경(2008). **인간관계론**. 경기: 공동체.

Baumrind, O. (1967). *Child care practice anteceding three patterns of preschool behavior.* Genetic Psychology Monograph.

Bowlby, J. (1969). *Attachment and loss: Attachment.* New York: McGraw-Hill.

Dreikurs, R., Corsini, R., & Gould, S. (1974). *Family counsel.* Chicago: Henry Regnery Co.

제10장

나무꾼과 뱀

옛날 한 나무꾼이 모내기를 끝내고 한가한 틈을 이용해 겨울에 쓸 나무를 하러 도끼를 들고 산에 갔다. 아름드리 나무를 찾아 도끼를 들고 나무를 열심히 찍고 있었다. 땀이 비 오듯 쏟아지는 가운데서도 한 시간이 넘도록 도끼질을 하고 있는데, 오른발 복숭아뼈 쪽에서 따끔하는 느낌이 나서 보니 살모사가 자기를 물고는 재빨리 저쪽으로 도망가는 것이 아닌가.

화가 난 나무꾼은 도끼를 들고 "이 놈의 독사가 나를 물어? 너 오늘 잘 만났다." 하고 따라가 죽이려는 순간, '내가 저 독사를 따라가 저 뱀 한 마리를 죽일 수는 있지만 결국 나에게 독이 퍼져 나도 죽게 된다. 저 뱀 한 마리를 죽인다고 이 산의 모든 뱀을 죽일 수는 없다. 나는 나를 돌보아 살려야 한다.'라는 생각이 떠올랐다. 그래서 자신의 허리춤의 끈을 풀어 독이 온몸으로 퍼지지 않게 묶고는 독을 빨아 내었다. 고작 독사 한 마리에게 앙갚음하느라 자신을 죽이는 우를 범하지 않는 올바른 선택이었다.

이 이야기처럼 우리 주변에 우리에게 상처를 주고 화나고 불쾌하게 하는 것들이 많이 있다. 그때마다 그것에 반응하고 제거하려고 하면 결국 우리가 죽게 되는 것이다. 우리가 화가 날 때 나오는 호르몬은 아드레날린이다. 이것은 엔도르핀과 반대되는 호르몬으로 단위 면적당 독성이 뱀독보다 8배 더 강하다고 한다.

『법구경』에 이르기를 "화난 마음은 불과 같고 내 몸은 마른 섶과 같아서 다른 사람을 태우기 전에 우리 몸을 태운다."라고 한다. 우리는 나를 돌보기 위해 행복의 단추를 누르는 올바른 선택을 해야 할 것이다.

직업이란 무엇인가? 직업이란 일생 동안 수행하게 되는 일 중에서 특정 시점에서 수행하는 주된 일의 역할을 의미한다. 일반적으로 직업이란 개인이 계속적으로 수행하는 경제 및 사회 활동의 종류를 말한다(정철영, 1999). 직업(職業)이라는 말은 직(職)과 업(業)의 합성어다. 여기에서 직(職)은 관(官)을 중심으로 행하는 직무라는 관직적인 뜻과 직분을 맡아 한다는 개인의 사회적 역할의 뜻이 있다. 그리고 업(業)이라는 말은 생계를 유지하기 위하여 전념하는 일이라는 뜻이 있다. 결국 직업이란 사회적 책무로서 개인이 맡아야 하는 직무성과 생계를 유지하거나 과업을 위하여 수행하는 노동행위의 이중적 의미를 내포한다(이무근, 1999).

한편, Roe(1957)는 직업과 기본 욕구 만족의 관련성에 대해 Maslow의 욕구위계론을 바탕으로 설명하였다. 그는 우리 사회에서 직업만큼 Maslow가 말하는 모든 수준의 기본 욕구를 충족시켜 줄 수 있는 단일 상황은 흔치 않다고 말하면서 직업의 중요성을 역설하였다. 즉, 직업은 생리적 욕구와 안전욕구를 충족시킬 뿐만 아니라 직장에서 동질집단과 일하는 것은 소속 욕구와 다른 동료들에 의해 수용되는 자존 욕구를 충족시키며, 결국에는 자아실현 욕구도 충족시킬 수 있다는 것이다.

1. 직업의 중요성

흔히 직업을 인생의 수로에 비유하는데, 이는 그 사람의 직업에 해당하는 수로가 정해지면 인생에 해당하는 물이 흘러가는 방향은 다 정해진 것이라는 것을 의미한다. 또한 서양의 격언에서는 결혼, 배우자 그리고 직업이 정해지면 개인의 인생은 다 정해졌다고 하여 직업의 중요성을 역설하기도 한다.

이처럼 직업만큼 한 개인의 사회적 · 경제적 · 지적 수준을 단적으로 잘 나타내 주는 것은 없다. 여기서는 개인과 사회의 두 가지 측면에서 직업의 중요성을 살펴보고자 한다(정철영, 1999).

1) 개인적 중요성

직업은 개인에게 중요한 의미와 가치를 가지는데, 이러한 직업의 개인적 중요성은 다음과 같다.

첫째, 직업은 생계유지를 가능하게 한다. 인간이 살아가는 데에는 의식주의 해결이 가장 우선적인 요건이며, 직업을 수행하는 대가로 수입을 얻게 되고, 그것으로 본인과 가족의 생계를 유지하고 경제 활동을 영위하게 된다.

둘째, 직업은 소속감을 준다. 소속감은 심리적 안정감을 주는 반면, 일반적으로 한 개인이 직업생활을 그만두게 되면 심한 소외감을 느끼고 심리적 불안정감을 느끼게 된다.

셋째, 직업은 개인의 가치를 실현시켜 준다. 우리 인간은 일반적으로 부, 명예, 권력 등 나름대로 여러 가지 가치를 추구하면서 살아간다. 그런데 직업은 개인이 바라는 여러 가지 가치를 실현해 주는 수단이 되므로 개인이 자신의 인생에서 성공하느냐 못 하느냐의 여부는 무엇보다도 직업생활의 성공에 의해 크게 좌우된다. 그러므로 직업은 개인의 인생 성공의 중요한 열쇠라 할 수 있다.

넷째, 직업은 개성 발휘 및 자아실현을 가능하게 한다. 각 개인이 타고난 소질과 습득한 역량은 직업을 통하여 발현되기 때문에 개성 발휘와 자아실현은 대부분 직업 수행을 통해서 이룰 수 있다.

다섯째, 직업은 개인이 사회적으로 접촉하게 되는 대상의 범위를 결정한다. 예를 들면, 교사는 주로 학생들을 접하게 되며, 의사는 주로 환자를 접하게 된다.

여섯째, 직업은 개인의 의식 속에 내면화되고 자신의 정체감이 된다. 예를 들면, "당신은 어떤 사람입니까?"라고 물으면 "나는 ○○회사의 부장입니다."라고 대답하는 경우가 많다. 이렇게 직업은 자아의 일부로서 자신의 정체감을 구성하는 중요한 요소다.

일곱째, 직업은 개인의 사회적 지위를 결정해 준다. 개인은 사회를 구성하고 있는 수많은 직업들 중에서 어떠한 직업에 종사하고 있고, 그 직업에서 어떠한 직책을 담당하고 있으며, 어떠한 업무를 수행하고 있느냐에 의해서 자신의 사회적 지위가 결정된다.

여덟째, 직업은 개인이 사는 곳을 결정해 준다. 각 개인은 자신이 종사하고 있는 직장이 위치한 지역에서 직업생활을 영위하게 된다. 예를 들어, 한 개인이 현재 서울에 살고 있다고 하더라도 종사하게 될 직장이 제주나 대구에 있다면, 대부분의 사람들은 그곳으로 이사를 가서 직장생활을 하게 된다.

2) 사회적 중요성

인간이 생계를 유지하기 위해서는 사회에 소속하여 일정한 사회적 역할을 분담해야 하고, 각자에게 분담된 역할을 충분히 수행할 때에만 사회가 유지될 수 있다. 이처럼 직업을 가진다는 것은 현대 사회의 조직적이고 유기적인 분업 관계 속에서 분담된 기능의 어느 하나를 맡아 사회적 분업 단위의 직분을 수행한다는 것을 의미한다.

이러한 측면에서 볼 때, 사회는 각종 직업에 종사하는 개인과 각종 단체에 의해서 구성된다고 할 수 있다. 그러므로 사회 구성원이 각자의 직업에 만족하지 못하고 능률적으로 일하지 못한다면 그 사회는 발전하기 어려울 것이다.

한편, 직업의 사회적 역할 측면에서 볼 때, 직업이란 사회적으로 유용한 것이어야 한다는 의미를 내포한다. 즉, 직업은 사회의 유지 및 발전에 도움이 되는 것이어야 함을 의미한다. 이런 이유에서 개인이 경제생활을 한다고 하더라도 그 활동이 절도, 도박, 밀수 등과 같이 반사회적인 경우에는 직업으로 여기지 않는다.

2. 직업선택의 결정 요인

직업의 만족도를 결정하는 가장 중요한 요인은, Parsons(1909)가 말한 것처럼, 개인과 직업의 짝짓기(matching man & job)다. 좋은 직업이라고 해서 누구에게나 만족을 주는 것은 아니며, 우수한 사람이라고 해서 어떤 직업에서나 성공하는 것은 아니

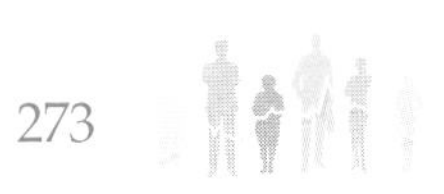

다. 자신의 특성을 잘 알고 자신의 역량을 십분 발휘할 수 있는 직업을 선택하는 것이 중요하다. 직업선택, 즉 진로결정을 할 때에는 크게 개인 요인과 직업 요인을 고려할 필요가 있다. 개인 요인으로는 개인의 가치관, 흥미, 성격, 적성, 능력 등이 있으며, 직업 요인으로는 직업의 업무 특성, 필요한 능력과 자질, 보상체계 및 미래 전망 등이 있다. 이러한 두 가지 요인이 서로 잘 짝지어진 직업을 선택하는 것이 직업에서의 만족도를 높일 수 있다.

1) 부모의 기대와 지원

직업을 선택할 때 부모의 기대와 지원 정도를 간과해서는 안 된다. 직업을 선택할 때 부모와 많은 대화를 통해 부모의 기대를 충분히 고려하는 것이 바람직하다. 특히 부모가 자녀에게 기대하는 직업과 자녀가 원하는 직업이 불일치할 때는 더욱 그러하다. 또한 어떤 직업은 부모의 사회적 또는 경제적 지원이 필요한 경우가 있기 때문이다.

2) 부모의 사회경제적 지위

문화나 인종의 차이는 개인의 직업적 야망에 그다지 큰 영향을 미치지 않는 데 비해, 개인이 속한 사회계층은 이에 지대한 영향을 미친다. 이러한 현상은 사회계층 그 자체에 의한 것이 아니라 사회계층에 따라 그 속에서 생활하고 있는 대다수 사람들의 사회적 반응, 교육받은 정도, 직업적 포부, 일반지능 수준 등을 결정하는 독특한 심리적 환경을 조성하게 되는데, 이것이 결과적으로 직업선택에 영향을 미치게 된다(김봉환, 정철영, 김병석, 2006).

저소득층 가정의 자녀가 열망하는 직업과 실제로 가지게 될 것이라고 예상하는 직업 간에는 차이가 있다. 이는 자신이 원하는 직업에 접근하는 것을 주위 환경이 허용하지 않을 것이라는 생각에 기인한다. 그렇다고 해서 모든 저소득층 가정의 자녀들이 그렇게 된다는 것이 아니다. 중요한 것은, 부모가 어떠한 가정 분위기를 조성하느냐에 따라 자녀의 직업적 포부의 성취 여부는 얼마든지 달라질 수 있다는 것이다.

3) 성차

우리 사회에서 직업에서의 성차가 점차 줄어들고는 있지만 여전히 남성과 여성이라는 차이는 직업을 선택하는 데 영향을 미치는 경우가 많다. 예를 들면, 남자 아이가 커서 헤어 디자이너나 간호사가 되겠다고 하거나 여자 아이가 군인이나 파일럿이 되겠다고 하면 부모는 성 역할 고정관념에 근거하여 부정적인 태도를 보인다. 실제로 우리 사회에서는 특정한 성이 지배적인 직업들이 존재하고 있으며, 그러한 직업을 가진 반대 성 종사자들을 이상하게 바라보는 경향이 있다.

4) 가치관

사람은 자신이 가치 있게 여기는 일을 할 때 만족한다. 따라서 직업을 선택할 때 자신의 가치관에 영향을 받게 된다. 가치관은 내면적인 신념체계이기 때문에 평소에 인식하기 쉽지 않다.

자신의 가치관을 파악하기 위한 몇 가지 방법이 있는데, 먼저 '어떤 삶이 가치 있는 삶이라고 생각하는가?' 혹은 '나는 삶에서 무엇을 할 때 가장 만족스럽게 여기는가?' 등의 물음을 통해 의식하지 못하던 가치관을 알 수 있다. 다음은 각 대학에 설치된 학생상담센터에서 무료로 실시하는 표준화된 검사를 통해 자신의 가치관을 알아보는 방법이 있다. 가치란 사람으로 하여금 어떤 방식으로 행동하게 하는 원리나 믿음, 신념을 말하며, 자기가 가장 옳다고 느끼고 값어치 있는 것을 믿는 것이다. 가치관의 유형은 각자의 신념과 견해에 따라 다를 수 있는데, 그 특징과 관련된 직업 유형을 제시하면 〈표 10-1〉과 같다(권석만, 2004).

〈표 10-1〉 가치관의 유형과 관련된 직업

유형	특징	관련된 직업
이론형	사물의 진리를 탐구하고 연구하며 가르치는 일에 보람과 긍지를 느낌	교사, 교수, 연구원, 학자, 과학자, 소설가, 평론가, 수학자, 교육가 등 연구 및 교육활동 관련 직종
경제형	가치 기준을 자본 형성, 즉 돈을 벌어 부자가 되어야 한다는 경제 활동에 큰 비중을 둠	소매·도매 상인, 유통업 종사자, 중소기업인, 대기업인, 무역인, 사장, 회장 등 경제 활동 관련 직종
심미형	미에 대한 가치를 추구하는 것이 다른 어떤 분야보다 가치가 있다고 인정함	음악가, 체육인, 무용가, 음악평론가, 화가, 소설가, 스포츠 해설가 등 예술분야 직종
사회 사업형	남을 위해 봉사하고 돕는 사람으로, 타인을 사랑하고 사회 진보와 복지를 위해 헌신하는 것을 최고의 가치로 둠	사회사업가, 서비스업 종사자, 상담 교사, 재활 상담원, 간호사, 사회봉사자 등의 직종
정치형	권력을 잡고 남을 지배하며, 권리 취득을 최고의 가치로 둠	정당인, 정치가, 국회의원, 장관, 행정 관료, 시·도 의원 등의 직종
종교형	종교적 가치에 의하여 행동하고 성스러운 것을 추구하며, 생활의 정신적 의의 및 최고 가치의 신비와 초자연적인 것을 숭배함	목사, 승려, 종교인, 신부, 수도사 등의 직종

출처: 권석만(2004).

5) 적성과 흥미

서양의 격언에 '누구나 한 가지는 잘할 수 있다(Everyone can do something well).'는 말이 있듯이 직업선택에서 가장 중요하게 고려되고 있는 것은 적성으로, 사람은 누구나 나름대로 특정한 분야에 뛰어난 능력을 가지고 있다. 적성은 IQ와 같은 일반지능과 달리 특정한 분야에서 발휘되는 지적 능력을 의미하며, 이는 유전적인 성향이 강하지만 학습이나 훈련에 의해 계발될 수 있는 능력이기도 하다.

한편, 흥미는 개인으로 하여금 어떤 일에 즐거움을 느끼고 호기심을 갖게 하는 동기적 성향을 말한다. 『논어』에 "천재는 노력하는 사람을 이길 수 없고 노력하는 사람은 즐기는 사람을 이길 수 없다."는 말처럼, 어떤 일에 몰두하거나 어떤 일을 하고 싶어서 소망하는 것은 흥미에 의한 것이다. 흥미는 개인이 종사하는 직업에 대한 만족도, 노력의 투여량, 지속적 종사 기간을 결정하는 중요한 요인이라고 할 수 있다. 자신의 적성이나 흥미가 불분명할 경우 각 대학에 설치된 학생상담센터에서 표준화된 검사를 통해서 이를 파악해 볼 수 있다. 이러한 흥미의 유형과 직업의 관계는 〈표 10-2〉와 같다.

〈표 10-2〉 **흥미의 유형과 직업의 관계**

흥미	흥미 분야	직업군
문화적 흥미	시, 문학 등 감정이나 아이디어 창조적 표현을 중심으로 한 흥미	저술 번역, 편집, 교정, 출판, 문인, 인쇄소, 신문사, 방송국, 영화 관련직 등
물상과학적 흥미	자연과학 중 물리, 화학, 지구과학 등에 대한 흥미	자연과학직, 공학직 등
생물과학적 흥미	생물학, 생리학, 의학, 미생물학, 기타 생명체와 관련된 흥미	생물학자, 의사, 보건 관계, 전문 종사자, 농학자, 심리학자 등
사회과학적 흥미	정치, 선전, 광고, 법률, 외교 등 집단적 · 언론적 · 설득적인 활동에 흥미	사회과학 연구직, 교수, 법관 등
기계적 흥미	기계, 금속, 조선, 섬유, 교통수단, 전기 등 공학적 원리를 이용하여 실제 상황에 적용시키는 흥미	엔지니어, 기술자, 기사, 건축사, 운수회사, 기계 조작 관련직 등
전자적 흥미	전자공학 기술 및 기타 전자 분야에 관한 흥미	전자 기술자, 전자공학자, 연구직(전자), 컴퓨터 관련직 등
상업적 흥미	경제, 경영, 무역관리 등 기업 운영과 경제 활동	경영인, 제조업자, 경제학자 등
봉사적 흥미	사회산업, 사회복지, 교육, 종교 등의 활동에 흥미	교직, 성직자, 사회사업가, 경찰, 소방대원, 간호사 등
사무직 흥미	회계, 계산, 경리, 서기적 활동에 흥미	은행원, 사무원, 회계사, 법조인, 공무원, 법률가 등
옥외 운동적 흥미	체육 활동 또는 야외 활동에 관한 흥미	스포츠 관련 직업, 건축, 운동선수, 심판, 코치 등
음악적 흥미	성악, 기악, 작곡, 감상, 평론 등 음악 활동에 흥미	음악 평론가, 성악가, 작곡가, 지휘자 등
미술적 흥미	회화, 조각, 건축, 디자인, 감상, 평론 등 미술적인 활동에 흥미	미술 평론가, 조각가, 화가, 공예사, 보석감정사, 가구 제작자 등

출처: 청소년 대화의 광장(1996).

6) 성격

직업 만족도와 성과에 영향을 미치는 주요한 요인 중 하나가 성격이다. 성격은 개인이 시간과 상황에 관계없이 지속적으로 지니는 일관된 특성으로, 이는 그 개인의 정서적 반응과 사회적 행동에 강력한 영향을 미친다.

〈표 10-3〉 Holland의 여섯 가지 직업적 성격의 특성

	실재형(R)	탐구형(I)	예술형(A)	사회형(S)	기업형(E)	관습형(C)
성격 특성	남성적이고, 솔직하고, 성실하며, 검소하고, 지구력이 있고, 신체적으로 건강하며, 소박하고, 말이 적으며, 고집이 있고, 단순하다.	탐구심이 많고, 논리적 · 분석적 · 합리적이며, 정확하고, 지적 호기심이 많으며, 비판적 · 내성적이고, 수줍음을 잘 타며, 신중하다.	상상력이 풍부하고, 감수성이 강하며, 자유분방하며, 개방적이고, 감정이 풍부하고, 독창적이고, 개성이 강하고, 협동적이지 않다.	사람을 좋아하며, 어울리기 좋아하고, 친절하고, 이해심이 많으며, 남을 잘 도와주고, 봉사적이며, 감정적이고, 이상주의적이다.	지배적이고, 통솔력 · 지도력이 있으며, 말을 잘하고, 설득적이며, 경쟁적 · 야심적이며, 외향적이고, 낙관적이고, 열성적이다.	정확하고, 빈틈없고, 조심성이 있으며, 세밀하고, 계획성이 있으며, 변화를 좋아하지 않으며, 완고하고, 책임감이 강하다.
직업 활동 선호	분명하고, 질서정연하고, 체계적인 대상 · 연장 · 기계 · 동물들의 조작을 주로 하는 활동 내지 신체적 기술들을 좋아하고, 교육적 · 치료적 활동은 좋아하지 않는다.	관찰적 · 상징적 · 체계적이며, 물리적 · 생물학적 · 문화적 현상의 창조적인 탐구를 수반하는 활동들에 흥미를 보이지만, 사회적이고 반복적인 활동에는 관심이 부족한 면이 있다.	예술적 창조와 표현, 변화와 다양성을 좋아하고, 틀에 박힌 것을 싫어하고, 모호하고, 자유롭고, 상징적인 활동들을 좋아하지만 명쾌하고, 체계적이고 구조화된 활동에는 흥미가 없다.	타인의 문제를 듣고 이해하고 도와주고 치료해 주고, 봉사하는 활동들에 흥미를 보이지만 기계, 도구, 물질과 함께하며, 명쾌하고, 질서정연하고, 체계적인 활동에는 흥미가 없다.	조직의 목적과 경제적 이익을 얻기 위해 타인을 선도, 계획, 통제, 관리하는 일과 그 결과로 얻어지는 위신, 인정, 권위를 얻는 활동들을 좋아하지만, 관찰적 · 상징적 · 체계적 활동에는 흥미가 없다.	정해진 원칙과 계획에 따라 자료를 기록, 정리, 조직하는 일을 좋아하고 사무적 · 계산적 능력을 발휘하는 활동을 좋아한다. 창의적 · 자율적 · 모험적 · 비체계적 활동에는 흥미가 없다.
대표 직업	기술자, 자동기계 및 항공기 조종사, 정비사, 농부, 엔지니어, 전기 · 기계기사, 운동선수	과학자, 생물학자, 화학자, 물리학자, 인류학자, 지질학자, 의료기술자, 의사	예술가, 작곡가, 음악가, 무대감독, 작가, 배우, 소설가, 미술가, 무용가, 디자이너	사회복지가, 교육자, 간호사, 유치원 교사, 종교지도자, 상담자, 임상치료사, 언어치료사	기업경영인, 정치가, 판사, 영업사원, 상품구매인, 보험회사원, 판매원, 관리자, 연출가	공인회계사, 경제분석가, 은행원, 세무사, 경리사원, 감사원, 안전관리사

출처: 김봉환, 정철영, 김병석(2006).

어떤 사람은 많은 사람과 접촉하는 활동적인 일을 좋아하고 또한 잘 처리한다. 반면, 어떤 사람은 사무실에서 자료를 정리하고 계획적으로 일하는 것을 좋아하며 또한 그 일을 꼼꼼히 잘 해낸다. 이것은 이들의 성격이 다르기 때문이다. 전자가 사회성과 활동성이 높은 외향적인 성격을 지닌 사람인 반면, 후자는 치밀성과 사려성이 뛰어난 내향적인 성격을 지닌 사람이다. 그런데 만약 두 사람이 업무를 바꾸어 일을 한다면, 그들은 자신의 업무에 만족하지 못하고 힘들게 느낄 것이며, 성과도 좋지 못할 것이다.

진로발달 이론가인 Holland(1992)는 직업을 선택하는 데 개인과 직업의 일치성을 강조하면서 개인의 성격유형과 그에 적합한 직업유형을 크게 여섯 가지로 구분하여 제시하고 있다. 즉, 대부분의 사람들은 실재형(realistic), 탐구형(investigative), 예술형(artistic), 사회형(social), 설득형(enterprising), 관습형(conventional) 중의 하나로 분류되며, 각 유형의 머리글자인 RIASEC는 여섯 가지 유형의 이름과 순서를 기억하는 데 도움이 된다. 〈표 10-3〉은 Holland의 여섯 가지 직업적 성격의 특성에 적합한 대표적인 직업을 제시한 것이다.

3. 직장 내의 인간관계

직장은 경제적 이익을 목적으로 만들어진 조직이다. 하지만 직장이라는 조직은 여러 가지 성격을 가진 구성원들로 이루어져 있기 때문에 업무수행 능력만으로는 충분하지 않으며 자신의 상사나 동료 직원들과 원만한 인간관계를 유지하는 것이 중요하다.

Covey 박사는 『신뢰의 속도: 모든 것을 바꾸는 유일한 한 가지(The SPEED of Trust: The One Thing That Changes Everything)』라는 책을 통해 인간관계, 즉 인간관계에서의 신뢰의 중요성을 역설하고 있다(김경섭, 정병창 역, 2009). 그는 모든 것을 변화시키는 유일한 한 가지는 바로 신뢰라고 보았다. 신뢰란 경제적 가치를 측정할 수 있는 빈틈없는 비즈니스 자산이며, 신뢰가 높을 때 업무속도가 향상되고 비용이 절감된다는 것이다.

그러므로 직장생활에서의 인간관계는 개인의 잠재력을 발휘하는 기회를 만들어 줄

뿐만 아니라 직장 구성원들 사이에 신뢰의 속도를 높여 회사의 발전으로 이어지게 된다. 여기서는 직장에서 어떻게 하면 원만한 인간관계를 유지할 수 있는지 살펴보기로 한다.

1) 직장 상사의 유형

처음 직장에 발을 들여놓게 되면 가장 시급한 일들 중 하나가 직장 상사의 유형을 파악하는 일이다. Blake와 Mouton(1964)은 리더십 관리망(managerial grid) 모형을 통해 직장 상사의 유형을 일에 대한 관심의 정도와 인간에 대한 관심의 정도에 따라서 다섯 가지로 구분하고 있다([그림 10-1] 참조).

첫째, 무심형은 부하직원뿐만 아니라 업무에 대한 관심도 낮아 오직 자신의 자리를 보존하는 데 필요한 최소한의 노력만 하는 무사안일형의 직장 상사다.

둘째, 과업형은 업무성과에 대한 관심은 높으나 인간에 대한 배려는 거의 없는 직장

인간에 대한 관심

9	인기형 (1, 9)								이상형 (9, 9)
8									
7									
6									
5					타협형 (5, 5)				
4									
3									
2									
1	무심형 (1, 1)								과업형 (9, 1)
0	1	2	3	4	5	6	7	8	9

일에 대한 관심

[그림 10-1] Blake와 Mouton(1964)의 리더십 관리망 모형

상사로서, 목적 달성을 위해서 능력 중심으로 직원을 평가하고 개인의 감정이나 조직의 분위기를 고려하지 않는다.

셋째, 인기형은 조직의 목표나 업무성과에는 관심이 별로 없고 부서 직원에 대한 관심이 높은 상사다. 직원의 요구사항을 잘 들어주고 배려하여 조직의 분위기를 잘 유지하지만, 목표 달성에는 적절하지 않다.

넷째, 타협형은 업무성과와 인간에 대한 적절한 관심을 가지고 균형을 유지하려고 하는 유형의 상사를 말한다.

다섯째, 이상형은 팀(team)으로 구성된 조직에서 가장 바람직한 유형으로 업무에 대한 관심뿐만 아니라 인간에 대한 관심도 높아서 구성원의 사기와 협동을 중시한다.

Blake와 Mouton(1964)은 이상형(9, 9)을 가장 이상적인 직장 상사로 보았으며, 그 대표적인 사례로 미국 제너럴일렉트릭(GE) 사의 잭 웰치 회장을 들고 있다. 나라나 문화에 따라 직장 상사의 이상형이 달라질 수 있는데, 일본에서는 (7, 7)형을 가장 이상적인 직장 상사로 여기기도 한다.

2) 직장 내 인간관계 스트레스의 유형

직장인은 직장생활에서 여러 가지 스트레스를 겪게 된다. 가장 대표적인 것이 업무수행 과정에서 발생하는 업무 스트레스와 직장동료나 상사와의 인간관계에서 발생하는 스트레스다. 업무 스트레스는 업무의 과중함이나 시간적 압박 등 대부분의 직장인들이 겪게 되는 스트레스이지만, 우리나라와 같이 직장 내의 인간관계가 중요시되는 곳에서는 인간관계에서 비롯되는 스트레스가 직장에 대한 만족도를 떨어뜨리는 더 심각한 원인이 될 수 있다.

실제로 직장에 불만을 느껴 전직이나 이직을 고려하는 가장 큰 이유가 인간관계 스트레스인 경우가 많다고 한다. 여기서는 직장생활을 새롭게 시작하는 신입사원들이 겪게 되는 인간관계 스트레스의 종류를 살펴보기로 한다(이태연, 최명구, 2006).

첫째, 입사 후 새로운 인간관계를 형성하는 과정에서 겪게 되는 스트레스다. 새로운

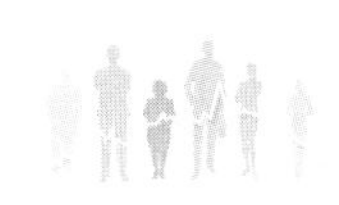

상황에서 낯선 사람들과 인간관계를 맺는 것 자체가 스트레스가 될 수 있다. 대학과 같은 수평적 조직사회에서 생활하다가 직장과 같은 수직적 조직사회에 적응하는 것은 큰 스트레스가 될 수 있다.

둘째, 위계 조직인 직장에서 업무를 지시하는 상사와 이를 수행하는 부하직원 간의 갈등에서 비롯된 스트레스다. 일반적으로 상사에 대한 주된 불만은 부당하고 무리한 업무를 강요하거나, 부하직원의 능력을 무시하고, 부하직원의 노력에 대해 불공정한 평가를 하는 것이다. 또한 부하직원에 대한 불만은 업무능력의 부족, 사사건건 이의를 제기하거나 상사를 존중하지 않는 것, 조직의 규율을 무시하고 개인적으로 행동하는 것 등이다.

셋째, 동료들 간의 갈등에서 오는 스트레스다. 동료직원은 상사의 업무지시를 같이 수행하는 경우가 많기 때문에 업무가 불공정하게 분담되거나 업무를 수행하는 방식이 서로 맞지 않으면 갈등이 발생할 수 있다. 또한 피라미드식 승진 구조에 따라 좋은 평가를 받기 위해 상사에 대한 동료직원들 간 충성경쟁이 벌어지기 쉽기 때문이다.

넷째, 직장의 분위기에 잘 적응하지 못하는 데서 오는 스트레스다. 어떤 직장은 상하 간의 위계질서가 강하여 지시에 무조건 순종해야 하는 분위기가 있을 수 있고, 어떤 직장은 술자리에 참여하지 않으면 직장의 분위기를 깨는 일로 간주하는 경우도 있다. 이런 직장 분위기가 자기 성격이나 철학에 맞지 않으면 스트레스의 근원이 될 수 있다.

3) 직장생활에서의 바람직한 인간관계

여러 가지 준비과정과 선발과정을 통해 직장에 들어갔더라도 직장생활에 적응하지 못하고 나오는 비율이 4명 중 1명꼴이었다. 가장 큰 이유가 직장에서의 인간관계, 특히 직장 상사나 직장 동료와의 인간관계에 대한 부적응 때문이다(조선일보, 2010년 8월 16일자).

처음에는 모든 신입사원들이 업무파악과 새로운 생활에의 적응 때문에 비슷한 고민을 하게 되지만 일정한 시기가 지나면 각자의 자세에 따라서 직장생활에 적응하는 정도는 확연히 달라진다. 그러한 차이가 나타나는 것은 무엇 때문인가? 여기서는 직장생활에서 인간관계를 잘 하기 위한 준비와 자세에 대해 살펴보기로 한다(이태연, 최명구, 2006).

첫째, 자신의 업무에 필요한 능력과 기술이 잘 갖추어져 있는지가 가장 중요하다. 대표적인 것은 말과 글로 자신의 의사를 표현하는 능력, 컴퓨터를 사용하여 정보를 얻고 제시하는 능력, 외국어 능력과 국제 정세에 관련된 지식 등이다. 이러한 실력을 쌓기 위해서는 대학시절 교과목에서 요구하는 각종 보고서나 논문을 성의 있게 작성하는 습관을 형성하고, 외국인과 접할 수 있는 각종 모임에 적극적으로 참여하며, 평소에 신문을 꾸준히 읽고 독서의 폭을 넓힐 필요가 있다.

둘째, 적극적이고 긍정적인 태도를 갖는 것이다. 누구나 처음에는 업무를 처리하는데 익숙하지 않기 때문에 나름대로 좌절감을 느끼게 되고 상사로부터 질책을 받기 마련이다. 이러한 상황을 더 노력하기 위한 기회로 받아들이는 긍정적인 태도를 갖는 것이 필요하다.

셋째, 직장에서 동료들과 조화를 이루어 나가려는 자세다. 우리 사회에서 교육을 받다 보면 경쟁적인 상황에서 상대를 이겨야 한다는 자세를 갖기 쉽다. 그러나 이런 자세는 처음에는 출세에 도움이 될 수 있지만 원만한 인간관계가 중시되는 직장문화에서는 적절하지 않다. 동료를 배려하고 협력을 중시하는 태도가 있어야 직장생활이 즐겁고 성공에도 도움이 된다.

넷째, 원만한 인간관계를 유지하기 위한 능력이 중요하다. 인간관계에 서툴면 업무의 파악이나 수행도 힘들고 직장생활에 적응하기도 그만큼 어렵다. 인간관계에서 중요한 것은 다른 사람에게 호감을 주고 자기의 의사를 분명하게 전달하며, 상대방의 의도를 빨리 파악하는 능력이라고 할 수 있다. 이러한 능력은 모든 대학교에 관련된 인간관계 관련 강좌를 수강하거나 관련 서적을 읽고 다양한 부류의 사람들을 사귀는 경험을 통해 길러질 수 있다.

다섯째, 건강을 유지하는 것이다. 대부분의 직장인들이 술자리를 통해 스트레스도 풀고 서로의 속마음도 주고받는 상황에서 지나친 음주와 늦은 귀가는 건강을 해치기 쉽다. 건강은 직장에서 돌봐 주는 것이 아니라 스스로 해결해야 하는 가장 중요한 요소다. 따라서 규칙적인 운동을 통해 자신의 건강을 돌볼 필요가 있다.

〈인간관계연습 20〉

[나의 리더십 유형 검사]

Blake와 Mouton(1964)은 리더십 유형을 제안하면서 이상형(9, 9)을 가장 이상적인 직장 상사로 보았으며, 일본에서는 (7, 7)형을 가장 이상적인 직장 상사로 여기기도 한다. 그렇다면 나는 어떤 리더십 유형을 원하며, 나의 리더십 유형은 어떤 모습일까?

나의 리더십 유형은 무엇일까요?	그렇지 않다	그저 그렇다	매우 그렇다
1. 나는 후배나 친구에게 업무수행의 절차를 명확히 제시한다.	1 2 3 4	5 6 7 8	9 10
2. 나는 동료들 간에 따뜻하고 협조적이다.	1 2 3 4	5 6 7 8	9 10
3. 나는 일이 착오 없이 수행되었는지 아닌지 정확히 알 수 있다.	1 2 3 4	5 6 7 8	9 10
4. 우리 학과(동아리) 사람들은 나를 신뢰한다.	1 2 3 4	5 6 7 8	9 10
5. 나는 어떤 문제가 발생했을 때, 문제에 대한 해결방법이 있다.	1 2 3 4	5 6 7 8	9 10
6. 나는 후배나 친구들에게 개인적인 호의를 베푼다.	1 2 3 4	5 6 7 8	9 10
7. 나는 총학활동이나 학과활동에 대하여 이의를 제기할 수 있다.	1 2 3 4	5 6 7 8	9 10
8. 나는 조별활동에서 팀의 사기를 중요하게 생각한다.	1 2 3 4	5 6 7 8	9 10
9. 나는 어떤 일을 처리할 때 다양한 방법을 사용한다.	1 2 3 4	5 6 7 8	9 10
10. 나는 조별활동을 할 때, 적극적으로 참여하며 돕는다.	1 2 3 4	5 6 7 8	9 10
11. 나는 일을 배당하고 지시하는 데 필요한 충분한 기술을 갖추고 있다.	1 2 3 4	5 6 7 8	9 10
12. 나는 대화할 때 상대를 편안하게 해 준다.	1 2 3 4	5 6 7 8	9 10
13. 나는 조별활동을 할 때, 역할분담과 일의 진행에 대해 잘 설명한다.	1 2 3 4	5 6 7 8	9 10
14. 나는 조별활동을 할 때, 팀의 입장을 지지하고 대변한다.	1 2 3 4	5 6 7 8	9 10
15. 나는 문제가 발생했을 때, 문제를 잘 해결한다.	1 2 3 4	5 6 7 8	9 10
16. 나는 다른 사람으로부터 인정과 지지를 받고 있다.	1 2 3 4	5 6 7 8	9 10
17. 나는 조별활동에 빠진 친구가 있으면 감점을 받아야 한다고 생각한다.	1 2 3 4	5 6 7 8	9 10
18. 나는 조별활동에 빠진 친구가 있어도 그 친구를 위해 넘어갈 수 있다.	1 2 3 4	5 6 7 8	9 10

채점 및 해석

문항 1, 3, 5, 7, 9, 11, 13, 15, 17을 더하면 총점이 되고, 총점을 9로 나눈 점수는 일에 대한 관심이다. 또한 문항 2, 4, 6, 8, 10, 12, 16, 18을 더하면 총점이 되고, 총점을 9로 나눈 점수는 인간에 대한 관심이다. 일에 대한 관심을 가로축에, 인간에 대한 관심을 세로축에 표시하여 만나는 곳이 리더십 좌표가 된다.

리더십 좌표는 인기형(1, 9), 무심형(1, 1), 타협형(5, 5), 과업형(9, 1), 이상형(9, 9)의 다섯 가지 유형이 있는데, 자신의 리더십 좌표와 가장 가까운 리더십 유형이 자신의 유형이 된다. 다만 둘 혹은 세 가지 유형의 가운데 지점에 놓여 있다면 자신이 더 가깝다고 생각하는 유형을 선택하면 된다.

번호	1	3	5	7	9	11	13	15	17	총점	총점/9
값											
번호	2	4	6	8	10	12	14	16	18	총점	총점/9
값											

나의 평균점수를 다음 표에 점으로 기록하여 표시하시오. 나의 리더십 좌표는? (　　,　　)

인간에 대한 관심										
	9	인기형 (1, 9)								이상형 (9, 9)
	8									
	7									
	6									
	5					타협형 (5, 5)				
	4									
	3									
	2									
	1	무심형 (1, 1)								과업형 (9, 1)
	0	1	2	3	4	5	6	7	8	9
		일에 대한 관심								

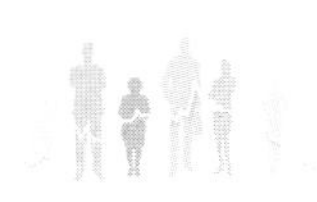

참고문헌

권석만(2004). 젊은이를 위한 인간관계의 심리학. 서울: 학지사.

김경섭, 정병창 역(2009). 신뢰의 속도. 서울: 김영사.

김봉환, 정철영, 김병석(2006). 학교진로상담. 서울: 학지사.

동아대학교 취업정보실(2010). 2010 클릭! 성공취업. 부산: 동아대학교.

박종윤 역(2008). 정상을 넘어서: 지그 지글러의 프리미엄 인생론. 서울: 베이스캠프.

이무근(1999). 직업교육학 원론. 서울: 교육과학사.

이태연, 최명구(2006). 생활 속의 정신건강. 서울: 신정.

정철영(1999). 진로지도. 한국직업능력개발원 편, 직업교육훈련 대사전. 서울: 한국직업능력개발원.

조선일보. 2010년 8월 16일자.

청소년 대화의 광장(1999). 청소년 진로상담. 서울: 청소년 대화의 광장.

Blake, R. R., & Mouton, J. S. (1964). *The Managerial Grid*. Houston: Gulf Publishing Company.

Holland, J. L. (1985). *Making vocational choices: A theory of careers*. Englewood Cliffs, N. J.: Prentice-Hall.

Parsons, F. (1909). *Choosing a Vocation*. Boston: Houghton Mifflin.

Roe, A. (1957). Early determinants of vocational choice. *Journal of Counseling Psychology, 4*(3), 212-217.

제3부 인간관계 개선과 훈련

제 11 장

Perls의 게슈탈트 기도문

나는 나의 일을 하고 당신은 당신의 일을 합니다.

(I do my thing and you do your thing.)

나는 당신의 기대에 부응해서 살기 위해 존재하지 않습니다.

(I am not in this world to live up to your expectations.)

당신도 나의 기대에 부응해서 살기 위해 존재하지 않습니다.

(And you are not in this world to live up to mine.)

인간관계 진단과 분석

나는 나이며, 당신은 당신입니다.

(You are you, and I am I.)

만약 우연이라도 우리가 서로를 발견하게 된다면, 그것은 아름다운 일입니다.

(And if by chance, we find each other, it's beautiful.)

만약에 그렇지 않다면, 어쩔 수 없는 일입니다.

(If not, it can't be helped.)

인간은 다른 사람과 지속적인 신뢰관계를 바탕으로 하는 만남을 통해 인간다워지고, 삶의 보람도 느끼며, 개인의 잠재능력을 발휘하여 성취감을 맛볼 뿐 아니라 공동체의 성장과 발전을 도모할 수 있을 것이다. 이러한 인간관계의 개선을 위해서는 자신의 대인관계를 다양한 각도로 평가하는 일이 선행되어야 하며, 아울러 자신의 인간관계에 영향을 미치는 요인들을 자세히 살펴보는 일이 필요하다.

우리가 바른 인간관계를 맺지 못하는 것은 인간을 인간으로 보지 못하기 때문이며, 가장 큰 이유는 자기의 귀한 점을 알지 못하고 자기를 사랑하지 못하는 데서 출발한다. 자기를 귀하게 보는 것은 모든 인간관계의 가장 기본적인 원리이므로 매우 중요하다. 물론 이것은 교만함이나 남을 업신여기는 것과는 다른 차원의 이야기다. 겸손한 것과 자기를 비하시키는 것이 다르고, 자기를 귀하게 보는 것과 높이 보는 것은 다르다.

1. 나라는 존재에 대한 이해

인간의 정체성은 사회적으로 구성된다. 한 개인의 정체성은 타인과의 상호작용을 통해 형성을 반복한다. '나는 누구인가?'라는 질문에 결론을 내리는 과정은 '다른 사람이 나를 어떻게 보는가?', '우리는 다른 사람과의 관계에서 우리 자신을 어떤 식으로 경험하는가?' 등에 관한 개인의 생각에 의해 지속적인 영향을 받는다. '나는 누구인가'라는 문장완성 검사를 작성하여 다른 사람들과 서로 이야기 나누며 자신에 대해 이해하는 활동을 하여 보자.

〈인간관계연습 21〉

[나는 누구인가]

※ 다음의 문장을 완성한 후, 한 팀을 3~4명으로 하여 자신과 타인의 성격과 행동특성에 대해 이야기 나누어 봅시다.

일러두기
다음에 기술된 문장들은 뒷부분이 빠져 있습니다. 각 문장을 읽으면서 맨 먼저 떠오르는 생각으로 뒷부분을 이어 문장이 완성되도록 하십시오. 시간의 제한은 없으나 되도록 빨리 하십시오.

1. 가족을 부양하는 것은 ______
2. 언젠가 나는 ______
3. 나의 어머니는 ______
4. 사람들이 나를 피할 때 ______
5. 교육이라는 것은 ______
6. 사람들이 성에 대해 이야기하면 ______
7. 내가 정말 행복하려면 ______
8. 다른 사람들과 함께 있는 것은 ______
9. 내가 바라는 여인(남성)상은 ______
10. 나의 애인은 ______
11. 나의 좋은 점은 ______
12. 나와 같이 일하는 사람들은 대개 ______
13. 나의 아버지는 ______
14. 신경질이 날 때는 ______
15. 아버지와 나는 ______

16. 다른 가정과 비교해서 우리 집안은 ____________________
17. 여성(남성)들은 운이 좋다. 왜냐하면 ____________________
18. 내가 없을 때 친구들은 ____________________
19. 내 생각에 남자(여자)들이란 ____________________
20. 어머니와 나는 ____________________
21. 어떻게 해서든 잊고 싶은 것은 ____________________
22. 내 생각에 가끔 아버지는 ____________________
23. 나에게 가장 문제가 되는 것은 ____________________
24. 여성(남성)이 직업을 갖는다는 것은 ____________________
25. 나를 괴롭히는 것은 ____________________
26. 내가 가장 바라는 것은 ____________________
27. 결혼생활에 대하여 나는 ____________________
28. 내가 어렸을 때 ____________________
29. 남자(여자)에 대해서 무엇보다 좋지 않게 생각하는 것은 ____________________
30. 양심의 가책을 느끼는 일은 ____________________
31. 내가 다시 젊어진다면(혹은 어려진다면) ____________________
32. 좋은 어머니는 ____________________
33. 원하던 일이 잘 안 되었을 때 ____________________
34. 내 생각에 참다운 친구란 ____________________
35. 나에게 이상한 일이 생겼을 때 ____________________
36. 내가 늙으면 ____________________
37. 나의 능력은 ____________________

2. 나의 가치관 탐색

우리는 우리의 삶을 살아가면서 신념, 가치, 희망 등의 개인적 가치의 중요성이 대부분 명료화 되어 있지 않다. 이러한 개인적 가치 요소들의 작용은 무의식적인 상태에서 나오며, 어떤 목표를 설정하고 행동하는 밑바탕이 된다.

삶을 영위하는 데 영향을 미치는 무의식 속의 생각이나 가치관을 의식화하도록 돕기 위해 나의 가치관 평정표를 작성해 보고, 자신의 가치관을 명료화하여 보자.

〈인간관계연습 22〉

[가치관 탐색]

※ 다음의 가치관 평정표에 대해 나는 어느 정도 그 항목을 중요하게 생각하는지 원하는 숫자의 위치에 ✓표를 한다. ✓표를 이어 꺾은선 그래프를 그린다. 가치관 평정표를 완성한 후, 한 팀을 3~4명으로 하여 자신과 타인이 중요시하는 가치관이 어떻게 다른지에 대해 이야기 나누어 보자.

정도 / 항목		신체적 매력	건강과 체력	경제적 능력	성격적 매력	자기조절 능력	인간관계 능력	학력과 지식 수준	긍정적 사고	교우관계	이성관계	가족관계	사회적 지위
매우 중요	10												
	9												
상당히 중요	8												
	7												
웬만큼 중요	6												
	5												
약간 중요	4												
	3												
중요치 않음	2												
	1												

3. 대인관계 양식의 진단

사람은 주변 사람들과 인간관계를 맺는 양식이 각기 다르다. 대상에 따라 관계를 맺는 양식이 변화될 수 있지만 대부분의 사람은 일관성 있는 독특한 대인관계 양식을 성격적 요소로 지니고 있다. Kiesler(1996)는 대인관계 양식(interpersonal type)을 지배–복종 차원과 친화–냉담 차원과 다음과 같이 여덟 가지 유형으로 구분하고 있다.

- 지배형: 대인관계에서 자신감이 있으며, 자기주장이 강하고, 타인에 대해서 주도권을 행사하는 경향이 있다. 지도력과 추진력이 있어서 집단적인 일을 잘 지휘할 수 있다. 그러나 이러한 경향이 과도하게 강한 사람은 강압적이고 독단적인 행동을 나타내고 논쟁적이어서 타인과 잦은 마찰을 겪을 수 있다. 윗사람의 지시에 순종하지 못하고 거만한 모습으로 보일 수 있다. 이런 사람은 타인의 의견을 잘 경청

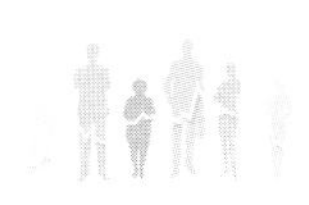

하고 수용하는 자세가 필요하며, 타인에 대한 자신의 지배적 욕구를 깊이 살펴보는 것이 바람직하다.

- 실리형: 대인관계에서 이해관계에 예민하고, 치밀하며 성취 지향적이다. 이런 경향이 강한 사람은 자기중심적이고 경쟁적이며 자신의 이익을 우선적으로 생각하기 때문에 타인에 대한 관심과 배려가 부족할 수 있다. 타인을 신뢰하지 못하고, 불공평한 대우에 예민하며, 자신에게 피해를 입힌 사람에게는 보복하는 경향이 있다. 이런 사람은 대인관계에서 타인의 이익과 입장을 배려하는 노력이 필요하며 타인과 신뢰를 형성하는 일에 깊은 관심을 갖는 것이 바람직하다.
- 냉담형: 이성적이고 냉철하며, 의지력이 강하고, 타인과 거리를 두며 대인관계를 맺는 경향이 있다. 이런 경향이 강한 사람은 타인의 감정에 무관심할 뿐만 아니라 타인에게 상처를 잘 줄 수 있다. 타인에게 따뜻하고 긍정적인 감정을 표현하기 어렵고, 대인관계가 피상적이며, 타인과 오랜 기간 깊게 사귀지 못하는 경향이 있다. 이런 사람은 대인관계에서 타인의 감정상태에 깊은 관심을 지니고, 타인에게 긍정적인 감정을 부드럽게 표현하는 기술을 습득하는 것이 필요하다.
- 고립형: 혼자 있거나 혼자 일하는 것을 좋아하며, 감정을 잘 드러내지 않는다. 이런 경향이 강한 사람은 타인을 두려워하고, 사회적 상황을 회피하며, 자신의 감정을 지나치게 억제한다. 그리고 침울한 기분이 지속되고, 우유부단하며, 사회적으로 고립될 수 있다. 이런 사람은 대인관계의 중요성을 인식하고 대인관계 형성에 좀 더 적극적인 노력을 할 필요가 있다. 타인에 대한 불편함과 두려움에 대해 깊이 생각해 보는 것이 바람직하다.
- 복종형: 대인관계에서 수동적이고 의존적이며, 타인의 의견을 잘 따르고, 주어지는 일을 순종적으로 잘한다. 그러나 자신감이 없고, 타인으로부터 주목받는 일을 피하며, 자신이 원하는 것을 타인에게 잘 전달하지 못한다. 이런 사람은 어떤 일에 대한 자신의 의견과 태도를 확고하게 지니지 못하며, 상급자의 위치에서 일하는 것을 부담스러워한다. 이런 사람은 자기표현이나 자기주장이 필요하며, 대인관계에서의 독립성을 키우는 것이 바람직하다.

- 순박형: 단순하고 솔직하며 대인관계에서 너그럽고 겸손한 경향이 있다. 그러나 이런 경향이 강한 사람은 타인에게 잘 설득당할 수 있어 주관 없이 타인에게 너무 끌려 다닐 수 있으며, 잘 속거나 이용당할 수 있다. 원치 않는 타인의 의견에 반대하지 못하고, 화가 나도 타인에게 알리기가 어렵다. 이런 사람은 대인관계에서 타인의 의도를 좀 더 깊게 생각하고 행동하는 신중함이 필요하며, 아울러 자신의 의견을 표현하고 주장하는 노력이 필요하다.
- 친화형: 따뜻하고 인정이 많으며, 대인관계에서 타인을 잘 배려하여 도와주고, 자기희생적인 태도를 보인다. 타인을 즐겁게 해 주려고 지나치게 노력하며, 타인의 고통과 불행을 보면 도와주려고 과도하게 나서는 경향이 있다. 타인의 요구를 잘 거절하지 못하고, 타인의 필요를 자신의 것보다 앞세우는 경향이 있어 자신의 이익을 잘 지키지 못할 수 있다. 이런 사람은 타인과의 정서적 거리를 유지하려는 노력이 필요하며, 타인의 이익만큼 자신의 이익도 중요함을 인식할 필요가 있다.
- 사교형: 외향적이고 쾌활하며, 타인과 함께 대화하기를 좋아하고, 타인으로부터 인정받고자 하는 욕구가 강하다. 혼자서 시간 보내는 것을 어려워하며, 타인의 활동에 관심이 많아서 간섭하며 나서는 경향이 있다. 흥분을 잘하고 충동적인 성향이 있으며, 타인의 시선을 끄는 행동을 많이 한다. 이런 사람은 타인에 대한 관심보다 혼자만의 내면적 생활에 좀 더 깊은 관심을 지니고 타인으로부터 인정받으려는 자신의 욕구에 대해서 깊이 생각해 볼 필요가 있다.

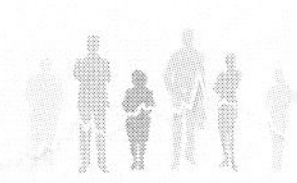

〈인간관계연습 23〉

[나의 대인관계 양식은?]

자신의 대인관계 양식을 평가해 보고자 하는 사람은 아래의 질문지를 활용해 볼 수 있다. 다음에 제시된 문항에서 자신의 성격이나 대인관계를 잘 기술하는 정도에 따라서 적절한 숫자에 ✓표 하시오.

1. 전혀 아니다 2. 약간 그렇다 3. 상당히 그렇다 4. 매우 그렇다

문항					문항				
1. 자신감이 있다.	1	2	3	4	2. 꾀가 많다.	1	2	3	4
3. 강인하다.	1	2	3	4	4. 쾌활하지 않다.	1	2	3	4
5. 마음이 약하다.	1	2	3	4	6. 다툼을 피한다.	1	2	3	4
7. 인정이 많다.	1	2	3	4	8. 명랑하다.	1	2	3	4
9. 추진력이 있다.	1	2	3	4	10. 자기자랑을 잘한다.	1	2	3	4
11. 냉철하다.	1	2	3	4	12. 붙임성이 없다.	1	2	3	4
13. 수줍음이 있다.	1	2	3	4	14. 고분고분하다.	1	2	3	4
15. 다정다감하다.	1	2	3	4	16. 붙임성이 있다.	1	2	3	4
17. 고집이 세다.	1	2	3	4	18. 자존심이 강하다.	1	2	3	4
19. 독하다.	1	2	3	4	20. 비사교적이다.	1	2	3	4
21. 온순하다.	1	2	3	4	22. 단순하다.	1	2	3	4
23. 관대하다.	1	2	3	4	24. 열성적이다.	1	2	3	4
25. 지배적이다.	1	2	3	4	26. 치밀하다.	1	2	3	4
27. 무뚝뚝하다.	1	2	3	4	28. 고립되어 있다.	1	2	3	4
29. 조심성이 많다.	1	2	3	4	30. 겸손하다.	1	2	3	4
31. 부드럽다.	1	2	3	4	32. 사교적이다.	1	2	3	4
33. 자기주장이 강하다.	1	2	3	4	34. 계산적이다.	1	2	3	4
35. 따뜻함이 부족하다.	1	2	3	4	36. 재치가 부족하다.	1	2	3	4
37. 추진력이 부족하다.	1	2	3	4	38. 솔직하다.	1	2	3	4
39. 친절하다.	1	2	3	4	40. 활달하다.	1	2	3	4

출처: Wiggins(1995).

채점 및 해석

이 질문지는 앞에서 소개한 여덟 가지의 대인관계 양식을 평가하는 간이형 검사이다. 각 유형에 해당하는 문항의 번호는 다음과 같다.

유형	문항 번호	유형	문항 번호
지배형	1, 9, 17, 25, 33	실리형	2, 10, 18, 26, 34
냉담형	3, 11, 19, 27, 35	고립형	4, 12, 20, 28, 36
복종형	5, 13, 21, 29, 37	순박형	6, 14, 22, 30, 38
친화형	7, 15, 23, 31, 39	사교형	8, 16, 24, 32, 40

각 유형의 점수 범위는 5~20점이며, 점수가 높을수록 해당하는 유형의 특성이 강하다고 할 수 있다. 한 가지 유형의 점수만 높게 나오는 경우는 드물며, 원형구조상에서 인접한 몇 가지 유형들의 점수가 높게 나오는 경향이 있다.

각 유형의 점수를 [그림 11-1]의 원형구조상에 표시하면 독특한 모양의 팔각형이 도출된다. 팔각형의 모양이 중심점으로부터 특정한 방향으로 기울어진 형태를 지닐수록 그러한 방향의 대

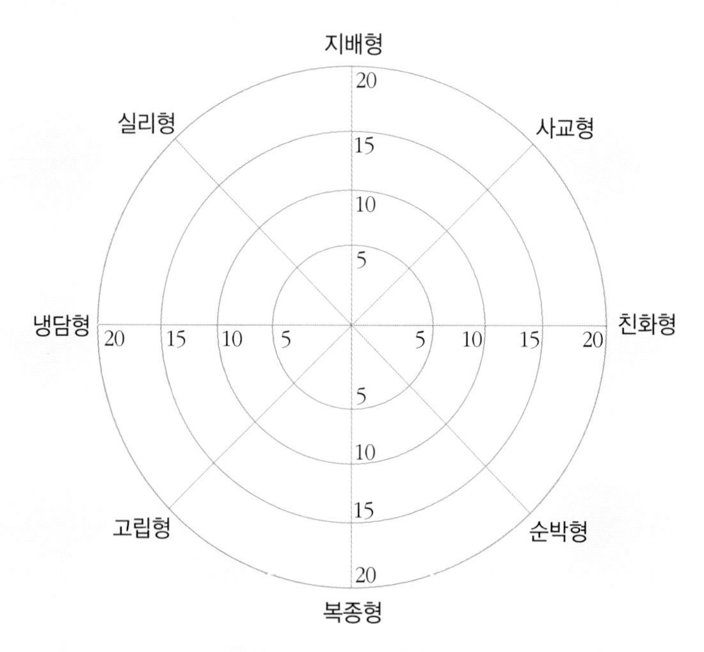

[그림 11-1] 원형구조상에 나타난 나의 대인관계 양식

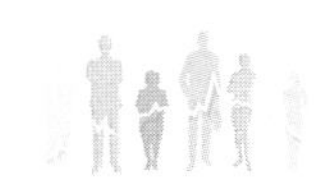

인관계 양식이 강하다고 할 수 있다. 일반적으로 모든 방향으로 균형을 이룬 중간 정도 크기의 정팔각형이 이상적이지만, 그러한 모양을 나타내는 경우는 극히 드물다. 그러므로 자신의 대인관계 양식을 나타내는 팔각형 모양이 좀 더 균형을 갖춘 정팔각형에 가까워지도록 노력하는 것이 바람직하다.

이 질문지는 대인관계 형용사 척도(Interpersonal Adjective Scales: Wiggins, 1995)의 일부 문항을 발췌하여 대인관계 양식을 간편하게 평가해 볼 수 있도록 저자가 구성한 것이다. 이 질문지는 타인의 대인관계 양식을 평가해 보는 데도 사용될 수 있다. 그러나 이러한 경우 결과는 타인의 성격이나 대인관계 양식에 대한 자신의 지각일 뿐이라는 점을 인식하고 타인에 대한 고정관념을 형성하지 않도록 유의해야 한다.

4. 나의 장점과 단점에 대한 평가

1) 단점을 장점으로 바꾸기

대부분의 경우 자신의 단점을 뒤집어 보면 장점이 될 수 있는데, 우리의 시각이 부정적이기 때문에 그것을 단점으로만 받아들이는 경우가 많다. 예를 들어, 자신의 단점 중에 '굉장히 부끄러움이 많아서 사교적이지 못하다.'라는 측면이 있다면, 이것을 장점으로 변환하여 '비록 부끄러움이 많아 사교적이지는 못하지만, 한번 좋은 관계를 시작하면 매우 진솔하고도 깊이 있는 사귐을 가질 수 있다.'라고 할 수 있다.

다음의 장점 단점 분석표에서 자신의 단점을 장점으로 바꾸어 작성하고, 이를 바탕으로 자신의 단점을 장점으로 바꾸어 가도록 한다.

나 자신이 생각하는 나의 단점	단점을 장점으로 바꾸기(열등감 없애기)
①	①
②	②
③	③

2) 장점을 단점으로 바꾸기

열등감을 해결하지 못한 사람들의 특성 중의 하나는 때때로 어처구니없는 우월감에 사로잡히는 경우가 있다는 것이다. 이러한 내재된 우월감을 제거하기 위한 훈련이 있는데, 이번에는 스스로 생각하고 있는 장점을 단점으로 뒤집어 생각해 보는 것이다. 예를 들어, 자신의 장점 중에 '나는 다른 사람들을 배려하는 마음이 강하다.'라는 것이 있을 수 있다. 이것을 자신의 장점으로만 생각할 경우에는 지나친 우월감에 사로잡힐 수 있다. 이를 극복하기 위해 단점으로 변환해 보면, '다른 사람들을 너무 배려하다 보니, 가족들에 대한 우선순위가 자꾸만 밀려서 가족들에게 오히려 피해를 끼칠 수도 있다.'라는 식으로 나와 타인에게 단점으로 작용할 가능성에 대해 깊이 생각해 보도록 한다. '나는 그동안 타인에 대한 배려 때문에 오히려 가장 가까운 이웃인 가족에게 소홀했다. 이제는 가족들에 대한 배려도 잊지 말아야겠다.'와 같은 깊은 반성의 과정도 필요하다.

나의 대표적인 장점(우월감)	장점을 단점으로 바꾸기
①	①
②	②
③	③

3) 나의 성격특성 기록하기

단점과 장점의 변환 훈련을 하다 보면, 자기 자신을 더 근본적으로 들여다볼 수 있다. 인간에게는 단점과 장점이 따로 분리되어 있는 것이 아니라 그것들이 서로 종합되어 한 개인의 특성을 이루고 있는 것이다. 이 특성을 먼저 인정하고 받아들이는 것이 자신과의 관계를 바르게 하는 기초가 된다. 그런 다음에 자신의 특성에 내재되어 있는 진정한 자아를 발전시킴으로써 자신의 가치를 향상시킬 수 있다.

자신의 성격특성을 긍정적인 것이든 부정적인 것이든 다섯 가지 열거해 본다. 스스로 생각하는 것이든 주변 사람들이 생각하는 것이든 상관없이 자신의 성격특성을 열거한다. 스스로 찾기 어려우면 가까운 가족이나 친구에게 물어보는 것도 자신을 이해하는 좋은 방법이다.

나의 성격특성
①
②
③
④
⑤

5. 나의 행복 그래프 그리기

우리는 유치원, 초 · 중 · 고등학교 시기를 거치면서 학교 일정에 맞추어 입시준비를 하며 대부분의 시간을 보낸다. 그저 주어진 것들에 충실하게 움직이다 보니, 자신을 살펴보는 기회를 많이 갖지 못한 것도 사실이다. 이제는 어떤 일에 대한 결과나 주변의 평가에 의존하지 않고 자신이 느끼는 주관적인 기준에 의해 자신을 재조명해 보아야 한다.

나 자신의 유치원, 초 · 중 · 고등학교 시절의 기억들을 통해, 자신에 대한 다양한 정보와 그에 따른 자신의 감정을 정리해 보는 기회를 가질 필요가 있다. 또한 타인과의 소통을 통해 자신이 자신의 과거 경험들을 어떻게 평가하고 있는지를 비교해 보는 기회를 가질 수 있다. 이러한 기회를 통해 나 자신에 대한 이해를 높일 수 있으며, 나아가 나 자신의 자아개념을 향상시킬 수 있다.

〈인간관계연습 24〉

[나의 행복 그래프]

다음과 같은 순서로 나의 행복 그래프를 그려볼 수 있다.

① 조용한 음악을 들으며 조용히 눈을 감고 과거 자신의 모습을 회상한다.
② 취학 전의 유아기, 초 · 중 · 고 · 대학 학창시절을 나누어, 자신이 경험한 중요한 일들이나 잊지 못할 기억들을 떠올려 행복지수를 표시한다.
③ 성공과 실패, 기쁨과 슬픔, 평화와 분노, 행복과 우울을 회상하면서 행복지수의 높낮이를 결정하고, 가장 기뻤을 때와 가장 힘들었을 때를 표시한다.
④ 다른 사람들과 교류를 통해 타인을 깊이 이해하는 시간을 가지며, 다른 사람의 이야기를 듣고 느낀 점을 피드백하여 준다.

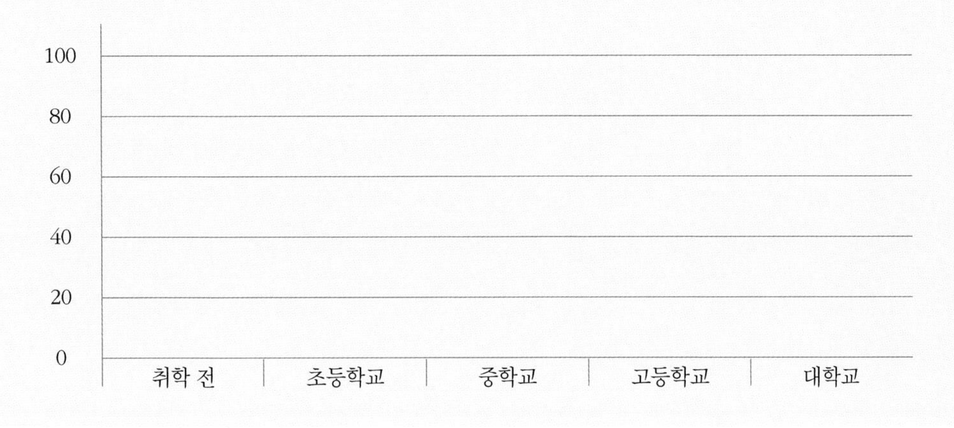

6. 나의 역사기록과 미래설계

Erikson은 인간의 발달을 심리사회적 측면에서 8단계로 구분하는데, 각 단계는 적응적 측면과 부적응적 측면이라는 양극적 측면을 가지고 있다. 각 발달시기를 잘 거쳐 발달과업을 성공적으로 달성하게 되면 적응적인 양식이 형성되는 데 반해, 그렇지 못할 경우 부적응적 양식이 형성된다. 또한 심리사회적 발달의 각 단계는 개인에게 기본적 강점 혹은 덕목을 발달시킬 기회를 제공한다. 이를 요약하면 〈표 11-1〉과 같다.

〈표 11-1〉 Erikson의 심리사회적 발달 단계

대략적 연령	적응 대 부적응 방식	덕목	
0~1세	신뢰감 대 불신감	희망	아동기 형성
2~3세	자율성 대 의심 및 수치심	의지	
4~5세	주도성 대 죄의식	목적	
6~11세(사춘기)	근면성 대 열등감	유능성	
12~18세(청소년기)	자아정체감 대 역할 혼돈	충실성	청소년기 형성
19~35세(성인초기)	친밀감 대 고립감	사랑	성인기 형성
36~55세(중년기)	생산성 대 침체감	배려	
56세 이상(노년기)	자아통합 대 절망감	지혜	

• 신뢰감 대 불신감

영아와 어머니의 상호작용을 통한 사회적 관계는 영아가 세상을 신뢰하느냐 그렇지 않고 불신하느냐에 따라 신뢰감과 불신감을 형성하게 된다. 즉, 어머니가 사랑과 안정감을 주면서 영아의 신체적인 필요에 적극 반응할 때 신뢰감이 형성되고, 어머니가 무뚝뚝하고 일관성 없으며 전적으로 아이에게 초점을 맞추지 않을 경우 불신감을 형성하게 된다. 그리고 이 시기의 덕목인 희망은 기본적인 신뢰에서 비롯되며 바라는 것이 충족될 것이라는 견고한 믿음이다.

• 자율성 대 의심 및 수치심

아동은 다양한 신체적 · 정신적 능력을 발달시킨다. 이 시기는 배변훈련이 강조되는 시기이다. 배변훈련을 연습하는 과정에서 자율적인 성숙을 지지해 줄 때 아동은 자율성을 형성한다. 그리고 아동은 많은 일들을 스스로 할 수 있게 되며, 이 과정에서 자유의지에 따른 자율성을 경험하게 된다. 부모가 아동으로 하여금 자율적인 의지를 실천하도록 허용하지 않으면 타인과의 관계에서 수치심을 느끼거나 자신에 대한 회의감을 형성하게 된다. 그리고 이 시기의 덕목인 의지는 자율성으로부터 나오며 자기통제를 실천하기 위한 확고한 자기결심이다.

• 주도성 대 죄의식

이 시기에 아동은 새로운 일을 찾아 나서고 도전해 보려는 아동의 시도를 격려하고 보상할 때 주도성이 형성되고, 아동의 주도적인 행동을 부모가 처벌하거나 주도성을 나쁜 것으로 느끼게 할 때 죄의식이 형성된다. 그리고 이 시기의 덕목인 목적은 주도성에서 비롯되며 목표를 계획하고 수행하려는 용기이다.

• 근면성 대 열등감

이 시기에 아동은 학교에서 주어진 일을 완성함으로써 기쁨을 얻는다. 가정에서나 학교에서 아이가 주어진 일을 완성함으로써 기쁨과 자신감을 얻을 때 근면성을 형성한

다. 그러나 자신이 노력한 것에 대해 조롱받고, 야단맞고, 거절당해 자신을 부적절하게 생각할 때 열등감이 형성된다. 그리고 이 시기의 덕목인 유능성은 근면성에서 비롯되며 기술과 지혜를 가지게 됨으로써 형성되는 것이다.

• 자아정체감 대 역할 혼돈

이 시기의 청소년은 급격한 신체 변화와 사회적 요구에 당황하게 되며, 자신의 존재에 대한 새로운 탐색을 시작한다. 또한 자신의 기본적인 자아정체성에 대한 의문을 갖고 심사숙고하는 시기이다. 청소년이 자기에 대한 타인의 견해와 자신의 견해를 통합하여 일관된 자아상을 가질 때 자아정체감을 형성한다. 하지만 정체감을 성취하는 데 실패하고 정체감 위기를 경험할 때 역할 혼돈을 겪는다. 이 시기의 덕목인 충실성은 자아정체감에서 비롯되며 성실함이나 의무감 그리고 정직과 순수함을 유지하는 것이다.

• 친밀감 대 고립감

이 시기에는 부모로부터 독립하고 책임감 있는 성숙한 성인으로서 기능하기 시작한다. 생산적인 일을 수행하고 우정과 성적인 결합으로 사람들과의 융합이 이루어질 때 친밀감을 형성한다. 그러나 사람들과 융합할 수 없고 친밀감을 형성할 수 없을 때 고립감을 형성한다. 이 시기의 덕목인 사랑은 친밀감에서 나오며 가장 위대하고 지배적인 덕목이다.

• 생산성 대 침체감

이 시기에는 주로 다음 세대를 가르치고 지도하는 데 능동적이고 직접적으로 관여하게 된다. 개인이 다음 세대를 가르치고 인도하는 데 적극적이고 직접적으로 참여 할 때 생산성을 형성한다. 그러나 자신이 속한 조직이나 세대에게 영향을 끼치는 것을 하지 않을 때 침체감이 형성된다. 이 시기의 덕목인 배려는 생산성으로부터 생기며 다른 사람을 가르치고 지도하려는 욕구에서 나온다.

• 자아통합 대 절망감

이 시기는 노년기로 신체적인 노쇠와 직업의 은퇴, 친한 친구나 배우자의 죽음 등으로 무력감에 빠지기 쉽다. 또한 자신의 삶을 돌아보거나 검토해 보며 마지막 평가를 하는 숙고의 시기이다. 만일 충족감과 만족감으로 자신의 삶을 되돌아보고 인생의 성공과 실패에 잘 적응할 때 지아통합을 형성한다. 그러나 과거에 대해 후회하고 분노하고 좌절감과 증오로 자신의 삶을 바라볼 때 절망감을 형성한다. 이 시기의 덕목인 지혜는 자아통합에서 나오며 삶의 문제에 의연한 방식으로 대처하는 것이다.

〈인간관계연습 25〉

[나의 역사기록 및 미래설계]

Erikson의 심리사회적 발달단계에 기초하여 나의 역사기록 및 미래설계를 해 봅시다. 나의 역사기록과 미래설계를 통해 현재의 나에게 영향을 미친 과거를 되돌아보고, 현재의 내가 목표로 하는 미래의 나를 계획하여 비전을 형성할 수 있다.

- 과거는 현재를 기준으로 그 시기를 회상하여 나에게 어떤 중요한 일들이 있었는지 기록한다. 기억이 나지 않는 부분은 부모님이나 주위 사람에게 들은 내용을 기록한다.
- 현재는 지금의 나에 대해 기록한다.
- 미래는 그 시기에 내가 이루었으면 하는 목표나 계획을 기록한다.

1. 영아기(0~1세)

2. 유아 전기(2~3세)

3. 유아 후기(4~5세)

4. 아동기(6~11세)

5. 청소년기(12~18세)

6. 성인 전기(19~35세)

7. 성인 후기(36~55세)

9. 노년기(56세 이상)

〈인간관계연습 26〉

[생애 곡선 그리기]

다음의 생애 곡선을 그리는 방법을 참고하여 '나의 역사기록과 미래설계'를 바탕으로 생애 곡선을 그려 봅시다. 100년 전 한국인의 평균수명은 28세였지만 1960년에 50세로 늘어났고, 2017년 우리는 100세 시대를 상식처럼 받아들이고 있다. 이 모든 것이 사회 발전, 생활수준의 향상, 의학과 기술 혁신의 결과라 할 수 있다. 2035~2040년경이면 120세를 인간의 평균수명으로 받아들이게 될 것이라고 한다.

• 실선으로 표시된 수평선 위에 자신의 현재 나이를 표시하고, 자신의 예상 수명을 수평선의 오른쪽 끝에 적는다.

- 과거부터 현재까지의 삶 속에서 경험했던 행복하고 기쁜 경험과 고통스럽고 슬픈 경험의 정도를 고려하여 −10부터 +10까지 1 간격으로 점으로 표시한 후, 그것이 어떠한 일인지 구체적으로 기록한다.
- 미래의 일은 앞으로 어떠한 행복한 혹은 고통스러운 경험이 있을지를 예측하여 구체적으로 기록한다.

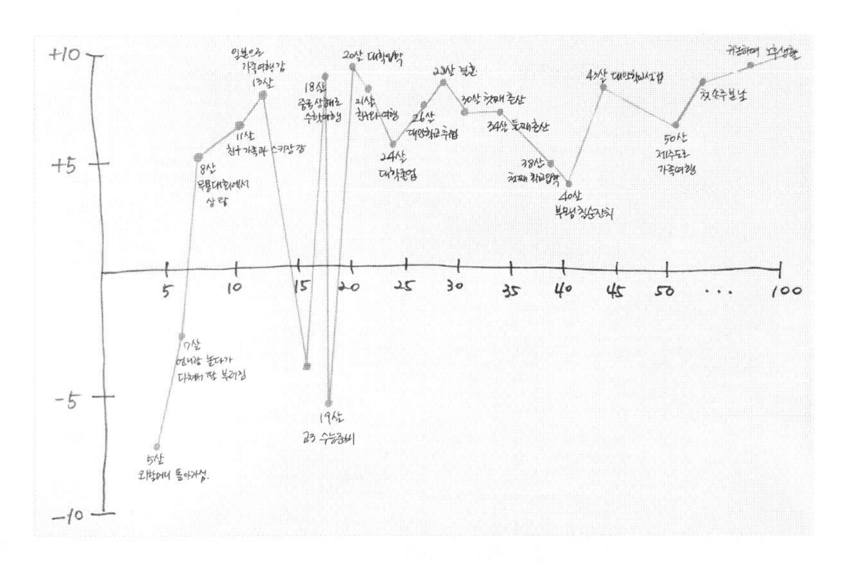

[그림 11-5] **생애 곡선의 예시**

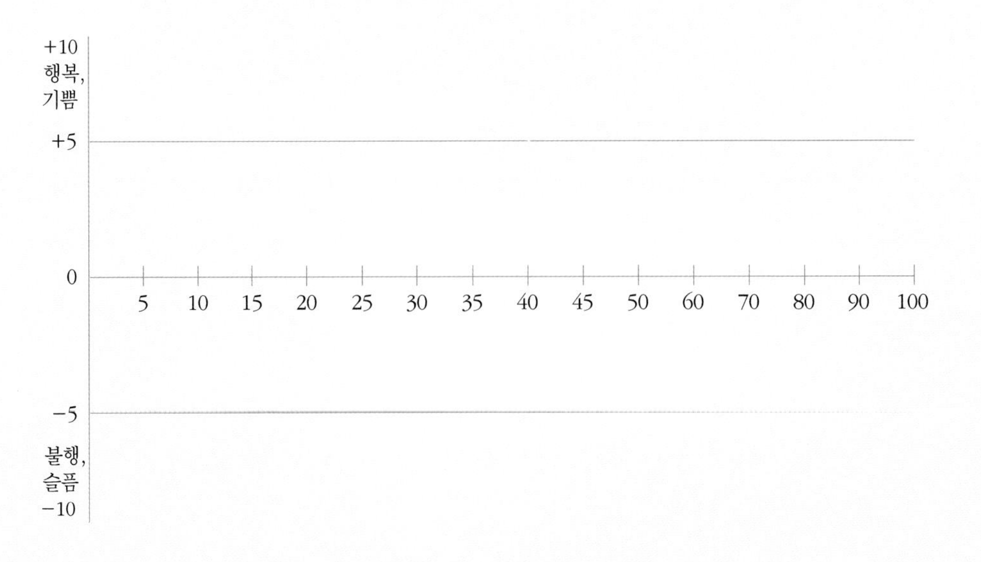

7. 인간관계를 위한 습관 진단하기

Allport는 성격을 완성된 어떤 사물이라기보다는 이행적(transitive) 과정이며, 어느 정도 안정된 특성을 갖는 반면, 연속적인 변화의 특성도 함께 갖는다고 보았다(구현서, 2001). 그러므로 자신에 대해 많이 알고, 자신의 결점을 고치기를 원한다면 자아개념과 성격을 변화시킬 수 있어야 한다.

사람의 성격은 고정적이고 불변하는 형태이거나 특성이 아니며 습관의 복합체이므로, 좋은 성격을 갖기 위해서는 좋은 습관을 개발해 나가야 한다. 좋은 습관을 개발하기 위해서는 인식(knowledge), 기량(skill), 욕구(desire) 등 세 가지 요소가 필요하다. 인식이란 무엇을 해야 하고, 또 왜 하는지를 파악하는 것이다. 기량은 어떻게 하는가 하는 방법, 욕구는 하고 싶도록 하는 동기유발을 말한다. 올바른 습관을 익히기 위해서 이 세 가지 요소를 계발해야 하며, 이 중 한 요소만 없어도 좋은 습관은 개발될 수 없다.

한편, 성공한 사람들의 공통점은 개별적인 습관 자체보다는 사람이 일생 동안 매일매일 효과적으로 살아가고 신뢰를 바탕으로 대인관계를 맺으며 상호 간에 이익을 얻을 수 있는 인간관계를 지배하는 법칙, 즉 원칙(principle)이 있음을 발견할 수 있다(김경섭 역, 2003). 이것이 바로 성공하는 사람들의 일곱 가지 습관이다.

1) 습관 1-개인 비전의 원칙: 주도적이 된다

인간은 선택의 자유가 있고 선택한 것에 대한 책임은 오직 자신에게 있다. 나의 주인은 바로 '나' 자신이라는 것이다. 오늘의 나는 내가 어제까지 선택한 결과이며, 그 모든 책임은 나에게 있다. 화나는 대로 행동하는 사람과 화나는 것을 자신의 의지로 통제하며 절제하여 올바르게 화를 내는 사람은 다르다.

그러므로 자극이 있을 때 공간 안에서 멈추고, 원칙에 근거한 가치관에 따라 반응을 선택하여 행동한다면 주도적인 사람이다. 갈등이 있을 때 주도적인 사람은 원인을 자신에게서 찾고, 대응적인 사람은 타인에게서 찾는다.

2) 습관 2-개인 리더십의 원칙: 목표를 확립하고 행동한다

실제 창작을 하기에 앞서 마음속으로 설계를 해야 원하는 작품을 만들 수 있다는 것이 습관 2의 기본 원칙이다. 집을 하나 짓더라도 설계를 해서 만드는 것과 설계 없이 만드는 것은 다르다. 동네 가게에 갈 때에도 무엇을 살 것인지 얼마만큼 살 것인지를 생각하고 그에 맞는 돈을 준비하고 나간다. 그런데 정작 가장 중요한 삶에서 우리는 어떤 준비를 하고 있는가 생각해 보자.

3) 습관 3-개인 관리의 원칙: 소중한 것부터 먼저 한다

삶을 성공적으로 살려면 중요한 인간관계, 주요 역할, 각종 활동들을 균형 있게 유지해야 한다. 때로는 별로 중요하지 않는 일들, 또는 소용없는 일들 때문에 가장 중요한 일들이 미뤄진다. 다른 사람에게 좋은 사람으로 보이기 위해 중요하지 않은 일에 "아니요."라고 말하지 못한다. 이성적으로 중요한 것과 실제 행동으로 중요하게 여기는 것이 다르다.

4) 습관 4-대인관계 리더십의 원칙: 상호이익을 모색한다

인간 상호작용에는 자기부정-타인긍정(패-승), 자기부정-타인부정(패-패), 자기긍정-타인부정(승-패), 자기긍정-타인긍정(승-승) 등 크게 네 가지 패러다임이 있다(윤대혁, 1999). 인간관계를 효과적이고 지속적으로 유지하려면 상호이익의 모색이 필수 조건이다. 즉, 승-승의 패러다임이다.

성공한 삶을 사는 사람들은 인간관계에서 나의 이익과 상대방의 이익을 동시에 모색하는 사람들이다. 그들은 다른 사람들과의 관계에서 개인 대 개인으로 경쟁하기보다는 상호의존적인 협력을 통해 더 나은 결과를 창출해 낸다. 그러기 위해서는 용기와 배

려를 균형 있게 유지해야 한다.

5) 습관 5—감정 이입적 대화의 원칙: 경청한 다음에 이해시킨다

바른 처방을 내리기 위해서는 진단부터 해야 한다. 이를 위해서는 상대방이 하는 말을 듣지 않고는 상황을 파악하지 못하기 때문에 먼저 경청해야 한다.

경청에는 높은 수준의 성품인 인내심, 솔직함 그리고 이해심이 포함되어 있어야 한다. 이러한 수준으로 경청하면 상대를 더 잘 이해시킬 수 있다. 그러기 위해서 공감적 경청기술을 활용해야 한다.

6) 습관 6—생산적 협조의 원칙: 시너지를 활용한다

전체는 각 부분의 합 그 이상이다. 구성원들 간의 정신적 · 감정적 · 심리적 차이점들을 소중히 여기는 것이 시너지의 본질이다. 즉, 차이점을 존중하고 강점을 활용하고 나아가 약점을 보완하는 데서 시너지는 나온다. 서로 다른 점을 소중히 여기고 제3의 대안을 추구한다. 협력하는 것이 시간이 걸릴지는 모르지만 장기적으로 더 나은 결과를 가져다준다. 시너지는 신뢰가 이루어지고 성숙한 사람들이 있을 때 더욱 큰 효과를 나타낸다.

7) 습관 7—균형적인 자기쇄신의 원칙: 심신을 단련하라

조직 및 개인의 발전을 위해서는 자기쇄신, 즉 재충전을 위해 항상 노력해야 한다. 이것은 조직 구성원으로 자기 자신을 최적의 상태로 유지 및 향상시키는 역할을 하며, 이를 통해 조직과 개인이 균형 있게 발전하고 경쟁력을 키울 수 있는 것이다.

지금까지 우리가 살펴본 습관 1, 2, 3은 우리를 독립적 단계로 발전시켜 주고, 습관 4, 5, 6은 상호의존적 단계로 발전시켜 주며, 습관 7은 전체를 재충전하게 해 준다.

〈인간관계연습 27〉

[자기진단을 위한 평가표]

구현서(2001)는 효과적인 일곱 가지 습관을 기르기 위하여 다음과 같은 자기진단표를 작성해 보는 것이 자기습관을 진단하는 데 매우 효과적이라고 보고 있다. 다음에 제시한 진단 항목을 읽고 해당 점수에 ✓표 하시오.

1. 매우 그렇지 않다 2. 그렇지 않다 3. 중간이다 4. 그렇다 5. 조금 그렇다 6. 항상 그렇다

	진단 항목	1	2	3	4	5	6
1항	1. 다른 사람들에게 친절하게 배려를 한다. 2. 약속을 지키고 언약을 이행한다. 3. 그 자리에 없는 사람에 대해 부정적으로 이야기하지 않는다.						
2항	4. 인생의 다양한 측면, 즉 직장, 가족, 친구 사이에 적절한 균형을 유지할 수 없다. 5. 임무를 수행할 때 함께 일하는 사람들의 관심사와 필요에도 유념한다. 6. 열심히 일하지만 심신이 피곤할 정도로까지 일하지는 않는다.						
3항	7. 자신의 삶을 통제하고 있다. 8. 자신의 통제권 밖의 일보다는 자신이 영향력을 행사할 수 있는 일에 집중한다. 9. 자신의 행동을 다른 사람이나 환경 탓으로 돌리지 않고 자신이 책임을 진다.						
4항	10. 인생에서 이루고자 하는 것을 안다. 11. 하루하루 하는 일이 의미가 있고 나의 인생의 전체 목표에 기여한다. 12. 이루고자 하는 것에 대한 명확한 주간 계획을 세워 매 주일을 시작한다.						
5항	13. 자꾸 미루거나 시간낭비 등을 하지 않고 내가 만든 계획을 실천할 의지가 있다. 14. 일생에 정말로 소중한 활동이 바쁜 일상적 활동에 파묻혀 버리지 않도록 한다. 15. 위기 상황에서 일해야 하는 상황을 줄이도록 미리 준비한다.						

6항	16. 나 자신의 성공뿐만 아니라 다른 사람의 성공에도 관심을 기울인다.						
	17. 다른 사람들과 협력한다.						
	18. 갈등을 해결할 때 모두에게 도움이 되는 해결책을 찾으려고 한다.						
7항	19. 다른 사람의 느낌이나 기분에 마음을 써 준다.						
	20. 다른 사람의 관점이나 견해를 이해하려고 애쓴다.						
	21. 다른 사람이 이야기할 때 나 자신의 관점에서뿐만 아니라 다른 사람의 관점에서도 사물을 보려고 노력한다.						
8항	22. 다른 사람의 통찰력을 소중히 여기고 적극적으로 도움을 구한다.						
	23. 새롭고 보다 우수한 해결책과 아이디어를 창의적으로 모색한다.						
	24. 다른 사람에게 자신의 견해를 피력하도록 장려한다.						
9항	25. 자신의 신체적 건강과 행복을 돌본다.						
	26. 다른 사람들과 좋은 관계를 맺고 향상시키려고 노력한다.						
	27. 인생의 의미와 즐거움을 찾는 데 시간을 할애한다.						

다음 그래프를 완성해 보자.

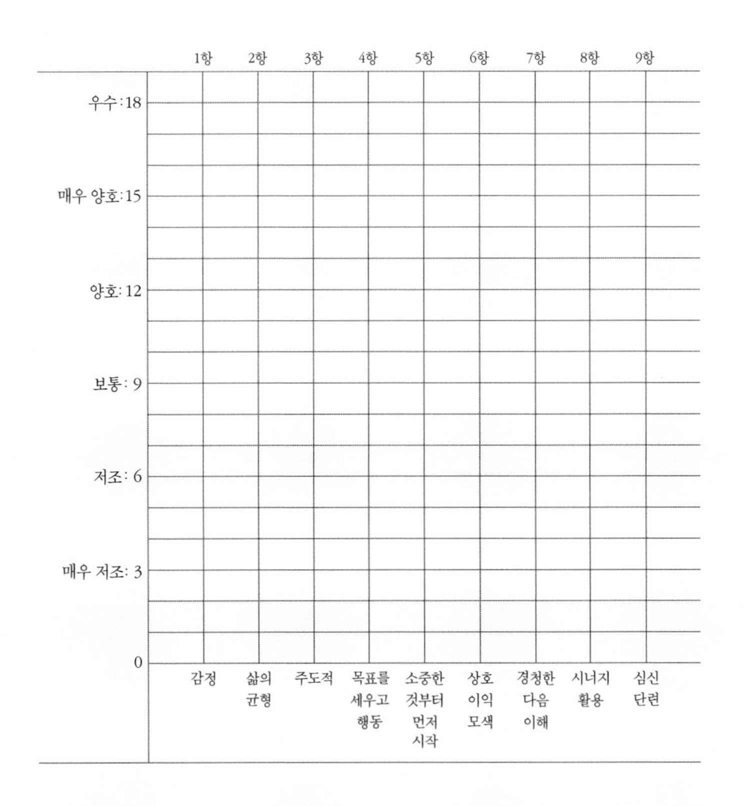

채점 및 해석

자기진단을 위한 평가표에 응답한 결과는 다음과 같이 채점한다. 9개의 각 항목별로 세 문항에 대한 반응점수를 더한다. 각 항목마다 최고 18점, 최저 3점이 나온다. 각 항목별 총점을 계산한 후, 그래프에 순서대로 점수를 표기한다. 점수가 높을수록 원칙과 일곱 가지 좋은 습관에 근접해 있는 것이다.

'생각이 변하면 행동이 변하고, 행동이 변하면 습관이 변하고, 습관이 변하면 성격이 변하고, 성격이 변하면 운명이 바뀐다.'는 말은 주위에서 자주 들을 수 있는 말이다. 좋은 생각, 좋은 행동, 좋은 습관, 좋은 성격은 서로 연결되어 있으며, 이러한 것을 갖추려면 나쁜 생각과 나쁜 습관을 개선하려고 노력할 필요가 있다.

〈읽기자료 7〉

[좋은 인간관계를 만드는 방법]

하버드 대학교의 A. E. Wiggan 박사가 각 분야에서 실패한 사람들을 조사했다. 우리가 생각할 때는 그들 대다수가 능력의 결여 때문에 실패한 것으로 여기기 쉬우나, 이 통계는 그와 같은 생각을 완전히 뒤엎어 놓고 있다. 그의 보고서에 따르면, 전문적인 지식의 결여로 실패한 사람들은 불과 전체의 15%밖에 안 되고, 나머지 85%의 실패자들은 모두 인간관계를 잘못 맺었기 때문인 것으로 밝혀졌다.

또한 미국의 카네기재단에서 5년 동안 사회적으로 성공한 1만 명을 대상으로, '당신이 성공한 비결은 무엇입니까?'라는 질문으로 설문 조사를 하였다. 그 질문에 대해 우리는 전통적으로 성공의 3대 조건이라고 일컫는 머리, 기술, 노력을 답으로 예상하기 쉽다. 그러나 놀랍게도 85%나 되는 사람이 인간관계를 잘했기 때문이라고 대답했다.

여기서는 좋은 인간관계를 만드는 방법을 구체적으로 제시하고자 한다.

1. 이해하는 마음

남을 이해한다는 뜻을 가진 영어의 'understand'는 아래에 서 있다는 의미를 지니고 있다. 위

에서 내려다보는 사람은 다른 사람을 이해하기 힘들다. 이해한다는 것은 'understand'이지 결코 'overstand'가 아니다. 상대방을 이해하려고 할 때는 눈높이를 맞추면 안 된다. 오히려 눈높이를 낮추어서 상대방을 올려다보고 이야기해야 한다.

인간관계에 약한 사람일수록 위에 서려고 한다. 한 계단 아래로 내려섰을 때, 당신의 시야는 더욱 넓어지게 될 것이다. 우리 모두 한 계단만 아래로 옮겨 보자.

2. 인생은 메아리와 같다

어떤 사람은 인간관계를 화산에 비유했다. 지금 한창 교제를 나누고 있는 활화산의 인간관계, 전에 관계를 맺었다가 지금은 단절 상태에 놓여 있는, 언제 다시 관계를 맺을지도 모르는 휴화산의 인간관계, 전에는 관계를 맺었으나 지금은 물론 앞으로도 전혀 관계가 없을 사화산의 인간관계로 나눌 수 있다는 것이다. 그러나 언제 그 화산이 용암을 분출하며 흐를지는 아무도 모른다. 따라서 휴화산 혹은 사화산이라 할지라도 관심 있게 지켜보아야 할 것이다.

3. 처음 만나는 사람에게도 먼저 인사를

미국이나 영국 등지에 가 보면 모르는 사람이라도 아침에 엘리베이터 안에서 만나거나 스치게 되면, "좋은 아침입니다." "안녕하세요?" "실례합니다." 등의 말로 상냥하게 인사하는 것을 볼 수 있다. 우리는 그동안 마음의 문단속을 너무 철저히 해 왔다. 이제 마음을 열어야 할 때다.

지금부터 마음을 열고 다른 사람을 만났을 때, "안녕하세요?"라고 먼저 인사를 건네 보자. 간단한 이 한 마디가 당신의 하루를 즐겁게 할 것이다. 일의 효율도 높아질 것이다. 그러면 당신이 원하는 삶에 조금 더 가까이 가 있을 것이다.

4. 123기법으로 호감을 사자

상대방의 호감을 살 수 있는 대화의 가장 기초적인 요령은 상대방이 하는 이야기를 관심 있게 귀담아들어 주는 것이다. 이따금 맞장구를 쳐 주며 적극적인 관심을 표명해 보라. 상대방은 어느덧 내게 호감을 느끼게 될 것이다. 판소리에 추임새가 있다면, 화술에는 '123기법'이 있다. 이것은 '현대판 추임새'라고 할 수 있다.

이 기법의 의미는 자기 이야기는 1분만 하고, 2분 동안 상대방의 이야기를 귀담아들어 주고, 그러는 가운데 세 번 맞장구를 쳐 주라는 것이다. 이것은 즉시 상대방의 호감을 살 수 있는 대화 요령으로서, 상당히 일리가 있는 말이다.

5. 옷 잘 입는 사람이 성공한다

옷차림은 신분의 표상이 되거나 마음가짐, 행동 여부를 결정짓는 역할도 하지만, 전략적인 경우에도 십분 발휘된다. 예를 들어, 한 비즈니스 통계에 따르면, 남자의 경우 넥타이를 매고 있을 때가 그렇지 않을 때에 비해 상담에서 성공할 확률이 매우 높다고 보고되었다. 단정하고 산뜻한 옷차림, 자신에게 어울리는 옷차림을 한 사람에게 신뢰가 가는 것은 당연한 일이다.

〈읽기자료 7〉

[인간관계의 10계명]

1. 먼저 손을 내밀어라.

대부분의 사람들은 먼저 다가가기보다 상대방이 다가오기를 기다린다. 친구를 사귀고 싶다면 먼저 손을 내밀고 악수를 청하라. 용기 있는 자만이 미인을 얻고, 먼저 다가서는 자만이 친구를 얻는다.

2. 호감을 가져라.

사람들은 대개 자기를 좋아하는 사람을 좋아한다. 그리고 자기에게 관심을 보이는 사람에게 관심을 가진다. 호감과 관심을 받고 싶다면 먼저 상대방에게 호감과 관심을 가져라.

3. 통하라.

인간관계는 커뮤니케이션 관계이며, 커뮤니케이션은 통하는 것이다. 대화 중에 말, 생각, 감정이 진심으로 통해야 서로 통하는 사이가 된다. 공감하라! 상대방의 말을 집중하여 경청하고 상대방을 수용, 이해, 인정, 지지하라.

4. 따뜻한 말을 하라.

상대방에게 힘과 용기를 주는 말을 하라. 상대방에게 기쁨과 즐거움을 주는 말을 하라. 사랑과

애정이 담긴 말로 상대방의 마음을 따뜻하게 하라.

5. 상처 주지 마라.

상대방을 비판, 비난하지 마라. 상대방에게 책임과 잘못을 전가하지 마라. 상대방의 감정과 자존심에 상처를 주지 마라.

6. 속을 보여 줘라.

열 길 물속은 알아도 한 길 사람 속은 모른다고 했다. 모르면 이해할 수 없고, 이해할 수 없으면 친해지지 않는다. 솔직하게 자신의 생각과 감정을 표현하고, 있는 그대로의 속을 보여 줘라. 때로는 비밀도 공유하라.

7. 많이 웃고, 많이 웃겨라.

사람들은 잘 웃는 사람을 좋아한다. 사람들은 잘 웃기는 사람을 좋아한다. 사람들은 밝고 유쾌한 사람을 좋아하니 자주 웃고, 자주 웃겨라.

8. 챙겨 줘라.

상대방의 일을 내일처럼 생각하라. 상대방의 애경사를 내 애경사처럼 생각하라. 상대방에게 필요한 일, 도움이 되는 일을 미리미리 잘 챙겨라.

9. 참고 이해하고 용서하라.

인간관계에서 가장 중요한 것은 참는 것이다. 인간관계에서 가장 중요한 것은 참고 이해하는 것이다. 인간관계에서 가장 중요한 것은 참고 이해하고 용서하는 것이다.

10. 먼저 등 돌리지 마라.

쉽게 친해지지 않는다고 먼저 등 돌리지 마라. 별 볼 일 없다고 먼저 등 돌리지 마라. 섭섭하다고 먼저 등 돌리지 마라. 한번 맺은 인연을 소중히 하고 절대로 먼저 등 돌리지 마라.

출처: 좋은생각 사람들(2010).

참고문헌

강문희, 이광자, 박경(2009). 인간관계의 이해. 서울: 학지사.

구현서(2001). 인간관계의 이해. 서울: 청목출판사.

권석만(2004). 젊은이를 위한 인간관계의 심리학. 서울: 학지사.

김경섭 역(2003). 성공하는 사람들의 7가지 습관. 서울: 김영사.

윤대혁(1999). 인간관계론. 서울: 무역경영사.

이수용(2003). 인간관계의 심리. 서울: 학지사.

정진선, 문미란(2005). 인간관계 심리의 이론과 실제. 서울: 시그마프레스.

좋은생각 사람들(2010). 좋은 생각. 서울: 좋은생각 사람들.

제 12 장

생텍쥐페리의 『미소』

『어린 왕자』라는 아름다운 책을 쓴 생텍쥐페리(1900~1944)는 독일 나치에 대항해서 전투기 조종사로 전투에 참가했다가 목숨을 잃었습니다. 그는 체험을 바탕으로 한 『미소(le sourire)』라는 단편소설을 썼습니다. 그 소설에 다음과 같은 이야기가 있습니다.

전투 중에 적에게 포로가 되어서 감옥에 갇혔다. 간수들의 경멸적인 시선과 거친 태도로 보아 다음날 처형될 것이 분명하였다. 나는 극도로 신경이 곤두섰으며 고통을 참기 어려웠다. 나는 담배를 찾아 주머니를 뒤졌다. 다행히 한 개비를 발견했다. 손이 떨려서 그것을 겨우 입으로 가져갔다. 하지만 성냥이 없었다. 그들에게 모두 빼앗겨 버렸기 때문이다. 나는 창살 사이로 간수를 바라보았으나 나에게 곁눈질도 하지 않았다. 이미 죽은 것과 다름없는 나와 눈을 마주치려고 할 사람이 어디 있을 것인가. 나는 그를 불렀다. 그러고는 "혹시 불이 있으면 좀 빌려 주십시오." 하고 말했다. 간수는 나를 쳐다보고 어깨를 으쓱하고는 가까이 다가와 담뱃불을 붙여 주려 하였다. 성냥을 켜는 사이 나와 그의 시선이 마주쳤다. 왜 그랬는지 모르지만 나는 무심코 그에게 미소를 지어 보였다.

내가 미소를 짓는 그 순간, 우리 두 사람의 가슴 속에 불꽃이 점화된 것이다. 나의 미소가 창살을 넘어가 그의 입술에도 미소를 머금게 했던 것이다. 그는 담배에 불을 붙여 준 후에도 자리를 떠나지 않고 내 눈을 바

의사소통과 인간관계

라보면서 미소를 지었다. 나 또한 그에게 미소를 지으면서 그가 단지 간수가 아니라 하나의 살아 있는 인간임을 깨달았다. 나를 바라보는 그의 시선 속에도 그러한 의미가 깃들어 있다는 것을 눈치챌 수 있었다.

그가 나에게 물었다. "당신에게도 자식이 있소?" "그럼요. 있고 말고요." 나는 대답하면서 얼른 지갑을 꺼내 가족사진을 보여 주었다. 그 역시 자기 아이들의 사진을 꺼내 보여 주면서 앞으로의 계획과 자식들에 대한 희망 등을 얘기했다. 나는 눈물을 머금으며 다시는 가족을 만나지 못하게 될 것과 내 자식들이 성장해 가는 모습을 지켜보지 못하게 될 것이 두렵다고 말했다. 그의 눈에도 눈물이 고이기 시작했다.

그는 갑자기 아무런 말도 없이 일어나 감옥문을 열었다. 그러고는 조용히 나를 밖으로 끌어내었다. 그는 나를 데리고 감옥을 빠져나와 뒷길로 해서 마을 밖까지 길을 안내해 주었다. 그러고는 한마디 말도 남기지 않은 채 뒤돌아서서 마을로 급히 가 버렸다. 한 번의 미소가 내 목숨을 구해 준 것이었다.

웃으며 쳐다보는 하늘은 언제나 찬란하고, 들풀마저 싱그러움을 더해 줍니다. 웃음 가득한 얼굴의 사람을 만나면 즐거움이 더해지고, '사는 것이 이런 것이구나!' 새삼 깨닫게 됩니다. 살맛을 더해 주는 양념이 웃음이 아닌가 생각합니다. 메마른 삶이라 짜증 날 때마다 한번 크게 웃으며 마음을 다시 다잡아 봅니다.

-『좋은 생각』 중에서-

1. 의사소통의 구성요소

우리는 깨어 있는 동안에 70~80%의 시간을 말하고, 듣고, 쓰는 등 의사소통을 하면서 보낸다. 의사소통을 잘한다는 것은 말하는 사람이 자신의 감정, 태도, 정보를 정확히 전달하고 듣는 사람은 상대방의 말을 정확히 알아듣는다는 것을 말한다. 즉, 의사소통을 잘하는 사람은 일반적으로 좋은 인간관계를 형성하고 유지하는 능력을 갖추고 있다고 할 수 있다. 이처럼 모든 친밀한 인간관계는 효과적인 의사소통 능력에 달려 있다고 해도 과언이 아닐 것이다. 여기에서는 의사소통의 의미와 구성요소에 관하여 살펴보기로 한다.

1) 의사소통의 의미

의사소통이란 말은 공동 또는 공통성을 의미하는 라틴어 'cummunis'를 어원으로 하고 있다. 그 본래의 의미를 살펴보면(김정리, 2003), 둘 또는 그 이상의 사람들 사이에 서로 어떠한 공통성을 만들어 내는 과정으로 볼 수 있기 때문에 의사소통은 둘 또는 그 이상의 사람들 사이에 사실, 생각, 의견 또는 감정의 교환을 통하여 공통적 이해를 달성하고 상대방의 의식이나 태도 또는 행동에 변화를 일으키게 하는 일련의 행동이다. 이러한 의미에서 볼 때, 의사소통이란 한 사람이 다른 사람에게 정보와 이해를 전달하는 것이며 생각, 사실, 사고, 느낌 및 가치관을 타인에게 옮기는 길이다. 즉, 사람들 간의 알고 느낀 바를 공유할 수 있도록 하는 의미의 다리(the bridge of meaning)이며, 이 다리를 이용하여 사람들과 격리되었을 때 일어날 오해의 강을 안심하고 건널 수 있게 된다.

인간관계에서 의사소통은 어떤 사람이 타인에게 영향을 주고 타인을 이해하는 데 사용되는 모든 수단을 포함한다. 즉, 개인의 감정, 태도, 신념 및 사실을 전달하는 과정이다. 이때 언어가 일차적인 수단으로 사용될 수 있으나 얼굴표정, 몸짓, 눈짓 혹은 침

묵과 같은 비언어적 신호나 단서를 통해 서로 의미를 주고받을 수 있다. 일반적으로 의사소통은 "한 사람 또는 그 이상의 사람으로부터 다른 사람들에게 정보와 이해가 전달되는 과정으로서 두 사람 사이에서 사실, 감정, 태도, 신념, 생각 등을 전달하는 것"으로 정의할 수 있다(김혜숙 외, 2001). 즉, 의사소통을 잘한다는 것은 말하는 사람이 정보를 정확히 잘 전달하며 듣는 사람이 말하는 사람의 말을 정확히 잘 듣는 것을 의미한다. 그러므로 의사소통이란 인간과 인간 사이에서 언어를 통해 상호 간에 공감이 성립되도록 하는 과정(process)이라고 할 수 있다(권연옥, 1997).

위에서 살펴본 바와 같이, 의사소통이란 조직의 여러 부분과 구성원 간의 물자, 정보, 지각 및 이해의 흐름을 말하며 모든 방법, 수단 및 매체, 모든 계통, 네트워크 및 조직구조라는 시스템, 모든 대인 간의 교환 등 의사소통의 모든 측면을 포함한다.

2) 의사소통의 구성요소

사람을 만나면 많은 대화를 나누면서 관계를 형성한다. 이를 의사소통이라고 한다. 의사소통은 개인의 감정, 생각, 태도, 정보 등을 상대방에 전달하고 전달받는 과정이다. 모든 방법을 동원하여 서로 간에 영향을 주고 서로를 이해해 나가는 과정인 의사소통은 발신자(화자), 메시지, 수신자(청자), 피드백의 네 가지 요소가 작용하게 된다(권석만, 2004; 김혜숙 외, 2005; 이주희 외, 2008).

첫째, 발신자(sender)는 자신의 생각, 감정, 의도 등을 말로서 전달하는 사람인 화자를 의미한다. 그런데 말로서 전달하는 과정에서 송신자의 음성, 감정상태, 타인의 생각을 이해하려는 노력을 의미하는 타인에 대한 감수성 등으로 인해 메시지가 전달되는 과정에서 왜곡, 변형, 삭제 및 소멸 등의 현상이 나타나 정확한 내용의 전달을 어렵게 할 수 있다.

둘째, 메시지(message)는 의사소통 과정에서 주제가 되는 것으로 언어적 혹은 비언어적 형태를 취할 뿐만 아니라 내용과 관계라고 하는 두 가지 요소가 포함된다. 즉, 내용 요소는 전달하고자 하는 메시지의 주제를 가리키며, 관계 요소는 발신자의 수신자에 대한 관계를 의미한다. 예를 들어, 마음에 드는 이성을 보고 "차 한 잔 어떠세요?"라고 묻는 경우에 중요한 점은 차를 마실 것인지의 여부 그 자체보다는 '함께 시간을 보내고 싶다' 혹은 '나는 당신에게 관심이 있다'라는 의미를 갖는다는 점이다. 마찬가지로 "아니오, 저 바쁜데요"라는 대답의 경우, '할 일이 많아서 시간을 내기 어렵다' '당신을 만나고 싶지 않다' 혹은 '더 적극적으로 해 보세요'라는 의도에서 하는 말이 될 수 있다. 이처럼 인간관계에서의 효과적인 의사소통을 위해서는 상대방이 전달하고자 하는 메시지의 내용 요소뿐만 아니라 관계 요소까지 정확히 간파하는 것이 필요하다.

셋째, 수신사(receiver)는 발신사의 베시지를 듣는 사람이다. 효과적인 의사소통이 이루어지기 위해서는 수신자가 발신자의 입장에서 메시지를 해석해야 한다. 수신자는 메시지를 자신의 경험과 준거에 비추어 해석한다. 이때 해석된 메시지가 발신자의 욕구에 부합되면 될수록 더욱더 효과적인 의사소통이 이루어지게 된다.

마지막으로 피드백(feedback)이다. 피드백이란 정보가 보낸 발신자에게 그 정보에 대한 반응을 다시 돌려보내는 것을 의미한다. 의사소통에서 발신자와 수신자, 즉 말하는 사람과 듣는 사람은 서로 끊임없이 피드백을 교환한다. 이때 고개를 끄덕이거나 가로저음, 얼굴을 찡그리거나 미소를 짓는 식의 비언어적 방법과 직접적으로 말을 하는 언어적 방법으로 이루어진다. 발신자에게 긍정, 시인, 인정하는 것으로 인식되는 반응을 긍정적 피드백이라 하고 부정, 무시, 무관심으로 인식되는 반응을 부정적 피드백이라고 한다. 이러한 피드백 때문에 발신자의 메시지는 수신자에게 제대로 전달되고 정확히 이해될 수 있다.

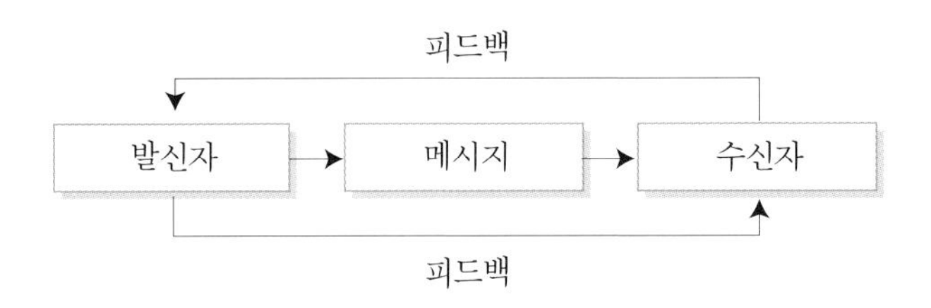

[그림 12-1] 의사소통의 구성요소와 과정

2. 의사소통의 유형

의사소통이 이루어지는 유형은 의사소통의 방법, 의사소통의 방향 등에 따라 여러 가지로 나눌 수 있다(권정호 외, 2008; 이주희 외, 2008).

1) 공식적 의사소통과 비공식적 의사소통

의사소통의 채널에 따라 공식적 의사소통(formal communication) 유형과 비공식적 의사소통(informal communication) 유형으로 나눌 수 있다. 공식적 의사소통은 공식적 구조와 채널을 통해 이루어지는 의사소통으로 공식적 의사소통의 목적은 조직 구성원에게 조직의 목표, 방침 및 지시 사항 등을 알리고 구성원의 보고 내용을 관리자와 모든 구성원에게 알리는 데 있다. 공식적 의사소통은 권한관계가 명확하고 편리하며 발신자와 수신자가 명확하여 책임소재가 분명하다는 장점이 있다. 하지만 융통성이 없고 모든 구성원의 복잡한 요구나 감정을 공식적 방법으로 솔직하게 전달하는 데는 어려움이 있다.

반면, 비공식적 의사소통은 자연발생적 인간관계 집단 내에서 비공식적인 방법으로 이루어지는 의사소통을 말한다. 공식적 상하관계를 떠나 자연스러운 친분관계나 신뢰관계의 인간관계를 기초로 하여 의사소통을 하는 것이다. 비공식적 의사소통은 소문이나 잡담 또는 자연스런 접촉 등의 형태로 이루어지므로 통제하기가 어려우며, 경우에 따라서는 왜곡되고 부정확한 정보를 유통시키기도 한다. 그럼에도 불구하고 비공식적 의사소통을 통해 조직 구성원의 의사를 비교적 솔직하게 전달할 수 있으므로 조직관리자나 지도자에게 유익한 정보를 전달하는 수단이 된다. 그리고 공식적 의사소통으로는 전달될 수 없는 느낌, 기분, 감정 등을 표현하고 전달할 수 있어 구성원의 만족감을 높여 주기도 한다.

2) 수직적 의사소통과 수평적 의사소통

의사소통의 방향에 따라 수직적 의사소통(vertical communication)과 수평적 의사소통(horizontal communication)으로 구분할 수 있다. 수직적 의사소통은 위계구조 속에서 상이한 수준을 통해 의사소통이 상하로 흐르는 것을 말한다. 수직적 의사소통은 의사소통이 이루어지는 방향에 따라 하향적 의사소통(downward communication)과 상향적 의사소통(upward communication)으로 구분한다. 하향적 의사소통은 상의하달이라고 하며 상급자로부터 하급자에게로 이루어지는 것이고, 상향적 의사소통은 하의상달이라고 하며 하급자로부터 상급자에게로 이루어지는 것이다.

반면, 수평적 의사소통은 같은 직급과 직위를 가지고 있는 동료 간이나 부서 간에 이루어지는 의사소통을 말한다. 같은 부서에 함께 근무하는 구성원 간에는 수평적 의사소통이 이루어지나 조직의 규모가 커지면 하위 부서나 조직 간에 추구하는 목표나 과업이 달라지고 이에 따라 갈등이 생길 수 있다. 이러한 갈등으로 야기되는 문제를 해결하기 위하여 조정이 필요하다. 동료 간의 단합과 부서 간 업무의 조정과 지원 및 통합을 위해 수평적 의사소통은 필수적이라 할 수 있다.

3) 일방적 의사소통과 쌍방적 의사소통

일방적 의사소통(one-way communication)은 한 사람이 다른 사람에게 일방적으로 이야기하고 다른 사람은 듣기만 하는 형태의 의사소통을 의미한다. 예를 들어, 선생님이나 부모가 잘못을 한 학생이나 자녀를 훈육하다든지 직장 상사가 부하 직원에게 지시를 하는 것이 여기에 해당한다. 반면, 쌍방적 의사소통(two-way communication)은 의사소통의 과정에 참여하는 사람들이 서로 이야기를 하기도 하고 듣기도 하는 형태의 의사소통이다. 그렇기 때문에 대화가 일방적으로 이루어지는 것이 아니고 말하는 사람과 듣는 사람의 역할이 고정되어 있지 않다.

4) 언어적 의사소통과 비언어적 의사소통

흔히 의사소통이라고 하면 언어적 의사소통(verbal communication)만을 생각하기 쉽다. 하지만 의사소통에는 언어적 방법 외에 비언어적 방법이 있다. 고개를 끄덕이거나 미소를 지음으로써 생각이나 감정을 전달할 수 있다. 이러한 의사소통을 비언어적 의사소통(nov-verbal communication)이라고 한다.

상대방에 대한 인상이나 호감을 결정하는 데는 말하는 내용인 언어적 요소가 7%, 목소리의 톤, 억양, 빠르기 등과 같은 청각적 요소가 38%, 얼굴표정, 시선, 손 · 발의 사용, 몸의 자세 등과 같은 시각적 요소가 55%의 영향을 미친다. 이를 '행동의 소리가 말의 소리보다 크다'는 것으로 '7−38−55 법칙' 혹은 'Mehrabian의 법칙'이라고 한다. 이는 의사소통을 통한 인상의 형성에서 여러 채널들이 갖는 비중을 연구한 Mehrabian이 1971년 펴낸 『침묵의 메시지(Silent Message)』에서 제시한 개념이다. Mehrabian은 얼굴을 맞대고 하는 면대면 의사소통(face-to-face communication)은 어휘, 목소리 톤, 신체언어 3요소로 이루어지는데, 상대에게서 받는 인상에서 메시지 내용이 차지하는 것은 7%뿐이고, 38%는 음색 · 어조 · 목소리 등의 청각적 정보, 55%는 눈빛 · 표정 · 몸짓 등 시각적 정보라고 제안한다.

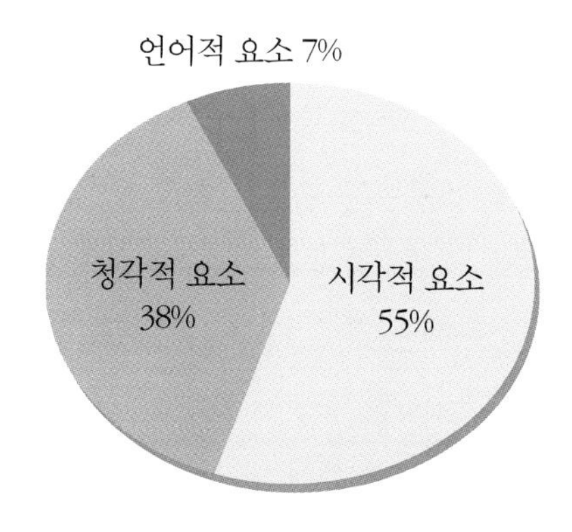

[그림 12-2] Mehrabian의 의사소통의 구성

(1) 언어적 의사소통

인간은 언어를 사용하여 자신의 생각과 감정을 서로 소통한다. 언어는 한 사회의 표준화된 의사소통의 매체이며 사회 구성원이 공유하고 있는 상징적 기호이다. 언어적 의사소통은 구두에 의한 의사소통과 문서에 의한 의사소통으로 나눌 수 있다.

구두에 의한 의사소통은 대면적 상황에서 직접 전달되거나 전화와 같은 매체를 통하여 간접적으로 전달된다. 이러한 유형의 의사소통은 직접적이고 신속한 장점이 있다. 그에 비해 문서에 의한 의사소통은 문자에 의한 편지, 메모, 이메일, 공문 등을 통해 전달되는 의사소통이다. 이러한 유형의 의사소통은 피드백에 시간이 걸리기는 하지만 정확성을 기할 수 있는 장점이 있다. 그러므로 구두 및 문서에 의한 의사소통을 혼합하여 활용하는 것이 매우 효과적이다.

(2) 비언어적 의사소통

흔히 말하고, 듣고, 쓰고, 읽는 과정에서 언어가 전달되고 수용되지만, 언어만으로는 인간의 모든 생각과 감정을 전달할 수 없다. 언어적 의사소통의 보완을 위해서 비언어적 의사소통도 중요하다. 앞서 살펴본 바와 같이, 말의 내용인 언어적 요소가 의사소통에서 미치는 영향은 7%에 불과하고 청각적 요소와 시각적 요소가 93%를 차지하기 때문이다.

언어 이외에 얼굴표정, 자세, 몸짓, 복장 등 비언어적 방법은 은연중에 인간의 감정이나 태도를 전달할 뿐만 아니라 그 효과도 언어를 사용하였을 때보다 더 큰 경우가 많다. 중요한 비언어적 의사소통 방법으로 신체적 동작, 준언어, 물리적 거리, 시간 등이 있다.

먼저 신체적 동작은 의사소통에 영향을 미치는 얼굴표정, 시선, 손·발 사용, 몸의 자세 등이다. 준언어(paralinguistics)란 무엇을 말했느냐보다는 어떻게 말했느냐에 관심을 두는 것으로 말의 명료성, 말의 유창성, 음성의 강도, 음질, 억양, 비웃음, 하품과 같이 언어를 둘러싸고 있는 정보를 말한다. 물리적 거리란 말하는 사람과 듣는 사람 사이의 거리를 말한다. 대화하는 사람 간의 거리가 가까울수록 친밀하고, 멀수록 공식적

이거나 소원한 관계라는 것을 의미한다. 일반적으로 공식적인 관계의 경우 심리적 거리는 약 210cm이고 친밀한 관계인 경우 45cm 이내이다. 시간도 비언어적 의사소통에서 중요한 메시지를 전달한다. 상급자가 회의에 늦으면 하급자에 대한 권위, 바쁜 일정을 뜻하는 것으로 해석된다. 그러나 하급자가 늦으면 무례함이나 불성실, 무성의를 뜻하는 것으로 해석되기도 한다.

이 외에도 상대방의 질문이나 인사에 대해 반응하거나 침묵한다든가, 약속 시간을 지키거나 지키지 않는다든가, 다양한 복장의 모양과 색상, 사무실의 위치나 크기 및 집기의 배열 등도 비언어적 의사소통 방법이라 할 수 있다. 비언어적 의사소통은 직접적 대면관계에서 나타나는 것으로서 상대방에게 호감 혹은 반감, 존경 혹은 무례, 관심 혹은 무관심, 친근감 혹은 소외감 등을 전달하는 방법이 된다. 그런데 이러한 비언어적 의사소통 방식은 특수한 문화적 상황에서 학습된 것이어서 문화에 따라 의미가 크게 다를 수 있기 때문에 해석에 있어서 주의가 필요하다.

5) 기능적 의사소통과 역기능적 의사소통

Satir(1988)는 의사소통이란 개인의 경제적 · 사회적 계층에 상관없이 기본적으로 인간관계를 필요로 하는 인간의 정서적 관계라고 하였으며, 의사소통의 일치성과 불일치성을 중요하게 다루었다. 의사소통 과정에는 메시지가 일치하는 경우도 있고 일치하지 않는 경우도 있다. 상호 간의 메시지가 불일치할 때는 의사소통에 따른 역기능이 일어나게 되며, 대부분 의사소통 과정에 긴장감이 작용할 때 이런 현상이 나타난다. Satir(1988)는 이렇게 긴장감이 있는 상황에서 사람들이 자신을 방어하기 위한 대처의 형태로 긴장을 처리하는 공통된 방법을 역기능적 의사소통, 즉 생존유형(survival stances)이라 하였고, 그것을 네 가지 유형으로 분류하면서 개념을 발전시켰다. 사람들이 그러한 생존유형을 사용하는 것은 다른 사람과의 관계를 맺고자 하는 강한 욕구를 숨기면서 자신은 인정받기 위해 노력하는 것이다. Satir가 말하는 일치형은 의사소통의 내용과 방법이 일치하는 것, 즉 전달하는 내용과 정서가 일치하는 것을 말한다. 이때 정서에는 목소리의 특징, 얼굴표정, 몸짓, 신체의 자세, 음조, 피부색, 호흡 등이 포함된다. 이 일치형의 의사소통이야말로 자아존중감이 높고 성숙하고 기능적이고 책임감이 있는 진실한 인간의 의사소통 방법이다. Satir는 기능적 의사소통의 유형인 일치형과 역기능적 의사소통 유형인 회유형, 초이성형, 비난형, 산만형의 다섯 가지 유형으로 구분하였다. Satir는 그동안의 임상경험을 통해 일반적으로 사람들이 회유형 50%, 비난형 30%, 초이성형 15%, 일치형 4.5%, 산만형 0.5% 정도에 해당한다고 설명한다.

이와 같은 역기능적 의사소통 유형들을 일치형으로 변형시키려는 노력이 필요하다. 역기능적 의사소통 유형인 회유형, 비난형, 초이성형, 산만형과 기능적 의사소통 유형인 일치형의 자세한 특징은 다음과 같다(Satir, 1988).

첫째, 회유형(placating stance)은 대부분의 문화에서 사교성이 있고 매우 겸손하며 착한 행동을 하는 것처럼 보인다. 이들은 생존의 위협이나 거절당한 느낌이 있을 때, 자신의 내적 감정이나 생각을 무시하고 타인의 비위에 맞추려고 한다. 따라서 다른 사람의 의견에 동조하고 비굴한 자세를 취한다. 다른 사람들이나 그 당시의 상황을 존중하면서 자기 자신의 내면에 있는 진정한 감정은 존중하지 못한다. 이들의 또 다른 특징은 어떤 갈등이나 다른 사람의 불편함을 견디지 못하고 자기 일처럼 여겨 시간, 돈, 생명까지도 주어 가면서 상대방의 고통을 가볍게 해 주려는 헌신적인 노력을 한다. 더 나아가 일이 잘못되면 책임이 자신에게 있다고 생각하고 자신이 비난받아야 한다고 주장한다. 정작 자신은 스스로를 잘 돌보거나 다른 사람의 도움을 요청하지 못한다. 이러한 회유형을 극복하려면 자신을 돌보아 자신의 가치와 일치하는 동등한 감정을 갖도록 해야 한다(이영분 외, 2008).

둘째, 비난형(blaming stance)은 회유형과 정반대 유형으로 자신을 보호하기 위해 다른 사람을 괴롭히거나 비난하고 환경을 탓하며, 자신을 힘이 있고 강한 사람으로 인식하게 하려고 노력한다. 다른 사람을 비난할 때 타인은 적대적이고 독재적이며 잔소리꾼이고 혹은 폭력적으로 보기도 한다. 타인을 무시하는 성향을 갖고 있어 타인의 말이나 행동을 비난하고 통제하며 지시하거나 명령한다. 외면적으로는 공격적인 행동을 보

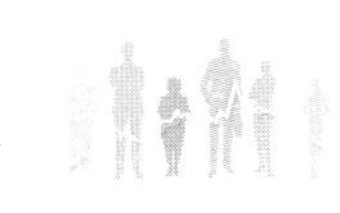

이나, 내면적으로는 자신이 소외되어 있으며 외로운 실패자라고 여긴다. 내적으로는 자신이 매우 가치가 없다고 생각하기 때문에 누군가 자신에게 복종할 만한 사람이 옆에 있으면 자신이 스스로 중요하게 되었다고 느끼고 비난을 시작한다. 그러나 내적인 힘을 지니고 있는 사람이 비난하는 자신에게 도전하면 이들은 쉽게 흔들리고 무너져 내린다(이영분 외, 2008). Satir는 타인을 심하게 비난하는 행동이 도움을 요청하는 행동이라고 해석하기도 하였다. 자기 내면의 감정을 바르게 인식하여 타인을 수용하는 행동이 비난형을 변화시키는 방법으로 소개되고 있다.

셋째, 초이성형(super-reasonable stance)은 의사소통에 있어 자신이나 다른 사람을 과소평가하는 경향을 갖는다. 그들은 다른 사람의 감정을 부정한다. 지나치게 합리적인 상황만을 중요시하며 기능적인 것만을 말하고, 대부분 객관적인 자료나 논리에 근거해서 의사소통을 한다. 초이성형은 겉으로 보기에 굉장히 차갑고 건조하며 지루하게 보인다. 이러한 사람은 자신이 너무나 감정적이고 상처받기 쉬운 사람이라는 것을 인정하지 않고, 자기 자신만을 의지하고 믿는 것이 가장 안전하다고 느낀다. 다른 사람과의 관계에서 자주 위축감을 느끼고 외로움 때문에 고통스러워한다. 특별히 대인관계에서 부족하고 원리원칙적이고 재미없고 강박적이다. 아주 심한 경우 초이성적인 사람은 사회로부터 소외되고 위축되어 신체적으로 내분비 작용이 제한되기도 하며, 호흡이 안정되고 조심성 있으며 목소리는 단조롭다. 이러한 초이성형을 일치형으로 변화시키려면 자신과 타인에 대해 애정, 감정, 지적인 것을 통합하도록 해야 한다(이상순, 1998).

넷째, 산만형(irrelevant stance)은 초이성형과 정반대의 유형으로 보통 재미있거나 익살스러운 모습과 혼동된다. 앞뒤가 맞지 않는 이야기를 하고, 매우 산만한 행동을 보이며 심리적으로 혼돈되어 있는 상태를 보인다. 이들은 스트레스를 주는 주제로부터 관심을 돌림으로써 생존할 수 있다고 생각한다. 따라서 끊임없이 행동하며 대화의 주제로부터 관심을 분산시키려고 한다. 생각 없이 책임 없는 말을 하거나 다른 사람의 말과 맞지 않는 내용으로 의사소통을 분산시키고 주의집중을 잘 못한다. 위협을 무시하거나 마치 위협이 존재하지 않는 것 같이 행동하여 주위를 상당히 혼란시킨다. 이들에게는 자신, 다른 사람, 상황 모두가 중요하지 않다. 따라서 가장 접촉하기 힘든 유형으로 꼽힌다. 이들의 내면은 현재가 자신이 머물기에 부적절하다고 여기는 극단적인 심리적 불균형 상태에 있다. 그러한 불균형 상태에서 어떻게든 균형을 유지하기 위하여 계속 산만하게 움직인다. 이들의 움직임은 대체로 부적절하고 지나치게 무의미하다. 이러한 산만형을 일치형으로 변화시키려면 자신이 산만형 유형을 사용하고 있다는 것을 인식하여 적절한 상황에서 변화를 위해 융통성 있고 창의적이고 개방적이 되도록 도와야 한다(이상순, 1998).

다섯째, 일치형(congruent stance)은 유일하게 기능적인 유형으로 의사소통의 내용과 내면의 감정이 일치하는 것을 말한다. 매우 신술한 의사소통을 하며 알아차린 감정이 단어로 정확하고 적절하게 표현된다. 매우 생동적이고 창조적이며 유능한 행동양식을 보인다. 의사소통의 내용과 내면의 감정이 일치적으로 반응하는 것은 다른 사람이나 상황을 조정하거나 자신을 방어하며 다른 사람을 무시하려는 목적이 있는 것이 아니라, 진정으로 자기 자신이 되어 다른 사람과 관계를 갖고 접촉하며 직접적으로 사람과 연결을 맺는 것을 의미한다. 일치형의 사람은 높은 자아존중감을 갖고 있으며 심리적으로나 신체적으로 건강한 상태에 있다(정문자, 2003).

Satir(1988)는 이러한 의사소통 방식은 어린 시절부터 원가족과의 관계에서 형성되어 고착되는 것이라고 하였다. 그리고 의사소통의 내용과 내면의 감정이 일치하는 일치형을 제외한 네 가지의 역기능적 의사소통 유형이 굳어지는 것이 의사소통에서의 문제라고 보았다. 특히 역기능적 의사소통 유형은 자기감정을 숨김으로써 상처받지 않으려는 방어기제이기 때문에 청소년기에 진정한 관계형성 및 자아존중감 발달에 부정적인 영향을 끼칠 수 있다. 그러므로 가정과 학교에서는 청소년기의 역기능적 의사소통 유형을 기능적 의사소통 유형으로 바꿀 수 있도록 노력할 필요가 있다. 위에서 살펴본 네 가지 역기능적 의사소통은 〈표 12-1〉과 같이 도식화할 수 있다(홍경자, 2007; Satir, 1988).

〈표 12-1〉 역기능적 의사소통 유형의 특성

	회유형	비난형	초이성형	산만형
언어적 표현	"제가 잘못했어요." "난 오로지 널 위해 산다." "당신이 없으면 큰 일이에요."	"모든 게 네 잘못이다." "넌 제대로 하는 게 없다." "문제가 뭐냐?"	주어를 생략함(규칙과 옳은 것만 언급), 추상적이고 긴 설명	초점이 없는 대화, 주제가 바뀜, "그대로 놔두라."(내버려 두라.)
정서반응	구걸하는 느낌, 자신 없는 목소리와 자세	타인을 비난하는 자세	냉담한 마음, 조용하고 경직된 자세	혼란스러움, 마음은 콩밭에 있음
행동	사리, 변명, 양보, 우는 소리, 순교적, 모든 것 제공	공격적, 명령적, 약점 발견	권위적, 원칙주의, 의도적, 조작적	산만하고 초점이 없음
내적 경험	"난 아무 가치도 없어!"	"난 외로운 실패자다." "난 세상의 피해자다."	"나는 외롭고 상처받기 쉽다." 감정의 동요와 통제의 상실이 두렵다.	"이곳은 내가 설 자리가 아니다(무가치)." "아무 것도 상관하지 않겠다(무관심)."
심리상태	신경과민, 우울증, 자기연민, 자살 경향	과대망상, 일탈적 성향	강박적, 긴장되고 반사회적, 사회적 고립	혼돈, 어색함, 정신병적 경향성
신체적 증상	소화기관장애, 변비, 편두통	혈액순환장애, 고혈압, 관절염, 근육통, 천식	심장과 근육의 경직, 건조성, 암, 임파, 점액질환	신경계통장애, 편두통, 위장장애, 메스꺼움, 변비, 당뇨
초점	자기를 무시, 상황과 타인을 중시	다른 사람은 무시, 자기와 상황은 중시	자기와 타인은 무시, 상황만 중시	자기, 타인, 상황을 모두 무시
강점	배려와 민감성	강한 자기주장	지적 능력과 논리성	낙천성, 창의력
치료목표	• 자기 지각하기, 자신의 욕구, 감정, 경계선, 책임 인식 • 주장훈련 • 분노조절훈련	• 인지적 왜곡의 교정 • 자기감정의 통찰과 감정 조절 • 정확한 규칙의 설정 • 경청훈련	• 비언어적 표현에 대한 통찰력 • 신체이완훈련 • 공감훈련	• 감수성훈련: 감정 인식, 신체접촉 • 주의집중하기: 명상, 정관(관조) • 주장훈련

〈인간관계연습 28〉

[Satir 의사소통 유형 검사]

• 다음 글을 읽고 자신에게 해당하는 문항의 괄호 안에 ✓표 하시오.

문항	A	B	C	D	E
1. 나는 상대방이 불편하게 보이면 비위를 맞추려고 한다.	☐				
2. 나는 일이 잘못되었을 때 자주 상대방의 탓으로 돌린다.		☐			
3. 나는 무슨 일이든지 조목조목 따지는 편이다.			☐		
4. 나는 생각이 자주 바뀌고 동시에 여러 가지 행동을 하는 편이다.				☐	
5. 나는 타인의 평가에 구애받지 않고 내 의견을 말한다.					☐
6. 나는 관계나 일이 잘못되었을 때 자주 내 탓으로 돌린다.	☐				
7. 나는 다른 사람들의 의견을 무시하고 내 의견을 주장하는 편이다.		☐			
8. 나는 이성적이고 차분하며 냉정하게 생각한다.			☐		
9. 나는 다른 사람들로부터 정신이 없거나 산만하다는 소리를 듣는다.				☐	
10. 나는 부정적인 감정도 솔직하게 표현한다.					☐
11. 나는 지나치게 남을 의식해서 나의 생각이나 감정을 표현하는 것을 두려워한다.	☐				
12. 나는 내 의견이 받아들여지지 않으면 화가 나서 언성을 높인다.		☐			
13. 나는 나의 견해를 분명하게 표현하기 위해 객관적인 자료를 자주 인용한다.			☐		
14. 나는 상황에 적절하지 못한 말이나 행동을 자주 하고 딴전을 피우는 편이다.				☐	
15. 나는 다른 사람이 내게 부탁을 할 때 내가 원하지 않으면 거절한다.					☐
16. 나는 사람들의 얼굴표정, 감정, 말투에 신경을 많이 쓴다.	☐				
17. 나는 타인의 결점이나 잘못을 잘 찾아내어 비판한다.		☐			
18. 나는 실수하지 않으려고 애를 쓰는 편이다.			☐		
19. 나는 곤란하거나 난처할 때는 농담이나 유머로 그 상황을 모면하려는 편이다.				☐	
20. 나는 나 자신에 대해 편안하게 느낀다.					☐
21. 나는 타인을 배려하고 잘 돌보아 주는 편이다.	☐				
22. 나는 명령적이고 지시적인 말투를 자주 사용하기 때문에 상대가 공격받았다는 느낌을 받을 때가 있다.		☐			
23. 나는 불편한 상황을 그대로 넘기지 못하고 시시비비를 따지는 편이다.			☐		
24. 나는 불편한 상황에서는 안절부절못하거나 가만히 있지를 못한다.				☐	
25. 나는 모험하는 것을 두려워하지 않는다.					☐

26. 나는 다른 사람들이 나를 싫어할까 두려워서 위축되거나 불안을 느낄 때가 많다.	□	■	■	■	■
27. 나는 사소한 일에도 잘 흥분하거나 화를 낸다.	■	□	■	■	■
28. 나는 현명하고 침착하지만 냉정하다는 말을 자주 듣는다.	■	■	□	■	■
29. 나는 한 주제에 집중하기보다는 화제를 자주 바꾼다.	■	■	■	□	■
30. 나는 다양한 경험에 개방적이다.	■	■	■	■	□
31. 나는 타인의 요청을 거절하지 못하는 편이다.	□	■	■	■	■
32. 나는 자주 근육이 긴장되고 목이 뻣뻣하며 혈압이 오르는 것을 느끼곤 한다.	■	□	■	■	■
33. 나는 나의 감정을 표현하는 것이 힘들고, 혼자인 느낌이 들 때가 많다.	■	■	□	■	■
34. 나는 분위기가 침체되거나 지루해지면 분위기를 바꾸려 한다.	■	■	■	□	■
35. 나는 나만의 독특한 개성을 존중한다.	■	■	■	■	□
36. 나는 나 자신이 가치가 없는 것 같아 우울하게 느껴질 때가 많다.	□	■	■	■	■
37. 나는 타인으로부터 비판적이거나 융통성이 없다는 말을 듣기도 한다.	■	□	■	■	■
38. 나는 목소리가 단조롭고 무표정하며 경직된 자세를 취하는 편이다.	■	■	□	■	■
39. 나는 불안하면 호흡이 고르지 못하고 머리가 어지러운 경험을 하기도 한다.	■	■	■	□	■
40. 나는 누가 나의 의견에 반대해도 감정이 상하지 않는다.	■	■	■	■	□
합계	□	□	□	□	□

채점 및 해석

A: 회유형　B: 비난형　C: 초이성형　D: 산만형　E: 일치형

유형별로 합산하여 높은 점수가 나올수록 그 사람이 주로 쓰는 의사소통 유형이다. 그러나 상황이나 대상에 따라 다른 의사소통 유형을 사용할 수 있다. 역기능적 의사소통을 반복적으로 사용하여 관계를 그르칠 때는 자신의 의사소통을 변화시키도록 노력해야 한다.

3. 의사소통의 장애요인

1) 의사소통의 방해요인

우리의 일상생활에서는 의사소통을 방해하는 여러 요인이 있는데, 여기서는 과거의 경험, 선입견, 감추어진 의도, 감정상태, 인지기능, 신체적 건강상태, 물리적 환경, 사회 · 문화적 요인 등을 들 수 있다(이재열, 2009; Ellenson, 1982). 다른 사람과 의사소통을 할 때에는 여러 요인을 잘 고려하여 상내방을 배려하는 마음을 가지고 임해야 한다.

(1) 과거의 경험

우리는 흔히 과거의 경험으로 인하여 어떤 메시지가 올 것인지를 미리 짐작하고 있거나, 그런 메시지가 흥미 없고 중요하지 않을 것이라고 생각하여 미리 결정을 내리는 경우가 있다. 즉, 전달되는 정보를 과거의 경험을 통해 미리 선별(screening)하게 된다. 결국 이러한 예견이 메시지의 전달을 가로막음으로써 의사소통을 심각하게 방해한다.

(2) 선입견

우리의 마음속에 다른 생각이 들어 있을 때, 전달되는 정보의 의미를 충분히 받아들이지 않고 흘려버리게 된다. 우리 마음속에 많은 선입견이 자리 잡고 있을 때 다른 사람이 보내는 정보를 경청하지 못하게 되어 의사소통을 방해하게 된다.

(3) 감추어진 의도

자신의 욕구에 따라 전달된 정보를 바꾸어서 듣는 경우 감추어진 의도가 있다고 할 수 있다. 즉, 마음속에 어떠한 특별한 관심이나 불만이 있을 때, 의식적 혹은 무의식적으로 대화를 방해하거나 자신의 목적에 맞추어 대화를 이끌어 가게 되어 의사소통을

방해하게 된다.

(4) 감정상태

흔히 우리는 무엇을 말하고, 듣고, 판단할 때는 가능한 한 이성에 의해 합리적으로 하려고 한다. 그런데 인간은 이성의 동물이면서 동시에 감정의 동물이다. 감정이 격해지면 이성의 합리적 활동은 마비되기 쉽다. 화가 난 상태 혹은 놀란 상태에 있거나 기쁜 일이 있을 때의 의사소통은 방해를 받기 쉽다.

(5) 인지기능

효율적인 의사소통을 위해서는 전달된 메시지를 이해하고 해석할 수 있는 인지기능이 요구된다. 그러므로 주의집중, 지각, 기억, 언어, 개념화, 추론, 의사결정 등 두뇌의 인지활동은 의사소통 능력을 제한하거나 원활하게 한다.

(6) 신체적 건강상태

신체적 건강상태는 의사소통에 매우 커다란 영향을 미친다. 피로나 수면부족, 질병으로 인한 불쾌감 혹은 신체적 장애 등은 의사소통에 부정적인 영향을 미치는 요인이 된다.

(7) 물리적 환경

소음, 기온, 마음을 산란하게 하는 조건 등 물리적인 환경 또한 효과적인 의사소통을 방해하는 요소가 될 수 있다. 그러므로 의사소통을 할 때는 두 사람의 대화가 방해를 받지 않는 안정되고 조용한 곳을 정하는 것이 좋다.

(8) 사회 · 문화적 요인

의사소통이 이루어지는 사회, 조직, 가족이나 개개인 간에 수평적이고 평등적이며 민주적인 분위기는 의사소통에 긍정적인 영향을 준다. 언어의 사용이나 비언어적 의사소통이 매체를 선택하고 적용하는 데 있어서 그 사회의 문화와 관습의 영향을 받는다. 이 외에도 인종, 성별, 종교, 사회경제적 지위, 가치관과 준거 틀의 차이 등도 의사소통에 중요한 영향을 주는 요인이 되며, 이에 따르는 인간관계의 발달에도 많은 차이가 있게 된다.

2) 의사소통의 걸림돌이 되는 대화 유형

효과적인 의사소통을 방해하는 대화 유형이 있다. 이러한 것들은 대화의 걸림돌이 된다. 다음에 제시되는 말들은 의사소통의 걸림돌이 될 수 있다.

- 명령이나 강요: "너는 반드시 시간을 지켜야 해." 이런 말은 공포감이나 심한 저항을 일으킬 수 있다. 그로 인하여 상대방으로 하여금 반항적인 행동이나 말대꾸를 유발하여 오히려 저지당하는 것을 시도해 보도록 만든다.
- 경고나 위협: "이번 학기 장학금 안 받으면 방학 동안 용돈은 없다."와 같은 경고나 위협의 말들은 공포감이나 복종을 유발할 수 있다. 또한 상대방으로 하여금 원망, 분노, 반항을 유발시킬 수 있다.
- 훈계나 설교: "사원은 업무를 열심히 하는 것이 기본이고 의무야." 이런 말은 의무감이나 죄책감을 일으켜 상대방으로 하여금 자기 입장을 고집하고 방어하게 만들 수 있다. 또한 상대방의 책임감을 믿지 못한다는 것을 전달하게 되어 불신감을 조장하게 한다.
- 충고나 해결방법 제시: "리포트 제출이 누락되지 않도록 메모를 하는 것은 어떻겠니?" 이런 말을 들었을 때 타인은 자신의 문제를 해결할 수 없다는 것을 암시할 수 있다. 또한 당면한 문제를 충분히 생각하고, 대안이 되는 해결책을 찾아 실생활에 적용해 보고자 하는 노력을 방해할 수 있다. 또한 상대방으로 하여금 의존성이나 저항을 유발시킬 수 있다.
- 논리적인 설득이나 논쟁: "네가 왜 틀렸냐 하면……" "문제가 되는 것은……"

"그래, 그렇지만……" 이런 말은 상대방으로 하여금 방어적인 자세와 반론을 유발시키고, 나아가 이런 대화에 오래 노출되면 상대방은 열등감과 무력감을 느끼게 된다.

- 비판이나 비난: "너는 게을러서 문제야." "너는 항상 ~하는 게 문제야."와 같은 말은 상대방으로 하여금 무능력하고 어리석고 형편없다고 판단한다는 것을 암시한다. 이러한 대화는 부정적인 판단이나 호통치는 것에 대한 공포를 넘어서 대화를 단절시킨다.
- 욕설이나 조롱: "바보야, 네가 잘하는 게 뭐니?" "그래, 너 잘났다!"와 같은 말은 상대방으로 하여금 자신을 가치 없고 사랑 받지 못한다고 느끼게 할 수 있다. 이러한 대화는 상대방의 자아상에 파괴적인 영향을 끼칠 수도 있다.
- 동정이나 위로: "앞으로 나아질 거야." "다 잘될 거야, 힘 내!" 이처럼 충분한 이해와 공감이 없는 형식적인 동정이나 위로는 상대방으로 하여금 강한 적개심을 유발시킬 수 있다.
- 캐묻기와 심문: "왜?" "누가?" "뭘?"과 같이, 대화를 할 때 질문을 많이 하면 상대방은 무슨 의도로 말하는지 혼란에 빠져 불안해하거나 두려워할 수 있다. 이 말을 듣는 상대방은 퍼붓는 듯한 질문에 답하는 동안 자기 문제의 방향을 잃고 혼란에 빠질 수 있다.
- 화제 바꾸기: "즐거운 일이나 이야기하자." "세상일 다 해결해 보시지!"와 같은 말은 삶의 어려운 문제를 대처하기보다 회피해야 한다는 것을 암시한다. 때로는 상대방의 문제가 중요하지 않고 사소하거나 쓸모없다는 것을 나타낼 수 있다.

이 외에도 효율적인 의사소통을 방해하는 요인에는 과거의 경험이나 선입견, 상대방에 대한 불필요한 고정관념 등이 있다. 또한 자기 자신의 욕구에 따라 타인의 메시지를 이해하는 것, 그리고 대화를 할 때의 소음, 온도, 마음을 산란하게 하는 여러 가지 물리적 환경도 의사소통의 걸림돌이 될 수 있다.

이상에서 의사소통에 방해가 되는 요인들을 몇 가지 살펴보았다. 인간관계에서 원활한 의사소통을 위해서는 이러한 장애요인들은 가능한 한 제거 또는 감소시키는 것이 무엇보다도 중요하다고 하겠다.

4. 효과적인 의사소통의 전략

1) 효과적인 의사소통을 위한 원칙

효과적인 의사소통 과정은 명확하게 보내기와 정확하게 받아들이기의 두 가지 요소로 구성되어 있다. 명확하게 보내기 위해서 말하는 사람은 듣는 사람이 잘 알아들을 수 있도록 적절한 크기로 정확하게 말해야 한다. 그리고 말하는 사람은 듣는 사람에게 익숙한 말로 메시지를 보내야 한다. 말하는 사람은 듣는 사람이 여러 가지 메시지를 한꺼번에 전달받기보다 한 번에 한 가지의 메시지를 전달받을 때 보다 이해하기 쉽다는 것을 주지할 필요가 있다. 여기서 효과적인 의사소통을 위한 원칙을 살펴보면 다음과 같다(이재열, 2009; Ellenson, 1982).

첫째, 감정 이입을 한다. 효과적인 의사소통을 위해서는 상대방의 입장에서 생각해 보는 태도, 온정과 이해의 감정을 전달하는 태도가 필수적이다. 감정 이입은 다른 사람의 기쁨을 함께 나누고 다른 사람의 슬픔 속에 들어가 그 사람과 공감하도록 돕는다. 결국 상대방과 더욱 친밀한 관계를 만들어 준다. 다른 사람의 입장을 이해하기 위해 그 사람의 입장에 서 보는 것은 다른 사람의 경험을 우리가 간접적으로 경험해 보는 것이다. 이때 주의할 점은 상대방과 동일한 경험을 실제로 겪어 보는 것이 반드시 필요한 것은 아니라는 것이다.

둘째, 피드백의 활용이다. 피드백은 상대방에게 그의 행동의 결과가 어떠한지에 대해 정보를 제공해 주는 것을 말한다. 또한 정보의 의미를 정정하거나 조정하며, 내용을 명확히 하고 초점을 맞추어 주는 과정이다. 전달되는 내용이 명백하게 전달되고 있는지를 알아보기 위해 피드백을 통해 의사소통에서 발생할 수 있는 오해나 부정확성에서

기인된 문제를 해결할 수 있다.

셋째, 안정된 감정을 유지한다. 정서적으로 혼란 상태에 있으면 메시지를 왜곡하기 쉽고 전달하고자 하는 메시지를 명확하게 표현하지 못하게 된다. 이때는 심리적 안정을 찾을 때까지 의사소통을 보류하는 것이 바람직하다.

넷째, 경청의 자세를 갖는다. 의사소통은 한 사람이 말을 하고 다른 사람은 듣는 방식으로 이루어진다. 이때 단순히 상대방이 하는 말뿐만 아니라 생각과 감정을 알아차리는 마음의 귀(ears of heart)를 갖고 이야기를 귀 기울여 듣는 것이 중요하다. 경청은 말하는 이에게 관심을 기울이고 듣고 이해하며 함께하는 것이라고 할 수 있다.

다섯째, 장애물에 대해 인식한다. 말하는 이나 듣는 이는 자신의 과거 경험, 선입견, 신념, 가치관, 관심사가 스스로의 지각에 영향을 미친다는 사실을 인식하고 그러한 관점에서 메시지를 검토할 필요가 있다. 그렇지 않으면 의사소통의 장애물로 인하여 전달된 것을 듣지 못하거나 전달되지 않은 것을 들었다고 착각할 수도 있다.

여섯째, 적절한 침묵과 반응의 사용이다. 상대방의 말을 주의 깊게 들어 주면서 침묵을 지킴으로써 상대방이 계속 말할 수 있도록 한다. 침묵은 나와 상대방에게 말과 생각을 정리할 시간을 준다. 그런데 이때 듣는 이는 적절한 반응을 보임으로써 상대방이 오해하지 않도록 하여 대화를 계속 유지할 의도가 있음을 보여 주어야 한다.

일곱째, 권력 사용과 타인 조종을 피한다. 권위자의 위치에 있는 사람들은 다른 사람에게 마음대로 행동할 수 있는 권리가 있다고 생각하기 쉽다. '내가 장이니 내 방식대로 하겠다.'라는 주장은 지위에 따른 힘을 마음대로 사용하겠다는 태도이다. 권위자가 효과적인 의사소통을 하고 있다면 다른 사람을 통제하고 조작하는 데 힘을 사용하기보다는 최선의 결정에 도달하기 위해 다른 사람이 의견을 편안하게 말할 수 있는 분위기를 조성할 것이다.

여덟째, 인격 대 인격의 관계를 유지한다. 우리가 상대방을 한 인격체로 존중하고 진정으로 돕고 함께하고자 하는 마음을 전달한다면, 의사소통의 길은 쉽게 열리게 될 것이다. 이러한 느낌은 두 사람의 관계에서뿐만 아니라 큰 집단의 구성원 사이에서도 가능하며, 이해와 존중을 바탕으로 한다.

아홉째, 상대방을 신뢰한다. 상대방을 신뢰한다는 것은 상대방에게 솔직하게 마음을 열어야 한다는 것을 말한다. 신뢰는 신뢰를 낳고 불신은 불신을 낳는다. 만약 상대방을 신뢰하는 마음으로 대한다면 자신도 그 보답으로 상대방으로부터 신뢰를 받게 된다. 또한 상대방을 신뢰한다는 것은 상대방에게 예의를 갖추고 그의 입장을 고려하면서, 상대방의 관점을 인정하고 장점을 격려하며 강화해 주는 것을 말한다. 이러한 태도에는 상대방과 함께 대화하려는 개방성과 의지가 포함되어 있다.

2) 효과적인 의사소통기술

인간관계는 말하는 사람과 듣는 사람이 의사소통을 바탕으로 서로가 주고받는 사회적 영향이라 할 수 있다. 따라서 말하는 사람의 모든 반응은 듣는 이의 변화에 영향을 줄 수 있다. 여기서는 관심 기울이기, 칭찬하기, 감사하기, 말로 하는 제스처 익히기, 생산적 침묵, 나 전달법 등 효과적인 의사소통기술에 대해 살펴보기로 한다(김종운, 2013; 노안영, 2005; 이재열, 2009).

(1) 관심 기울이기

관심 기울이기는 상대방을 대하는 비언어적인 태도를 가리킨다. 관심 기울이기는 시선, 얼굴표정, 목소리, 자세와 몸짓을 통해 나타난다. 상대방에게 관심을 기울일 때 사용할 수 있는 기술을 Egan(1994)은 SOLER(Squarely, Open, Leaning, Eye contact, Relaxed)라는 용어로 제안하였다.

① Squarely: 상대방을 바로 바라본다(face the client squarely). 상대방에게 관심이 있다는 자세를 취한다. 이러한 자세는 '나는 당신과 함께할 것이며 당신과 이야기를 나누고 싶습니다.'라는 뜻을 전달하게 된다. 상대방에게 말하면서 시선을 다른 곳에 두고 있으면 그만큼 관심이 적다는 느낌을 준다.

② Open: 상대방에게 개방적인 자세를 취한다(adapt an open posture). 상대방에게

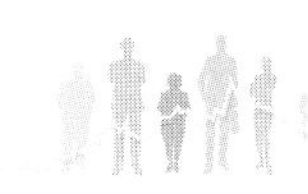

마음의 문을 열고 있다는 자세를 취하는 것이 중요하다. 때로 다리를 꼬고 앉거나 팔짱을 끼고 앉아 있는 모습은 관심과 도울 준비가 제대로 되어 있지 않다는 메시지를 상대방에게 전달할 수 있다. 이를 위해 '내가 지금 취하고 있는 자세가 개방적이고 돕고 싶은 준비 태세가 갖추어져 있다는 사실을 상대방에게 얼마나 잘 전달하고 있는가?'라고 자문하는 것이 중요하다.

③ Leaning: 상대방을 향해 몸을 기울인 자세를 취한다(lean toward the other). 누군가와 대화할 때 관심이 있으면 관심이 있는 사람 쪽으로 몸이 기울어지게 된다. 마찬가지로 상대방을 향하여 몸을 약간 기울여서 그의 말에 관심을 기울이고 있다는 것을 나타내는 자세를 취한다. 이때 상대방 쪽으로 몸을 기울이는 것은 상대방과의 의사소통을 촉진시키는 일종의 반응이라고 할 수 있다.

④ Eye contact: 상대방과 좋은 시선 접촉을 유지한다(maintain good eye contact). 상대방과 좋은 시선 접촉을 유지하는 것은 '당신과 함께하고 있으며 당신에게 관심을 갖고 도움이 되고 싶다.'라는 메시지를 전달해 줄 수 있다.

⑤ Relaxed: 편안하고 이완된 자세를 취한다(try to be relaxed). 편안한 자세는 처리해야 할 급한 일을 앞두고 있는 듯 조바심을 내지 않으며, 마음과 몸이 편안하고 자연스럽게 이완되어 여유로운 모습을 유지하는 것을 의미한다.

(2) 칭찬하기

세계적인 경영 컨설턴트인 Blanchard의 『칭찬은 고래도 춤추게 한다』는 긍정적 관계의 중요성을 깨우쳐 주고 칭찬의 진정한 의미와 칭찬하는 법을 소개한 책이다. 저자는 칭찬으로 긍정적 인간관계를 만드는 '고래 반응(whale done response)'을 배울 것을 제안한다. 몸무게 3톤이 넘는 범고래가 관중들 앞에서 멋진 쇼를 펼쳐 보일 수 있는 것은 고래에 대한 조련사의 긍정적 태도와 칭찬이 있었기 때문이다.

우리는 기대수준이 높아서 그런지 칭찬에 인색하다. 정말 특별히 눈에 띄는 것이 아니면 칭찬보다는 분석 · 비판하려는 경향이 있다. 칭찬은 한 개인에게 동기부여가 될 수 있을 뿐만 아니라 서로의 신뢰를 형성하는 데에도 큰 영향을 미친다. 하지만 칭찬이 무조건 좋은 것만은 아니다. 즉, 어설픈 칭찬이나 지나치게 과도한 칭찬은 오히려 상대방이 부담을 가지거나 혹은 칭찬하는 사람을 가볍게 볼 수 있으므로 진심에서 우러나오는 칭찬을 해야 한다.

그렇다면 쉽게 할 수 있는 칭찬에는 어떤 것이 있을까? 칭찬에 대한 보답을 얻고자 하는 것이 아닌 상대방의 긍정적인 부분을 보기 위해 조금만 노력한다면 어려운 일은 아닐 것이다. "오늘은 머리 모양이 잘 어울리네!" "오늘은 얼굴이 좋아 보이네!" "운동화가 깨끗하네!" 등 아무것도 아닌 것 같지만 이러한 말이 쌓이면 엄청난 효과를 발휘할 수 있을 것이다.

(3) 감사하기

내가 칭찬을 한다고 꼭 그에 대한 보답을 기대해서는 안 될 것이다. 그러나 내가 칭찬을 받았다면 반드시 그에 대해 보답을 하는 것이 바람직하다. 그 보답이란 것이 물질적인 것을 말하지는 않는다. "그렇게 봐 주시니 감사합니다!"라는 말 정도도 충분히 가능하다. 우리는 어릴 때부터 칭찬을 받으면 겸손하라는 교육을 받아 왔기 때문에 칭찬받은 내용을 부정하는 경우를 흔히 볼 수 있다. 칭찬에 대해 겸손함으로만 대하면 오히려 칭찬한 사람이 무안해할 수 있고 결국 대화가 끊어지기도 한다. 따라서 칭찬을 받았으면 그에 대해 꼭 감사함을 전하고 동시에 칭찬해 준 사람을 칭찬한다면 의사소통이 지속될 수 있을 것이다.

(4) 말로 하는 제스처 익히기

우리가 다른 사람의 감정이나 태도를 파악하는 데는 얼굴표정, 몸짓, 목소리 등 주변언어가 대부분을 차지하고, 언어적 요소로 파악할 수 있는 것은 7% 정도에 그친다. 얼굴은 화가 난 표정이면서 말로는 화가 나지 않았다고 한다면 누가 그 사람이 정말 화나지 않았다고 생각할 수 있을까? 그런데 화상통화를 하지 않는다면 일반적으로 전화통화는 음성에 의존할 수밖에 없다. 즉, 상대방의 자세나 표정, 몸짓을 볼 수 없기 때문에 자신의 감정을 충분히 전달하기 어렵다. 실제로 우리는 전화로 누군가 통화했을 때

의 느낌과 실제로 만났을 때의 느낌이 다른 경우가 많다. 전화로는 매우 무뚝뚝하거나 불친절할 것 같은 사람을 만나 보면 정반대의 이미지로 느껴지는 것은 바로 전화로는 상대방의 표정이나 몸짓을 볼 수 없기 때문이다. 따라서 우리가 전화로 상대방을 대할 때 상대방으로 하여금 최대한 좋은 이미지를 심어 줄 수 있는, 말로 하는 제스처를 익힐 필요가 있다.

(5) 생산적 침묵

상대방의 말을 주의 깊게 경청하면서 침묵을 지킴으로써 상대방이 계속 말할 수 있도록 한다. 침묵은 나와 상대방에게 말과 생각을 정리할 시간을 주고 비언어적 신호를 관찰할 기회도 된다. 그러나 이때 듣는 이는 적절한 반응을 보여 주어 상대방이 오해하지 않도록 수용적이면서 동시에 적절한 비언어적 반응을 보여 줄 필요가 있다. 그리하여 상대방에게 대화를 계속 유지할 의도가 있음을 보여 주어야 한다.

(6) 나 전달법 사용하기

의사소통을 잘하는 방법은 얼마나 말을 잘하는가가 아니고 얼마나 잘 들어 주는가 하는 것이다. 하지만 항상 들어 주기만 할 수는 없는 것이 의사소통에서의 과정이다. 경우에 따라 내가 상대방에게 어떤 말을 해야 할 경우가 있다. 나-전달법(I-message)은 상대방의 어떤 행동으로 인하여 나의 기분이 나쁠 때, 나의 그런 생각과 감정을 가진 책임이 나에게 있음을 상대방에게 효과적으로 전달하는 방법이다. 나 전달법은 상대방의 행동에 대한 나의 반응을 판단이나 평가 없이 알려 줌으로써 반응에 대한 책임을 내가 지는 것이다.

반면, 너-전달법(You-message)은 상대방에게 문제의 책임을 지우면서 부정적인 감정을 느끼게 하는 것으로 인간관계에서 방어적이고 적대적인 태도를 갖게 한다. "나이 값을 좀 해라" "너는 게으르다" "네 잘못이다" "정말 못됐구나" 등의 표현은 너-전달법에서 흔히 쓰는 메시지로 상대방을 판단하고 비난하거나 무시하는 등의 말이다. 이러한 말은 상대의 자존심을 상하게 하고 책임을 상대에게 떠넘김으로써 책임감을 배울 수 있는 기회를 박탈한다. 이러한 메시지를 전달받은 상대방은 자신을 무능력하고 무가치한 존재로 생각하게 된다.

나-전달법은 일반적으로 다음과 같은 단계로 이루어진다(김종운, 2013).

첫째, 문제가 되는 상대방의 행동과 상황을 구체적으로 말한다. 둘째, 상대방의 행동이 다른 사람에게 미치는 부정적인 영향에 대해 설명한다. 셋째, 그에 따른 나의 느낌을 말한다. 예를 들어, "너는 지저분하고 게으르다."라는 너-전달법을 "네 방이 지저분한 것을 보면 커서도 집안을 더럽게 하고 살까 봐 걱정된다."와 같이 나-전달법으로 전환시킬 수 있다. 이러한 나-전달법은 인간관계에서 나의 감정을 드러내고, 피드백을 주고받으며, 상대방의 행동변화를 유도하는 효과적인 의사소통기술이라 할 수 있다.

〈인간관계연습 29〉

[나는 좋은 경청자인가?]

※ 다음 문항을 읽고 자신에게 해당되는 칸에 ✓표 하시오.

문 항	전혀 그렇지 않다	그렇지 않다	보통이다	그렇다	매우 그렇다
1. 나는 타인의 말 듣기를 좋아한다.	1	2	3	4	5
2. 나는 내가 커다란 관심을 보이거나 호의적으로 말하는 사람에게 보다 주의를 집중한다.	5	4	3	2	1
3. 나는 타인이 말할 때 그의 어휘력과 비언어적인 의사소통 능력을 평가한다.	5	4	3	2	1
4. 나는 정신이 산만해지지 않도록 주의한다. 주위가 산만하면 조용한 자리로 옮기자고 제안한다.	1	2	3	4	5
5. 타인들이 나로 하여금 이야기를 하지 못하게 방해할지라도 나는 그들에게 주의를 기울여 경청한다.	1	2	3	4	5
6. 타인이 말할 때에는 이야기가 끝날 때까지 기다려 준다.	1	2	3	4	5
7. 나는 나와 관심사를 같이하는 사람에게 적극적으로 반응한다.	5	4	3	2	1
8. 타인의 말을 들으면서도 개인적인 생각이 오락가락한다.	5	4	3	2	1

9. 나는 타인이 말할 때 그가 전하고자 하는 바를 잘 이해할 수 있도록 상대방의 비언어적 의사소통에 깊은 관심을 표명한다.	1	2	3	4	5
10. 나는 다소 난해한 대화를 나눌 때 애써 아는 척한다.	5	4	3	2	1
11. 나는 타인의 말을 들으면서 대답할 것에 대해 골똘히 생각한다.	5	4	3	2	1
12. 나는 타인이 잘못을 저지르고 있다고 생각되면 더 충분히 설명할 수 있도록 질문을 던진다.	1	2	3	4	5
13. 나는 내 스스로 이해하지 못하더라도 상대방은 이해하도록 노력한다.	1	2	3	4	5
14. 나는 타인의 말을 청취할 때 그의 입장에서 듣고 사물을 바라볼 수 있도록 노력한다.	1	2	3	4	5
15. 대화를 나눌 때 상대방의 메시지를 정확하게 이해했음을 확인시켜 주기 위해 청취한 메시지에 대해 피드백을 해 준다.	1	2	3	4	5

각 칸에 적혀 있는 점수를 합산하여 나온 점수를 다음의 연속선상에 표시하시오.

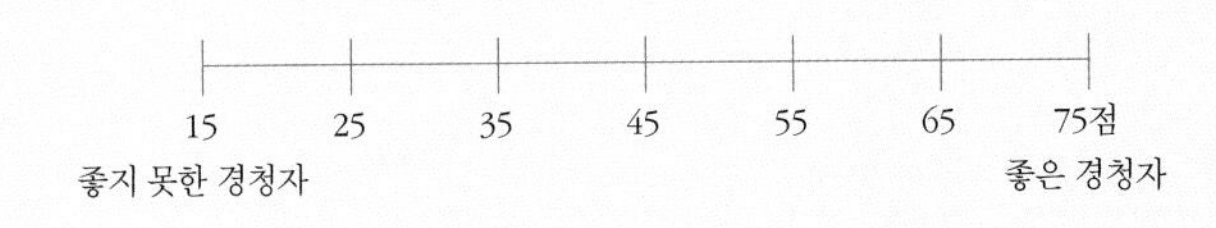

참고문헌

권석만(2004). 젊은이를 위한 인간관계의 심리학. 서울: 학지사.

권연옥(1997). 인간관계론. 서울: 학문사.

권정호, 김동원, 이윤식, 이윤희, 이재석, 이지연(2008). 인간관계와 리더십. 경기: 양서원.

김정리(2003). 현대사회의 인간관계론. 서울: 학문사.

김종운(2013). 상담심리학의 이론과 실제. 서울: 동문사.

김혜숙, 박선환, 박숙희, 이주희, 정미경(2008). 인간관계론. 경기: 양서원.

노안영(2005). 상담심리학의 이론과 실제. 서울: 학지사.

이상순(1998). 심리경향에 따른 의사소통유형 분석: Jung과 Satir의 이론을 중심으로. 부산대학교 대학원 석사학위논문.

이영분, 신영화, 권진숙(2008). 가족치료 모델과 사례. 서울: 학지사.

이재열(2009). **생활 속의 인간관계론**. 서울: 북코리아.

이주희, 최은정, 최명선, 박희현, 진혜경(2008). **인간관계론**. 경기: 공동체.

정문자(2003). **사티어 경험적 가족치료**. 서울: 학지사.

홍경자(2007). **의사소통의 심리학**. 서울: 이너북스.

Egan, J. (1994). *The skilled helper: A problem-management approach to helping*. Pacific Grove, CA: Brooks/Cole.

Ellenson, A. (1982). *Human relations*. New Jersey: Prentice-Hall.

Mehrabian, A. (1971). *Silent messages*. Belmont, CA: Wadsworth.

Satir, V. (1988). *The new peoplemaking*. PaloAlto, CA: Science and Behavior books, Inc.

제13장

THE PSYCHOLOGY OF HUMAN RELATIONSHIPS FOR ENCOUNTER AND GROWTH

붓다와 욕 잘하는 사형제

악코사라는 사람이 있었다. 그는 위로 바랏와자라는 이름의 형과 아래로 두 동생이 있었다. 이들 네 형제는 모두 욕을 잘하기로 유명했는데, 맏형 바랏와자의 아내는 마침 붓다의 재가 신자였다. 바랏와자는 어느 날 자기 아내가 붓다를 지극히 존경하는 것에 화가 나 붓다를 찾아갔는데, 도리어 붓다의 거룩한 태도에 감명을 받고 출가하여 비구가 되었다.

그런데 악코사는 붓다에 대해 악감정을 가지고 있었기 때문에 붓다를 찾아가 불같이 화를 내었다. 그는 욕 잘하는 사형제 가운데서도 가장 욕을 잘하는 사람이었으며, 성격 또한 매우 난폭하였다. 그러나 붓다는 거기에 일체 대응하지 않았다. 그러다가 마침내 그가 잠잠해지자 붓다는 이렇게 물었다.

"그대여, 예를 들어 어느 날 그대에게 손님이 찾아왔다고 하자. 그래서 그대가 음식을 장만

스트레스 대처와 인간관계

하여 그에게 내놓았으나 그는 음식에 전혀 손을 대지 않았다. 그러면 그 음식은 누구에게 돌아가겠는가?"

"나에게 돌아올 것이오."

이에 붓다는 선언하였다.

"그와 같이 그대여, 그대는 지금 나에게 많은 음식은 내놓았으나 나는 그것에 손대지 않았노라."

이에 악코사는 큰 충격과 함께 감동을 받아 출가하여 비구가 되었다. 그리고 나머지 두 아우들 또한 비슷한 과정을 밟아 모두 붓다의 출가 제자가 되었다.

-『마음을 다스리는 법』 중에서 -

우리 사회는 스트레스의 사회라 할 만큼 현대인은 스트레스에 싸여 살고 있고 현대 질병의 80%는 스트레스에서 온다고 한다. 농경사회와 같은 단순사회에서 스트레스는 큰 문제는 아니었다. 그러나 우리 사회가 산업화되고 조직사회가 되면서 인간관계가 너무도 다양하고 복잡하고 생존경쟁이 극심해짐에 따라 스트레스는 사회적인 문제가 되었다. 현대인으로서 스트레스를 느끼지 않는 사람은 아마도 없을 것이다. 다만 어떻게 스트레스를 극복하고 성공적인 인생을 사느냐가 중요하다고 할 수 있다. 여기서는 스트레스의 개념과 수준, 원인, 반응, 대처방안에 대하여 살펴보기로 한다.

1. 스트레스의 개념과 수준

1) 스트레스의 개념

스트레스(stress)는 '싸그리 잡아 몰아치다(draw tight)'라는 의미의 라틴어 'stringer'에서 유래된 것으로, 삶에서 인간을 신체적 · 정신적 · 정서적으로 바싹 다 잡아 몰아친다는 뜻이다. 즉, 인간이 심리적 · 신체적 · 정서적으로 어려운 상황에 처했을 때 느끼는 불안과 위협의 감정을 의미한다.

스트레스는 스트레스를 비통상적인 반응을 요구하는 사건이나 상황으로, 자극으로서의 스트레스, 반응으로서의 스트레스, 그리고 역동적 상호작용으로서의 스트레스 등 세 가지 범주로 구분할 수 있다(Lazarus, 1991).

첫째, 자극으로서의 스트레스는 스트레스 반응을 일으키는 상황을 의미한다. 즉, 소음, 악취, 무더위, 추위 등 물리적 환경 혹은 주요한 시험의 실패, 이혼, 가족의 사망, 범죄로 인한 구속 등과 같은 심리사회적 사건 등도 스트레스 자극이 될 수 있다. 이와 같은 자극으로서의 스트레스는 우리의 삶을 위협하거나 압력이 될 수 있는 사건 자체를 말하는 스트레스원이다. 자극으로서의 스트레스는 개인의 특성과는 무관하게 발생

하며 객관적으로 기술될 수 있는 성질을 가진 자극으로 볼 수 있다.

둘째, 반응으로서의 스트레스는 스트레스를 경험할 때 일어나는 신체적 · 심리적 반응을 의미한다. 이러한 스트레스 반응으로는 일시적인 분노, 슬픔, 두려움, 공포감 등 부정적인 정서경험을 할 수 있고, 장기적으로는 개인에게 신체질병이나 우울증, 공포증, 대인기피증 등 심리장애를 일으킬 수도 있다.

셋째, 역동적 상호작용으로서의 스트레스는 사회과학에 기초를 둔 것으로 개인과 주위 생활환경의 특성에 관련지어 스트레스를 정의한다. 이러한 범주의 스트레스는 환경 내의 자극 특성과 개인의 특성을 강조하고 있는데, 환경의 자극요소와 스트레스에 대한 대처능력 등도 환경의 중요한 일부분이 되며 환경에 영향을 준다는 견해로서 상호작용 혹은 역동적 작용으로 보는 것이다. 즉, 개인의 지각, 인지, 생리적 특성이 환경의 자극에 대한 반응에 영향을 미칠 뿐만 아니라 환경에도 영향을 미친다. 그리고 이러한 상호작용은 개인의 인지, 지각, 정서기능과 외부 환경의 특성 간에 일어나는 역동적인 균형을 이루어 낸다.

2) 스트레스의 양면성

스트레스는 모두 나쁜 것일까? 흔히 우리는 스트레스를 부정적인 관점에서만 언급한다. 이는 많은 사람들이 스트레스를 단지 좋지 못한 경험으로만 관련시키기 때문이다. 소개팅은 좋은 일이지만 스트레스를 일으키는 원인도 된다. 자신에게 스트레스가 이익이 되는 것인지 손해가 되는 것인지를 결정하는 것은 스트레스원을 지각하고 해석해서 이를 어떻게 다루는가에 있다. 어떤 사람에게는 극심한 스트레스를 주는 듯한 상황이 다른 사람에게는 평온함을 줄 수도 있다.

스트레스 그 자체로는 나쁜 것이 아니다. 실제로 어떤 스트레스는 기꺼이 받아들여야만 하는 것도 있다. 그런 스트레스가 있어서 삶의 활력소가 되기 때문이다. 예를 들어, 몇 달 되지 않은 아기가 일어서려면 무릎이 아프고 수백 번 엉덩방아 찧기도 하고 어쩌다 머리를 바닥에 부딪치는 고통까지 이겨 내야 한다. 이러한 고통과 역경을 이겨 내지 않고서는 일어설 수 없는 것이다. 이를 보다 못한 부모가 이를 말려 스스로 일어서기를 포기하면 그 순간만은 편안할지 모르지만 이후의 성장은 기대하기 어려울 것이다.

스트레스도 따지고 보면 긍정적인 측면도 많다는 것을 주지할 필요가 있다. 주말에 하루 종일 방 안에서 스마트폰을 만지작거리고 TV 채널을 돌리다 보면 저녁 즈음 두통이 생기기 시작한다. 다음날 월요병을 경험하며 일주일을 힘들게 보내게 되기 쉽다. 캐나다 맥길대학교 신경생리학자 Hebb의 연구에 의하면, 하루에 100달러씩 받고 실험에 참여한 대학생들에게 격리된 장소에서 눈을 가리고 팔은 붕대로 감은 채 식사시간과 화장실 가는 시간을 제외하고 아무런 감각도 느끼지 못하도록 그냥 눈을 감고 가만히 누워 있게 하였다. 실험에 참가한 학생들은 될 수 있는 대로 오래 있을수록 돈을 많이 벌 수 있는데도 2~3일 후에는 대부분 실험을 포기했다. 이 실험에 참가한 대학생들은 아무런 자극 없이 가만히 누워 지내는 것에 오히려 심한 스트레스를 느꼈을 것이다. 우리가 지루함을 달래기 위해 신문을 읽거나, 산책을 하거나, 게임을 하는 것도 스트레스 수준을 높이기 위해 일종의 자극을 추구하는 행동이라고 할 수 있다.

이런 의미에서 Bernard(1968)는 스트레스를 그 영향과 효과에 따라 긍정적인 스트레스인 유스트레스(eustress)와 부정적인 스트레스인 디스트레스(distress)로 구분하여 명명하였다. 유스트레스는 흥미롭고 즐거우며 우리에게 활기를 주는 유쾌한 변화와 경험이다. 이에 반해 디스트레스는 그 정도의 과도함이나 불쾌감에 의해 불안과 신체 에너지가 소모되고 질병에 취약해지는 괴로움이 동반된다. 이러한 스트레스는 우리 주변의 여러 가지 생활사건 속에서 야기되며 개인의 생활에 변화와 적응을 요구하게 된다.

이렇듯 스트레스는 부정적인 측면과 긍정적인 측면의 양면성을 함께 가지고 있다. 다시 말해, 그 정도가 지나치게 높고 건강이나 삶에 해로운 영향을 미치는 역기능적 스트레스가 있는 반면, 감당할 만한 적정 수준의 스트레스로서 오히려 생활에 활력을 주고 동기를 유발시키는 순기능적 스트레스도 있다(Quick & Quick, 1984). 그러므로 양면성을 가진 스트레스를 잘 극복하거나 유리하게 활용하기 위해서는 스트레스에 대한 보다 정확한 이해가 필요하다.

3) 스트레스 수준과 건강 및 수행

낮은 불안은 동기를 유발하지 못하고 준비를 소홀하게 만들어 학업성취를 저하시킨다. 반면에 과도하게 높은 불안은 과제를 수행하는 능력을 떨어뜨려서 학업성취를 방해한다. 즉, 적당한 정도의 불안과 긴장이 좋은 성적을 위해서는 필요하다(Sarason, 1984). 스트레스도 이와 유사한 양상을 보인다. 스트레스가 없거나 너무 낮은 수준의 경우 일의 능률이 떨어지게 된다. 예를 들어, 동네 골목에서 심심풀이로 장기를 두는 평범한 노인들도 백전백승할 수 있는 상대와 경기를 하는 것이 얼마나 지겨운 일인가 하는 것을 잘 알고 있다. 특별한 이유가 없다면 아마 곧 그런 상대와는 경기를 하지 않을 것이다. 이들도 아무런 스트레스가 없는 상태는 재미있는 것이 아니라 지겨운 상태라는 것을 잘 안다. 그래서 적당한 재미를 위해 차나 포를 떼고 장기를 둔다. 즉, 적정 수준으로 승부에서 오는 스트레스를 높인다.

반면, 우리가 일상생활에서 스트레스가 너무 과도하게 되면 생활의 리듬이 깨어져서 수행성적이 나빠지게 된다. 이는 스트레스가 너무 높으면 불안을 일으키게 되고, 이러한 불안은 신체를 떨리게 하고, 문제를 해결하기보다는 불안을 없애고자 하는 동기에만 집착하게 하기 때문이다. 예를 들어, 학생들이 시험에서 자신의 실력을 충분히 발휘하지 못하거나 운동선수들이 중요한 경기에서 자신의 기록에 못 미치는 결과를 나타내는 것 등은 모두 지나친 스트레스를 받기 때문이다.

이런 면에서 스트레스와 열은 비슷하다. 열이 현저하게 없다는 것은 생명이 없다는 것으로 곧 죽었다는 것을 의미한다. 생명을 유지하기 위해서는 절대 있어서는 안 되는 상태다. 스트레스도 마찬가지다. 스트레스가 현저하게 없는 상태는 즐거운 상태가 아니라 무료하고 지루하고 짜증나는 상태다. 스트레스와 열은 없는 것이 좋은 것이 아니라 적정한 것이 좋은 것이다. 만약 열이 높다면 무엇보다 먼저 낮추어야 한다. 반대로 열이 낮아서 저체온증이 생기면 빨리 열을 올려야 한다. 그래서 우리 몸이 효율적으로 기능할 수 있는 적절한 체온을 만들어야 한다. 마찬가지로 스트레스가 너무 높으면 오히려 효율이 떨어지고 외부 환경에서 오는 자극에 적절하게 반응할 수 없게 된다. 반대

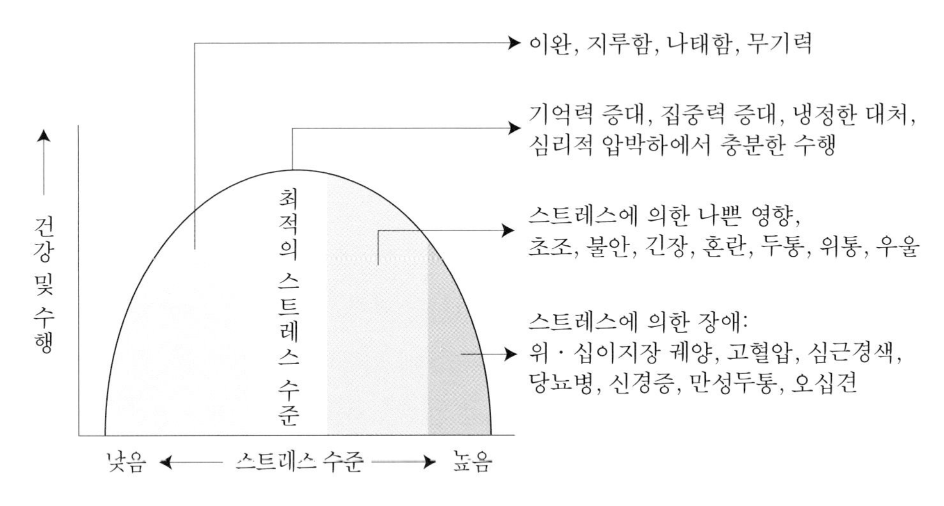

[그림 13-1] **스트레스 수준에 따른 건강 및 수행**

출처: 이종목 외(2003).

로 스트레스가 너무 낮아도 인지기능이 떨어지고 권태와 무료함이 증가한다. 당연히 여러 과제에 대응하는 적응력이 떨어진다. 따라서 스트레스와 열은 낮은 게 좋은 것이 아니라 제일 적당한 상태, 즉 최적화되는 것이 무엇보다 중요하다.

특히 화가 나거나 신경을 써야 할 일이 많아지면 생리적인 홍분이 고조된다. 생리적인 홍분이 고조되면 주의집중력이 저하되고 충동적인 행동을 쉽게 하게 된다. 이처럼 생리적인 홍분이 증가되어 주의력과 정보처리 능력이 현저하게 저하되는 현상을 터널 시야(tunnel vision)이라고 한다. 결국 스트레스 수준이 지나치게 높거나 낮아도 바람직하지 않으며, 언제나 적당한 수준을 유지해야 한다. 이러한 수준의 스트레스를 최적의 스트레스 수준이라고 한다. [그림 13-1]은 스트레스 수준에 따른 건강 상태 및 수행 수준을 보여 주고 있다.

하지만 스트레스와 체온은 여러 면에서 서로 다르다. 무엇보다 먼저, 건강에 적당한 체온은 모든 사람에게 동일하다. 나이와 문화에 관계없이 모든 사람은 36도와 37도 사이의 체온을 유지해야 한다. 그러나 적절한 스트레스의 정도는 사람마다 다르다. 갑에게는 스트레스가 낮아 지루한 과제가 을에게는 너무 높아 불안할 수도 있다. 어린이

에게는 높은 스트레스를 유발하는 자극이 어른에게는 너무 쉬울 수도 있다. 또 과제의 종류에 따라서는 남자에게는 쉬우나 여자에게는 어려워 강한 스트레스를 유발할 수도 있다. 물론 그 반대의 경우도 있다.

또한 동일한 사람에게도 최적의 스트레스는 상황에 따라 변할 수 있다. 온화한 날씨에서는 즐겁게 일할 수 있는 과제도 지나치게 더운 날씨에서는 높은 스트레스를 유발할 수 있다. 모든 도구가 잘 갖추어져 있는 여건에서는 쉽게 해결할 수 있는 과제도 필요한 도구가 없을 경우에는 큰 좌절을 줄 수 있다. 그렇기 때문에 모든 사람에게 모든 조건에서 일관되게 적용될 수 있는 최적의 스트레스 수준은 없다. 그래서 스트레스에 잘 대처하기 위해서는 유연성(flexibility)이 무엇보다 필요하다.

〈인간관계연습 30〉

[지각된 스트레스 척도]

※ 이 척도는 지난 한 달 동안 어떤 감정과 생각이 들었는지에 관한 것이다. 각 문항에 대해 당신이 얼마나 자주 느끼거나 생각했는지를 ✓표 하시오.

문항	전혀 아니다	거의 아니다	가끔	꽤 자주	매우 자주
1. 예상치 못한 일이 생겨서 기분 나빠진 적이 얼마나 있었나요?	0	1	2	3	4
2. 중요한 일들을 통제할 수 없다고 느낀 적은 얼마나 있었나요?	0	1	2	3	4
3. 초조하거나 스트레스가 쌓인다고 느낀 적은 얼마나 있었나요?	0	1	2	3	4
4. 짜증나고 성가신 일들을 성공적으로 처리한 적이 얼마나 있었나요?	0	1	2	3	4
5. 생활 속에서 일어난 중요한 변화들을 효과적으로 대처한 적이 얼마나 있었나요?	0	1	2	3	4
6. 개인적인 문제를 처리하는 능력에 대해 자신감을 느낀 적은 얼마나 있었나요?	0	1	2	3	4
7. 자신의 뜻대로 일이 진행된다고 느낀 적은 얼마나 있었나요?	0	1	2	3	4

8. 지난 한 달 동안 매사를 잘 통제하고 있다고 느낀 적이 얼마나 있었나요?	0	1	2	3	4
9. 당신이 통제할 수 없는 범위에서 발생한 일 때문에 화가 난 적이 얼마나 있었나요?	0	1	2	3	4
10. 어려운 일이 너무 많이 쌓여서 극복할 수 없다고 느낀 적이 얼마나 있었나요?	0	1	2	3	4

나의 자가검진 결과 점수: ______________점

해석

0~12점	당신이 느끼고 있는 스트레스 정도는 정상적인 수준으로, 심리적으로 안정되어 있습니다.
13~15점	약간의 스트레스를 받고 있으나 심각한 수준은 아닌 것으로 보입니다. 스트레스를 해소하기 위해 자신만의 방법을 찾아보는 것이 좋겠습니다.
16~18점	중간 정도는 스트레스를 받고 있는 것으로 보입니다. 스트레스를 해소하기 위한 적극적인 노력이 필요하며, 스스로 필요하다고 생각되면 전문가에게 도움을 요청해 보십시오.
19점 이상	심한 스트레스를 받고 있는 것으로 나타나고 있어 일상생활에서 어려움을 겪고 있을 것으로 판단됩니다. 가능한 빨리 전문가의 도움을 받기를 권합니다.

출처: 박준호, 서영석(2010).

〈인간관계연습 31〉

[스트레스 대처방식 척도]

※ 스트레스나 어려운 사건에 처했을 때 어떻게 행동하고 느끼는지를 해당하는 정도에 ✓표 하시오.

문항	전혀 아니다	다소 아니다	대체로 그렇다	상당히 그렇다
1. 이건 실제가 아니라고 스스로에게 말한다.	0	1	2	3
2. 이 사건 외 다른 일에 대해 공상한다.	0	1	2	3
3. 내가 원하는 것을 얻으려는 시도를 포기한다.	0	1	2	3
4. 그 문제가 일어났다는 것을 믿지 않으려 한다.	0	1	2	3
5. 그 문제를 덜 생각하려고 영화나 TV를 본다.	0	1	2	3

6. 이 경험을 통해서 인간적으로 더 성숙해지려고 한다.	0	1	2	3
7. 너무 서둘러 어떤 일을 처리하지 않도록 스스로 절제한다.	0	1	2	3
8. 지금 일어나고 있는 일에서 좋은 점을 찾는다.	0	1	2	3
9. 그 문제를 가장 잘 처리할 수 있는 방법을 생각한다.	0	1	2	3
10. 문제 해결을 위한 직접적인 행동을 취한다.	0	1	2	3

채점 및 해석

−1~5번 문항: 스트레스 대처방식 1(소극적/감정해결형 대응)

−6~10번 문항: 스트레스 대처방식 2(적극적/문제해결형 대응)

- 대처방식 1: 5점 이하/대처방식 2: 9점 이상−일상생활에서 웬만한 스트레스는 잘 견디는 상태로 좋은 스트레스의 영향에 놓여 있습니다.
- 대처방식 1: 9점 이상/대처방식 2: 5점 이하−일상적인 생활사건조차도 나쁜 스트레스로 작용하여 질병으로 쉽게 발전할 위험이 큰 경우입니다.

2. 스트레스의 원인

스트레스의 원인은 여러 가지가 있을 수 있다. 어제는 없던 스트레스의 원인이 오늘 생기기도 하고, 오늘 있던 스트레스의 원인이 내일이면 사라질 수도 있다. 스트레스가 우리에게 미치는 긍정적 영향과 부정적 영향이라는 양면성을 고려할 때, 스트레스에 적절하게 대처하기 위해 스트레스를 일으키는 원인을 확인할 필요가 있다. 여기서는 스트레스의 원인을 외부 원인과 내부 원인의 두 가지로 살펴보고자 한다(김종재, 2006; 김혜숙 외, 2008; 이주희 외, 2008).

1) 스트레스의 외부 원인

(1) 생활환경의 변화

Lazarus와 Folkman(1984)은 인간과 환경 간의 상호작용으로 개인이 가진 자원의 한계를 초과하여 개인의 안녕을 위협하는 현상을 스트레스라고 지적한 바와 같이, 현대사회의 다양한 변화와 요구는 각 개인에게 엄청난 스트레스로 다가오고 있다. 최근

〈표 13-1〉 사회적 재적응 평정척도

등위	생활사건	변화지	등위	생활사건	번화치
1	배우자의 사망	100	22	직장에서의 책임의 변화	29
2	이혼	73	23	아들과 딸이 집을 떠남	29
3	부부간의 별거	65	24	시댁이나 처가와의 갈등	29
4	교도소 수감	63	25	탁월한 개인적 성취	28
5	가까운 가족의 사망	63	26	아내가 직장에 나가거나 그만둠	26
6	자신의 부상 또는 질병	53	27	학교 입학이나 졸업	26
7	결혼	50	28	생활조건의 변화	25
8	직장에서 해고	47	29	개인적 습관을 고침	24
9	별거 후 재결합	45	30	상사와의 갈등	23
10	퇴직	45	31	근무시간이나 작업조건의 변화	20
11	가족 건강상의 중대한 변화	44	32	주거지의 변화	20
12	임신	40	33	전학	20
13	성생활 문제	39	34	취미활동의 주요 변화	19
14	가족 수의 증가	39	35	교회활동의 주요 변화	19
15	사업의 재적응	39	36	사교활동의 주요 변화	18
16	경제사정의 변화	38	37	1,000만 원 이하의 대출	17
17	친한 친구의 사망	37	38	가족 모임 횟수와 주요 변화	16
18	다른 부서로 전근	36	39	수면습관의 변화	15
19	배우자와의 다툼	35	40	식사습관의 변화	15
20	1,000만 원 이상의 대출	31	41	휴가	13
21	빌려준 금전의 떼임	20	42	사소한 법규의 위반	11

출처: Holmes & Rahe(1967).

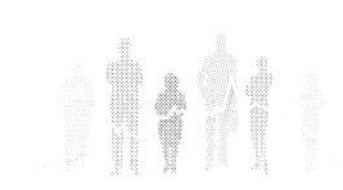

많은 연구들이 어떤 생활환경의 변화가 스트레스를 유발하는가에 초점을 맞추고 있다고 해도 과언이 아니다. Holmes와 Rale(1967)는 일반인들을 대상으로 생활환경 혹은 생활사건이 얼마나 우리의 재적응을 어렵게 하는지를 평정하는 사회적 재적응 평정척도를 표준화하였다.

이 척도는 지난 1년 동안 어떤 생활변화 혹은 생활사건이 자신에게 일어났는지를 살펴보고 그에 대한 평정척도 점수를 합산하여 스트레스의 양을 측정하는 방식이다. 〈표 13-1〉에서 지난 1년 동안의 스트레스 생활사건 총점이 150점 이하이면 생활환경 변화에 근거한 자신의 스트레스 수준은 낮은 편이고, 150~199점이면 스트레스 수준은 경미하며, 200~299점이면 스트레스 수준은 견딜 만하고, 300점이 넘는다면 스트레스 수준은 심각한 위기에 놓여 있다고 할 수 있다. 여기서 주목할 점은 앞서 언급한 바와 같이 결혼, 임신, 승진, 휴가, 졸업 등의 긍정적인 사건도 스트레스가 될 수 있다는 사실이다.

(2) 경제상황

우리의 삶은 경제문제가 모든 것을 해결해 주지 못한다. 경제문제도 중요하지만 경제 이상의 문제, 즉 신의, 사랑, 윤리, 가치, 보람, 희생, 나눔 등의 한 차원 높은 철학에 의해서 삶을 영위할 필요가 있다. 그런데 오늘의 시대는 경제의 시대이기 때문에 국민의 경제상황에 따라 개인은 커다란 영향을 받게 된다. 세계 경제도 답보상태에 있는 상황에서 최근의 한국경제도 성장률이 둔화되고 부도업체가 속출하고 있다. 경제가 침체되면 사람들은 불안해하고 긴장하게 된다.

(3) 정치적 불확실성

정치적 상황은 국민생활과 밀접한 상관관계를 갖는다. 제2차 세계대전이 끝나고 해방 이후 우리 민족은 너무도 많은 정치적 불확실성하에서 살아왔다. 자유당의 독재정부 아래에서, 6 · 25 전쟁을 통해서, 4 · 19 혁명의 소용돌이 속에서, 5 · 16 군사정변 와중에서 그리고 10 · 26 대통령 암살사건, 5 · 17이라는 신군부의 등장과 5 · 18 광주민주화운동 등 우리는 수많은 정치적 불확실성 속에서 살아왔다. 지금도 여전히 분단이라는 상황을 마주하고 남북관계의 냉각과 북한의 핵위협의 긴장 상황에 놓여 있으며, 정치인과 공무원 및 기업인의 유착과 비리 등의 사회악으로 스트레스를 받고 있다.

(4) 천재지변이나 돌발사고

갑작스러운 재난은 엄청난 스트레스의 원인이 된다. 이러한 재난에는 지진이나 태풍 피해와 같은 자연재해가 있는가 하면, 1995년 6월에 발생한 삼풍백화점 붕괴사고나 2014년 4월에 발생한 세월호 참사와 같이 인간에 의한 재난도 있다. 근래 우리나라에서는 교통사고로 사망하거나 심하게 손상을 입는 재난적 위기를 겪는 경우가 많다. 뿐만 아니라 충격적인 강도사건을 경험했거나 성폭행 등의 개인적 재난을 당하는 경우도 있다. 이러한 재난으로 인해 피해자들은 불안이나 우울을 경험하기도 하고, 외상 후 스트레스 장애(post-traumatic stress disorder: PTSD)를 보이기도 한다. 특히 이러한 천재지변이나 돌발사고를 당하고 생존한 사람들 중에는 자기만 살아남았다는 데서 심한 죄책감에 시달리기도 한다.

(5) 물리적 환경

물리적 환경도 주요한 스트레스의 원인이 된다. 이는 거창한 의미의 환경문제라기보다는 일상생활에서 흔히 겪는 것으로 소음, 악취, 먼지, 주거 환경, 기후변화 등도 스트레스의 원인이 된다. 대도시의 소음과 과밀현상도 스트레스를 일으킨다. 장시간 소음에 노출되면 두통과 청력 손상을 가져오고, 불쾌감과 분노를 일으키고, 주의집중력 감소, 인지능력의 저하, 수면장애 그리고 식욕 감퇴를 가져온다. 인구 증가와 생활공간의 부족, 분주함과 경쟁으로 인한 도시생활의 복잡성은 현대인에게 정신적 피로와 스트레스를 일으키는 원인이 된다.

(6) 그 밖의 상황

그 밖의 스트레스의 원인은 사람들과의 사회적 관계에서 경험하는 타인의 무례함,

명령, 타인과의 다툼, 시비 그리고 가족 간의 갈등, 고부 간의 갈등, 배우자와의 불화 등이다. 개인의 경제적 측면에서 스트레스의 원인은 돈을 빌림, 과태료 통지, 대출 만기, 채권 추심 등이 될 수 있다. 또한 조직사회에서의 규칙, 규정, 형식적인 절차, 마감 시간도 지나친 압박감을 주어 스트레스의 원인이 될 수 있다. 중요한 물건을 잃어버린 일이나 기계적인 고장, 교통체증도 스트레스를 일으킨다.

2) 스트레스의 내부 원인

(1) 성격특성

동일한 상황에서 각자가 스트레스를 경험하는 정도는 매우 다르게 나타난다. 아침 등교시간에 차가 너무나 밀려서 수업시간에 지각할지도 모른다고 조바심을 내거나 시험에서 좋은 성적을 얻기 위해 계속해서 집중적으로 공부하는 학생도 있다. 그러나 지각할지도 모르는 상황에서 조바심이 전혀 생기지 않거나 충분히 시험을 위한 준비가 끝났다고 생각하면서 여유를 부리는 학생들도 있을 것이다. 이와 같이 동일한 상황에서 각자가 보여 주는 행동이 다른 것은 개인의 성격과 관련된다고 할 수 있다.

개인의 성격에 따라서 스트레스를 경험하는 정도가 다를 수 있다. 심장병과 성격의 관계를 연구한 Fredman과 Roseman(1974)은 심장병 환자의 경우 과도한 목표와 요구를 부과하고 공격적이고 조급하며 경쟁심이 강한 유형의 성격을 지니고 있어 스트레스를 유발하게 되는 성격특성을 A 유형 성격(Type-A behavior)이라고 하였다. 이와는 반대로 여유 있고 느긋한 성격을 B 유형 성격(Type-B behavior)이라고 명명한다. A 유형의 행동패턴으로 알려진 성격특성은 경쟁적이고 계속해서 시간에 쫓기며 공격적이고 일에 집착하는 것이다. B 유형의 행동패턴은 A 유형과 반대로 덜 경쟁적이고 공격적, 충동적, 적대적이지 않다.

(2) 신체 요인

흔히 우리는 몸이 아프거나 피곤할 때 사소한 일에도 신경이 곤두서고 만사가 다 귀찮게 여겨지는 것을 경험한다. 몸이 아프거나 피곤한 것은 스트레스에 대한 반응이기도 하지만 한편으로 다른 잠재적 스트레스 자극에 더 예민하게 반응하도록 하여 스트레스를 증가시키기도 한다. 이는 신체적 건강이 스트레스에 대한 취약성과 관련성이 크다는 것을 의미한다.

연구(Sothmann, Horn, Hart, & Gustafson, 1987)에 의하면, 신체적으로 건강하지 않은 사람은 생리적 반응성이 높은 것으로 나타났다. 즉, 몸이 건강하지 않으면 스트레스에 대한 반응으로 심박 수, 혈압, 스트레스 호르몬이 증가한다. 뿐만 아니라 자신의 여러 동기들을 추구하기가 어려워 동기의 좌절을 경험하기가 쉽다.

스트레스에 취약한 사람들은 자신이 스트레스를 심하게 받고 있다고 생각될 때, 날씨, 직장, 배우자, 돈 등과 같이 외부 요인들이 자신을 힘들게 한다고 생각한다. 그러나 잘 생각해 보면 스트레스의 대부분은 사실상 자기 스스로 만들어 낸 것임을 알 수 있다. 이러한 사실을 인식하는 것이 스트레스에서 자신을 지키는 중요한 첫걸음이라고 할 수 있다.

(3) 비현실적인 동기

우리가 경험하는 스트레스는 우리의 동기와 관련이 있다. 스트레스 반응은 동기가 좌절되거나 동기의 좌절이 예상될 때 나타난다. 이는 동기가 없다면 동기가 좌절되거나 동기 좌절의 예상에 따른 스트레스 반응도 없다는 것을 의미한다. 그러나 기본적인 생리적 욕구나 안전 욕구 등 기초적인 동기들은 우리의 생존에 없어서는 안 되는 필수적인 것이다.

그런데 경험을 통해 얻은 동기들 중에서 개인적으로나 사회적으로 피해와 고통을 주는 바람직하지 않은 것들도 많다. 이러한 동기를 비현실적인 동기라고 한다. 비현실적인 동기는 일상생활에서 스트레스를 유발하기 쉽다. 즉, 이러한 동기를 가지고 있는 사람은 그렇지 않은 사람에 비해서 더 많은 외부 환경과의 관계에서 스트레스 반응을 만들어 낼 가능성이 높다.

외부 환경이 특별한 자극이나 압력을 주지 않는데도 자신의 비현실적인 동기로 인

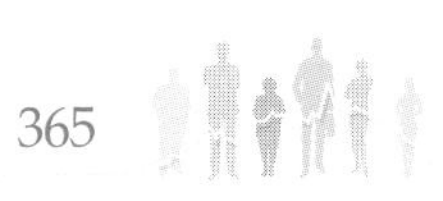

해 끊임없이 동기가 좌절된 상태에 놓이게 되고, 스스로 스트레스 반응을 만들어 내게 된다. 비현실적인 동기가 강하면 강할수록 그 스트레스 반응의 빈도와 강도도 더 클 것이다. 이 경우 동기를 다스리지 않는 한 그들의 스트레스는 계속 이어질 것이다.

또 다른 비현실적인 동기는 우리가 자신에 대하여 갖는 역할환상(role myths)이다(장현갑, 강성군, 1996). 역할환상은 자신의 역할에 대하여 비현실적인 목표를 가지고 그것을 충족시키려는 동기를 갖고 있는 것을 말한다. 역할환상을 갖고 있으면 일상생활에서 자신의 목표가 충족되지 않고 좌절되거나 좌절이 예상되는 스트레스 상황을 자주 경험하게 된다. 예를 들어, '착한 딸이 되어야 해'라는 역할환상을 가지고 있는 경우, 한번이라도 부모님 말씀을 어기게 되면 동기의 좌절로 커다란 죄책감이라는 스트레스 반응이 나타내게 되거나, 부모님 말씀을 따르고 싶지 않은 생각만 들어도 동기 좌절이 예상되고 스트레스를 경험하게 될 것이다.

(4) 비합리적 신념

비현실적인 동기의 경우 비합리적인 생각에 바탕을 두고 있는데, 이러한 인지를 비합리적 신념(irrational belief)이라고 한다. 예를 들어, '나는 항상 1등을 하고 싶다'는 동기는 '항상 1등을 해야만 부모나 교사 그리고 친구들로부터 사랑과 인정을 받을 수 있다'는 신념이 밑바탕에 깔려 있기 때문이다.

이러한 비합리적 신념은 자신과 세상에 대한 부정적인 결과를 가져올 가능성이 높은데 자기에 대한 부정적이고 비합리적인 신념은 부정적 정서의 스트레스 반응을 수반하게 된다. 앞서 2장에서 살펴본 바와 같이 정신과 의사인 Aron Beck을 중심으로 하는 인지치료에서는 비합리적 신념을 인지적 오류 혹은 인지적 왜곡에서 발생한다고 보았다. 즉, 우리는 한두 번의 잘못된 경험으로 그 경험이 전부인 양 믿어 버리는 경우가 있다. 예를 들어, 여자 친구와 헤어진 후 세상의 여자는 다 외모나 돈만 밝히고 믿을 수 없다고 생각하기도 하고, 자신에게 부정적인 말을 하는 사람에게 '이 사람은 평소 나를 싫어하는구나'라고 스스로 단정 지어 스트레스를 받는 경우도 있다.

3. 스트레스 반응

1) 스트레스가 미치는 3단계 반응

Selye는 질병을 스트레스에 대한 전신적인 자기방어로 보고, 이것을 일반적응 증후군(general adaptation syndrome: GAS)이라 하였다. 그는 심리적 · 물리적 스트레스는 인체의 뇌에서 지각되고 시상하부-뇌하수체-부신피질(hypothalamic-pituitary-adrenocortical)의 호르몬을 변화시켜 각종 질병을 일으킨다고 보았다. Selye가 제안한 스트레스가 미치는 3단계 반응은 다음과 같다(Selye, 1974).

첫째, 경보반응단계(alarm reaction stage)이다. 이 단계에서는 자극에 대해 유기체가 일시적으로 위축되며 스트레스 자극에 대해 적응에너지(adaptation energy)를 사용하는 시기로 아드레날린(adrenaline)과 코티솔(cortisol)이 분비된다. 내분비계의 활동이나 자율신경계의 활동 변화(교감신경계 활동의 증가)는 호흡의 증가, 동공 확대, 땀의 분비 증가, 근긴장, 전율감, 혼란함 증가, 정서적 불안 증가 등의 현상이 관찰 가능할 정도로 나타난다. 또한 육안으로 관찰하기는 어렵지만 아드레날린의 증가, 내장의 혈관수축, 시각 감소 등의 현상이 나타난다. 단기 스트레스의 경우 이 방어체계가 성공적으로 작동하면 신체는 정상적으로 돌아가 이 단계로 종료된다. 하지만 스트레스가 계속 존재할 경우 다음의 저항단계로 이행된다.

둘째, 저항단계(resistance stage)이다. 인체가 스트레스 자극에 적절히 대처를 하게 됨에 따라 특별한 반응상태가 나타나지 않으며, 겉으로는 유기체가 스트레스 상황에 잘 적응하고 있는 것처럼 보인다. 이 단계에서 스트레스가 사라지면 다시 인체는 정상 수준으로 복원된다. 그러나 스트레스 상황이 지속되면 다음 단계인 탈진단계에 이르게 된다.

셋째, 탈진단계(exhaustion stage)이다. 지속적 스트레스는 적응 에너지의 고갈로 이어지고 이로 인해 질병이나 사망의 형태로 나타난다. 심리적으로 자포자기나 우울감이

생긴다. 드문 예로 경보반응단계에서도 스트레스로 인해 1~2시간 이내에 사망(쇼크사)하는 급성 반응을 보일 수도 있다.

2) 신체생리적 반응

우리 몸은 위협 상황에 직면하면 일련의 신체생리적 반응을 보인다. 이는 외부로부터 위협을 느꼈을 때 몸을 보호하기 위해 싸울 태세를 갖추는 반응과 비슷하다. 그러한 스트레스에 대한 신체생리적 반응은 다음과 같다.

- 근육, 뇌, 심장에 더 많은 피를 보내기 위하여 맥박과 혈압이 증가한다.
- 더 많은 산소를 얻기 위하여 호흡이 빨라진다.
- 상황에 대처하는 적절한 행동을 하기 위한 준비로 근육이 긴장한다.
- 정확한 상황판단과 신속한 행동을 위해 정신과 감각이 더욱 명료해지고 예민해진다.
- 위험에 대처할 수 있는 중요한 장기들인 뇌, 심장, 근육으로 가는 혈류가 증가한다.
- 위험시기의 대처에 주도적이지 않는 부위인 피부, 소화기관, 신장, 간으로 가는 혈류가 감소한다.
- 추가 에너지를 원활하게 공급하기 위하여 혈중에 당, 지방, 콜레스테롤 양이 증가한다.
- 상해 시 출혈을 대비하기 위하여 혈소판이나 혈액응고인자가 증가한다.

이렇게 우리 몸은 '투쟁-도피 반응(fight-or-flight response)'에 필요한 준비태세를 갖추게 된다. 즉, 심장의 활동을 증가시켜 전투태세를 갖추면서 전투에 필요 없는 소화기관 등의 기능은 일시 중지시킨다. 그래서 스트레스를 받으면 심장이 뛰고 소화가 잘 되지 않는다.

스트레스에 지속적으로 노출되면 면역체계에도 영향을 미친다. 스트레스와 관련하여 조직의 발달과 유지에 직접적으로 관여하는 부신 호르몬인 DHEA(dehydroepiandrosterone)라는 물질이 있다. 이 호르몬은 대개 25세 즈음부터 감소하기 시작하여 노인이 되면 매우 낮은 수준에 이르게 된다. DHEA의 감소는 암세포 등의 비정상적인 세포를 찾아내어 공격해서 죽이는 능력을 갖고 있는, 자연킬러세포라 불리는 NK세포(natural killer cell)의 활동력이 떨어지게 한다.

우리의 몸은 스트레스 반응으로 먼저 DHEA가 투쟁 반응을 시작한다. 그러나 자극이 지나치게 강하게 되면 스트레스 호르몬인 코르티솔이 나오는데, 이때 너무 많은 코티솔이 분비되면 적과 싸우는 것보다는 오히려 도망치는 반응이 나온다. 즉, 코티솔은 DHEA와 반대 효과를 나타낸다. 이때 DHEA의 감소뿐만 아니라 코티솔의 증가로 인해 NK세포를 감소시키게 된다.

3) 심리적 반응

(1) 불안과 신경증

스트레스로 인한 가장 흔한 반응은 불안이다. 스트레스로 인해 생기는 안절부절못함, 쉽게 피로해짐, 집중력 저하, 쉽게 화를 냄, 과민한 기분상태, 수면장애는 불안과 걱정으로 야기되는 부수적인 증상들이다. 불안에 대한 개인적인 반응이 적절한지에 따라 정상과 신경증으로 구분할 수 있다.

스트레스로 인한 신경증으로는 노이로제(neurosis)가 있다. 이것은 불안, 과로, 갈등, 억압, 화병 등의 감정적인 체험과 스트레스가 원인이 되어 발생하는 신체적인 병적 증상이다. 또한 필요 이상으로 자기의 증상과 질병을 의식하여 어떻게 하지 않으면 안 될 것 같은 초조감이 있는 것이 특징이다(오강섭, 1995).

(2) 분노와 공격

우리는 종종 좌절을 경험하게 되면 분노와 공격적인 행동을 보인다. 이를 심리학에서는 좌절-공격 가설(frustration-aggression hypothesis)이라고 한다. 이는 좌절이 공격

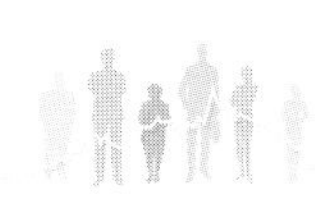

을 유발하며, 자신이 어떤 목표에 도달하려는 노력이 방해를 받게 되면 좌절을 일으키게 한 대상이나 다른 사람을 해하려는 공격행동이 생긴다는 것이다. 그런데 좌절감을 경험하게 한 대상에 대한 직접적인 공격이 늘 가능한 것은 아니다. 종종 그 대상이 애매하거나 알 수 없을 때가 있다. 이때 실제 좌절감을 안겨 준 대상 대신에 아무런 관련이 없는 제3의 대상에게 공격행동이 전위(displacement)될 수 있다.

(3) 우울

사람들은 동일한 스트레스 상황에서도 각기 다르게 반응한다. 스트레스로 인한 좌절에 대한 반응 중 하나가 분노와 공격이라면, 다른 하나는 우울이다. 스트레스 상황에 지속적으로 노출되면 사람들은 대처하지 못하고 우울 및 무기력 상태에 빠져들 수 있다. 1990년대 초 긍정심리학을 창시했던 Seligman(1976)은 한 실험에서 개에게 전기충격을 주어 회피반응을 관찰하고, 환경을 통제하지 못하면 스트레스 반응을 보이게 되고, 결국 회피하고자 하는 노력조차 포기하는 것을 발견하였다. 그는 이러한 심리적인 반응을 학습된 무기력(learned helplessness)이라고 하였다. 스트레스로 인하여 우울증에 걸린 사람들은 마치 개 실험에서와 같이 적극적으로 문제를 해결하려는 동기가 없고, 모든 일에 의욕과 흥미를 잃고 무기력해지기 쉽다는 것이다.

지금까지 살펴본 스트레스의 증상에 대해 정리하면 〈표 13-2〉와 같다.

〈표 13-2〉 스트레스의 증상

영역	증상
신체적	피로, 두통, 불면증, 근육통이나 목, 어깨, 허리의 경직, 맥박이 빠름, 흉부 통증, 복부 통증, 구역, 전율, 사지 냉감, 안면홍조, 땀, 자주 감기에 걸림
정신적	집중력이나 기억력 감소, 우유부단, 마음이 텅 빈 느낌, 혼동, 유머감각 소실, 불안, 우울, 급격한 기분변화, 신경과민, 자존심 저하, 분노, 좌절감, 적대감, 죄책감, 집중력 저하, 건망증
감정적	불안, 신경과민, 우울증, 분노, 좌절감, 근심, 걱정, 불안, 성급함, 인내 부족
행동적	왔다 갔다 함, 안절부절못함, 손톱 깨물기, 발 떨기 등의 신경질적인 습관, 마구 먹는 것, 술 마시기, 흡연, 울기, 욕설, 비난, 물건을 던지거나 때리는 폭력행동

4. 스트레스 대처방안

1) 생활양식의 변화

(1) 바른 식생활 유지

음식을 먹는 것도 스트레스 해소에 도움이 되는데 고추 같은 매운 음식을 섭취하면 뇌 속에서 베타엔드르핀이 분비되어 우울증과 스트레스 해소에 도움이 된다. 초콜릿을 지나치게 섭취할 경우에는 간기능 저하를 초래한다는 얘기도 있지만 매운 것을 먹을 때 눈물, 콧물이 나는 것은 몸속의 해로운 물질들을 몸 밖으로 내보내는 것이라고 한다. 또한 달콤한 음식도 도움이 되는데, 적은 양의 단 성분이 혀에 닿는 것만으로도 분노를 유발하는 당질인 코티코이드라 불리는 호르몬 분비를 억제시키고 기분을 좋게 만들어 준다고 한다. 달고 매운 것이 싫다면 우유를 섭취해도 좋으며 우유에는 트립토판이라고 하는 일종의 필수 아미노산이 포함되어 있는데, 트립토판은 세로토닌 분비를 촉진시켜 신진대사를 활발하게 만들어 준다. 우리의 체질에 부합하지 않는 식생활 습관과 자연에서 벗어난 인공적인 먹거리들은 정신건강과 세포의 생명활동에 지대한 스트레스로 작용하여 내분비계의 조절기능과 질병에 대한 면역력을 떨어뜨린다. 육류 위주의 식생활과 섬유질이 제거되고 갖가지 화학첨가물이 첨가된 가공식품들을 지속적으로 섭취하는 식습관은 정신이나 신경계통의 결함을 유발하고, 이로 인해 난폭하고 공격적인 성향으로 바뀌게 된다는 것은 의학계에서도 이미 공인된 사실이다.

(2) 카페인 줄이기

많은 사람들은 커피, 차, 초콜릿, 콜라에 들어 있는 카페인이 신체에 스트레스 반응을 일으킬 수 있는 강력한 자극제로 작용한다는 사실을 깨닫지 못하고 있다. 먼저 카페인의 효과가 자기 몸에 어떤 영향을 미치는지를 알기 위해 약 3주간 카페인을 끊어 본다. 실제 실험에 참가한 대상자의 75~80%에서 카페인을 줄였을 때, 보다 편해지고 신

경이 덜 과민해지며 덜 불안하고 잠을 잘 잤다. 또한 활력적이 되었으며 속이 덜 쓰리고 근육통이 줄어들었다고 보고하였다. 여기서 한 가지 주의할 점은 서서히 줄여 나가야 한다는 것이다. 그렇지 않으면 편두통 같은 금단 현상이 생길 수 있다. 하루에 한 잔씩 서서히 줄여 3주에 걸쳐 끊도록 한다.

(3) 규칙적인 운동

사람들은 직장에서의 스트레스를 압박감, 상사의 지시, 교통 체증, 출근시간 등이라고 생각한다. 그러나 이것은 스트레스 반응을 일으키는 유발인자이지 그 자체가 스트레스는 아니다. 스트레스라는 것은 위험시기에 그것을 방어하기 위해 각성이 증가되어 있는 고에너지 상태라고 할 수 있다. 즉, 스트레스 반응은 밖에 있는 것이 아니고 우리 몸 안에서 일어나기 때문에 운동은 이러한 과도한 에너지를 분산시키는 합리적인 방법 중의 하나라고 할 수 있다. 과도한 스트레스 상황에서 즉시 벗어나야 하지만 현실은 그러하지 못하다. 따라서 규칙적인 운동은 스트레스 해소뿐만 아니라 신체 조절이 가능하게 되어 스트레스 대처능력을 증가시킨다.

운동은 하루나 이틀 간격으로 계속해야 하는데, 적어도 한 번에 30분씩 일주일에 세 번 이상 하는 것이 좋다. 산보, 조깅, 수영, 자전거, 라켓운동, 스키, 에어로빅이 적당하며 각자에게 적합한 운동을 선택하는 것이 바람직하다.

(4) 이완과 명상

스트레스 반응은 자동적이며 즉각적인 반응을 일으킨다. 그러나 우리 몸은 자기의 의지에 의해 스트레스 반응의 효과를 감소시킬 수 있다. 이를 이완반응이라고 하는데 맥박을 느리게 하고 혈압하강, 호흡 감소 및 근육을 이완시킨다. 예를 들어, 조용한 호숫가나 교외에서 밤하늘의 별을 바라본다든지 애완동물을 가볍게 쓰다듬는다든지 흔들의자에 앉아 좋아하는 음악을 듣는 등의 휴식을 취하는 것도 일상생활에서 쉽게 실천할 수 있는 이완방법이다.

보다 적극적인 방법으로서 명상이나 자기최면 등을 통한 깊은 이완상태는 생리적 편안함을 제공한다. 운동은 스트레스 에너지를 분산시키고 이완과 명상은 스트레스를 중화하여 진정효과(calming effect)를 나타낸다. 하루에 한두 번씩 적어도 20분 정도만 꾸준히 하여도 매우 유익하다.

(5) 수면

흔히 '잠이 보약'이라는 말이 있다. 잠을 잘 자면 보약을 먹는 것만큼 스트레스 해소나 피로회복에 도움이 된다는 의미이다. 그러므로 수면은 스트레스 해소에 매우 중요하다. 만성 스트레스 환자는 대부분 피로를 느끼며, 이는 악순환을 일으킨다. 스트레스로 인해 고통을 겪는 사람이 숙면을 취한다면 상태가 나아질 것이고 일상생활과 직장에 잘 적응할 수 있을 것이다. 대부분 사람들은 평균 7~8시간 필요한 자신의 수면요구량을 잘 알고 있지만 여전히 많은 사람들이 만성적으로 수면이 부족한 상태이다. 그러므로 수면부족으로 피로를 경험하는 사람들은 보통 때보다 30~60분 먼저 수면을 취하고 결과를 지켜본 뒤, 그래도 피곤하면 그보다 30분 더 빨리 수면을 취하는 것이 좋다. 일반적으로 아침에 일어난 후 8시간이 지난 즈음에 30분 이내의 낮잠을 자는 것이 좋다.

(6) 휴식 및 여가의 활용

일을 할 때는 속도조절과 일과 여가의 균형이 중요하다. 먼저 자기 자신의 스트레스와 에너지 수준을 모니터링하고 이에 따라 자기 자신이 속도를 조절할 필요가 있다. 스트레스가 증가하면 처음엔 일에 대한 성과가 증가한다. 그러나 어느 시점에 도달하면 일의 성과가 줄어들기 시작한다. 이때는 일정 시간 휴식을 취하는 것이 좋은데, 대략 2시간 업무에 20분 정도의 휴식이 필요하다고 할 수 있다.

여가시간과 스트레스 수준은 반비례한다. 여가란 즐거운 스트레스 대처방안의 하나이다. 여가가 적으면 더 많은 스트레스를 받는다. 우리들의 생활은 잠을 제외하면 일, 가족, 사회, 자기 자신의 네 가지 영역이 있는데, 각 영역마다 사용하는 평균적인 시간과 에너지를 평가하는 것이 좋다. 우리는 자기관리와 자기개발에 시간이 필요하다. 자

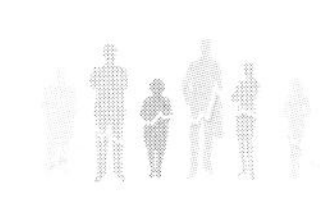

기 자신을 위한 활동으로 운동, 여가, 이완, 사교활동, 여흥, 취미활동 등이 있다.

(7) 독서

독서와 스트레스의 양은 반비례한다. 미국 메릴랜드 대학교 사회학과 John Robinson 교수팀이 30년간 성인 약 3만 명의 데이터를 분석한 결과, "TV를 많이 보는 사람은 자신이 불행하다고 생각하는 반면, 책을 많이 읽는 사람은 더 큰 행복감을 느낀다." 고 발표했다. 그리고 영국 서섹스 대학교 인지신경심리학과 David Lewis 교수팀의 연구 결과에 따르면 스트레스 해소법으로 가장 효과가 좋은 것은 독서라고 한다. 연구팀은 독서, 산책, 음악 감상, 비디오 게임 등 각종 해소방법이 스트레스를 얼마나 줄여 주는지를 측정하였는데, 그 결과 6분 정도 책을 읽으면 전체 스트레스의 68%가 감소되고 심박 수가 낮아지며 근육 긴장이 풀어지는 것으로 나타났다. 음악 감상은 61%, 커피 마시기는 54%, 산책은 42%의 스트레스 감소율을 보였고, 비디오 게임은 21%의 스트레스가 줄었지만 심박수는 오히려 높아진 것으로 나타났다. 이처럼 독서는 스트레스 대처에 탁월한 효과가 있으며 행복감 증진에도 큰 효과가 있음을 알 수 있다.

2) 인식의 전환

(1) 스트레스 수용하기

피할 수 없는 스트레스와 마주칠 때 거기에서 벗어나려고 한다면 오히려 스트레스에 둘러싸이게 된다. 우리는 일상생활에서 장차 다가올 문제들을 미리 고민하고 마음의 부담과 불편함이 가중되는 느낌을 자주 경험한다. 이처럼 스트레스를 피하려는 마음은 현재의 상황을 있는 그대로 보기 힘들게 만든다. 나아가 자신을 스트레스에 적절히 대처해 나갈 아무런 준비도 되어 있지 않은 상태라고 느끼게 된다.

우리가 스트레스를 피해야만 한다는 고정관념에서 벗어나 스트레스를 받아들이는 것만으로도 훨씬 편해지고 긴장이 완화됨을 경험하게 된다. 이렇게 되면 스트레스에 그대로 자신을 노출시키는 수동적인 입장에서 스트레스를 다룰 수 있는 능동적인 입장으로 상황이 바뀌게 된다. 여기서 주의해야 할 점은 스트레스를 받아들인다는 것과 포기는 다르다는 것이다. 포기는 가능한 할 수 있는 조치들을 스스로 취하지 않는 것이다.

(2) 자기돌봄과 타인돌봄의 균형

스트레스의 원인이 대부분 우리 스스로 만들어 내는 내부 원인이기 때문에 스트레스를 극복하기 위해서는 스트레스의 원인을 먼저 이해하고 자기 스스로 변화하지 않으면 안 된다. 하버드 대학교의 Matthew Budd 박사는 "당신이 만약 다른 사람의 스트레스를 다루려고 한다면 당신은 먼저 자기 자신의 스트레스를 다루는 방법을 배워야 한다."고 충고한다.

Bucannon도 우리는 '신성한 이기심(Holly Selfishness)'을 발휘하여 자기돌봄과 타인돌봄의 균형을 이룰 필요가 있음을 강조하고 있다. 먼저 자기 자신과 신체적 측면에서 래포를 형성하여 신체적 건강을 유지하고 정신적 측면에서 자기 자신과 래포를 형성함으로써 마음의 평화를 가진 후, 다른 사람과 신뢰와 친밀감을 형성하도록 해야 한다. 이는 결국 자기가 신체적으로나 정신적으로 건강하지 못하면 결국 타인을 위해 하는 일도 제대로 할 수 없게 된다는 의미이다.

(3) 현실적 기대

스트레스의 일반적인 근원은 비현실적 기대(realistic expectations)이다. 사람은 태어날 때부터 긴장되어 있는 것이 아니라 자기가 어떤 일에 기대했던 것과 일치하지 않을 때 당황하게 된다. 기대가 현실적이라면 생활을 좀 더 예상할 수 있고 관리가 가능하기 때문에 미리 계획을 세우고 그것에 대해 스스로 준비할 수 있다. 때문에 본인의 예상이나 기대가 비현실적이라는 것을 인식하는 것이 큰 도움이 될 수 있다.

(4) 재구성

우리가 알고 있는 가장 강력하고 독창적인 스트레스 해소법 중의 하나가 재구성

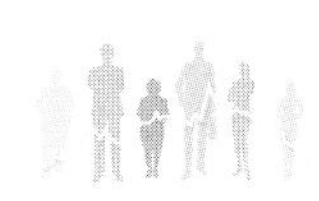

(reframing)이다. 재구성이란 어떤 일에 대해 더 좋은 방향으로 볼 수 있도록 변화시키는 기술이다. 재구성하기 위한 열쇠는 똑같은 상황을 해석하는 데 여러 방법이 있다는 것을 아는 것에 있다. 옛말에 '컵에 물이 반이 차 있느냐, 반이 비어 있느냐(half full or half empty)?'라는 말이 있다. 만약 어떤 사람이 물이 반쯤 차 있다고 보았다면, 그것은 우리가 늘 생각하는 방법의 결과로 느끼기 때문에 반이 비었다고 보는 것과는 다르게 느끼는 것이다. 따라서 재구성은 우리가 스트레스 상황을 부정적으로만 보는 대신 긍정적으로 볼 수 있도록 도와주고 다른 사람의 행동을 이해할 수 있게 한다. 결국 재구성이란 외부의 사실을 변화시키는 것이 아니고 단순히 어떠한 일을 다르게 볼 수 있는 발상의 전환을 가져오는 것이며, 어려운 문제를 오히려 자기에게 주어진 좋은 기회로도 활용할 수 있다. 앨버트 아인슈타인의 '어려움 가운데 기회가 있다'라는 명언이 여기에 딱 맞는 명언이라고 할 수 있다.

(5) 합리적 신념 갖기

많은 스트레스는 자신의 신념체계(belief system)에서 나온다. 우리는 사실상 진실이라고 믿고 있는 모든 일에 대한 수많은 전제와 가설이 있다. 우리 신념의 대부분은 자기도 모르는 사이에 무의식으로 지켜지고 있다. 사고는 두 가지 방법으로 스트레스를 일으킨다. 첫째, 스트레스는 신념의 결과로 생긴 행동이다. 예를 들어, 즐기기 전에 일을 해야만 한다고 믿는 사람이라면 다른 일보다 여가를 적게 갖게 될 것이다. 만약 자기들의 요구보다는 다른 사람들의 요구를 들어주어야 한다고 믿는 사람이라면 그 사람은 자기 자신에 대하여 소홀히 할 것이다. 둘째, 다른 사람들의 신념체계와 갈등이 있을 때 스트레스를 받는다. 예를 들어, 옷을 빨아 입지 않고 며칠간 같은 옷을 입는 자녀와 갈등을 빚고 있는 부모가 있다. 그 부모는 모든 사람은 매일 옷을 갈아입어야 한다고 가정교육을 받았다. 이는 진실이라고는 할 수 없고, 단지 자기가 자라 온 방식에 기본을 둔 그의 의견일 뿐이다. 사람은 옷을 그렇게 자주 갈아입지 않더라도 나쁜 일이 일어나지 않는다.

(6) 감정 표출

우리는 스트레스를 받고 있을 때, 누군가를 만나 자신의 감정을 표출하고 나면 감정이 정리가 되고 스트레스가 줄어드는 경험을 한 적이 있을 것이다. 감정 표출의 또 다른 방법은 글을 쓰는 것으로, 예를 들면 화가 났을 때 화나게 한 사람에게 편지를 쓰는 것이다. 물론 이 편지는 보내지 않으며 한번 쓴 다음에는 읽지 않고 없애 버린다. 이는 글을 씀으로써 자기의 감정을 표출할 수 있어서 스트레스에서 벗어날 수 있다. 여기서 주의해야 할 점은 그 편지를 다시 읽게 되면 다시 혼란스러워지고 분노의 불길에 부채질하는 것이 될 수 있다는 것이다.

(7) 유머

유머는 인생을 대하는 태도이자 일종의 능력이다. 유머가 있으면 생활에 균형을 잃지 않으며 갈등을 해결하고 적대감을 완화시킬 수 있다. 또한 살면서 마주하는 각종 난관을 부드럽게 넘길 수 있으며 큰 도량과 초연함을 바탕으로 한 유머는 인생의 높은 격조를 보여 준다. 특히 유머는 훌륭한 스트레스 억제제이다. 웃는 사람은 긴장을 쉽게 완화시킨다.

김진배는 『웃기는 리더가 성공한다』라는 책에서 유머의 다섯 가지 효과에 대해 제시하고 있다. 먼저 유머는 모든 사람들의 윈-윈 전략이고, 가장 효과적인 프레젠테이션 수단이며, 조직생활에서 안전장치의 역할을 한다. 또한 유머는 조직에 웃음과 활력을 주고 스트레스의 천적(predator) 역할을 하며 인간의 부정적인 사고방식을 바꾸는 역할을 한다. 그리고 유머는 낡은 고정관념을 새로운 개념으로, 폐쇄적인 사고를 개방적인 사고로 바꾸는 능력을 발휘한다. 끝으로 유머는 진부한 생각을 창조적인 생각으로 전환하고 완고함을 유연함으로 바꾸는 능력을 발휘한다.

〈인간관계연습 32〉

['나지사' 명상을 통한 스트레스 해소]

'나지사' 명상은 용타 스님이 쓴 『마음 알기 다루기 나누기』라는 책에 소개된 스트레스 해소법이다. 용타 스님에 의하면 화가 나는 마음을 다스려야 할 때는 항상 '~구나, ~겠지, ~감사'하라고 제안한다. 끝 글자만 따서 줄인 것이 바로 '나지사' 명상이다.

- 1단계: 모든 상황을 '~구나' 하고 있는 그대로 받아들인다. 이때 가치론적 평가와 판단을 하면 안 된다. 있는 그대로 받아들이는 것이 중요하다.
- 2단계: 모든 상황은 그것일 수밖에 없는 인연 혹은 사정이 있는 것이니, 그 상황이 긍정적으로 느껴지든 부정적으로 느껴지든 '그럴 만한 사정이 있겠지'라고 이해하는 마음을 갖는다.
- 3단계: 그 상황에 어김없이 긍정적인 요소들이 얼마든지 있는 법이니 공을 들여 긍정 영역을 떠올려 감사하게 여기고, 부정적인 부분이라 하더라도 그보다 못한 것에 비하면서 '그만하니 감사하지 않은가' 하는 생각을 갖는다.

[상황 1] 아들이 안 좋은 성적을 받아 왔을 때

1단계: 응, 그래. 내 아들이 70점을 받아 왔구나.

2단계: 70점을 받아 올 때는 그럴 만한 어떤 사정이 있겠지.

3단계: 70점도 아주 낮은 성적은 아니지 않는가. 특별히 문제를 일으키지 않고 건강하게 잘 자라 주는 것만으로도 너무 감사하다.

[상황 2] 아내가 시댁 욕을 할 경우

1단계: 응, 그래. 아내가 시댁 욕을 하고 있구나.

2단계: 시댁에서 명절 때 혼자서 일하고 고생했단 말도 못 들으니 화가 날 수도 있겠지.

3단계: 시부모님에게 직접 대들지 않고 나에게만 화내는 것만으로도 감사한 일 아닌가.

[상황 3] ____________________

1단계: ____

2단계: ____

3단계: ____

참고문헌

김종재(2006). 인간관계론. 서울: 박영사.

김혜숙, 박선환, 박숙희, 이주희, 정미경(2008). 인간관계론. 경기: 양서원.

노안영(2005). 상담심리학의 이론과 실제. 서울: 학지사.

박준호, 서영석(2010). 대학생을 대상으로 한 한국판 지각된 스트레스 척도 타당화 연구. 한국심리학회지: 일반, 29(3), 611-629.

오강섭(1995). 여성 스트레스 어떻게 할 것인가? 서울: 지구촌 출판사.

이종목, 이계윤, 김광운(2003). 스트레스를 넘어 건강한 삶 가꾸기. 서울: 학지사.

이주희, 최은정, 최명선, 박희현, 진혜경(2008). 인간관계론. 경기: 공동체.

장현갑, 강성군(1998). 스트레스와 정신건강. 서울: 학지사.

Bernard, J. (1968). The eudaemonists in why man takes chances: Studies. In S. Z. Klausner (Ed.), *Stress-Seeking* (p. 8). Garden City, NY: Anchor Books.

Friedman, M., & Rosenman, R. H. (1975). *Type A behavior and your heart.* New York: Knopf.

Holmes, T. H., & Rahe, R. H. (1967). The social readjustment rating scale. *Journal of Psychosomatic Research, 11,* 213-218.

Lazarus, R. S. (1991). *Emotion and adaptation.* New York: Oxford University Press.

Lazarus, R. S., & Folkman, S. (1984). *Stress, appraisal and coping.* New York: Springer Publishing Company.

Quick, J. C., & Quick, J. D. (1984). *Organizational stress and preventive management.* New York: McGraw-Hill.

Sarason, I. G. (1984). Stress, anxiety, and cognitive interference: Reactions to tests. *Journal of Personality and Social Psychology, 46*(4), 929-938.

Seligman, M. E. P. (1976). Learned helplessness and depression in animals and men. In J. T. Spence, R. Carson & J. Thibaut (Eds.), *Behavioral approaches to therapy* (pp. 111-126). Morristown, NJ: General Learning Press.

Selye, H. (1974). *Stress without distress.* New York: Lippincott.

Sothmann, M. S., Horn, T. S., Hart, B. A., & Gustafson, A. B. (1987). Comparison of discrete cardiovascular fitness groups on plasma catecholamine and selected behavioral responses to psychological stress. *Psychophysiology, 24*(1), 47-54.

제 14 장

미꾸라지와 메기

미꾸라지를 산지에서 판매장소로 운반하는 업에 종사하는 회사가 있었습니다. 이 회사의 매출은 생존하는 미꾸라지의 양, 미꾸라지의 신선도, 미꾸라지의 상품성 등에 의해서 좌우되었습니다. 그런데 어쩐 일인지 항상 산지에서 판매처로 오게 되면 상당한 숫자의 미꾸라지가 죽어 있었고, 살아 있는 미꾸라지마저 생기가 없었습니다.

하루는 신입사원 한 명이 "미꾸라지를 산지에서 판매장소로 이송할 때 메기를 몇 마리 넣는 것이 어떻겠습니까?"라는 제안을 하였습니다. 오랜 기간 이 회사에서 근무를 해 온 직원들은 이 신입사원이 너무 상식이 부족하다고 타박을 했습니다. "이봐, 친구! 메기는 미꾸라지의 천적이야. 만일 메기를 그 안에 넣으면 미꾸라지를 모두 먹어 버릴 텐데. 우리는 미꾸라지를 파는 회사지, 메기를 파는 회사가 아니야!" 그러나 신입사원은 자신의 주장을 굽히지 않았습니다. 그리고 회사 사장님께 이 사안을 건의했습니다. "미꾸라지의 천적인 메기를 운반함 속에 같이 넣으면 분명이 수익이 늘어날 것이라고……." 사장님은 그 신

갈등관리와 인간관계

입사원을 불러다 놓고 그 이유를 물었습니다. 그러자 신입사원은 "메기는 미꾸라지의 천적입니다. 그래서 메기를 넣는 것입니다. 메기는 분명 미꾸라지를 사냥하려 들 것이고 그러면 미꾸라지의 입장에서 죽음이라는 절대절명의 순간에 생존을 위해서 몸부림치며 삶의 의미를 찾을 것입니다. 그리고 그러한 움직임 속에서 미꾸라지는 자기도 모르게 상품성이 좋아질 것입니다."라고 대답하였습니다.

사장님은 고심 끝에 이 안을 선택했습니다. 결과는 대성공이었습니다. 회사의 입장에서는 상품의 신선도 향상과 매출 증대를 가져왔고, 판매처의 입장에서는 생기 있는 미꾸라지를 판매하게 되어 고객으로부터 호평을 받았습니다.

미꾸라지와 메기의 이야기와 같이, '비가 오면 땅이 굳어진다.'라는 말처럼 우리는 세상을 살면서 겪는 갈등의 해결을 통해 성장하고, 그로 인해 인간관계도 더욱 돈독하게 다질 수 있습니다.

1. 갈등의 유형

갈등을 나타내는 영어 단어인 conflict는 '함께' 혹은 '같이'라는 뜻의 con과 '마찰' 혹은 '때린다'는 뜻의 flict가 결합한 것이다. 이를 풀어 보면, 갈등이란 양립할 수 없는 것으로 인식된 목표, 이익, 가치 등이 충돌하고 있는 상태이다(강영진, 2000). 이러한 갈등상태에서 당사자들이 이익, 가치, 목표를 놓고 다투는 행위가 분쟁이다. 분쟁은 표출된 갈등이라고 할 수 있는데, 표출된 갈등인 분쟁 이면에 잠재적 갈등이 내재한다. 또한 잠재적 갈등은 표출된 갈등 또는 분쟁의 원인으로 잠재적 갈등이 해결되지 않으면 갈등은 계속 순환하게 된다. 그러므로 표출된 갈등을 그대로 이해하기보다는 그 이면의 원인이 되는 잠재적 갈등이 무엇인지 찾아내고 그 해결을 모색해야 갈등의 순환을 막을 수 있으며 진정한 갈등해결을 할 수 있을 것이다.

우리가 갈등을 관리하기 위해서는 겪고 있거나 겪을 수 있는 갈등의 유형을 이해하는 것이 필요하다. 또한 갈등의 유형에 대한 이해는 갈등해결의 과정에서 분석적 기준을 갖는 데 도움을 준다. 여기서는 갈등의 유형을 개인적 갈등과 집단적 갈등으로 대별하여 살펴보기로 한다(김종재, 2006).

1) 개인적 갈등

(1) 좌절감에 의한 갈등

인간의 행동과정은 '욕구의 출현-욕구 충족을 위한 행동-목표 달성'이라는 동기순환의 과정을 거치면서 행동을 한다. 그러나 인간의 욕구가 항상 충족되는 것은 아니다. 이렇게 욕구가 좌절될 때 인간은 갈등을 일으키게 된다. 좌절감은 동기화된 욕구가 바라는 목표에 도달하기 전에 봉쇄될 때 발생한다. 이러한 장애물은 외부적 · 물리적인 것과 같이 쉽게 인식되는 가시적인 것일 수도 있고, 내부적 · 정신적인 것과 같이 밖으로 드러나지 않는 잠재적인 것일 수도 있다.

(2) 목표 갈등

목표 갈등(goal conflict)은 우리가 바라는 요구나 목표가 양립할 수 없는 상황에서 일어나는 갈등이라고 할 수 있다. 목표 갈등에 직면할 때 우리가 할 수 있는 갈등해결 방법은 목표 중 하나를 포기하거나, 아니면 목표를 수정하거나, 목표 중 하나에 대한 추구를 지연하거나, 혹은 어떤 목표도 완전히 획득할 수 없다는 사실을 수용하는 것이 될 수 있다. 이러한 측면에서 Lewin은 갈등을 접근과 회피의 관계로 기술하였다. 즉, 어떤 것이 우리에게 매력적일 때 접근하기를 원하는 반면, 어떤 것이 우리에게 위협적일 때 그것을 회피하려고 한다는 것이다. 이 목표를 중심으로 한 갈등에는 다음과 같은 네 가지 유형이 있다.

- 접근－접근(approach-approach) 갈등: 우리가 두 가지 이상의 긍정적 목표에 접근하려고 하지만 그 목표가 상호배타적인 경우에 발생하는 갈등이다. 이 유형의 갈등은 Festinger(1957)의 인지부조화 이론에 의해 분석될 수 있다. 예를 들어, 대학 졸업을 앞둔 학생이 월급을 많이 주는 회사와 자기 전공을 살릴 수 있는 회사의 입사시험에 동시에 합격한 경우가 이 갈등의 유형에 해당한다.
- 회피－회피(avoidance-avoidance) 갈등: 우리가 회피하고 싶은 두 가지의 부정적인 목표 중 하나만을 선택해야만 하는 경우에 발생하는 갈등이다. 예를 들어 성적이 나쁜 학생의 경우, 학교에 가기도 싫고 집에서 부모님의 야단을 맞기도 싫은 경우가 이 갈등에 해당한다.
- 접근－회피(approach-avoidance) 갈등: 우리가 동일한 목표에 대해 매력을 느끼는 동시에 그것을 싫어할 때 발생하는 갈등이다. 예를 들어, 마음에 드는 여학생에게 데이트 신청을 하고자 하는데 거절당할까 봐 망설이는 경우, 나무에 오르고 싶은데 올라가기는 무서운 경우가 있다.
- 이중 접근－회피(double approach-avoidance) 갈등: 각각 접근－회피 갈등을 보이는 두 가지의 목표 중 하나를 선택해야 하는 경우에 발생하는 갈등이다. 예를 들어, 과거에 못 이룬 유명 피아니스트의 꿈을 이루기 바라는 어머니와 프로 야구선

수가 되기를 바라는 아버지를 둔 자녀의 경우, 피아노를 연습하면 어머니가 좋아하나 아버지가 좋아하지 않고, 야구연습을 하면 아버지를 즐겁게 해 주는 대신 어머니를 실망시키는 것이 된다. 이때 자녀는 이중 접근-회피 갈등을 경험한다.

2) 집단적 갈등

(1) 형태별 유형

집단 간 갈등의 형태별 유형은 수직적 갈등과 수평적 갈등으로 나눌 수 있다.

- 수직적 갈등: 이는 조직 계층 간에 발생하는 갈등이다. 예를 들어, 홍보부와 그 부서를 통제하는 기획부 간에 갈등이 있을 수 있다. 이러한 갈등은 대체로 상위부서가 하위부서의 자유재량권을 지나치게 통제하는 과정에서 발생하게 된다.
- 수평적 갈등: 이는 한 조직 계층의 동일 수준의 부서 간에 발생하는 갈등이다. 예를 들어, 생산부서와 영업부서 간의 마찰은 여기에 해당한다. 이는 각 집단이 상이한 과업을 수행하고 상이한 환경을 마주하고 있기 때문에 자연적으로 발생하는 것으로서, 사람들은 자기 부서를 우선 생각하고 타부서에 대해서는 2차적인 관심만 보이는 경향이 있기 때문이다.

(2) 원인별 유형

집단 간 갈등의 원인별 유형에는 기능적 갈등, 계층적 갈등, 경쟁적 갈등이 있다.

- 기능적 갈등: 이는 각기 기능이 다른 집단 간에 발생하는 갈등이다. 기능적 갈등은 한 조직 내에서 서로 다른 기능을 하는 집단이 동일한 상황에서 동일한 결과를 성취하는데, 서로 다른 집단의 간섭을 받을 때 일어난다. 예를 들어, 대통령 경제수석과 경제부처 간 발생하는 갈등이 여기에 해당한다.
- 계층적 갈등: 이는 조직 내의 각 계층 간에 일어나는 갈등이다. 예를 들어, 이사회

와 최고경영자, 중간관리자와 하위관리자, 상사와 부하, 관리자와 작업자 간에 일어나는 갈등이다.

- 경쟁적 갈등: 이는 한 조직 내에서 여러 집단이 유사한 기능을 가질 때 일어나는 갈등이다. 예를 들어, 한 기업에서 특정 고객에 대하여 영업 1부와 영업 2부가 동시에 판매활동을 하게 될 경우 이러한 갈등이 일어날 수 있다. 여러 집단이 같은 기능을 수행할 경우 때로는 선의의 경쟁이 될 수 있으나 대개의 경우 집단들의 자기중심적인 성격으로 인해 경쟁은 갈등을 유발하게 된다.

2. 갈등해결전략의 유형

갈등이 적당한 범위 내에서 우리로 하여금 환경 변화에 적응할 수 있도록 하거나 기술 혁신의 수단으로 사용되어 문제해결에 도움을 준다면 갈등은 매우 유익하게 작용하게 된다. 그렇다면 갈등상황에서 우리가 취할 수 있는 갈등해결전략은 무엇인가? 효과적인 갈등해결을 위해서는 갈등의 존재 확인과 갈등의 원인 규명 및 갈등수준 평가, 그리고 이를 해소하기 위한 구체적인 전략이 필요하다.

갈등해결의 대표적인 전략은 Luthans(1981)의 개인 간 갈등해결전략과 Thomas(1976)의 갈등관리전략이다.

1) Luthans의 갈등해결전략

Luthans(1981)는 갈등해결전략을 크게 패자-패자 접근법, 승자-패자 접근법, 승자-승자 접근법으로 나누어 설명하고 있다.

첫째, 패자-패자 접근법(lose-lose approach)은 갈등 당사자 모두가 손해를 감수해야 하는 해결전략이다. 이때 갈등 당사자들은 누구도 완전히 만족하지는 못하지만 최소한 한쪽 편이 전적으로 승리하거나 패배하지도 않는 중간 절충안을 선택할 수 있다.

예컨대, 점심시간에 짜장면을 먹고 싶어 하는 사람과 비빔밥을 먹고 싶어 하는 사람이 있다면 서로 갈등관계에 놓이게 되고, 이를 해결하기 위해 차라리 피자를 먹자는 데 타협할 수 있다.

둘째, 승자-패자 접근법(win-lose approach)은 갈등이 해결되려면 한쪽은 승리하고 한쪽은 패배할 수밖에 없는 갈등해결전략이다. 이는 갈등 당사자의 한쪽이 얻는 가치만큼 다른 쪽이 손해를 보아야 하기 때문에 그다지 선호되지 않는 방식이다. 예를 들어, 아군과 적군이라는 대결구도의 형성을 들 수 있는데, 승리하는 것이 목적이기 때문에 자신의 관점에서만 문제를 인식하여 보다 효과적인 갈등해결방안을 찾을 수 없게 된다.

셋째, 승자-승자 접근법(win-win approach)에서는 갈등을 승리하기 위한 싸움이 아니라 문제해결이 주된 관심사이고 어느 쪽도 패자가 되지 않게 해결될 수 있다는 생각에 기초하고 있다. 이러한 측면에서 Luthans는 승자-승자 접근법이 성취하기는 어려운 방식이나 갈등해결의 최대 목표가 되어야 한다고 주장한다.

2) Thomas의 갈등관리전략

Thomas는 대인 갈등해결을 위해 자신의 이익을 만족시키려는 정도와 상대방의 이익을 만족시키려는 정도의 두 차원을 이용하여 2차원 모형의 갈등관리전략을 제시하였다(Thomas, 1976). 이러한 두 차원을 서로 결합시키면 인간관계 갈등관리전략은 [그림 14-1]과 같이 다섯 가지로 분류되며, 이에 대한 구체적인 내용은 다음과 같다.

첫째, 회피/보류(avoiding)는 갈등상태에서 얻게 되는 장점을 전혀 보지 못하고 개인적으로 갈등상태에 대처하려 하지도 않는다. 문제가 있어도 없는 듯 무시하거나 회피한다. 즉, 갈등문제로부터 물러나거나 이를 피함으로써 자신뿐만 아니라 상대방의 관심마저 무시하는 유형이다.

둘째, 경쟁/대립(competing)은 자기주장이 강하고 자신의 목표를 우선으로 삼기 때문에 경쟁적인 태도를 가진다. 이 유형은 승패를 확실히 가리기 위해 다른 사람과 어떤

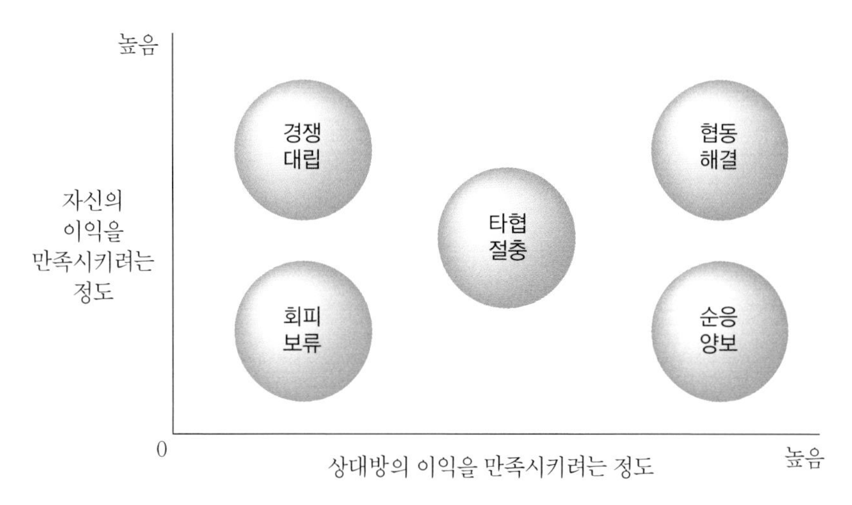

[그림 14-1] **인간관계 갈등관리전략에 관한 2차원 모형**

출처: Thomas(1976).

관계에 있어도 개의치 않고 개인적 목적을 달성하고자 다른 사람을 희생시키기도 한다. 즉, 자신의 목표를 이루기 위해 자신의 입장을 고수하며 상대방을 압도함으로써 갈등을 해결하는 유형이다.

셋째, 순응/양보(accommodating)는 자신의 목표보다는 상대와의 관계를 생각해서 상대의 목표에 맞춰 문제를 푼다. 갈등은 필연적으로 생기게 되지만 훌륭한 인간관계를 유지하기 위하여 자신의 관심사는 버려 두고 상대방의 관심사를 충족시켜 주기 위해 상대방의 요구나 입장을 주로 수용함으로써 갈등을 해결하는 유형이다.

넷째, 타협/절충(compromising)은 쌍방의 실익을 생각해 상호교환과 희생을 통해 부분적 만족을 취함으로써 갈등을 해결하는 유형이다. 즉, 적당한 선에서 타협점을 찾는다.

다섯째, 협동/해결(collaborating)은 개인 간의 차이를 당연한 것으로 여기고 갈등의 해결은 정직한 상호토론과 협동을 통해서 할 수 있다는 생각을 갖는다. 쌍방 모두의 관심사를 함께 만족시킬 수 있는 문제해결을 도모한다. 서로의 목표도 추구하고 동시에 좋은 관계도 유지하면서 갈등을 해결하는 유형이다.

이 갈등해결 유형들 중에서 어느 것이 어느 상황에서나 바람직한 가장 좋은 것이라고 단정할 수는 없다. 그러나 갈등해결의 만족도는 회피보류일 때 최소가 되며 협동해결일 때 최대가 된다. 모든 사람이 어떤 상황에서나 일관된 유형을 나타내는 것은 아니며 갈등의 유형, 또 상대방과의 관계가 어떠한가에 따라 다르게 나타날 수 있다. 갈등상황에서 자신의 대응유형과 상대의 대응유형, 그리고 목표와 관계를 이해하는 것은 갈등해결전략을 세우고 만족스런 결과를 얻는 데 중요한 기초가 된다.

3. 평화적 갈등해결의 원칙

갈등을 두려워하여 회피하거나 싸워서 이겨야 하는 투쟁으로 생각하지 않고 관계 속에서 존재하는 문제를 해결하기 위한 기회이자 장(field)으로 생각하는 것이 평화적 갈등해결을 위한 평화적 전략(peaceful strategy)이다. 이 전략은 서로 협력하여 나와 상대방이 원하는 것을 동시에 만족시킬 수 있는 통합적인 방법을 찾고자 하는 것이다. 즉, 공동 노력을 통하여 쌍방이 모두 승리할 수 있는 방법을 모색한다.

평화적 전략은 이상적인 전략이기는 하지만 그것을 실천한다는 것은 결코 쉬운 일이 아니다. 우리 인간은 감정적인 존재이기 때문에 문제 상황에 봉착하면 화부터 나고 상대방을 원망하게 된다. 그 원망은 상대방의 원망을 불러일으켜, 결국에는 서로가 서로의 자아를 공격하는 이전투구의 양상으로 발전하기 쉽다. 그러므로 갈등을 평화적으로 해결하기 위해서는 무엇보다도 이성적으로 행동해야 하며 서로의 자아를 문제로부터 분리(dissociation)시켜야 한다. 예를 들어, '너 때문이다. 네 책임이다'라는 식으로 서로를 비난하기보다는 '우리 사이에 이런 문제가 있다. 서로의 협력이 필요할 때이다'라는 식으로 문제 자체에 초점을 맞추려는 노력이 필요하다.

그렇다면 평화적 전략을 실현하기 위해서 어떤 원칙을 준수해야 할 것인가? 여기서는 갈등을 평화적으로 해결하기 위한 열한 가지 원칙을 살펴보기로 한다(이위환, 김용주, 2009; Robert, 1982).

1) 갈등은 자연스러운 삶의 일부이다

갈등은 자연스러운 현상이다. 다양한 개개인이 모여 사회적 관계를 만드는데 각 개인은 너무나 다양해서 1분 간격으로 태어난 쌍둥이도 똑같지는 않다. 갈등이 있다는 것은 한 개인이 잘못을 저질렀기 때문이거나, 비도덕적이거나, 한 사람 또는 집단이 다른 사람이나 집단을 싫어한다는 것을 의미하는 것은 아니다. 오히려 집단 또는 개인의 요구를 표현하는 것이다. 어떤 불만이나 요구가 드러나지 않고 쟁점이 무시된다면 마치 조그만 뾰루지가 종기가 되어 곪아 터지는 것처럼 갈등이 점점 자라 매우 부정적으로 표출될 수 있다. 갈등이 변화 혹은 도전의 기회로 긍정적으로 받아들여질 때 개인과 사회 발전의 기초가 될 수 있다.

2) 인간은 누구나 존엄하며 존재 자체로 존중받아야 한다

인간은 누구나 존중받아야 한다. 사회는 서로 다른 사람들로 구성되어 있다. 나이, 성별, 인종, 또 다른 문화, 역사를 가진 사람들이 그 차이에 따라 다른 생각, 다른 행동을 나타내는 것은 당연한 일이다. 그런 차이가 우열을 가리는 차별로 되고, 또는 무시되는 이유가 되어서는 안 된다. 존중은 누구나 가지는 인간의 기본적 욕구로서 나만이 아닌 타자 역시 존중한다면 다양한 관점과 태도에 대해 이해할 수 있고, 그럼으로써 갈등을 자연스럽게, 함께 해결해야 할 문제로 받아들일 수 있다. 또한 갈등의 한가운데 놓이더라도 건설적으로 갈등을 해결해 나갈 수 있다. 평화적 갈등해결의 여러 방법들은 존중을 기반으로, 그것을 표현하는 방법이다.

3) 인간은 스스로 문제를 풀어 갈 지혜가 있다

인간이 다른 생물과 다른 것은 태어날 때 지닌 특성 그대로 생로병사하는 것이 아니라 자신의 의지와 노력으로 자신과 사회를 변화시켜 낼 수 있는 주체성을 가진 존재라는 점이다. 사람은 언어를 통해 다른 사람들과 접촉하고, 사람으로 살아가는 방법을 배우면서 자기 발전을 계속하는 존재이다. 이것이 우리 인간이 갖는 주체성과 자주성이다. 남과 내가 다른 것이므로 나다워야 하겠다는 의식이 주체의식이요, 남이 나를 대신할 수 없으니 내 스스로가 나를 지켜야겠다는 의식이 자주의식이다(고영복, 2002). 평화적 갈등해결은 자신이 스스로의 주인이 되어, 다른 사람에 의존하지 않고 당사자들 스스로의 지혜로 협동해서 갈등을 해결해 나가는 것이다.

4) 갈등해결의 답은 하나가 아니다

평화적으로 갈등을 해결한다는 것은 갈등분쟁 당사자 모두 서로 만족할 수 있는 결과를 갖게 된다는 것을 의미한다. 대개 사람들은 갈등상황에서 '답'을 알고 있다고 생각한다. 그리고 상대와 대화를 나누기도 전에 문제를 판단하고, 내가 가진 '답'이 최선의 것이라 생각하는 경향이 있다. 나의 답은 주로 내가 이기고 상대가 지는 답이다. 주어진 틀에서 갈등을 해결해야 한다면 그것이 맞을지도 모른다. 하지만 당사자 모두 '자신의 답이 최선'이라고 생각한다면 결코 모두 만족스럽게 갈등을 해결할 수는 없다.

어떤 갈등상황에서도 단 하나의 정답은 없다. 똑같은 갈등이라도 그 갈등의 당사자가 어떤 사람인가에 따라, 어떤 상황에 있는가에 따라 그 해결책은 달라질 수 있다. 정해진 답의 틀을 깨고, 고정관념과 편견이 아니라 새로운 각도에서 갈등을 바라보고 창의적인 대안을 모색할 때 더욱 만족스런 결과를 얻을 수 있다.

5) 성급한 판단을 자제하고 묘사적 언어를 사용한다

인간관계에서 갈등이 발생했을 때 무엇보다도 먼저 성급한 판단을 피해야 한다. '저 사람 때문에 이런 문제가 발생했다' '저 사람하고 상대를 하지 말아야지'라는 식으로 결론부터 내린다면 갈등해결의 좋은 결과를 기대하기는 어려울 것이다. 내가 판단부터 내린 채 문제에 접근하면 상대방은 자신의 가치가 무시되었다고 느끼기 때문에 감정적

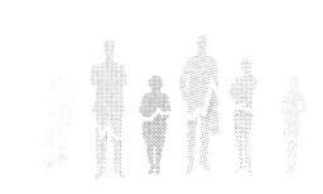

으로 반응하게 되고 때로는 적대감까지 가지게 된다. 따라서 성급한 판단을 자제하고 문제를 되도록 객관적으로 표현해야 한다.

문제를 객관적으로 표현하기 위해서는 자신의 가치나 판단을 개입시키지 않은 묘사적인 언어를 사용하는 것이 좋다. 묘사적인 언어란 상대방을 비난하거나 동기를 해석하지 않고 일어난 일을 그대로 기술하는 표현법이다. 예를 들어, 노사관계에서 노조 측에서 '회사 측은 자기 이익밖에 모른다. 쥐꼬리만한 월급만 던져 주면 그만이냐?'라고 한다면 이것은 극한 판단이 개입된 표현이다. 이런 말을 들으면 회사 측은 '사원들은 회사야 망하든 말든 제 이익만 챙기지 않느냐?' 하는 식으로 나오게 되어 갈등은 심화되게 마련이다. 이럴 때는 '우리 회사의 사원복지는 다른 회사에 비해 부족한 점이 많다.'라는 식으로 객관적으로 묘사하는 것이 평화적 갈등해결을 위한 출발점이 된다.

6) 현재 지향적으로 접근한다

갈등이 생겼을 때 문제의 역사를 거슬러 올라가 '왜' 이런 문제가 생겨났는지를 따지는 과거 지향적 접근은 갈등을 해결하기보다는 갈등을 심화시킬 가능성이 크다. 문제의 근원을 찾으려 하다 보면 결국 서로에게 책임을 묻게 될 수밖에 없다. 그런데 자신의 입장에서 볼 때는 모든 것이 상대방의 책임이어서 아무리 근원을 따져 보아도 자신의 잘못은 없는 것같이 보이는 것이 인지상정이다. 이런 국면에 이르게 되면 잘잘못을 따져 결국 한 사람이 패배하여 자기의 잘못을 인정했다고 하더라도, 이러한 해결방식으로 인해 죄인으로 판명된 사람은 그 관계 자체에 불만을 품게 되어 더 큰 갈등을 불러일으킨다.

현재 지향적 접근은 현재 이 시점에서 그 문제를 누가 초래했는지에 관해 따지는 것은 뒤로 하고, 우리가 가진 문제가 무엇인지를 논의하는 것이다. 이를테면 노사관계가 악화된 기업이 그 관계를 개선할 필요를 느낀다면 '노조가 터무니없이 굴어 우리 회사의 노사관계가 엉망이다.' '회사 측이 노조를 탄압하여 노사관계가 이렇게 되었다.'는 식의 과거 지향적 논의를 피하고 '현재 우리의 노사관계는 서로에 대한 신뢰감이 부족하다는 문제를 갖고 있다.'라는 식의 현재 지향적 논의가 되어야 할 것이다. 그런 다음에 이 문제를 어떻게 해결해야 할 것인가에 대한 구체적인 논의를 벌이는 것이 필요하다.

7) 나-전달법을 사용한다

나-전달법(I-message)은 문제가 되고 있는 상대방의 행동으로 인해 자신이 어떠한 감정상태에 놓여 있으며 어떠한 영향을 받고 있는지를 나타내는 전달법이다. 예를 들어, 딸의 귀가시간이 늦었다고 화를 내는 아버지에게 "세상에 대학 다니는 딸을 10시까지 들어오게 하는 사람은 아빠밖에 없어요. 아빠는 모든 것을 자기 식으로 생각하고 자식들을 이해하지 못하시잖아요."라고 한다면 이것은 너-전달법(You-message)이다. 반면, "아빠가 제 귀가시간을 너무 엄격히 통제하니까 제가 많이 힘이 들어요. 친구들과 같이 놀고 있어도 즐겁지 않고 신경이 쓰여요. 그리고 친구들이 중요한 일이 있어도 저를 빼 버려요."라고 한다면 이것은 나-전달법이다.

너-전달법은 상대방의 자아에 대한 공격으로 생각하게 하여 문제를 해결하기보다는 악화시킬 가능성이 더 높다. 그러나 나-전달법은 현재 내가 겪는 문제에 대한 상대방의 배려를 호소하는 느낌이 강하여 상대방의 협조를 얻게 될 가능성이 높다.

8) 적절한 말을 선택한다

갈등상황에서 말의 영향력은 대단하다고 할 수 있다. 똑같은 말도 갈등상황에서는 상대방에게 왜곡되어 해석될 수 있다. 가급적 경직된 언어보다는 부드러운 말을 사용하여 갈등상황의 분위기를 긍정적으로 만들어야 한다.

적절한 말을 선택할 때는 상대방의 자존심과 체면을 손상시키지 않도록 하는 것이 중요하다. 그러므로 상대방의 인격이나 능력 또는 인간적 가치를 부정하는 언어를 사용하지 않도록 주의한다. 상대방의 문제점을 지적할 때조차도 '너는 정말 구제불능이

다.'라는 식의 표현보다는 '이러한 점은 개선되었으면 좋겠다.'는 식으로 표현하는 것이 바람직하다. 또한 상대방이 어떤 주장을 했을 때 '그건 아닌데.'라는 식의 부정적인 반응보다는 '그 점도 좋지만, 내 생각은 이렇다.'라는 식의 긍정적인 반응을 보이는 것이 효과적이다.

9) 상대방의 말을 경청한다

갈등상황에 처하다 보면 자신의 주장만을 내세우기 쉽고 상대방의 말은 무시하려는 경향이 강해진다. 서로가 자기주장만 내세우다 보면 대화의 단절이 일어나 갈등을 해결하기는커녕 감정의 골만 깊어지게 된다. 이에 대한 근거를 살펴보면, 게슈탈트 상담이론의 창시자인 Perls는 "싸우는 사람은 경청하지 않고, 경청하는 사람은 싸우지 않는다."라고 하면서 '경청 대 싸움(listening vs fight)' 반응을 제안하였다. 그러므로 가능한 상대방의 입장을 충분히 피력할 기회를 주고 이를 경청할 필요가 있다.

상대방의 말을 경청하는 것은 수동적인 행위가 아니라 열심히 상대방의 말을 귀 기울여 듣는 매우 적극적인 행위이다. 경청은 상대방이 말하고자 하는 것을 분명하게 이해하고 있고 상대방으로 하여금 자신의 메시지가 전달되고 있음을 확인하게 하여 협조적인 분위기를 조성하는 데 도움이 된다.

10) 즉각적 대응보다 차분하게 대응한다

갈등상황에서 흥분된 자신의 감정을 통제하지 못하고 즉각적으로 반응하여 상대방도 흥분한 상태로 반응하게 되어 갈등의 골이 깊어지는 경우가 허다하다. 갈등상황에서 상대방의 주장에 즉각적으로 반응하기보다는 3~4초 정도 침묵했다가 천천히 반응을 보이는 것이 여러모로 좋다. 이렇게 반응을 지연시키다 보면 감정의 고조를 방지할 수 있고, 보다 좋은 해결책을 찾아낼 수 있는 시간도 벌 수 있다. 뿐만 아니라 상대방은 자신의 의견이 경청되고 있다고 느끼기 때문에 협조적으로 나오게 된다. 그러므로 갈등을 풀어 나가기 위해서는 때로는 침묵도 매우 효과적일 수 있다.

11) 자신의 잘못을 인정할 줄 안다

갈등상황에서 자신의 잘못을 인정하는 것은 정말 어려운 일이다. 특히 갈등을 경쟁으로 인식하는 경우에는 잘못을 인정하는 것이 패배를 자인하는 것으로 생각되기 쉽다. 그러나 평화적으로 갈등을 관리하려면 스스로의 잘못도 인정할 줄 아는 배포와 아량이 필요하다. 이는 적절하게 자신의 잘못을 인정하는 것이 갈등의 실마리를 푸는 기폭제 역할을 하기 때문이다.

자신의 잘못을 인정하는 것은 상대방의 입장을 이해한다는 표현과 함께 갈등상황에 대한 자신의 해결의지를 보여 줌으로써 갈등이 경쟁 상태로 빠져드는 것을 미연에 방지한다. 나의 솔직한 태도를 접하는 상대방도 나를 다른 눈으로 보게 되며 결국은 상대방도 스스로 돌아보게 하여 잘못도 시인하게 된다.

이상에서 우리는 평화적 갈등해결의 원칙을 살펴보았다. 평화적 갈등해결의 원칙은 갈등의 당사자 모두를 만족시키는 최선의 해결책을 도출할 뿐만 아니라 주어진 관계를 더욱 발전시키는 효과를 거둘 수도 있다.

4. 인간관계의 갈등해결하기

1) 인간관계 갈등해결의 중요성과 일반적 해결방법

우리는 타인과의 관계에서 충족시키고자 하는 욕구를 가지게 되고 이러한 욕구를 충족시키려고 하게 된다. 그런데 구체적인 인간관계 상황에서 각자가 추구하는 욕구와 목표가 달라서 서로 대립하게 된다. 예를 들어, 부모-자녀 관계에서 어머니는 학업성

적이 중요하다며 자녀가 학원수업에 몰두하기를 바라는 반면, 아버지는 인성교육이 중요하다며 자녀가 교우관계나 취미활동에 더 많이 참여하기를 바란다. 이성관계에서 한 사람은 자주 만나 많은 애정교환을 원하는 반면, 다른 한 사람은 평소에는 각자 일에 충실하고 주말에 가끔씩 만나기를 원한다. 친구관계에서 한 사람은 친목을 중요시하는 반면, 다른 한 사람은 함께 공부하고 취업정보를 교환하는 등 현실적인 교류를 원한다. 이 외에도 어떤 과제를 함께 수행하는 과정에서 역할분담에 대한 의견이 상충하거나, 현실적인 이해관계에서 서로 추구하는 이익이 대립하거나, 서로에 대한 애정을 표현하는 방식에서 차이가 나는 경우 갈등이 발생하게 된다.

이처럼 인간관계에서 타인과 상호작용하는 과정에서 필연적으로 여러 가지 갈등과 문제가 발생하게 된다. 이러한 인간관계의 갈등이 잘 해결되지 못하면, 서로에 대한 부정적 감정이 초래되어 인간관계가 약화되거나 붕괴되기도 한다. 그러나 갈등이 평화적이고 건설적으로 잘 해결되면, 서로를 이해하는 기회가 되고 미래의 갈등을 예방하는 긍정적인 효과를 가져와 오히려 인간관계를 돈독하게 강화시킬 수 있다.

인간관계 갈등을 해결하는 방식에 따라 인간관계가 약화될 수도 있고 심화될 수도 있다. 인간관계 갈등의 일반적 해결방법은 크게 네 가지로 구분할 수 있다(권석만, 2004).

첫째, 인간관계를 중단하는 방법이다. 갈등이 반복되는 친구나 연인과의 관계를 청산하는 것으로 정식으로 그 관계를 떠나는 것이다. 예를 들어, 친구관계에서 갈등이 생겨 절교를 하거나 부부관계에서 갈등이 생겨 별거나 이혼을 하는 것이다.

둘째, 인간관계 갈등을 방치하면서 언젠가 개선이 되기를 기다리는 방법이다. 이는 갈등으로 인한 불만을 겉으로 표현하지 않을 뿐만 아니라 갈등을 위한 적극적인 노력을 기울이지 않은 채, 관계를 유지하며 개선되기를 기다리는 방법이다. 이 방법은 상황의 변화나 외부 요인에 의해서 갈등이 완화되는 경우도 있으나, 대개 불만이 누적되면서 더 심각한 갈등으로 비화되는 경우가 많다.

셋째, 자신의 의견이 관철되도록 주장을 하거나 상대방을 비판하면서 관계를 유지하는 방법이다. 이 경우에 대부분의 인간관계가 악화되거나 와해되는 결과가 초래된다.

넷째, 갈등의 당사자인 상대방과 논의하면서 서로 합의할 수 있는 해결방식을 찾는 방법이다. 이 방법은 상대방을 비난하고 비판하는 정서중심적(emotion-focused) 갈등해결방법이 아니라 문제중심적(problem-focused) 갈등해결방법이다. 이 방법은 원활한 인간관계를 유지하고 심화시키는 가장 바람직한 방법이라고 할 수 있다.

2) 협상을 통한 인간관계의 갈등해결방법

(1) 협상의 개념과 전제조건

좋은 인간관계를 유지하면서 서로의 이익을 최대화하는 대표적인 문제중심적 갈등해결방법이 협상(negotiation)이다. 협상은 서로 상반된 이해관계가 얽혀 있는 당사자들이 서로의 이익을 최대화할 수 있는 해결방법을 합의하기 위해 노력하는 과정이다(Johnson & Johnson, 2000). 이러한 협상은 집단 간이나 국가 간의 갈등적 이해관계를 해결하는 방법일 뿐만 아니라 일상적인 대인관계의 갈등을 해결하는 데에도 활용될 수 있다.

갈등은 인간관계에서 필연적으로 발생하는 자연스러운 현상으로서 인간관계에 파괴적인 영향을 미칠 수도 있고 건설적인 결과를 초래할 수도 있다. 갈등의 당사자들이 서로의 이익을 최대화할 수 있는 건설적인 결과를 초래할 수 있는 협상을 위한 몇 가지 전제조건이 있다(권석만, 2004).

첫째, 갈등을 무시하거나 회피하지 말아야 한다. 갈등을 방치하거나 무시하는 것은 대부분 인간관계를 악화시키거나 소원하게 만든다.

둘째, 승패방식의 협상(win-lose negotiation)을 하지 않는 것이 바람직하다. 즉, 인간관계 갈등의 해결에 있어서 한 사람은 승리하는 반면, 상대방은 패배하는 방식의 승부게임을 하지 않는 것이 좋다.

셋째, 양보하는 해결방식을 취하는 것이 좋다. 갈등과 관련된 이익이나 목표도 자신에게 중요하지만 인간관계가 더 중요하다고 여겨질 경우에는 양보하는 해결방식을 취하는 것이 좋다. 이렇게 되면 장기적으로 상대방이 나의 양보에 대해서 보상하는 결과가 나타나게 된다. 자신의 이익과 인간관계 유지가 모두 중요하다면 상대방에게 협상

을 제안하는 것이 바람직하다.

넷째, 충분한 대화를 나눌 수 있는 시간과 장소를 택하는 것이 좋다. 서로 진솔한 마음을 털어놓을 수 있기 위해서는 대화가 중단되지 않고 다른 사람의 개입을 피할 수 있는 상황에서 협상을 하는 것이 바람직하다.

협상에 임할 때는 공동의 과제를 협동적으로 해결하는 자세로 우호적인 방식을 취하는 것이 좋다. 이를 위해 상대방의 생각을 변화시키기 위한 노력을 기울이는 동시에 나 역시 생각을 바꿀 수 있다는 유연한 자세가 필요하다. 갈등은 우리의 삶에서 위협인 동시에 기회이다. 갈등상황에 있다는 것은 삶의 권태를 잊게 해 주고, 자신이 추구하는 목표를 분명하게 해 주며, 행동을 취하게 하는 동기를 강화시킨다.

(2) 효과적인 협상방법

효과적인 협상을 통해 갈등을 해결하는 기술은 매우 중요한 대인기술이라고 할 수 있다. 이해관계가 첨예하게 대립되는 인간관계 갈등상황에서 서로 만족할 수 있는 해결방법을 찾기 위해 협상하는 일은 쉬운 일이 아니다. 때로 협상과정에서 오히려 갈등이 증폭되는 경우가 생기기도 한다. 여기서는 Johnson과 Johnson(2000)의 효과적인 협상과정을 6단계로 살펴보기로 한다.

1단계에서는 갈등상황에서 서로가 원하는 것이 무엇인지를 이야기한다. 인간은 누구나 자신의 소망, 욕구, 목표를 소유하고 표현할 수 있는 권리와 상대방의 소망, 욕구, 목표가 자신의 이익에 배치된다면 그것을 거부할 권리 역시 지니고 있다. 먼저 서로의 욕구와 바람을 구체적으로 이야기하고 충분히 경청한다. 이때 '당신은 ~해야 한다.'는 표현보다는 '나는 당신이 ~해 주기를 원한다.'는 표현과 같이 1인칭 표현법을 사용하는 것이 좋다.

2단계에서는 갈등상황에 대해서 각자가 느끼고 있는 감정을 이야기한다. 갈등상황에서는 누구나 갈등과 관련하여 분노, 불안, 좌절감, 섭섭함, 안타까움 등의 감정을 느끼기 마련이다. 그런데도 갈등상황에서 자신의 감정을 숨기거나 억압한다. 이처럼 분노와 같은 감정이 표현되지 않으면, 설령 해결방안에 합의하더라도 상대방에 대한 원망과 적개심이 남기 때문에 진정한 갈등해결이 이루어지지 않는다. 그러므로 상대방의 감정표현을 주의 깊게 수용적으로 경청하는 것이 필수적이다. 내가 하고 싶은 말은 나의 차례가 왔을 때 하면 되는 것이다. 이 단계가 협상에서 가장 중요하고 어려운 과정이다.

3단계에서는 갈등상황에서 각자가 지닌 소망이나 목표를 원하는 이유를 이야기한다. 이러한 이유를 설명하는 과정에서 각자가 갈등상황에서 추구하는 목표의 중요성에 대한 이해와 비교가 이루어진다. 추구하는 목표에 대한 이해와 비교하는 과정에서 양보를 하기도 하고 서로 양보할 수 없는 경우에는 추구하는 구체적인 목표에 초점을 맞추는 것이 바람직하다. 예를 들어, 한 개뿐인 호박을 남매가 서로 갖겠다고 다투는 갈등상황의 경우, '나는 호박을 원한다.'는 입장은 상충되지만 오빠는 할로윈 호박등(jack-o-lantern)을 만들기 위해서 호박의 껍질을 원하는 반면, 여동생은 호박파이를 만들기 위해 호박 속을 필요로 하여 서로 추구하는 목표는 상충되지 않을 수도 있다. 이처럼 입장과 목표를 분리하여 갈등의 합의점을 탐색한다.

4단계에서는 각자 상대방의 입장에서 갈등상황을 생각해 본다. 서로의 입장과 목표에 대한 논의 단계에서 합의점을 찾기 어려울 경우에는 잠시 휴식을 취하며 각자 자신의 생각을 정리하는 동시에 상대방의 입장을 생각해 보는 것이 좋다. 이것이 자기중심성(egocentrism)과 반대되는 타인의 입장에서 상황을 바라볼 수 있는 사회적 조망(social perspective-taking)이다. 이러한 사회적 조망을 통해서 상대방의 입장과 목표에 대한 이해가 깊어질수록, 자신의 입장과 목표에 대해서 유연한 태도를 취하게 되며 갈등을 해결할 수 있는 다양한 가능성을 발견하게 된다.

5단계에서는 서로 합의할 수 있는 여러 가지 해결책을 발견하기 위해 노력한다. 협상 과정에서 합의점을 찾는 방법은 다양하다. 예를 들어, 서로 조금씩 양보하여 중간지점의 해결책 찾기(considering the middle ground), 번갈아 가며 이익 취하기(taking turns), 이익을 함께 공유하기(sharing), 유사한 이득을 하나씩 교환하기(trade-off), 여러 주제를 한꺼번에 묶어서 해결하기(package deal) 등이 있다. 이때 다양한 가능성을 탐색하여 갈등상황을 해결할 수 있는 잠정적인 합의안을 최소한 세 가지 이상 도출해 내는 것이 좋다.

6단계에서는 최종 합의안을 선택한다. 앞 단계에서 논의된 세 가지 이상의 합의안

중에서 최종 합의안을 결정하게 된다. 협상의 모든 과정에서는 서로 동등한 권한이 인정되어야 하며 마지막 선택과정에서도 마찬가지이다. 이때 서로의 이익을 최대화하면서 두 사람의 만족도에 균형을 이룰 수 있는 합의안을 모색하는 것이 중요하다. 만약 이러한 협상과정을 통해서도 합의안을 도출하지 못했다면, 약간의 시일을 두고 똑같은 협상과정을 지속적으로 시도한다.

'비 온 뒤에 땅이 굳어진다.'는 우리 속담처럼, 갈등해결을 위한 협상과정은 인간관계를 더욱 돈독히 할 수 있는 기회가 될 수 있다. 이는 협상과정에서 서로를 좀 더 깊게 이해하고, 갈등과 관련된 부정적 감정을 해소할 뿐만 아니라 미래에 있을지도 모르는 갈등을 해결할 수 있다는 자신감을 증진시키기 때문이다.

〈인간관계연습 33〉

[갈등해결 유형 검사]

※ 다음은 인간관계에서 경험하는 갈등상황을 다루는 방식을 알아보기 위한 자료이다. 다른 사람들과 당신의 의견이 일치하지 않는다고 가정하고 완성해 보자. 만약 떠오르는 갈등상황이 있다면 그것을 생각하면서 나의 반응이 어떤지 고르면 도움이 된다. 각 문장 옆에 반드시 하나의 숫자에만 ✓표 하시오.

문 항	전혀 아니다	대체로 아니다	보통 이다	대체로 그렇다	매우 그렇다
1. 현저한 의견 차이가 있을지라도 모든 의견이 동등하게 고려되고 검토될 수 있도록 열어 놓는다.	①	②	③	④	⑤
2. 모든 사람을 기쁘게 할 수 없으므로 나의 의견과 입장을 남들에게 분명히 이해시키는 데 노력한다.	①	②	③	④	⑤
3. 내 입장을 분명히 하지만 그 수위를 조금 낮추어 어느 정도의 시점에서 해결책을 찾을 수 있도록 한다.	①	②	③	④	⑤
4. 토론에서 잠시 벗어나 불편한 긴장상황을 피한다.	①	②	③	④	⑤
5. 내 개인적 목표보다 다른 사람의 감정에 더 많이 신경을 쓴다.	①	②	③	④	⑤

6. 나의 의견이 다른 사람과의 관계에서 영향을 주지 않도록 고려한다.	①	②	③	④	⑤
7. 나의 의견을 설명하는 만큼 다른 사람의 의견도 이해하려고 부단히 노력한다.	①	②	③	④	⑤
8. 다른 사람의 입장, 의견, 느낌보다 나의 목적에 우선순위를 둔다.	①	②	③	④	⑤
9. 다름이나 차이가 일을 진행함에 있어 크게 걸림돌이 된다고 생각하지 않는다.	①	②	③	④	⑤
10. 어느 정도 양보하고 얻을 수 있는 것을 얻는다.	①	②	③	④	⑤
11. 나뿐만 아니라 다른 사람의 요구가 수용될 수 있도록 더욱 활발하게 토론에 참가한다.	①	②	③	④	⑤
12. 남의 기분에 맞추기보다 내가 옳다고 생각하는 것을 주장하기 위해 최선의 노력을 기울인다.	①	②	③	④	⑤
13. 내 주장만을 고집하지 않고 이성적으로 행동하지만, 내가 반드시 찾아야 할 부분은 찾는다.	①	②	③	④	⑤
14. 내 의견을 절대로 강요하지 않으며, 남의 요구에 조금 뒤로 물러난다.	①	②	③	④	⑤
15. 내 주장은 잠시 접어 두고 다른 사람과의 관계에 더욱 신경을 쓴다.	①	②	③	④	⑤
16. 다른 사람과의 직접적 접촉을 줄이고, 적당하고 안전한 거리를 유지한다.	①	②	③	④	⑤
17. 우선 결정해야 할 상황을 해결하고 나중에 관계개선을 위해 노력한다.	①	②	③	④	⑤
18. 다른 사람의 감정을 풀기 위해 필요한 모든 조치를 취한다.	①	②	③	④	⑤
19. 다른 사람의 요구를 수용하는 만큼 나의 요구도 관철되도록 한다.	①	②	③	④	⑤
20. 타협을 이끌어 냄으로써 일을 해결하고 다음 단계로 진행될 수 있도록 한다.	①	②	③	④	⑤

채점 및 해석

위에서 표기한 점수를 다음의 표에 옮겨 적으시오.

유형	항목	점수	나의 유형은?
협동/해결	1, 7, 11, 19		
경쟁/대립	2, 8, 12, 17		
타협/절충	3, 10, 13, 20		
회피/보류	4, 9, 14, 16		
순응/양보	5, 6, 15, 18		

점수가 높은 유형일수록 자신이 주로 대응하는 방식이라고 볼 수 있다. 가장 높은 점수가 나온 유형이 가장 일반적이고 쉽게 갈등에 대처하는 방식이다. 두 번째로 높은 점수는 그다음으로 많이 나타나는 방식이라고 할 수 있다. 만약 모든 유형의 점수가 비슷하다면 갈등대응에 있어 어느 특정 방식보다는 여러 가지 상황에 따라 다양하게 변할 수 있는 유형이라고 할 수 있다.

〈인간관계연습 34〉

[갈등이 준 선물]

다음 상황에서 어떻게 갈등을 해결할지 생각해 보자. 그리고 그러한 해결방법을 취했을 때 갈등상황이 어떻게 해결될지 되물어 보자. 문제를 효과적으로 해결하기 위해서 어떻게 해야 할지 물어보고, 사람과 문제를 구별하는 것이 중요하다.

〈상황〉

머리를 곱게 만지고 버스를 탔다. 그런데 옆자리에 앉은 사람이 말도 없이 창문을 열어 바람에 머리가 엉망이 되었다. 나는 신경질적으로 창문을 닫았다. 그러자 그 사람은 다시 창문을 연다. 여러분이라면 어떻게 할 것인가?

갈등이 없다면 어떻게 될까? 함께 일하는 사람 중에서 나에게 반대하는 사람이 없다면 어떻게 될까? 갈등을 해결해 나간다는 것은 서로의 차이를 조금씩 좁혀 간다는 의미이고, 그만큼 이해의 폭이 넓어지고 성숙해 간다는 의미이다. 따라서 갈등을 부정적인 것으로만 바라보았던 시각에서 갈등이 가지고 있는 긍정성을 보고 갈등을 효과적으로 해결해 간다면 그 과정은 또 다른 도전과 발전의 기회가 될 것이다.

– 갈등했던 관계를 떠올리고 '갈등이 주는 선물'을 찾아보자.

갈등했던 관계	갈등을 통해 배운 것

참고문헌

강영진(2000). 갈등분쟁해결 트레이닝 매뉴얼. 서울: 성공회대 출판부.

고영복(2002). 학교갈등과 평화. 갈등해결워크숍 자료집.

권석만(2004). 젊은이를 위한 인간관계의 심리학. 서울: 학지사.

김종재(2006). 인간관계론. 서울: 박영사.

이위환, 김용주(2009). 현대사회와 인간관계. 경기: 공동체.

Festinger, L. (1957). *A Theory of cognitive dissonance*. Stanford, CA: Stanford University Press.

Johnson, D. W., & Johnson, R. T. (2000). *Teaching students to be peacemakers: Results*

of twelve years of research. Unpublished paper. University of Minnesota.

Luthans, F. (1981). *Organizational Behaviour.* New York: McGraw Hill Book Company.

Robert, K. (1982). *The evolving self: Problem and process in human development.* Cambridge, MA: Harvard University Press.

Thomas, K. W. (1976). Conflict and conflict management. In M. D. Dunnette (Ed.), *Handbook in industrial and organizational psychology* (pp. 889-935). Chicago: Rand McNally.

찾아보기

저자 소개

김종운(Kim Jongun)

동아대학교 대학원에서 교육상담 전공으로 박사학위를 받았다. 미국 Indiana대학교 상담 및 교육심리학과 객원교수, 부산광역시영도구청소년상담복지센터 소장, 부산경남울산상담학회장, 한국상담학회 윤리위원장, 한국교정상담학회 부회장 겸 학술위원장, 2010~2013년 중등임용시험 출제위원을 역임하였다. 현재는 한국최면상담학회 회장, 법원행정처 전문심리위원을 맡고 있으며 동아대학교 교육학과 교수로 재직 중이다.

한국카운슬러협회 수련감독급 학교상담전문가, 한국최면상담학회 수련감독전문상담사, 한국상담학회 학교 및 교정상담전문가, 정신보건상담사 1급, 여성가족부 1급 청소년상담사 등 다수의 자격증을 보유하고 있다.

주요 저 · 역서로는 『NLP 상담의 이론과 실제』(동문사, 2014), 올해의 책으로 선정된 『학교폭력의 예방과 대책』(학지사, 2013), 『학습상담』(공저, 학지사, 2013), 『학교집단상담의 이론과 실제』(공저, 동문사, 2012), 『인간관계 심리학』(공저, 학지사, 2011), 『교직실무』(공저, 동문사, 2008), 『다문화상담의 새로운 접근』(공역, 시그마프레스, 2012), 문화관광부 우수학술도서로 선정된 『학교 따돌림의 지도와 상담』(공역, 동문사, 2006) 등이 있다.

만남 그리고 성장을 위한

인간관계 심리학(2판)

The Psychology of Human Relationships for Encounter and Growth (2nd ed.)

2011년 3월 4일 1판 1쇄 발행
2016년 8월 20일 1판 12쇄 발행
2017년 3월 20일 2판 1쇄 발행
2021년 2월 25일 2판 7쇄 발행

지은이 • 김 종 운
펴낸이 • 김 진 환
펴낸곳 • (주) 학지사
04031 서울특별시 마포구 양화로 15길 20 마인드월드빌딩 5층
대표전화 • 02) 330-5114 팩스 • 02) 324-2345
등록번호 • 제313-2006-000265호
홈페이지 • http://www.hakjisa.co.kr
페이스북 • https://www.facebook.com/hakjisabook

ISBN 978-89-997-1186-2 93180

정가 19,000원

이 도서의 국립중앙도서관 출판시도서목록(CIP)은 서지정보유통지원시스템 홈페이지(http://seoji.nl.go.kr)와 국가자료공동목록시스템(http://www.nl.go.kr/kolisnet)에서 이용하실 수 있습니다.
(CIP제어번호: CIP2017004494)